智慧物流信息技术

（微课版）

主　编　朱耀勤
副主编　张奎霞　牛军鹏　王永刚
参　编　李　波　侯玉杰　祝　慧

北京理工大学出版社
BEIJING INSTITUTE OF TECHNOLOGY PRESS

内容简介

随着相关行业的迅速发展，智能物流技术也突飞猛进。本书主要介绍了先进的智慧物流信息技术，理论与实践紧密结合。本书有十一个项目，即走进智慧物流信息技术，智慧物流数据采集——条码技术，POS系统，数据采集技术——RFID，智慧物流跟踪技术——GIS，智慧物流定位技术——GPS，智慧物流数据传输技术——EDI，智慧物流自动化技术，仓储管理系统的应用，运输管理信息系统，国际货运代理信息系统。本书内容丰富，实用性强，既有基本概念和原理的阐述，又有案例分析。

本书可作为物流管理、物流工程、电子商务、报关报检、港口业务等专业的本、专科生和专业学位研究生教材，也可作为从事物流管理、物流工程领域的专业技术人员的参考用书。

图书在版编目（CIP）数据

智慧物流信息技术：微课版 / 朱耀勤主编.

北京：北京理工大学出版社，2025.1.

ISBN 978-7-5763-4914-6

Ⅰ. F252.1-39

中国国家版本馆 CIP 数据核字第 20254UM026 号

责任编辑：封　雪　　**文案编辑**：毛慧佳

责任校对：刘亚男　　**责任印制**：李志强

出版发行 / 北京理工大学出版社有限责任公司

社　　址 / 北京市丰台区四合庄路 6 号

邮　　编 / 100070

电　　话 / （010）68914026（教材售后服务热线）

（010）63726648（课件资源服务热线）

网　　址 / http://www.bitpress.com.cn

版 印 次 / 2025 年 1 月第 1 版第 1 次印刷

印　　刷 / 涿州市新华印刷有限公司

开　　本 / 787 mm×1092 mm　1/16

印　　张 / 19

字　　数 / 446 千字

定　　价 / 98.00 元

前言

党的二十大报告强调，“教育、科技、人才是全面建设社会主义现代化国家的基础性、战略性支撑”。当前，全球新一轮科技革命和产业变革深入发展，以人工智能、区块链、物联网、大数据为代表的数字技术加速创新，推动物流行业从“传统人力驱动”向“智能技术驱动”跃迁。智慧物流通过信息技术赋能，正在重构物流运作流程、优化资源配置效率、提升供应链韧性，成为落实“双循环”新发展格局、保障产业链供应链安全的重要抓手。然而，我国智慧物流领域仍面临核心技术自主可控性不足、复合型人才短缺、标准体系待完善等问题。为贯彻落实党的二十大报告精神，深化产教融合、科教融汇，推动教育链、人才链与产业链、创新链有机衔接，本书立足国家战略需求，融合新一代信息技术与物流行业实践，系统构建智慧物流知识体系，为培养具有创新能力和数字化思维的新型物流人才提供理论支撑与实践指南。

本书以“技术赋能物流、数字驱动创新”为核心，围绕党的二十大报告提出的“网络强国、数字中国”建设目标，构建了“基础理论—核心技术—场景应用”三位一体的内容框架，具体包括智慧物流与国家战略，即结合党的二十大报告中关于数字经济、绿色发展、供应链安全等论述，分析智慧物流在服务国家战略中的定位与价值；智慧物流技术体系，即系统讲解物流信息感知、数据传输、智能处理、信息安全等关键技术原理与应用逻辑；智慧物流场景实践，即聚焦智能仓储、无人配送、跨境供应链、低碳物流等典型场景。本书内容丰富，实用性强，既有基本概念和原理的阐述，又有案例分析，深入浅出，易学易懂。每章前均有学习目标，章后都有知识拓展、学习测试、本章实训、素质拓展。本书有丰富的教学资料，如教学课件 PPT、习题答案、微课视频等。本书主要有以下几方面的特色。

1. 紧扣国家战略，彰显时代使命

以党的二十大报告精神为纲领，将“高质量发展”“科技创新自立自强”“绿色低碳发展”等理念贯穿全书，突出智慧物流在服务实体经济、保障供应链安全中的战略意义。

2. 突出技术融合，强化实践导向

打破传统信息技术与物流管理学科的界限，设计“理论+案例+实训”多维内容模块，提供物流数据分析、虚拟仿真等实践项目，助力学生解决真实业务问题。

3. 立足中国场景，讲好中国故事

精选国产化技术与本土企业创新案例，展现我国智慧物流领域的技术突破与模式创新。

4. 融入思政元素，厚植家国情怀

通过“素质拓展”等专题模块，引导学生理解智慧物流在乡村振兴、应急保供、碳中和等国家重大任务中的社会责任。

本书由朱耀勤担任主编并负责全书的总体框架设计与统稿。本书的具体编写分工如下：项目一、二、四、五、六由朱耀勤编写；项目七、十由张奎霞编写；项目九由牛军鹏编写；项目三由祝慧编写，项目十一由李波编写，项目八由王永刚编写；相关视频资源的录制由朱耀勤、侯玉杰、祝慧等完成。书中所选案例，素质拓展来自公开出版的书籍、期刊以及网络。本书在编写和出版的过程中得到了青岛黄海学院院领导的大力支持和北京理工大学出版社编辑的辛勤付出，在此表示感谢。

由于编者水平有限，书中的不妥之处在所难免，敬请广大读者批评指正。

编　者

2024 年 10 月

目录

项目一 走进智慧物流信息技术

项目简介

物流信息化是指物流企业运用现代信息技术对物流活动中各个环节进行有效信息的采集、传输、处理、分析和应用，实现对物流资源的优化配置，提高物流效率和服务质量，降低物流成本和风险，增强物流竞争力的过程。物流信息化是现代物流的灵魂，是现代物流发展的基石。

我国物流信息化行业的发展从 20 世纪 90 年代起步，在 2016 年开始步入高速发展阶段，融合了多项产业技术，与大数据、人工智能等信息技术结合起来打造工作、配送效率更高的商业模式。

分析近年来现代物流信息化在我国得以迅速发展的原因，主要有以下三个方面。

第一，经济社会发展促进物流需求不断增长。我国经济总量持续增长，消费结构不断升级，电子商务、跨境贸易等新业态快速发展，都为物流业发展提供了广阔的市场空间。同时，我国加快推进新型城镇化、乡村振兴、区域协调发展等战略，也为物流业发展带来了新的机遇。

第二，科技创新促进物流效率不断提升。随着互联网、大数据、人工智能（AI）、云计算、区块链等新一代信息技术的广泛应用，物流业完成了从传统模式向智能模式的转变。同时，智能仓储、无人配送、智慧运输等新技术、新模式不断涌现大幅提高了物流作业效率和服务质量。

第三，政策环境促进物流体系不断优化。近年来，国家出台了一系列政策措施来支持和引导物流业进行转型升级。例如，《“十四五”现代物流发展规划》《“十四五”现代流通体系建设规划》等重要文件中都明确了我国物流业的发展目标和重点任务，还提出了加强智慧绿色物流体系建设的要求。

工作流程

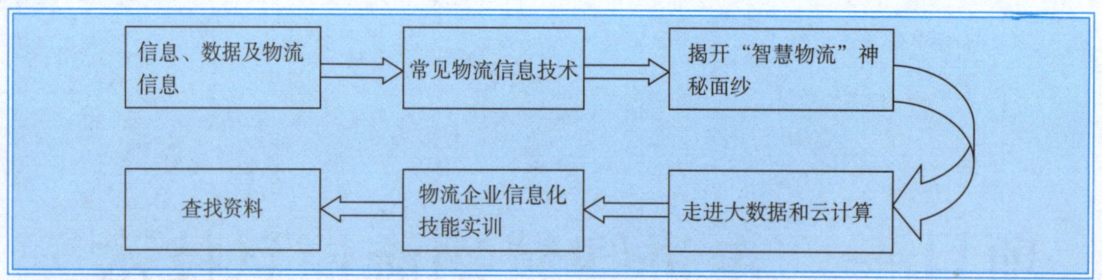

学习目标

知识目标

1. 了解信息、大数据、云计算的概念。
2. 理解数据与信息之间的关系。
3. 掌握物流信息的发展趋势。

技能目标

1. 能够运用物流相关的网络平台查找物流信息。
2. 能够收集物流信息。

素养目标

1. 具备分析问题、解决问题的能力。
2. 具备大局意识，能科学地进行作业分工。

案例导入

从十八大到二十大，看物流行业未来发展趋势

一、党的二十大报告中物流相关内容解读

党的二十大报告两次提到产业链供应链，分别在第四章和第十一章中对供应链的关注从以往微观的企业层面提升到产业层面，将产业链供应链安全提升到国家安全层面，并且再次提到交通强国建设。

1. 着力提升产业链供应链韧性和安全水平

党的二十大报告在第四章中明确提出：我们要坚持以推动高质量发展为主题，把实施扩大内需战略同深化供给侧结构性改革有机结合起来，增强国内大循环内生动力和可靠性，提升国际循环质量和水平，加快建设现代化经济体系，着力提高全要素生产率，着力提升产业链供应链韧性和安全水平，着力推进城乡融合和区域协调发展，推动经济实现质的有效提升和量的合理增长。

供应链韧性的概念最早是在2003年由Rice和Caniato教授提出，其正式定义由Christopher和Peck教授在2004年首次提出，即“供应链受到干扰后能够恢复到其原始状态或更加理想状态的能力”。随后，供应链韧性的其他定义也陆续被人们提出，使用得较为广泛的定义为“供应链对潜在的突发事件的事前准备、在中断发生后的快速响应并从中恢复的适应能力”。

对供应链的关注从微观的企业层面提升到产业层面，这一方面是因为我国经济已由高速发展阶段转向高质量发展阶段，产业链供应链安全稳定是构建新发展格局的重要基础；另一方面是因为当前国际环境复杂严峻，全球产业链供应链加速重构，我国产业链供应链面临诸多挑战。首先，在逆全球化思潮影响下，贸易保护主义抬头，一些西方国家针对关键技术和领域的打压力度明显加大，我国产业链供应链在许多领域依然面临“卡脖子”“断供”等威胁。其次，产业链供应链外迁风险增大，在全球产业链供应链加速重构时期，我国经历了由工业化向经济服务化阶段的过渡，国内一些地区产业链供应链外迁趋势渐露端倪。最后，我国产业链供应链尚存在部分领域核心基础零部件、关键技术和设备、关键基础材料严重依赖进口，质量技术基础不完善，共性技术创新体系缺失等问题，导致我国对产业链供应链关键环节掌控力较弱，局部受阻或断裂的风险较大。

2. 确保重要产业链供应链安全

党的二十大报告中明确提出：坚定维护国家政权安全、制度安全、意识形态安全，加强重点领域安全能力建设，确保粮食、能源资源、重要产业链供应链安全，维护我国公民、法人在海外合法权益，筑牢国家安全人民防线。

产业链供应链安全涉及多个方面，如重要原材料、零部件、中间产品、产成品供给明显不足或中断，核心技术受到他国封锁或限制，重要交通与物流通道受阻，支付受制于人或中断等。当前，受地缘政治、贸易摩擦、外交冲突、自然灾害以及国家竞争等因素影响，产业链供应链安全风险增大。因此，保障重点领域产业链安全、供应链安全，不在关键时刻掉链子，已经成为重大任务。

将产业链供应链安全提升到国家安全层面，与粮食、能源资源安全并列受到各种因素的影响。

一是各国传统产业链供应链受到巨大冲击，保障产业链供应链安全成为各国的重要战略目标。同时，在数字化、可持续发展等浪潮影响下，全球产业链供应链正在加速重构，主要发达经济体如美国、英国、日本、德国均从战略层面推动产业链供应链体系建设，国家间的竞争很大程度上已演变成高技术产业与供应链的竞争。

二是安全是发展的前提，发展是安全的保障，统筹发展和安全，做到居安思危，是我们党治国理政的一个重大原则，当前我国经济发展面临需求收缩、供给冲击、预期转弱三重压力，困难和挑战明显增多，需要坚持稳定，保持产业链供应链安全稳定是经济良性循环的基础，是稳增长的重要支撑。

三是产业链供应链安全意味着关键生产环节的自主可控，我国在多数关系国民经济命脉重大装备的整机设计、制造、运行上已经实现了国产化和自主可控。当前存在的主要问题是一些基础零部件、基础软件、基础材料、仪器和计量设备和少数整机领域仍然存在瓶颈和短板，特别是芯片、操作系统、工业软件、仪器和计量设备、基础材料、高档数控机床等具有很强的通用性和渗透性，其存在的瓶颈和短板影响更为广泛。在国际形势不稳定时，掌握产业链关键环节或重点领域核心技术，独立解决产品、技术等方面“卡脖子”问题，能有效防范产业链关键环节风险；在面临外部产品、零部件或技术等断供、断链冲击时，能迅速恢复原有的水平。

3. 加快建设制造强国、质量强国、航天强国、交通强国、网络强国、数字中国

党的二十大报告在第四章中明确提出：建设现代化产业体系，坚持把发展经济的着力

点放在实体经济上，推进新型工业化，加快建设制造强国、质量强国、航天强国、交通强国、网络强国、数字中国。

党的二十大报告再次提出了要加快建设交通强国。交通运输是国民经济基础性、战略性、先导性产业，也是重要服务性行业，更是服务构建新发展格局的重要支撑。随着综合交通运输体系的不断完善，交通支撑实体经济降本增效的能力也将不断提升。根据交通强国的建设要求，到2035年，我国将基本建成“人民满意、保障有力、世界前列”的交通强国；到2050年；我国将全面建成交通强国，实现“人享其行、物优其流”。交通运输是承担物流总量最大、衔接物流环节最多、服务市场范围最广的物流关键环节，是现代物流发展的基础主体。

在外部环境不稳定且内部要求不断提升的形势下，现代物流发展面临新要求：一是“双碳”发展目标对于交通运输尤其是公路货运的新要求；二是建设满足经济社会发展新需求的现代流通体系的新要求；三是推动物流业制造业深度融合、创新发展的新要求；四是推动产业梯次转移，实现区域协调发展的新要求；五是经济复苏和供应链安全的新要求；六是电子商务快速发展，人民消费结构升级的新要求。

二、物流行业的四大机遇

从十八大到二十大，物流业在市场经济中的地位逐渐凸显；物流设施地位提高，确立了物流基础性、战略性、准公益性的地位；对产业链供应链的关注从微观企业层面上升到产业层面、国家安全层面。从现代物流业取得成就来看，我国加大物流基础设施建设，搭建了以国家物流枢纽为核心，多种运输方式为通道，骨干冷链物流基地、示范物流园区、多式联运场站、城市配送中心、物流末端网点等为支撑的物流基础设施网络，初步形成了“枢纽+通道+网络”的物流运行体系。物流业作为支撑我国经济发展的重要基础设施，近年来社会物流总额一直保持着平稳增长的趋势。根据中国物流与采购联合会提供的数据，2012—2022年，我国社会物流总额从177.3万亿元增长至347.8万亿元。工业物流在社会物流总额中的占比最高，2022年工业品物流总额为309.2万亿元，占比为88.93%。

1. 供给侧结构性改革持续推进，供应链创新及应用作为推进供给侧结构性改革的重要抓手，大有可为

“供给侧结构性改革”最早由2015年举办的中央财经领导小组第十一次会议提出。党的十九大召开前夕，国务院正式发布了我国首个供应链政策——《关于积极推进供应链创新与应用的指导意见》。这一政策的发布，为物流业降本增效提出了新的思路。意见明确指出，供应链创新与应用是推进供给侧结构性改革的重要抓手。党的二十大报告在第四章明确指出：我们要坚持以推动高质量发展为主题，把实施扩大内需战略同深化供给侧结构性改革有机结合起来。现代供应链作为连接供给侧和需求侧的桥梁和纽带，发展现代供应链，有利于运用先进的供应链管理（SCM）技术和模式来替代过去低效粗放的运营模式，促进降本增效，优化供给结构、供给质量和供给效率，推动经济高质量发展。当前企业供应链管理水平两极分化，尤其是中小企业的供应链管理水平偏低，如何提高企业的供应链管理水平便成为各企业必须面对的关键问题。

2. 物流基础设施升级作为现代化基础设施建设的重要一环，具有长期机遇

党的十九大报告从国家发展战略全局的高度，首次将物流与公路、铁路电力等国家重大基础设施并列，提高物流设施地位，确立了物流基础性、战略性、准公益性的地位。

党的二十大报告在第四章中明确提出：优化基础设施布局、结构、功能和系统集成，构建现代化基础设施体系。中央财经委员会第十一次会议中明确了现代化基础设施的五大方向，其中就包括物流等产业升级基础设施建设。铁路、公路、机场、港口、码头、管道、货运场站、物流园区、中转分拨中心、快件处理中心、邮政网点等硬件是基础设施，信息系统、大型数据库、互联网平台等软件也是基础设施，物流基础设施建设升级和结构优化是持续性的，具有长期机遇。

3. 数字化转型，物流领域的新理念、新技术，促进物流企业降本增效，驱动企业更好发展

党的二十大报告指出：要加快建设数字中国，提到数字中国就不得不提数字经济。推动数字经济新形态必不可少的“三驾马车”：技术、要素及设施。技术即数字技术，要素即数字化的信息和知识，设施即现代信息网络。数字经济的发展由产业数字化支撑，而产业数字化则是由企业数字化转型来实现。

任务一　信息、数据及物流信息

微课 1-1：信息、数据及物流信息

经营效率较低是当前中国物流业面临的主要问题之一。中国物流行业容纳了超过 70 万家企业，却在国际快递市场上只占了 20%的份额，而 80%的份额被四大国际快递公司瓜分。如何更好地应用信息技术，提高物流业的效益，是物流企业面临的重大问题。相关数据显示，在国内平均一个产品生产环节占用的时间只有 5%～10%，其余 90%以上的时间都浪费在流通、物流服务过程中。当前中国物流市场的需求已经不仅停留在运货和送信上，而是要求物流行业能够提供包括运输、配送、仓储、包装、流通加工、物流信息、物流设备制造、物流设施建设、物流管理等环节在内的产业集群式服务。

中小型物流企业在综合实力、资源整合与运营能力上都存在很大的局限性，这也正是中国物流行业容纳了超过 70 万家的企业，却在国际快递市场上只占 20%份额的原因。

一、信息概述

（一）数据和信息

1. 数据

数据就是数值，是人们用来反映客观事物而记录下来的、可以鉴别的符号，是客观事物的基本表达方式，也是通过观察、实验或计算得出的结果。数据有很多种类型，最简单的就是数字，数据也可以是文字、图像、声音等。数据可以用于科学研究、设计、查证等。计算机问世后，人们对数据越来越重视。数据是人们用来反映客观事物的性质、属

性，以及相互关系的符号，包括任何字符、数字、图形、图像和声音等。图 1.1 为计算机可以处理的数据类型。

例如，在“三辆货运汽车”中，“三”和“货运”就是数据。“三”表示汽车的数量特征，“货运”反映汽车的类型。大家在理解数据的内涵时，一定要明白数据是一种可鉴别的符号。

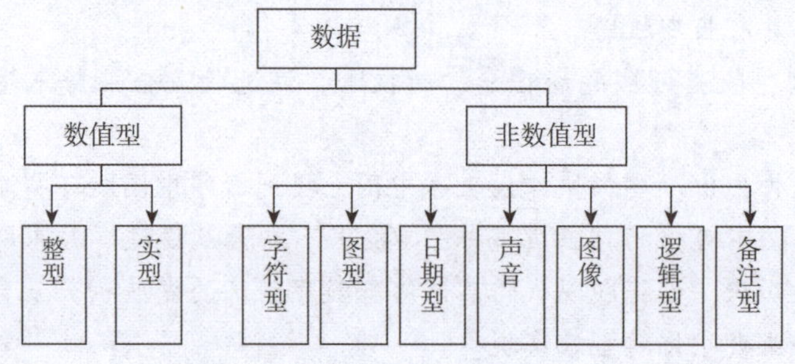

图 1.1　计算机可以处理的数据类型

数据的三个基本特征如表 1.1 所示。

表 1.1　数据的三个基本特征

数据名	数据类型	数据长度
载重吨数	整型	2B
品牌	字符型	4B
数量	整型	—

2. 信息

一般来讲，信息是对某个事件或者事物的一般属性的描述，是对事物内容、形式及其发展变化的反映。具体来说，信息是指能够反映事物内涵的知识、资料、情报、图像、文件、语言和声音等。

信息是数据所表达的客观事实，是导致某种决策行动的外界情况。

信息是由实体、属性、值所构成的三元组，即信息 = 实体（属性 1：值 1；属性 2：值 2；…；属性 n：值 n）。

例如，信息 = 货车（品牌：“东风”；“吨位”：“5”）。

信息具有以下特征。

（1）客观性。信息是对事物的内容、形式及其发展变化和状态的客观反映，其实质内容具有客观性。

（2）无限性。在整个宇宙中，信息是无限的；在有限的空间中，信息也是无限的。

（3）价值性。信息对于接受者来说是一种未知的、有价值的东西。信息是一种资源，具有使用价值，可以通过有效利用信息获得效益。

（4）传输性。信息是可以传播的，通过各种各样的手段能把信息传输到很远的地方。

（5）不对称性。由于人们的认知程度受文化水平、实践经验、获得途径等因素的限制，造成了对事物认识的不对称性。

（6）时效性。信息是有寿命、有时效、有生命周期的，其使用价值往往与提供的时间成反比，即信息生成后，它提供的时间越短，使用价值就越大；反之，使用价值就越小。

(7) 共享性。信息与物质和能源的一个主要区别是共享性。物质和能源是不可共享的，而信息是可以共享的。当把一个消息告诉别人时，信息提供者本身并不会失去这个消息。在物质和能源的交换中，一方得到的物质和能源正是另一方所失去的；而在信息的共享者获得信息时，信息的提供者并没有丢失信息。

(8) 可加工性。人们可以根据自身的不同需求或者目的，对信息进行目的性的加工，从而使信息具备能够满足使用需求的属性。实际上，信息的压缩、转换等都是其可加工性的具体表现。

(二) 数据和信息的关系

信息是加工处理的数据，数据是原材料，而信息就是成品；数据和信息的关系不是绝对的，二者可以相互转换；信息揭示数据内在的含义，是观念上的数据。

数据和信息密切相关，但是数据不等同于信息，它们之间是有区别的。数据和信息的关系可以看成原料和成品之间的关系。数据是原材料，而信息是数据经过加工的结果。一般来说，信息总是通过数据形式来表示，加载在数据之上并对数据的具体含义进行解释。

在实际应用中，应该注意以下的情形：对某个人来说是信息的东西，而对另一个人来说，可能只是一种原始数据。这就如同工厂的生产环节一样，一道工序或者一件成品可能只是另一道工序或者加工部门的原材料。数据和信息的关系如图 1.2 所示。

(1) 信息是加工后的数据“原材料”。

(2) 信息和数据是相对的，对某些人来说是数据，对其他人来说可能是信息。

(3) 如何加工数据是由人来决定的，但数据处理必须按照客观规律进行。

图 1.2　数据和信息的关系

二、物流信息

现代物流的重要特征是物流的信息化，可以将其视为物资实体流通与信息流通的结合。在现代物流运作过程中，人们通过使用计算机技术、通信技术、网络技术等手段大幅提升了物流信息的处理和传递速度，从而提高物流活动的效率和快速反应能力。建立和完善物流信息系统（LIS），对于构筑物流系统、开展现代物流活动是一项极其重要的工作内容。物流信息在物流系统中，既如同其他物流功能一样表现成其子系统，但又不同于其他物流功能，它总是伴随其他物流功能的运行而产生，又对其他物流功能和整个物流系统起支持保障作用。

(一) 物流信息

1. 物流信息定义

物流信息是指反映物流各种活动内容的知识、资料、图像、数据、文件的总称。物流信息是物流活动中各个环节生成的信息，一般是随着从生产到消费的物流活动而产生的信息流，与物流过程中的运输、保管、装卸、包装等各种职能有机结合在一起，确保整个物流活动顺利进行。

物流系统是一个涉及社会经济生活各个方面的错综复杂的大系统，与原材料供应商、生产制造商、批发商、零售商和最终消费者及市场流通的全过程均有关。因此，物流信息数量巨大，类别繁多。伴随物流活动产生的信息流如图 1.3 所示。

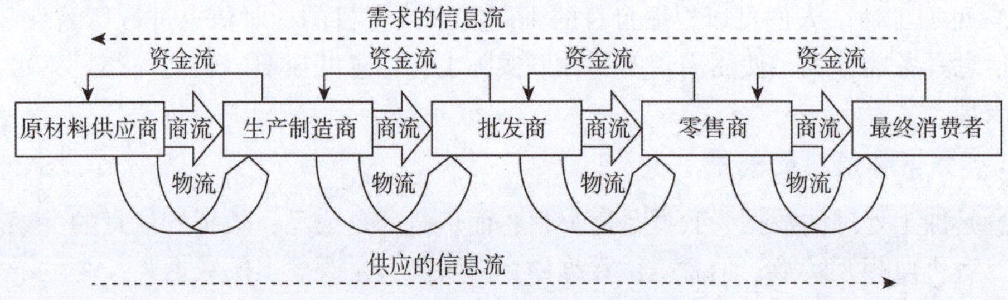

图 1.3　伴随物流活动产生的信息流

2. 物流信息的分类

物流信息是伴随企业的物流活动而产生的信息流。物流信息是保证运输、保管、装卸和配送等物流功能顺利完成的必不可少的条件。

物流信息可按其在物流活动中的功能、环节、作用层次和加工程度来分类。

（1）按功能分类。按信息产生和作用所涉及的不同功能领域分类，物流信息包括仓储信息、运输信息、加工信息、包装信息、装卸信息等。对于某个功能领域还可以进一步细化，例如，仓储信息分成入库信息、出库信息、库存信息、搬运信息等。

（2）按环节分类。按信息产生和作用的环节分类，物流信息可分为输入物流活动的信息和物流活动产生的信息。

（3）按作用层次分类。按信息作用的层次分类，物流信息可分为基础信息、作业信息、协调控制信息和决策支持信息。基础信息是物流活动的基础，是最初的信息源，如物品基本信息、货位基本信息等。作业信息是物流作业过程中发生的信息，信息的波动性大，具有动态性，如库存信息、到货信息等。协调控制信息主要是指物流活动的调度信息和计划信息。决策支持信息是指能对物流计划、决策、战略具有影响或有关的统计信息或有关的宏观信息，如科技、产品、法律等方面的信息。

（4）按加工程度分类。按信息加工程度的不同分类，物流信息可以分为原始信息和加工信息。原始信息是指未加工的信息，是信息工作的基础，也是最有权威性的凭证性信息。加工信息是对原始信息进行各种方式和各个层次处理后的信息，这种信息是原始信息的提炼、简化和综合，利用各种分析工作在海量数据中发现潜在的、有用的信息和知识。

3. 物流信息的作用

物流信息是伴随着物流活动的发生而产生的信息流，贯穿物流活动的整个过程，是物流活动的中枢神经系统，它不仅对物流活动具有支持保障的作用，而且具有连接整合物流系统活动的作用。正是由于这些作用，物流信息在现代企业经营战略中占有越来越重要的地位。建立物流信息系统，提供迅速、准确、及时和全面的物流信息是现代企业获得竞争优势的必要条件。

物流信息的作用具体表现在以下几个方面。

(1) 物流信息有助于物流活动各环节之间的相互衔接。

(2) 物流信息有助于物流活动各环节之间的协调与控制。

(3) 物流信息有助于提高物流管理和决策水平。

4. 物流信息的特征

(1) 信息量大。

物流信息随着物流活动以及商品交易活动展开而大量产生，多品种小批量生产和多频度小数量配送使库存、运输等物流活动的信息大量增加。零售商广泛应用销售时点（POS）读取销售时点的商品价格、品种、数量等即时销售信息并对这些销售信息加工整理，通过电子数据交换（EDI）向相关企业传送。同时，为了使库存补充作业合理化，许多企业还使用电子订货系统（EOS）。

(2) 更新快。

多品种小批量生产，多频度小数量配送，POS 系统的及时销售使各种作业活动频繁发生，因此，要求物流信息不断更新，而且更新的速度越来越快。

(3) 来源多样化。

物流信息不仅包括企业内部的物流信息（如生产信息、库存信息等），而且包括企业间的物流信息和与物流活动有关基础设施的信息。企业获得竞争优势需要供应链各参与企业之间相互协调合作，协调合作的手段之一是信息及时交换和共享。现在，越来越多的企业力图使物流信息标准化和格式化并运用 EDI 在相关企业间进行信息传送，以实现信息的交换和共享。

任务二　常见物流信息技术

微课 1-2：常见的智慧物流信息技术

一、物流信息技术

物流信息技术在现代物流企业的经营战略中占有越来越重要的地位。因此，建立物流信息系统，充分利用各种现代化信息技术，提供迅速、及时、准确、全面的物流信息是现代物流企业获得竞争优势的必要条件。

1. 物流信息技术简介

物流信息技术是指运用于物流领域的信息技术。

物流信息技术是物流现代化的重要标志，也是物流领域发展最快的技术之一。从物流数据自动识别与采集的条码系统，到物流运输设备的自动跟踪；从企业资源的计划优化到各企业、单位间的电子数据交换；从办公自动化系统中的微型计算机、互联网、各种终端设备等硬件到各种物流信息系统软件。同时，随着物流信息技术的不断发展，还产生了一系列新的物流理念和物流经营方式。

2. 物流信息技术

（1）条码技术与射频技术。

条码技术是20世纪在计算机应用中产生和发展起来的一种自动识别技术，是集条码理论、光电技术、计算机技术、通信技术、条码印制技术于一体的综合性技术。条码技术具有制作简单、信息收集速度快、准确率高、信息量大、成本低和条码设备方便易用等优点，所以从生产到销售的流通转移过程中，条码技术起到了准确识别物品信息和快速跟踪物品历程的重要作用，它是整个物流信息管理工作的基础。条码技术在物流数据采集、快速响应、运输途中的应用，促进了物流业的发展。例如，在货物保管环节中，由于使用了条码技术，商品的出入库、库存保管、商品统计查询、托盘利用等所有保管作业均实现了自动检测、自动操作和自动管理，大幅降低了保管成本，提高了仓储的效率；在装卸搬运和包装环节中，使用条码信息技术实现了自动化装卸搬运、模块化单元包装、机械化分类分拣和电子化显示作业，大幅提升了装卸搬运和包装作业效率，也提升了服务质量和服务水平。

射频（RF）技术是一种基于电磁理论的通信技术，适用于物料跟踪、运载工具和货架识别等要求非接触数据采集和交换的场合。它的优点是不局限于视线，识别距离比光学系统远，射频识别卡具有读写能力，可携带大量数据，难以伪造且智能。目前通常利用便携式的数据终端，通过非接触式的方式从射频识别卡上采集数据，然后直接通过射频通信方式将这些数据传送给主计算机，由主计算机对各种物流数据进行处理，以实现对物流全过程的控制。

（2）全球定位技术。

全球定位系统（GPS）是运用空中卫星全天候、高准确度地对地面目标的运行轨迹进行跟踪、定位与导航的技术。GPS最初只应用于军事领域，近年来，GPS已在物流领域得到了广泛应用，如应用在汽车自定位及跟踪调度、铁路车辆运输管理、船舶跟踪及最佳航线的确定、空中运输管理、防盗反劫、服务救援、远程监控、轨迹记录和物流配送等领域。例如，利用卫星对物流及车辆运行情况进行实时监控，用户可以随时"看到"自己的货物状态，包括运输货物车辆所在位置（如在某城市的某条道路上）、货物名称、数量等，可实现物流调度的即时接单和即时排单以及车辆动态实时调度管理；GPS提供交通气象信息、异常情况报警信息和指挥信息，以确保车辆、船只的运营质量和安全；客户经授权后也可以通过互联网随时监控运送自己货物车辆的具体位置；GPS还能进行各种运输工具的优化组合、运输网络的合理编织，如果货物运输需要临时变更线路，可随时指挥调动，大大降低了车辆的空载率，提高了运输效率，实现了资源的最佳配置。

（3）地理信息技术。

地理信息系统（GIS）是人类在生产实践活动中，为描述和处理相关地理信息而逐渐产生的软件系统。GIS以地理空间数据为基础，以计算机为工具，采用地理模型分析方法，对具有地理特征的空间数据进行处理，实时提供多种空间和动态的地理信息。它的诞生改变了传统的数据处理方式，使信息处理由数值领域步入空间领域。通过各种软件的配合，地理信息系统可以建立车辆路线模型、物流网络模型、分配集合模型、设施定位模型等，更好地为物流决策服务。GIS的用途十分广泛，除应用于物流外，还应用于能源、农林、水利、测绘、地矿、环境、航空、国土资源综合利用等领域。

（4）电子数据交换技术。

电子数据交换技术是计算机、通信和管理相结合的产物。EDI 按照协议的标准结构格式，将标准的经济信息通过电子数据通信网络，在商业伙伴的电子计算机系统之间进行交换和自动处理。由于可以减少甚至消除贸易过程中的纸面文件，因此，EDI 又称为“无纸贸易”。EDI 能让货主、承运人及其他相关的单位之间，通过系统进行物流数据交换并以此为基础实施物流作业活动。物流 EDI 的参与单位有货主（如生产厂家、贸易商、批发商、零售商等）、承运人（如独立的物流承运企业或代理等）、实际运货人（如铁路运输企业、水运企业、航空运输企业、公路运输企业等）、协助单位（如政府有关部门、海关、金融企业等）和其他物流相关单位（如仓库作业者、专业配送者等）。

EDI 的基础是信息，这些信息可以由人工输入计算机，但更好的方法是通过扫描条码获取数据，因为速度快、准确度高。EDI 的运用让贸易伙伴之间的联系更加紧密，使物流企业或单位内部运作过程合理化，增加了贸易机会，改进了工作质量和服务质量，降低了成本，获得了竞争优势。例如，物流活动的各参与方通过 EDI 交换库存、运输、配送等信息，使各参与方共同改进物流活动的效率，提高客户满意度。对于跨国企业来说，EDI 技术的发展可以使企业的业务延伸到世界的各个角落。

（5）企业资源信息技术。

20 世纪 70 年代初，美国企业最早使用计算机辅助编制物料需求计划（MRP）。20 世纪 90 年代初，美国的加特纳公司首先提出并实施企业资源计划（ERP）。此后，ERP 技术在世界范围内得到众多企业的广泛应用并不断完善和发展。如在一些领域，ERP 技术延伸为配送需求计划（DRP）和物流资源计划（LRP）。

ERP 是一整套企业管理系统体系标准，集信息技术与先进的管理思想于一身，为企业提供业务集成运行中的资源管理方案。ERP 技术是集合企业内部的所有资源，进行有效的计划和控制，以达到最大效益的集成系统。企业资源计划一般被定义为基于计算机的企业资源信息系统，其功能除制造、供销、财务外，还包括工厂管理、质量管理、设备维修管理、仓库管理、运输管理、过程控制接口、数据采集接口、电子通信、法律法规标准、项目管理、金融投资管理、市场信息管理、人力资源管理等。当然，仅仅只有企业内部资源的充分利用还不够。ERP 技术还能连接企业的外部资源，包括客户、供应商、分销商等资源。ERP 以这些资源所产生的价值，组成一条增值的供应链信息系统，通过将客户的需求、企业的制造活动与供应商的制造资源集成在一起来满足当今全球市场的高速运转需求。

目前，世界的 500 强企业，全部实现了 ERP 管理。不少跨国公司选择合作伙伴的前提之一，就是看其是否应用了 ERP 系统。世界经济一体化让所有企业（特别是物流企业）面对一个更大的市场空间和更激烈的竞争环境。提高综合管理水平、适应市场的快速变化与需求、建立一套全面的 ERP 系统将是中国物流企业实现现代化管理、成功参与国际竞争的必由之路。

二、发展物流信息的意义

物流发展的总趋势是信息化、国际化和现代化。而物流信息化是物流国际化、物流现代化的基础，尤其随着以电子化、网络化和数字化经济为特征，以电子商务为核心的 e 时代的来临，物流信息化面临各种挑战。物流作为一个涉及投入和产出的重要环节，在企业的经营管理中起到重要作用。

1. 减少物流成本

如何对自身物流资源进行优化配置，如何实施管理和决策，如何用最小的成本获得最大的效益是物流企业面临的最重要问题之一。物流的信息化能够使管理人员运用智能规划理论和方法，高效地进行运输资源的使用、运输路线的选择、工作计划的拟订、人员的安排、库存数量的决策、需求和成本的预测、系统的控制等，从而获得良好的经济效益。

2. 提高物流传递的效率和质量

物流不仅运输物品，也在传递信息，即将各种信息经过加工、处理后再传递出去。物流信息化的目的并不是精简人员、节约费用，而是要形成效率高、服务质量好的物流系统，从而提高效率。

3. 提高物流企业竞争力

物流信息化包括物资采购、销售、存储、运输等物流过程的各种决策活动，如为采购计划、销售计划、供应商的选择、客户分析等活动提供决策支持，并充分利用计算机的强大功能汇总和分析物流数据，在物流管理中选取、分析和发现新的机会，进而做出更好的采购、销售和存储决策。物流信息化能够充分利用企业资源，从而降低物流成本，提高物流系统的效率，增强企业的竞争优势。

三、现代物流信息发展的趋势

1. 射频识别技术将成为未来物流领域的关键技术

相关专家在分析后认为，射频识别技术应用于物流行业，可大幅提高物流管理与运作效率，降低物流成本。另外，从全球发展趋势看，随着 RFID 相关技术的不断完善和成熟，RFID 产业将成为一个新兴的高技术产业群，成为国民经济新的增长点。因此，RFID 技术有望成为推动现代物流加速发展的润滑剂。

2. 物流动态信息采集技术将成为物流发展的突破点

在全球供应链管理不断发展的前提下，及时掌握货物的动态信息和品质信息已成为企业盈利的关键因素。但是，由于受到自然、天气、通信、技术、法律法规等方面的影响，物流动态信息采集技术的发展一直受到制约，远不能满足现代物流发展的需要。因此，借助新的科技手段，完善物流动态信息采集技术，将成为物流领域下一个技术突破点。

3. 物流信息安全技术日益被重视

借助网络技术发展起来的物流信息技术，人们在享受由于网络的飞速发展而带来的巨大好处的同时，也时刻承受着各种安全危机的威胁，如网络黑客无孔不入的恶意攻击、网络病毒的肆虐、信息的泄露等。应用物流信息安全技术保障企业的物流信息系统或平台安全、稳定地运行，是企业长期面临的一项重大挑战。

任务三　物流信息化的应用

一、信息系统的概念

信息系统是指运用计算机技术实现对信息进行收集、处理、存储和传输的人机系统。通常，信息系统根据某项业务的需要，由多个相互有关的人工处理和计算机处理过程组成，对输入的大量数据进行处理，代替人工处理的烦琐、重复劳动；同时，系统还利用计算机的软硬件，为企业或组织的作业、管理和决策提供信息支持。

信息系统是任何企业或组织中都存在的一个很重要的子系统，它能将整个企业或组织的各个部分紧密联系在一起，从而保证整个企业或组织的顺利运行。信息系统输入、数据管理、输出的对象都是信息，同时将这些过程形成一个系统，以便为人们提供所需的信息，信息系统结构示意图如图 1.4 所示。

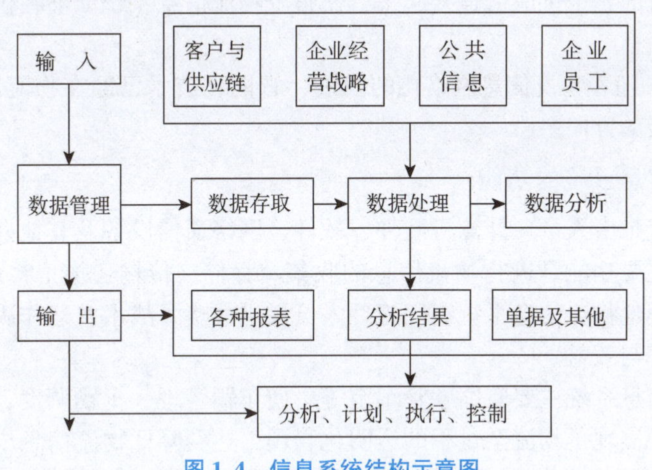

图 1.4　信息系统结构示意图

二、物流信息系统概述

（一）物流信息系统的概念和特点

1. 物流信息系统的概念

物流信息系统是通过对物流相关信息的加工处理来达到对物流、资金流的有效控制和管理，并为企业提供信息分析和决策支持的人机交互系统。物流信息系统由人员、设备和程序组成，为物流管理者执行计划、实施、控制等职能提供信息，是物流系统的子系统。物流信息系统把物流和物流信息结合成一个有机的系统，用各种方式选择收集输入物流计划的、业务的、统计的各种有关数据，经过有针对性、有目的的计算机处理，即根据管理工作的要求并采用特定的计算机技术处理原始数据并输出对管理工作有用的信息的一种系统。

2. 物流信息系统的特点

物流信息系统，实际上是物流管理软件和信息网络结合的产物，小到一个具体的物流管理软件，大到利用覆盖全球的互联网。将所有相关的合作伙伴、供应链成员连接在一起提供物流信息服务的系统都称为物流信息系统。对一个企业而言，物流信息系统不是独立存在的，而是企业信息系统的一部分，或者说是其中的子系统，即使对一个专门从事物流服务的企业也是如此。例如，在企业的 ERP 系统中，物流管理信息系统就是其中一个子系统。具体来说，物流信息系统有以下特点。

（1）集成化。集成化是指物流信息系统的各个模块业务按逻辑连接在一起。在系统开发过程中，数据库设计、系统结构、系统功能的设计都遵循统一的标准和集成化，避免出现信息孤岛现象。

（2）模块化。模块化是把物流信息系统分为若干子系统，每个子系统分成一个单独的模块，并进行统一标准的开发，然后集成为子系统。模块化满足了物流企业各部门管理的需求，也使各个系统之间能进行更好的访问和使用。

（3）实时化。实时化是指物流信息系统中借助于编码技术、自动识别等信息技术对物流活动进行准确实时的数据收集并采用计算机与通信技术，对物流信息进行传送和处理；通过互联网将物流的各个供应链连接起来，使整个物流信息系统能够在供应商、分销商和客户之间共享。

（4）智能化。随着物流信息网络化的发展，智能化技术已经在物流信息系统中应用，也是今后物流发展的方向。

（二）物流信息系统的功能

物流信息系统是由人员、计算机硬件、软件、网络通信设备及其他办公设备组成的人机交互系统，其主要功能是进行物流信息的收集、存储、传输、加工整理、维护和输出，为物流管理者及其他物流信息系统组织管理人员提供战略、战术及运作决策支持，从而提高物流运作的效率与效益。

国内的物流信息系统主要有路歌管车宝等，使车辆管理、车辆调度、车辆定位等操作变得更简便快捷，实现了物流全过程的透明化管理，达到降低物流信息成本和提高物流管理效率的目标。

物流信息系统是物流系统的神经中枢，它作为整个物流系统的指挥和控制系统，可以分为多种子系统或者多种基本功能。通常，可以将其基本功能归纳为以下几个方面。

1. 数据收集

物流数据的收集首先是将数据通过收集子系统从系统内部或者外部收集到预处理系统中，并整理成为系统要求的格式和形式，然后通过输入子系统输入物流信息系统中。这一过程是其他功能发挥作用的前提和基础，如果收集和输入的信息不完全或不正确，得到的结果就可能与实际情况完全相左，这将会导致严重的后果。因此，在衡量一个物流信息系统性能时，应注意所收集数据的完善性、准确性、校验能力，以及预防和抵抗破坏能力等。

2. 信息存储

物流数据经过收集和输入阶段后，在其得到处理之前，必须在系统中存储下来。即使在物流数据得到处理之后，若信息还有利用价值，也要将其保存下来，以供日后使用。物流信息系统的存储功能就是要保证已得到的物流信息能够不丢失、不走样、不外泄、整理得当、随时可用。无论哪一种物流信息系统，在涉及信息的存储问题时，都要考虑到存储量、信息格式、存储方式、使用方式、存储时间、安全保密等问题。如果这些问题没有妥善解决，物流信息系统是不可能投入使用的。

3. 信息传输

在物流系统中，物流信息一定要准确、及时地传输至各个职能环节，否则信息就会失去其使用价值。这就需要物流信息系统具有克服空间障碍的作用。物流信息系统在实际运行前，必须充分考虑所要传递信息的种类、数量、频率、可靠性要求等因素。只有当这些因素符合物流系统的实际需要时，物流信息系统才是有实际使用价值的。

4. 信息处理

物流信息系统的最终目的就是将输入的数据加工处理成物流系统所需要的物流信息。数据和信息是有所不同的，数据是信息的基础，但数据往往不能直接利用，而信息是由数据加工得到，可以被人们直接利用。只有得到了具有实际使用价值的物流信息，物流信息系统的作用才能发挥出来。

5. 信息输出

信息输出是物流信息系统的最后一项功能，也只有在实现了这个功能后，物流信息系统的任务才算完成。信息输出必须采用便于人或计算机理解的形式，在输出形式上力求易读易懂、直观醒目。

这 5 项功能是物流信息系统的基本功能，缺一不可，而且只有所有过程完全正确，最后得到的物流信息才具有实际使用价值，否则会造成严重后果。

从物流信息系统来说，信息和物流是同时进行的，关键是两者内容相一致。因此，必须信息先行。

（三）物流信息系统所要解决的问题

（1）缩短从接收订货到发货的时间。

（2）保持库存适量（压缩库存并防止脱销）。

（3）提高搬运作业效率。

（4）提高物流运输效率。

（5）使接收订货和发出订货更为省力。

（6）提高接收订货和发出订货精确度。

（7）防止发货、配货出现差错。

（8）调整需求和供给。

三、建立物流信息系统的意义

现代物流管理以信息为基础，因而建立物流信息系统越来越具有战略意义。

（1）在企业日益重视经营战略的情况下，建立物流信息系统是必要的。具体来说，为确保物流的竞争优势，建立将企业内部的销售信息系统、物流信息系统、生产供应信息综合起来的物流信息系统势在必行。

（2）由于信息化的发展，各企业之间的关系日益紧密。如何将企业外部销售渠道的信息系统、采购系统中的信息系统以及运输信息系统连接起来，将成为今后需要重点研究解决的课题。

（3）企业物流管理已经不只是企业内部的问题，其进入社会系统的部分将日益增多。在这种形势下，物流信息系统将成为社会信息系统的重要组成部分。

四、物流信息系统的应用

在国内，各种物流信息应用技术已经广泛应用于物流活动的各个环节，对企业的物流活动产生了深远的影响。

1. 物流自动化设备技术的应用

物流自动化设备技术的集成和应用的热门环节是配送中心，其特点是每天需要拣选的物品品种多、批次多、数量大。因此，在国内超市、医药、邮包等行业的配送中心部分引进了物流自动化拣选设备。其中，一种是拣选设备的自动化应用，如北京市医药总公司配送中心，其拣选货架（盘）上配有可视的分拣提示设备，这种分拣货架与物流管理信息系统相连，可动态提示拣选的物品和数量，指导工作人员的拣选操作，提高了货物拣选的准确性和效率。另一种是对拣选后的物品进行自动分拣的设备。用条码或电子标签附在被识别的物体上（一般为组包后的运输单元），由传送带送入分拣口，然后由装有识读设备的分拣机分拣物品，使物品进入各自的组货通道，完成物品的自动分拣。分拣设备在国内大型配送中心有所使用，但这类设备及相应的配套软件基本上由国外进口，也有国外进口机械设备在国内配置软件。立体仓库和与之配合的巷道堆垛机在国内发展迅速，在机械制造、汽车、纺织、铁路、卷烟等行业都有不同程度的应用。例如，昆船集团生产的巷道堆垛机在红河卷烟厂等多家企业已应用多年。近年来，国产堆垛机在行走速度、噪声、定位精度等技术指标也有了进步，运行得比较稳定。但是，与国外著名厂家相比，在堆垛机的一些精细指标如最低货位极限高度、高速（80 m/s以上）运行时的噪声，电动机减速性能等方面还存在一定的差距。

2. 物流设备跟踪和控制技术的应用

目前，物流设备跟踪主要是指对物流的运输载体及物流活动中涉及物品的所在地进行跟踪。物流设备跟踪的手段有多种，可以用传统的通信手段如电话等进行被动跟踪，也可以用 RFID 手段进行阶段性跟踪。但目前，国内用得最多的还是运用 GPS 技术跟踪。GPS 技术跟踪运用 GPS 物流监控管理系统，它的主要作用是跟踪货运车辆与货物的运输情况，使货主及车主随时了解车辆与货物的位置与状态，保障整个物流过程的有效监控与快速运转。GPS 物流监控管理系统的构成主要包括运输工具上的 GPS 定位设备、跟踪服务平台（含地理信息系统和相应的软件）、信息通信机制和其他设备（如货物上的电子标签或条码、报警装置等）。在国内，部分物流企业为了提高企业的管理水平和提升对客户的服务能力也应用这项技术，如沈阳等地方政府要求下属交通部门对营运客车安装 GPS 设备，从而加强了对营运客车的监管力度。

3. 物流动态信息采集技术的应用

企业竞争的全球化趋势、产品生命周期的缩短和用户交货期的缩短等都对物流服务的可得性与可控性提出了更高的要求，实时物流理念也由此诞生。如何保证对物流过程的完全掌控，物流动态信息采集技术是必备的要素。动态货物或移动载体本身具有很多有用的信息，如货物的名称、数量、重量①、质量、出产地或者移动载体（如车辆、轮船等）的名称、牌号、位置、状态等一系列信息。这些信息可能在物流过程中反复地使用，因此，正确、快速地读取动态货物或移动载体的信息并加以利用可以明显提高物流效率。在目前流行的物流动态信息采集技术应用中，一维码、二维码技术应用范围最广，其次还有磁条（卡）技术、语音识别技术、视觉识别技术、接触式智能卡技术、便携式数据终端、射频识别等技术。

（1）一维码技术。一维码由一组规则排列的条、空和相应的数字组成，这种用条、空组成的数据编码可以供机器识读，而且很容易译成二进制数和十进制数，因此，该技术广泛应用于物品信息标注中。因为符合条码规范且无污损的条码识读率很高，结合相应的扫描器可以明显提高物品信息的采集速度，加之条码系统成本较低，操作简便，又是国内应用最早的识读技术，所以一维码技术在国内有很大的市场。但一维码记载的数据量有限，而且条码上损污后可读性极差，不利于进一步发展；同时，信息存储容量更大、识读可靠性更好的识读技术也开始出现了。

（2）二维码技术。由于一维码的信息容量很小，如商品上的条码仅能容纳几位或者十几位阿拉伯数字或字母，商品的详细描述只能依赖数据库提供，离开了预先建立的数据库，一维码的使用就受到了限制。基于这个原因，人们发明了二维码，除具备一维码的优点外，它还有信息容量大（根据不同的编码技术，容量是一维码的几倍至几十倍，可以存放个人的自然情况及指纹、照片等信息）、可靠性高（在损污50%时仍可读取完整的信息）、保密防伪性强等优点。在水平和垂直方向的二维空间存储信息的二维码继承了一维码的特点，条码技术价格便宜、识读率强且使用方便，所以在各种信息系统中均得到了应用。

（3）磁条（卡）技术。磁条（卡）技术以涂料形式把一层薄薄的定向排列的铁性氧化粒子用树脂黏合在一起，并贴在诸如纸或塑料这样的非磁性基片上。磁条本质上和计算机用的磁带或磁盘是一样的，它可以用来记载各种信息。其优点是数据可多次读写，数据存储量能满足多数用户的需求，由于黏附力强的特点，其在很多领域得到广泛应用，如信用卡、机票、公共汽车票、自动售货卡、会员卡等。但磁条卡的防盗性能、存储量等性能，比起一些新技术如芯片类卡技术还是有差距的。

（4）语音识别技术。语音识别是一种通过识别声音转换成文字信息的技术，其最大特点就是不用手工录入信息，这对那些采集数据同时还要完成手脚并用的工作场合或键盘上打字效率低的人尤为适用。但语音识别存在的最大问题是准确率不够高。

（5）视觉识别技术。视觉识别系统是一种对一些有特征图像进行分析和识别的系统，能够对限定的标志、字符、数字等图像内容进行信息的采集。视觉识别技术的应用障碍是对于一些不规则或不够清晰图像的识别准确率较低且数据格式有限，通常要用接触式扫描器扫描，随着自动化技术的发展，视觉技术会朝着更细致、更专业的方向发展，并且还会

① 本书中的重量为质量（mass）概念，单位为 kg。

与其他自动识别技术结合应用。

（6）接触式智能卡技术。智能卡是一种将具有处理能力、加密存储功能的集成电路芯板嵌装在一个与信用卡一样大小的基片中的信息存储技术，通过识读器接触芯片可以读取芯片中的信息。接触式智能卡的特点是具有独立的运算和存储功能，在无源情况下，数据也不会丢失，数据安全性和保密性非常好，且成本适中。智能卡与计算机系统相结合，可以方便地满足对各种各样信息的采集传送、加密和管理的需要，它在国内外的许多领域如银行、公路收费、水表煤气收费等得到了广泛应用。

（7）便携式数据终端。便携式数据终端一般包括一台扫描器、一台体积小但功能很强大并有存储器的计算机、一台显示器和一个供手工输入使用的键盘。PDT 是一种多功能的数据采集设备，在编程时允许编入一些应用软件。PDT 存储器中的数据可随时通过射频通信技术传送到主计算机上。

（8）射频识别技术。射频识别技术是一种利用射频通信实现的非接触式自动识别技术。RFID 技术具有体积小、容量大、寿命长、可重复使用等特点，可支持快速读写、非可视识别、移动识别、多目标识别、定位及长期跟踪管理。RFID 技术与互联网、通信等技术相结合，可实现全球范围内物品跟踪与信息共享。从上述物流动态信息采集技术的应用情况及全球物流信息化发展趋势来看，物流动态信息采集技术应用正成为全球范围内重点研究的领域。现在，我国已在物流动态信息采集技术应用方面积累了一定的经验，对于条码技术、接触式智能卡技术的应用也十分普遍。

任务四　揭开“智慧物流”神秘面纱

微课 1-3：揭开“智慧物流”神秘面纱

一、智慧物流概念

“智慧物流”的概念于 2009 年首次提出。智慧物流是指通过智能软硬件、物联网、大数据等智慧化技术手段，实现物流各环节精细化、动态化、可视化管理，提高物流系统智能化分析决策能力和自动化操作执行能力，提升物流运作效率的现代化物流模式。

智慧物流具有三大特点。

（1）数据驱动：运用大数据、互联网、人工智能等技术，建设物流信息系统平台，从对内管理和对外服务两个角度优化资源配置，为物流企业创造更好的经济效益和社会效益。

（2）信息联动：将物流管理看作一项系统工程，将政府部门、物流企业、社会客户的信息进行共享联动，使得数据信息的传递更加便利高效。

（3）人工智能：将本应由人来完成的复杂工作交由机器人完成，通过技术赋予机器人的思维和行动能力来降低人工成本并提高管理效率。

二、智慧物流系统的体系架构

如图 1.5 所示，智慧物流系统的体系架构可以分为 4 层，由下到上分别是数据感知层、数据传输层、数据存储层、应用服务层。

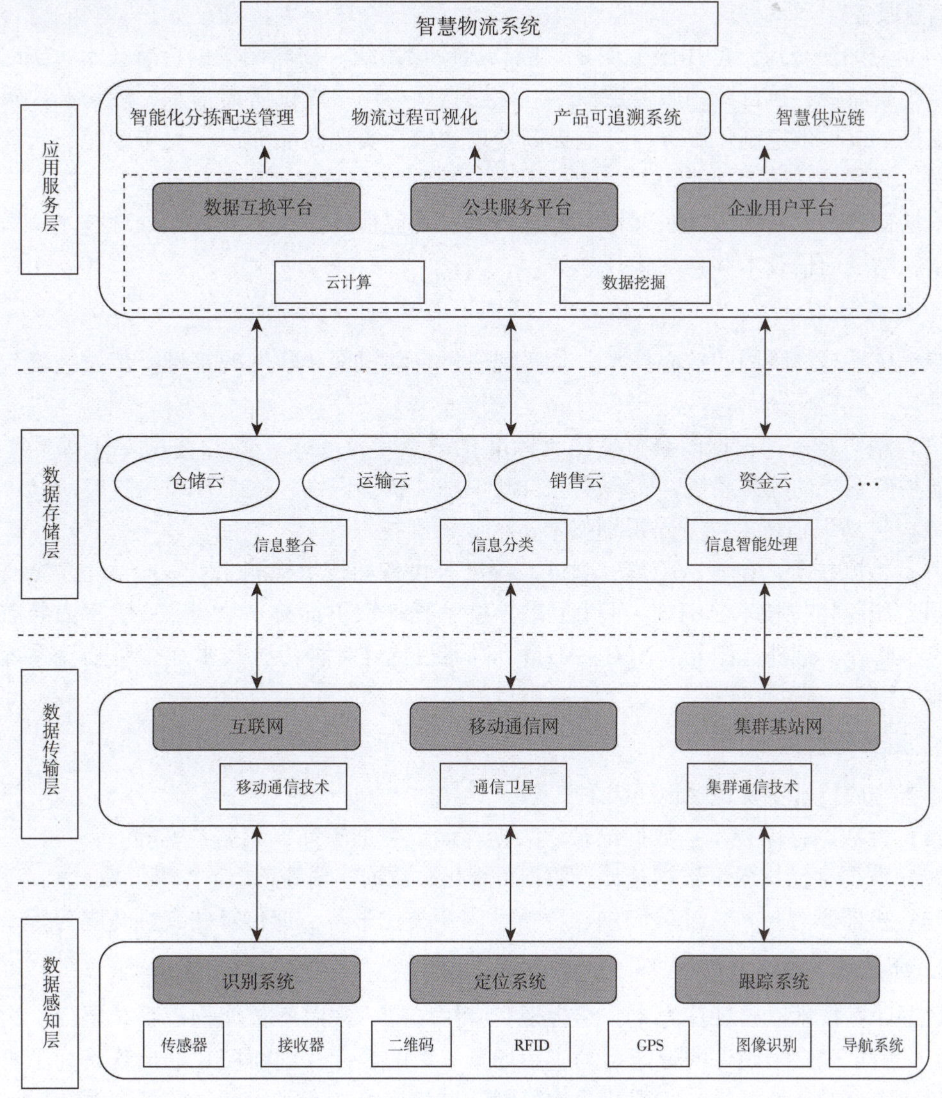

图 1.5　智慧物流系统的体系架构

（1）数据感知层：数据感知层是智能物流系统的基础，实现产品识别，是智慧物流的起点。它包含识别系统、定位系统、跟踪系统，能够实时、自动采集物流系统信息，信息再按系统结构和运营逻辑进行处理，可掌握物品和其他对象的实时流程信息。物流系统的感知层使用多种传感技术来检测物品。常用的检测技术有条码自动识别技术、RFID 技术、GPS 手机检测技术、传感器检测技术、红外检测技术、语音检测技术、机器视觉检测技术、无线传感器网络技术等。用于物品检测的不同技术均可应用于物流系统，在特定应用中必须平衡系统要求和技术成本等因素。

（2）数据传输层：利用各种传输网络和通信技术，及时、安全地传输感知设备所收集的信息。其中传输介质包括互联网、移动通信网、集群通信技术等。

（3）数据存储层：数据存储层在数据应用层和数据传输层之间，对数据感知层获取的信息进行处理和管理。通过对信息的智能处理，可以为各类对象（客户、管理人员、司机等）提供信息服务。

（4）应用服务层：应用服务层是智能物流应用系统。物联网借助传感技术，实时检测网络层决策命令，执行应用服务层命令。该层直接为用户提供所需信息，能为其决策提供数据支撑，或提供定制化服务，并能提高处理效率，实现商品溯源、运单跟踪、智能化分拣配送、预测与预警等功能。

根据智慧物流系统的体系架构，智慧物流主要包括传感技术、数据处理技术、数据计算技术、网络通信技术和自动化技术等。

1. 传感技术

传感技术是物联网的核心技术，是实现要素自动识别和联网的基础。传感技术包括以下几种。

（1）编码技术：根据国家贸易物流标准化试点示范要求，推荐使用 GS1 编码系统作为智能物流系统的编码系统，实现全球自动识别、状态识别、透明管理和监控。

（2）自动识别技术：条码识别技术、射频识别技术等。

（3）检测技术：位置、距离、温度、湿度等设备和技术检测。

（4）跟踪定位技术：GPS、北斗卫星导航系统（以下简称“北斗”）、室内导航定位技术等。此外，红外、激光、NFC、M2M、机器视觉等各种传感技术在智慧物流系统中也有具体应用。

2. 数据处理技术

数据处理技术主要包括以下几种。

（1）大数据存储技术：数据记录、数据存储、数据验证、数据共享等。

（2）数据存储技术：数据统计、数据可视化、数据挖掘等。

（3）机器学习技术：经验归纳、分析学习、类比学习、遗传算法、强化学习等。

3. 数据计算技术

数据计算技术以云计算为主，结合现实应用场景，常用于智能物流系统层面，边缘计算技术常用于独立于硬件的智能后勤应用场景。新的云计算创新模式的出现是为了更好地适应智慧物流的各种场景，实现智慧物联网的更快响应和实时运行，达到资源协同、快速响应的目的。

4. 网络通信技术

网络通信是智慧物流系统的神经网络，是智慧物流系统信息传递的核心。在一些应用智能仓库等网络通信技术的场景中，经常使用现场总线、无线局域网等技术，并经常使用状态感知、物联网和物联网技术以实现物与物之间的通信。物联网技术主要用于连接国家或全球智能物流网络的大型系统。目前，正在开发集网络、信息、计算和控制功能于一体的虚实融合网络系统，即信息物理系统（CPS）的技术框架。2017 年，中国正式推出《信息物理系统白皮书 2017》。随着系统技术的发展，该技术系统将成为智能物流底层的基础

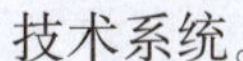

技术系统。

5. 自动化技术

自动化技术是一种主要作用于智能物流系统应用层的技术，包括以下几种。

（1）各类机器人拣选、运输和自动分拣技术：自动分拣、语音拣选等。

（2）智能驾驶技术：主要通过自主控制技术、搬运机器人、自动导引车（AGV）和无人物料搬运实现智能驾驶和自主导航，全物流类技术运营使系统非常灵活和可扩展，包括无人叉车、无人牵引车等。

（3）自动化立体仓库技术：自动仓储系统结合货架系统、控制系统、自动分拣系统等技术设备的自动传输，实现货物自动存取、拣选、搬运、分拣等环节的机械化、自动化。

（4）智能装卸技术：卡车网络、智能卡车、无人机系统、配送机器人系统等。

三、智慧物流发展

“智慧+共享”物流=智慧化物流智能技术体系+共享化物流共享互动机制+降本增效耦合动力机制，并赋予其如下定义：“智慧+共享”物流是指将智慧化和共享化两种理念共同融入现代化物流运作系统，在降本增效等耦合动力机制作用下，实现智慧化的物流智能技术体系和共享化的物流共享互动机制之间关联要素的相互耦合衔接，推动物流系统主要功能环节相互适应、耦合协调、相辅相成，并最终达成物流运作流程高效智能化、物流资源高度共享化、物流系统功能全面转型升级的新型物流运作模式。

物流企业“智慧+共享”物流耦合的制约因素可划分为物流智慧化水平、物流共享化水平、耦合环境、耦合机制、耦合能力、耦合意愿、企业特质这 7 个主范畴以及 23 个副范畴。内驱因素、外驱因素、中介因素和调节因素构成四大机制及各作用路径交互融合，共同推动物流企业“智慧+共享”物流耦合运行。智慧物流车如图 1.6 所示。

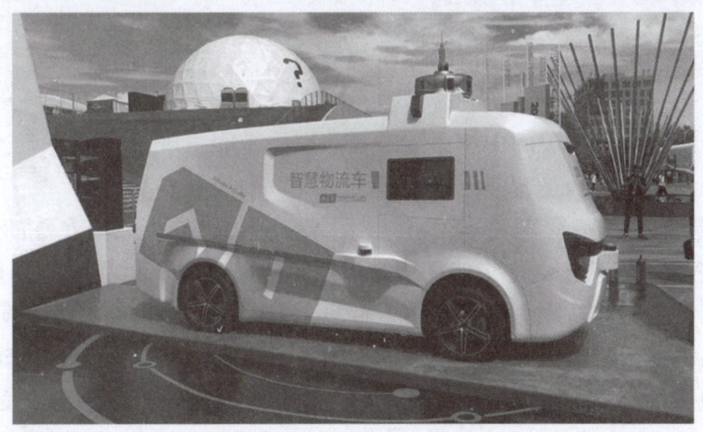

图 1.6　智慧物流车

四、智慧物流的优势

1. 降低物流成本，提高利润

生产商、批发商、零售商三方通过智慧物流相互协作，实现信息共享，从而更加节省成本。其关键技术诸如物体标识及标识追踪、无线定位等新型信息技术应用，能够有效实现物流的智能调度管理，整合物流核心业务流程，加强物流管理，减少流通费用，降低物流成本，提高利润。智能手臂如图 1.7 所示。

图 1.7　智能手臂

2. 加速物流产业发展

物流业的信息技术支撑智慧物流的建设，将加速当地物流产业的发展。集仓储、运输、配送、信息服务等功能于一体的智慧物流，有助于打破行业限制、协调部门利益、实现集约化高效经营、优化社会物流资源配置。同时，智慧物流还将物流企业整合在一起，将过去分散的物流资源进行集中处理，发挥整体优势和规模优势，使传统物流企业得到现代化、专业化的发展。此外，企业间还可以共享基础设施、配套服务和信息，降低运营成本和相关费用支出。

五、智慧物流的三大核心系统

根据智慧物流的定义和智慧物流的体系架构，结合人类智能的特点，智慧物流主要由智慧思维系统、智慧信息传递系统和智慧执行系统组成。

智慧思维系统是智慧物流的中枢系统。大数据是智能思维系统的资源，云计算是智能思维系统的引擎，人工智能是智能思维系统自主决策的依据。

智慧信息传递系统是智慧物流的神经网络，是智慧物流最重要的系统。物联网（IOT）是信息感知的起点，也是将信息从物理世界传递到信息世界的终端神经网络。CPS 是虚拟与现实相结合的智慧物流信息传输、计算、控制的综合网络系统。

智慧执行系统是智慧物流在物理世界的运用，具有自动化、无人自主作业等特点，关键是使用智能硬件设备来执行任务，体现了智慧物流在仓储配送领域的全面应用。

六、智慧物流的发展现状与发展方向

智慧物流是指运用先进的信息技术和互联网技术，通过对货物的运输、存储、处理等过程进行分析和管理，实现货物和资金流之间的交互，从而有效降低企业成本，提高运营效率。目前，随着物联网、云计算、大数据、人工智能等高新技术的发展，智慧物流已经成为现代经济中不可或缺的部分。未来，随着科技的不断进步，智慧物流将迎来更加广阔的发展前景。

以阿里巴巴、京东为代表的电商企业，以顺丰、圆通、韵达为代表的快递企业和各类车企业的智慧物流备受业内的关注。第三方物流企业、城市物流配送企业和物流信息平台企业开始积极发展智慧物流。

中国经济进入了高质量发展的新时代。一方面，由于人工成本上涨，物流行业出现机器替代人工的趋势；另一方面，人们对美好生活的渴望给物流提出了灵活性和个性化的要求，推动物流系统向资源整合、综合优化、协同共享、敏捷响应的方向发展。另外，物联网、云计算、大数据、人工智能等技术的不断发展为智慧物流的创新发展创造了条件。

智慧物流思维系统全面进入数字化阶段，物流企业开始重视物流数据的采集、分析和应用等方面，减轻高峰期物流配送压力。基于数据分析的物流优化运筹学为物流的发展插上了翅膀。目前，中国智慧物流思维系统正在从数字化向程控化发展，未来发展方向是智能化。

在智慧物流信息传输系统方面，物联网技术、基于条码的自动识别技术、卫星导航定位技术、RFID 技术和一些检测技术得到了广泛应用，互联网已经开始扩散延伸到物理网络层面，促进物流业务流程透明化发展。目前，物流信息传输正处于物联网技术逐步普及、物流末端神经网络初步形成的阶段，需要进一步向全面深化链接与信息融合的 CPS 方向发展，实现信息联网、物品联网、设备联网、计算联网、控制联网，从而全面进入互联互通与虚实一体的智慧世界。

任务五 走进大数据和云计算

微课 1-4：走进大数据和云计算

一、大数据的概念

尽管“大数据”这个词近年来才开始受到人们的高度关注。其实，早在 1980 年，未来学家托夫勒在《第三次浪潮》中就将“大数据”称为“第三次浪潮的华彩乐章”。2008 年 9 月，《自然》杂志推出了名为“大数据”的封面专栏。从 2009 年开始，“大数据”成为互联网技术行业中的热门词汇。

大数据数量增长迅速，数据形式多种多样。大数据泛指巨量数据集，因可从中挖掘出有价值的信息而受到重视。《华尔街日报》将大数据时代、智能化生产、无线网络革命称为引领未来繁荣发展的重大技术变革。大数据也指无法在一定时间范围内用常规软件工具进行捕捉、管理和处理的数据集合，是需要新处理模式才能具有更强决策力、洞察力和流程优化力的海量、高增长率和多样化的信息资产。

信息传播中心（IDC）对大数据的定义是：“大数据技术是新一代的技术与架构，它被设计用于在成本可承受的条件下，通过快速地采集、发现和分析，从大量、多样的数据中提取价值。”大数据的4V特性由维克托·迈尔-舍恩伯格和肯尼斯·库克耶在《“大数据”时代》中提出。以前，面对庞大的数据，人们无法了解事物的本质，经常在科学工作中得到错误的推断，而随着大数据时代的来临，一切真相将会浮出水面。

二、大数据的4V特征

大数据的4V特征如图1.8所示。

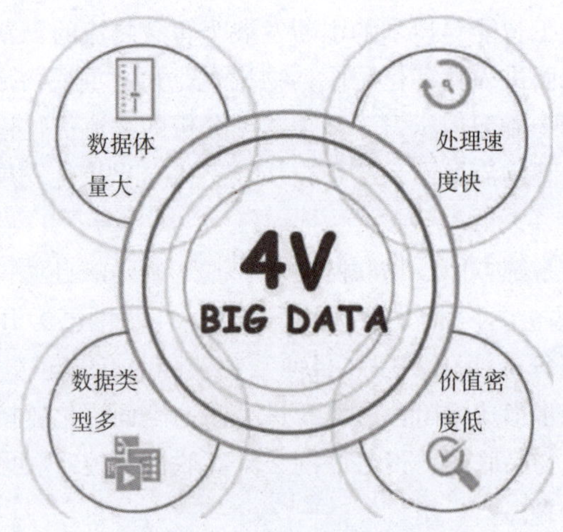

图1.8　大数据的4V特征

1. 数据体量大

数据体量大即所需要收集、存储、处理、分析的数据规模比较大。据统计，目前人类所有印刷材料产生的数据量约为200 PB，历史上全人类所说语言的数据量大约是5 EB（1 EB=1 000 PB）。而当前，个人计算机硬盘的容量就为TB量级，一些大企业的数据量已经接近EB量级，可以算海量、巨量乃至超量，甚至无法处理。据IDC预测，未来，数据将以每年50%的速度增长。

2. 数据类型多

数据类型多主要体现在两个方面：数据来源多样和数据结构多样。随着互联网和物联网的发展，数据来源又扩展到网页、社交媒体、感知数据，涵盖音频、图片、视频、模拟信号等，这也对数据的处理能力提出了更高的要求。数据结构包括结构化、半结构化和非结构化数据。据IDC预测，后续超过80%的数据都会是处理难度较大的非结构化数据。

3. 处理速度快

处理速度快是指由于数据增长速度快，相应的数据处理速度也要快，对处理时效性的要求也就高了。

4. 价值密度低

价值密度低一般指的是整体数据包含的价值更大，但价值密度更低，如在一段几小时的连续监控视频中，可能有重大价值的数据只有1~2秒。

三、大数据技术

大数据的 4V 特性给传统数据技术带来了较大的挑战，一般将解决这些挑战的技术称为大数据技术。

1. 大数据带来的技术挑战

（1）多源、海量数据的收集。

此前业务系统只需要收集、存储相关业务数据即可，因为数据源、数据格式单一，数据量也比较小，所以一般采用业务系统直接将数据写入关系型数据库的方案。而大数据时代，如果想要更好地利用数据、挖掘价值就要将不同来源、不同格式的数据收集、汇总到某个集中区域进行关联和分析。另外，因为随着时间推移，数据的价值会大打折扣，所以要求安全、快速地收集数据。

在大数据时代，与数据收集相关的开源技术有 Flume、Kafka 等，有一些公司因为原生的开源工具完全或部分不能支持其业务而选择自己重新开发开源工具或对原生开源工具进行定制化改造。

（2）多源、多样、海量数据的存储。

如何存储多源、多样、海量的数据也是一个难题。关系型数据库基于关系模型设计，只能存储基于关系的结构化数据，对于半结构化、非结构化数据的存储有明显劣势。另外，面对海量数据存储问题，为了提高关系型数据库的存储能力，一般选择分库分表等方案，而这些方案大多具有业务耦合度高、维护扩展困难等缺点。

大数据时代解决海量数据存储问题主要运用分布式技术，如文件存储系统 HDFS、Alluxio 和 NoSQL 数据库。解决数据格式多样性的方案为引用不同的数据模型，如键-值模型、列族模型、文档模型、图模型等。比如，HDFS 等文件系统可以直接作为数据库的存储方案，一个文件系统几乎可以支持所有数据类型的数据存储。

（3）海量数据的低延迟、高并发、高可用读写。

微博、微信等社交媒体、即时通信，以及电子商务等应用系统需要保证交互延迟低、高可用读写等良好用户体验，而这些应用系统的用户量非常庞大，使用频率也特别高，所以对后台数据存储系统的读写、并发的要求非常高。关系型数据库受事务、架构的约束，随着数据量的增长，读写性能会迅速下降，而 Memcached、Redis 等内存式数据库不受关系模式、事务等的限制，且使用内存存储，具备高并发、低延迟等特点。

应用系统的高可用读写意味着要提供 7×24 h 的不间断服务，所以大数据时代的应用系统需要具备在不影响应用使用的前提下快速横向扩展等能力。关系型数据库横向扩展需要应用程序定义和管理的数据分片（或分区），无法通过快速增加服务器节点实现，而像 HBase、Cassandra 等 NoSQL 数据库设计之初就是为了满足横向扩展的需求，因此天生具备良好的横向扩展能力和高可用性。

（4）低价值密度数据价值的处理、分析和挖掘。

除了高并发应用场景外，还有一类数据应用要在海量数据中分析、挖掘数据价值。在数据收集、存储后，数据是原始的和杂乱的，一般需要先经过专门的数据清洗、转换、关联等数据处理环节，而后进行数据分析和挖掘工作。数据处理、分析、挖掘相关的技术框架和创新层出不穷，如 MPP 类型的数据库以及对存储在 HDFS 上数据进行处理、分析、挖掘的 SQL on Hadoop 系列框架等。一般按照数据使用的时效性，将这些框架分为离线和实时两大类，响应处理后的数据一般也会对应存储在离线数仓和一些支持实时读写的存储框架中。

大数据时代的到来结束了关系型数据库一统天下的局面，大数据技术经过多年的发展，可谓是百花齐放，为了解决数据体量大的难题，Google 开发了 GFS、MapReduce、BigTable 等分布式技术，解决了大体量数据的存储、计算问题，也解决了多样数据结构的存储问题，而其后出现的 Spark、Flink、NoSQL 等技术解决了数据使用效率和数据价值分析、挖掘的问题。

2. 大数据主要技术

（1）整体技术。

整体技术主要有数据采集、数据存取、基础架构、数据处理、统计分析、数据挖掘、模型预测和结果呈现等。

（2）关键技术。

大数据处理关键技术一般包括大数据采集、大数据预处理、大数据存储及管理、大数据分析及挖掘、大数据展现和应用（大数据检索、大数据可视化、大数据应用、大数据安全等）。

①大数据采集技术：大数据采集是通过 RFID 技术、传感器以及移动互联网等方式获得各种类型的结构化及非结构化的海量数据。大数据采集一般分为大数据智能感知层和基础支撑层两类。大数据智能感知层主要包括数据传感体系、网络通信体系、传感适配体系、智能识别体系及软硬件资源接入系统，能够实现对结构化、半结构化、非结构化海量数据的智能化识别、定位、跟踪、接入、传输、信号转换、监控、初步处理和管理等。在大数据采集过程中，必须着重攻克针对大数据源的智能化识别、感知、适配、传输、接入等技术。基础支撑层的作用是提供大数据服务平台所需的虚拟服务器，包括结构化、半结构化及非结构化数据的数据库及物联网络资源等基础支撑环境。大数据采集过程中重点攻克的是分布式虚拟存储技术、大数据获取、存储、组织、分析和决策操作的可视化接口技术、大数据的区络传输与压缩技术、大数据隐私保护技术等。

②大数据预处理技术：大数据预处理的主要作用是完成对已接收数据的抽取、清洗等操作。其获取的数据可能具有多种结构和类型，而数据抽取过程可以将这些复杂的数据转化为单一的或者便于处理的构型，以达到快速分析处理的目的。大数据的数据并不全是有价值的，有些数据并不是相关的数据，而另一些数据则是完全错误的干扰项，因此，要对数据过滤“去噪”，从而提取有效数据。

③大数据存储及管理技术：大数据存储及管理要用存储器把采集到的数据存储起来，建立相应的数据库，并进行管理和调用，要解决大数据的可存储、可表示、可处理、可靠性及有效传输等关键问题。

④大数据分析及挖掘技术：大数据分析及挖掘技术是大数据处理的核心技术，主要是

在现有的数据上基于各种预测和分析进行计算，从而起到预测的效果，满足对一些高级别数据进行分析的需求。数据挖掘就是从大量的、不完全的、有噪声的、模糊的、随机的实际数据中提取隐含的、未知的，但潜在有用的信息和知识的过程。

⑤大数据展现和应用技术：大数据技术能够将隐藏于海量数据中的信息挖掘出来，从而提高各个领域的运行效率。在我国，大数据技术重点应用于商业智能、政府决策和公共服务三大领域。

四、云计算

（一）云计算的概念

“云”实质上就是一种网络，从狭义上讲，云计算是一种提供资源的网络，使用者可以随时获取“云”上的资源，按需求量使用，还可以将其视为无限扩展的，只要按使用量付费即可，“云”就像自来水厂一样，可以随时接水，并且不限量，只要按照用水量付费给自来水厂就可以。

从广义上说，云计算是与信息技术、软件、互联网相关的一种服务，这种计算资源共享池称为“云”，云计算把许多计算资源集合起来，通过软件实现自动化管理，只需要较少的人参与，就能快速提供资源，即计算能力作为一种商品，可以在互联网上流通，就像水、电、煤气一样，取用方便且价格便宜。

云计算将计算任务分布在由大量计算机构成的资源共享池上，使各种应用系统能够根据需要获取计算力、存储空间和各种软件服务。云计算的“云”就是存在于互联网服务器集群上的资源，包括硬件资源（如服务器、存储器、CPU 等）和软件资源（如应用软件、集成开发环境等）。本地计算机只需要通过互联网发送一个需求信息，远端就会有成千上万的计算机提供需要的资源并将结果返回本地计算机。云计算的服务集群如图 1.9 所示。

图 1.9　云计算的服务集群

（二）云计算的特点

（1）大规模、分布式。“云”具有相当的规模，云计算依靠分布式的服务器所构建起来的“云”能够为使用者提供前所未有的计算能力，处理海量信息数据。据不完全统计，国外的Google云计算、亚马逊、IBM、微软和Yahoo等公司的“云”均已经拥有上百万台服务器，而国内的阿里云、华为云和腾讯云的服务器也达到百万台，这些数据还在不断上涨。

（2）高可靠性、可伸缩性。“云”的动态可伸缩性，能满足应用和用户规模增长的需要。“云”使用了数据多副本容错、计算节点同构可互换等措施来保障服务的高可靠性，使用云计算比使用本地计算机更加可靠。云计算不针对特定的应用，在“云”的支撑下可以构造出千变万化的应用，同一片“云”可以同时支撑不同的应用运行。

（3）虚拟化。由于采用虚拟化技术，云计算可以随时随地通过PC（个人计算机）设备或移动设备来控制用户资源，即云计算支持用户在任意位置、任意时间使用各种终端设备获取服务和资源，所获取的资源来自“云”，而不是固定的、有形的实体。应用在“云”中某处运行，但实际上用户无须了解应用运行的具体位置，只需要一台笔记本电脑或一个PDA，就可以通过互联网来获取资源。

（4）按需服务。用户可以根据需要来购买服务，甚至可以按使用量来进行精确计费，可以大幅降低IT成本，而资源的整体利用率也将得到明显的改善。“云”的特殊容错措施使得可以采用极其廉价的节点来构成云；“云”的自动化管理使数据中心管理成本大幅降低；“云”的公用性和通用性使资源的利用率大幅提升；“云”设施可以建在电力资源丰富的地区，从而大幅降低能源成本。

（三）云计算的服务类型

通常，云计算的服务类型分为三类，即基础设施即服务（LaaS）、平台即服务（PaaS）和软件即服务（SaaS），如图1.10所示。这三种云计算服务有时称为云计算堆栈，因为它们在彼此之上构建堆栈。

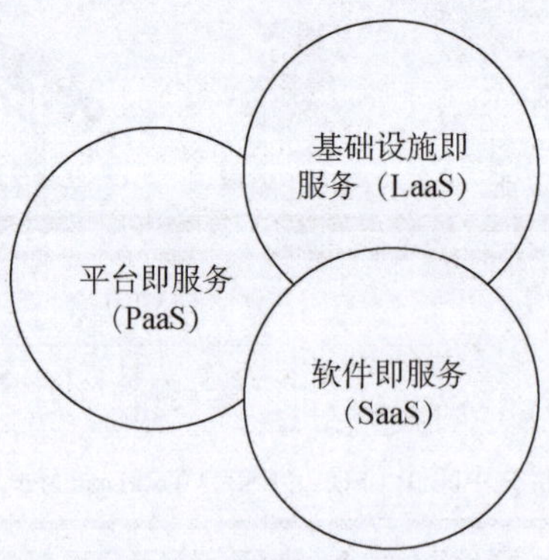

图1.10　云计算的服务类型

（1）基础设施即服务：通过互联网获取计算机基础设施方面的服务。基础设施包括计算机、存储空间、网络连接、负载均衡和防火墙等基本计算资源，云用户在此基础上部署和运行各种软件，包括操作系统和应用程序。

（2）平台即服务：将软件研发的平台作为一种服务放在网上能够加快SaaS的开发速度。平台包括操作系统、编程语言环境、数据库和Web服务器，而云用户在其上部署和运行自己的应用，不能管理和控制底层的基础设施，只能控制自己部署的应用。

（3）软件即服务：通过网络提供软件的模式，云用户无须购买软件，而是向云提供商租用基于 Web 的软件来管理企业经营活动。云提供商在云端安装和运行应用软件，云用户通过云客户端（通常是 Web 浏览器）使用软件。云用户不能管理应用软件运行的基础设施和平台，只能进行有限的应用程序设置。

（四）云计算的价值

云计算提高生产效率，是降低成本、节省能源、实现可持续发展的有效手段，能够改变 IT 行业目前的应用模式，带动传统产业的升级、改造、转型，调整产业经济结构，促进商业、产业、事业模式发生变化。云计算面临的挑战来自技术方面，如虚拟技术、安全技术、资源管理、开放式技术。除此之外，还有社会文化，包括对虚拟设施的理解、对安全信息的重视、对共享资源的保护、对规范标准化的理解。

1. 资源整合，提高资源利用率

（1）利用虚拟化技术，实现资源的弹性伸缩。

（2）每台服务器能够虚拟出多台虚拟机，避免原来的服务器被某个业务独占。

（3）可通过灵活调整虚拟机的规格（CPU、内存等），增加或减少虚拟机，快速满足当前业务对计算资源需求量的变化。

（4）利用虚拟化计算将一定量的物理内存资源虚拟出更多的虚拟内存资源，可以创建更多的虚拟机。

2. 快速部署，弹性扩容

（1）基于云的业务系统采用虚拟机批量部署。

（2）短时间实现大规模资源部署，快速响应业务需求、效率高。

（3）根据业务需求可以弹性扩展或收缩资源，从而满足业务需要。

（4）人工操作较少，以自动化部署为主。

（5）用户不再因为业务部署得太慢而失去市场机会。

（6）传统业务部署周期以月为计划周期，基于云的业务部署周期缩短到以分钟/小时为计时周期。

3. 数据安全

（1）网络传输数据采用 HTTPS（超文本传输安全协议）加密。

（2）系统接入需要证书或者账号。

（3）架构安全，经过安全加固的 VMM（虚拟机监视器）可以保证虚拟机间的正常隔离。

（4）对系统内的账户等管理数据进行加密存放。

4. 高效维护，降低成本

使用传统 PC 办公尺寸，从选型、购买、库房存放到分发和维护等多个流程都需要 IT 支持人员的参与，可能出现以下的困扰。

（1）从立项购买到投入使用所需时间较长。

（2）传统 PC 能耗较高，导致企业成本增加。

（3）传统 PC 出现故障，从报修到重新使用所需时间较长，影响企业办公。

（4）传统 PC 一般每三年进行更新换代，无法长久利用；在传统的 IT 环境下，PC 数量多且分布于各办公地点，人力成本会增加。使用桌面云办公场景，处理资源数量较少并且集中于数据中心，可以改善企业对于办公的困扰。

5. 无缝切换，移动办公

工位、办公室、旅途、家庭的不同终端可随时随地实现远程接入，用户可以不必中断应用运行，还可以随时更换终端。

6. 升级扩容不中断业务

对于管理节点的升级，由于有主备两个节点，可以先升级其中的一个节点，进行主备切换后再升级另一个节点；对于计算节点的升级，可以先将该节点的虚拟机迁移到其他节点，然后升级该节点，再将虚拟机迁回。

实训一　物流企业信息化技能实训

一、实训目标

（1）掌握常见的物流信息技术。

（2）能够了解我国物流企业信息技术应用现状及发展趋势。

（3）明确物流信息相关岗位的工作职责。

二、实训背景

面对信息化浪潮，不同的企业由于认知水平不同，选择也就不同，进而产生了不同的应用效果。对企业来讲，信息化建设不是应用软件这么简单的事，而是战略举措。

三、实训步骤

（一）任务描述

教师带学生到大中型物流企业调研，了解物流信息技术的作用、物流企业信息化程度和物流信息技术应用情况。

（二）任务分析

应先了解我国的物流企业信息技术应用现状，然后找到提高应用水平的对策，掌握一些技术应用与发展概况。另外，在调研之前，还要对企业进行必要的调研，这就需要掌握信息收集的方法。

（三）任务处理

（1）调研目的。

①了解物流市场的行情与企业的处境，探索物流的发展方向。

②掌握与调研企业和所属行业有关的各种历史资料和发展趋势。

③了解调研企业物流运输情况及主要竞争对手的发展现状。

④分析调研企业的各种资源和制约因素。

⑤了解消费者的购买行为和企业面临的法律环境、经济环境等。

（2）调研对象。

调研企业、主要竞争对手及消费者。

（3）调研内容。

①企业内部调研。

a. 调研企业的企业管理模式、企业文化。

b. 调研企业的总体发展历程。

c. 调研企业的组织结构、部门设置、部门业务等。

d. 分析调研企业组织结构和各个岗位的岗位职责。

e. 每项业务的操作流程。

f. 调研企业物流市场概况、物流运输方式。

②主要竞争对手调研。

a. 主要竞争对手的优势、劣势。

b. 主要竞争对手的物流运输方式及物流运输策略。

c. 主要竞争对手的物流市场情况。

d. 主要竞争对手的运营状态。

③消费者调研。

a. 消费者对物流运输的认识。

b. 消费者对物流运输方式的了解。

c. 消费者对调研企业和主要竞争对手的观点。

d. 消费者对物流运输费用的认定范围。

e. 消费者理想的物流运输方式。

（4）调研时间。

根据实际情况安排调研时间。

（5）调研方法。

①采访：对相关人员进行问答式采访。

②问卷调查：向相关人员发放调研问卷。

（6）调研实施分工。

调研实施前应成立调研小组，小组成员及其分工如下。

①本次调研项目负责人：________。

②企业内外部采访人员：________、________、________。

③调研问卷发放及收集人员：________、________、________。

④调研资料整理、分析人员：________、________、________。

⑤其他工作人员：________、________、________。

（7）调研实施程序。

①调研立项。

物流市场信息调研项目负责人提出调研立项申请，并上报企业领导审批，经批准后编制物流市场信息调研任务书。

②拟定调研策划书。

物流市场信息调研项目负责人接到物流市场信息调研任务书后，仔细研究企业的批复意见，明确调研目的、任务及要求，并制定调研策划书。

③制定市场调研实施计划。

物流市场信息调研项目负责人根据调研策划书中的某一具体项目进一步制定市场调研实施计划。

④实施调研、收集历史数据。

根据市场调研情况安排企业内、外部采访人员的工作，弄清调研问卷的发放情况并进行实地调查，还要安排相应人员收集相关的历史资料和二手数据。

⑤调研进程监控。

物流市场信息调研项目负责人应对调研进程进行指导、协调、监督，以保证调查结果的客观性、科学性。

⑥信息汇总、分类和整理。

调研资料整理、分析人员将调查所得信息按一定的规律进行初步的汇总、分类和整理工作，还要审核信息的有效性，剔除无效信息。

⑦数据录入、统计分析。

物流市场信息调研项目负责人组织小组成员录入数据，以便利用专业的统计软件进行数据分析，还要根据数据分析结果进行策略分析研究。

⑧撰写市场调研报告。

四、实训报告

下达实训任务由学生自行练习，并完成实训报告（表 1.2）。

表 1.2　实训报告

实训名称：	课程名称：	
学号：	姓名：	实训时间：
专业：	班级：	实训地点：
一、实训目的与要求		
二、实训环境		
三、实训内容		
四、实训步骤		
五、结论、问题与解决方法 （此部分为实训总结，是体现实训过程的重要内容，应鼓励学生将遇到的重要问题及解决方法总结出来，以体现实训对学生技能的提升作用）		
批语：		

实训二　查找资料

一、实训目的

培养学生进行网络搜索的习惯。在查找专业资料时，学生除了百度、360 搜索、有道搜索和 Google 等综合性搜索外，还应该养成在专业网站搜索相关信息的习惯。

二、实训内容

登录顺丰、中国邮政或德邦等快递企业的官网，查找并整理其主营业务说明，如速递业务和物流业务，将其主营业务整理成 PPT 并发表交流；登录中国物流学会、各省的物流与采购联合会的官网，查找并整理近期的物流新闻，将新闻稿件整理成 PPT 并与业内人士交流；登录锦程物流网、中国物通网或中国物讯网等物流综合平台，查找所在地至某指定地的物流专线、车源信息和货源信息，整理出相关信息并对收集的信息进行评估，模拟选定合适的物流专线、车辆和货源。

三、实训结果

每名学生需要提交一份 PPT，并在课堂上与同学们交流。

学习测试

一、选择题

1. （　　）与材料、能源并称现代社会的三大支柱。

A. 知识　　B. 科技　　C. 信息　　D. 情报

2. 下列选项中的（　　）不属于信息的特点。

A. 价值性　　B. 对称性　　C. 共享性　　D. 传递性

3. 物流信息按管理层次可以分为战略管理信息、战术管理信息、（　　）和操作管理信息。

A. 控制及作业信息　　B. 知识管理信息

C. 支持信息　　D. 统计管理信息

4. 由于各种原因，市场中交易各方所掌握的信息是不相等的，这就形成了信息的（　　）。

A. 价值性　　B. 共享性　　C. 不对称性　　D. 可扩散性

5. 下列选项中不属于物流信息技术的是（　　）。

A. 信息交换技术　　B. 信息采集技术　　C. 动态跟踪技术　　D. 信息处理技术

6. 条码技术属于（　　）。

A. 信息交换技术　　B. 信息采集技术　　C. 动态跟踪技术　　D. 基础技术

7. ERP 属于物流信息技术中的（　　）。

A. 信息交换技术　　B. 信息采集技术

C. 企业资源信息技术　　D. 基础技术

8. 在物流信息标准化体系中，（　　）为第一层。

A. 工作标准　　B. 管理标准　　C. 技术标准　　D. 基础标准

9. （　　）是反映物流各种活动内容的知识、资料、图像、数据、文件的总称。

A. 物流信息　　B. 物流技术　　C. 信息技术　　D. 物流信息技术

10. （　　）是物流活动中采用的自然科学与社会科学方面的理论、方法以及设施、设备、装置与工艺的总称。

A. 物流信息　　B. 物流技术　　C. 信息技术　　D. 物流信息技术

11. GIS 代表（　　）。

A. 全球定位系统　　B. 地理信息系统　　C. 智能交通系统　　D. 管理信息系统

12. GPS 代表（　　）。

A. 地理信息系统　　B. 全球定位系统　　C. 智能交通系统　　D. 管理信息系统

13. 信息具有（　　）特征。

A. 时效性　　B. 价值性　　C. 不对称性　　D. 滞后性

14. 3S 技术包括（　　）。

A. GPS　　B. AS　　C. GIS　　D. RS

15. 物流信息技术主要由（　　）三大部分组成。

A. 通信　　B. 软件

C. 硬件　　D. 面向行业的业务管理系统

16. 物流信息应遵循（　　）原则。

A. 科学性　　B. 系统性　　C. 兼容性　　D. 实用性

17. 以下属于狭义物流信息的有（　　）。

A. 运输管理信息　　B. 库存管理信息

C. 订单信息　　D. 仓库作业管理信息

二、判断题

1. 信息会随数据的形式而改变。（　　）

2. 数据就是信息。（　　）

3. 语言是信息传递方式。（　　）

4. 信息的扩散具有正负两种效应。（　　）

5. 信息通过共享被其他用户使用，会导致信息丢失。（　　）

6. 计算机技术是信息的处理和存储技术，对应于人的感觉器官。（　　）

7. 通信技术、计算机技术和控制技术又称为 3C 技术。（　　）

8. ERP 属于物流信息技术中的企业资源信息技术。（　　）

三、简答题

1. 什么是信息？它有哪些性质？

2. 什么是信息系统？它由哪些部分组成？

3. 什么是物流信息？

4. 简述物流信息的特点和作用。

5. 现代物流的特点是什么？

6. 什么是物流信息技术？
7. 物流信息技术包括哪些内容？
8. 信息技术对物流的发展有哪些影响？
9. 什么是数据？数据的表现形式有哪几种？
10. 数据和信息的区别和联系分别包括什么？
11. 给出物流信息的定义并说明物流信息的特殊性。
12. 如何从不同方面对物流信息进行分类？
13. 请说明物流信息技术的基本定义和典型范畴。

四、思考题

1. 怎样运用物流信息技术提高企业的科学管理水平和决策准确性？
2. 我国物流信息化存在哪些不足？应如何改善？
3. 物流信息化的发展趋势是什么？

五、案例分析题

华联超市的物流信息技术

华联超市成立于 1992 年 9 月，以连锁经营为特征，以开拓全国市场为目标，不断提高集约化水平和自我滚动发展的扩张能力。实践证明，运用信息技术重组业务流程并提升超市的供应链管理水平不仅是连锁经营的核心战略，也是支撑连锁超市超常发展的重要条件。

近年来，华联超市开发并建设了庞大的计算机网络系统。总部的计算机中心与各分部、配送中心通过专线实时联网，与 800 家门店通过拨号联网，实现企业型联机事务处理。

(1) 门店实现了计算机联网，使超市的大量业务指令（如促销活动、调价信息、新品介绍、退调通知等）都可通过网络及时传输到门店。

(2) 华联超市与供应商实施了 EDI 自动补货系统，即在计算机系统中设置最低库存量等指标，并按照商品类别或采购员统计商品的周转期。这样，当某类商品达到最低库存水平时，供应商就会自动为华联超市补货。

(3) 配送中心全面使用计算机来管理。华联超市在上海、南京和北京共建成了 5 座现代化管理的配送中心，特别是在上海建的占地面积 2.8 万平方米的桃浦配送中心全面采用了计算机管理并应用先进的无线网技术，实现了无纸化收货验货、拣货理货、仓储保管盘点等业务，成为上海乃至全国十分先进的配送中心。

(4) 华联超市在建设现代化管理的配送中心的同时，还积极推广使用物流条码。华联超市在出入库管理、库存盘点、商品零售等环节广泛使用物流条码，使整个超市的运作一目了然。

(5) 科学辅助决策。为了辅助总经理、部门经理和店长做出决策后指导业务人员工作，计算机系统还提供了大量的业务分析功能，如按月、按日、按门店、按供应商统计销售业绩，分析配送中心的出货情况，根据业务员的需要编制统计分析报表等。

迄今，华联超市已经成功地利用信息技术重组了超市的业务流程，减少了不必要的环节，加快了总部、配送中心、门店和供应商之间的信息流动。

（资料来源：李贞. 物流信息技术与应用［M］. 北京：航空工业出版社，2011.）

1. 华联超市应用了哪些物流信息技术？

2. 物流信息技术的应用对华联超市的运作有哪些积极作用？

项目一 学习测试答案

素质拓展

中国这10年：物流服务能力显著提升，由物流大国向物流强国迈进

100年弹指一挥，100年波澜壮阔，100年沧桑巨变。

2022年是中国共产党成立101周年。自中华人民共和国成立以来，在党的领导下，我国的交通基础设施建设取得了举世瞩目的成就。一条条公路、铁路，一座座桥梁、隧道，一个个机场、码头……它们见证着神州大地上的历史变迁，诠释着中国交通运输的发展历程。

纵观我国交通运输的发展历程，实现由"总体缓解"向"基本适应"的飞跃。特别是党的十八大以后的10年来，我国综合立体交通网加速成型，有力促进了国内国际循环畅通。我国建成了全球最大的高速铁路网、高速公路网、世界级港口群，航空海运通达全球，中国高铁、中国路、中国桥、中国港、中国快递成为一张张靓丽的中国名片，规模巨大、内畅外联的综合交通运输体系，有力服务支撑了我国作为世界第二大经济体和世界第一大货物贸易国的运转。交通运输缩短了时空距离，加速了物资流通和人员流动，深入改变了城乡面貌，有力促进了城乡一体化进程，不仅有力保障了国内国际循环畅通，也为世界经济发展做出了重要贡献。

2022年6月10日，在中共中央宣传部就新时代加快建设交通强国的进展与成效举行"中国这10年"系列主题新闻发布会上，交通运输部副部长徐成光表示，10年来，我国综合交通服务能力大幅提高，人民群众获得感明显增强，铁路、公路、水运、民航客货周转量、港口货物吞吐量、邮政快递业务量等主要指标连续多年位居世界前列，我国已成为世界上运输最繁忙的国家之一。

从2021年数据来看，平均每天约有超过6.9万艘次船舶进出港，飞机起降2.68万架次，快件处理接近3亿件。高峰时，平均每天铁路开行旅客列车超过1万列，高速公路流量超过6 000万辆次，"人享其行、物畅其流"初步实现，交通运输成为人民群众获得感最强的领域之一。一个流动的中国正彰显出繁荣昌盛的活力。

交通运输行业的快速发展，推动了我国对外贸易规模和质量的双增长。据中国海关总署2022年5月20日公布的数据显示，中国外贸规模从2012年的24.4万亿元增加到2021年的39.1万亿元，同期国际市场份额从10.4%提高到13.5%，使全球货物贸易第一大国的地位更加巩固。

其中，2021 年中国出口国际市场份额为 15.1%，与 2012 年相比提升了 4 个百分点，这一增量与 2001 年中国加入世贸组织时出口国际市场份额基本相当。进口国际市场份额自 2013 年首次突破 10%后，现已提升到 2021 年的 11.9%。海关总署称，这充分体现中国不仅是“世界工厂”，也是“世界市场”。

除了规模扩大外，中国贸易高质量发展也在持续推进。据官方数据，2021 年，中国有出口实绩的企业数量达 56.7 万家，是 2012 年的 1.7 倍，表明外贸经营主体活力更足。中国的外贸“朋友圈”也在不断扩大，2013—2021 年，中国与“一带一路”沿线国家和地区进出口总值从 6.46 万亿元增加到 11.6 万亿元，占同期中国外贸总值的比例从 25%提升到 29.7%。

2013 年“一带一路”倡议提出后，中欧班列就被纳入“一带一路”框架。自那时起，中欧班列就维持着快速发展的势头，不断开拓新的线路和站点。

2021 年中欧班列开行数量实现增长，全年开行 1.5 万列，同比增长 22%，发送 146 万标箱，同比增长 29%，为确保国际产业链供应链稳定畅通、构建新发展格局做出积极贡献。

截至 2022 年 1 月，中欧班列已经铺画出 78 条运行线路，通达欧洲 23 个国家的 180 个城市，还创造出累计开行突破 5 万列、运送货物超 455 万标箱、货值达 2 400 亿美元的优异成绩。而站点的不断增加为中国与“一带一路”沿线国家和地区在贸易领域的互联互通提供了便利。

贸易的持续畅通源于基础设施的联通，即从原有的“站到站”扩展为“门对门”“门对仓”服务。近年来，中欧班列的运行效率着实有了极大的提升。数据显示，中欧班列综合重箱率从 2016 年的 77.2%提升至 2021 年的 98.1%，回程班列占去程班列的比例由 2016 年的 50.6%提升至 2021 年的 81.7%，全程运输时间由开行之初的 24 天压缩至最短 12 天。

值得一提的是，更多的品类开始由海运转向中欧班列运输。据欧亚铁路物流股份公司数据显示，中国以前发往欧洲的货物主要为电子产品、机械制品和汽车零部件，占比达 80%。就 2021 年上半年来看，这三类商品约占货物总运输量的 40%，而塑料、橡胶和玻璃等化工制品运输量占比迅速增长，医疗卫生产品运输量也呈现出增长势头。

10 年来，交通运输基础性、先导性、战略性作用充分发挥，为国家战略实施提供了坚强保障。我国完成了“具备条件的乡镇和建制村通硬化路、通客车”的兜底性目标任务，实现了“小康路上不让任何一地因交通而掉队”的庄严承诺，有力地服务于打赢脱贫攻坚战和乡村振兴战略实施。京津冀、粤港澳大湾区、长三角等区域交通连片成网，促进区域协调发展水平不断提升。交通固定资产投资持续高位运行，2021 年创下了全年完成投资 3.6 万亿元的历史新高，在服务稳定经济大盘、做好“六稳”“六保”中发挥了重要作用。

我们坚持与世界相交、与时代相通，大力推进交通互联互通，更好服务“一带一路”高质量发展。

（来源：中宣部、交通运输部、新华社、人民日报）

项目二 智慧物流数据采集——条码技术

项目简介

随着中国物联网的快速发展，物联网已经渗透到了各行各业，在工业上的应用也十分广泛。与因特网不同的是，物联网通过感知层将物理世界与信息世界联系起来，感知层的数据采集是物联网应用层挖掘可靠精确数据的技术基础。在物联网感知层中，数据采集技术最为关键，目前常用的数据采集技术有条码、二维码、RFID 等技术。

近几十年来，条码扫描已成为一种具有成本效益的数据采集技术，可用于加快几乎每个行业和市场的流程。低成本扫描解决方案可提高各种企业活动的效率和可靠性，并具有提高生产力、提高任务效率和降低运营成本等优势。条码扫描为零售、仓库管理、医疗设备跟踪、建筑工地设备跟踪、重型设备检查（起重机、叉车）、灭火器检查和火灾警报测试和检查提供便利。将条码应用于库存中的每个项目可以使用便携式扫描仪。对条码的库存进行控制能够提供准确、实时的更新信息，这有利于企业降低库存水平，从而降低持有成本。

工作流程

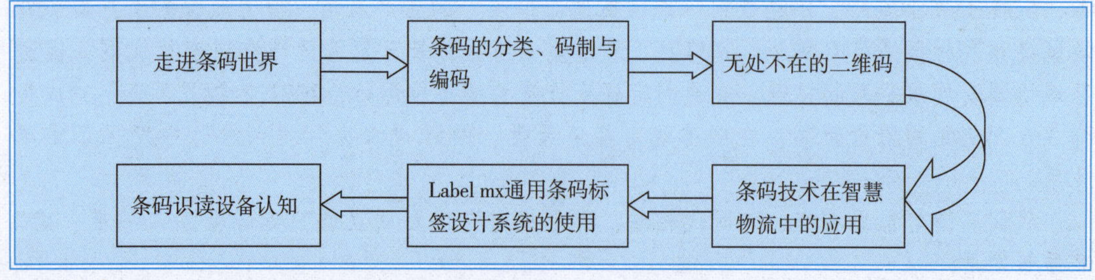

学习目标

知识目标

1. 了解条码的概念和发展历程。
2. 理解条码的不同码制。
3. 掌握条码的应用。

技能目标

1. 能够识别不同的码制。
2. 能够进行条码的制作和申请操作。

素养目标

1. 具备解决问题的积极心态。
2. 具备较强的大局意识，能科学地进行作业分工。
3. 具备耐心细致的工作态度和精益求精的工匠精神。

案例导入

鼎方仓库管理系统引入条码技术进行仓库管理

仓储在企业的整个供应链中起着至关重要的作用，如果不能保证正确的库存控制及发货，将会导致管理费用的增加，服务质量难以得到保证，从而降低企业的竞争力。传统简单、静态的仓库管理已无法保证企业资源的高效利用。如今的仓库作业和库存控制作业十分复杂多样化，若仅靠人工记忆和手工录入，不但费时费力，而且容易出错。

鼎方仓库管理条码解决方案是在仓库管理系统中引入条码技术，对仓库的到货检验、入库、出库、调拨、移库移位、库存盘点等各个作业环节的数据进行自动化数据采集，保证仓库管理各个作业环节数据输入的效率和准确性，确保企业及时、准确地掌握库存的真实数据，合理保持和控制企业库存。另外，进行科学编码还有利于管理商品的批次、保质期等。

一、仓库管理条码解决方案概括

1. 解决方案流程

条码打印机打印条码→条码标签贴到物品上→扫描枪或手持数据终端扫描条码→计算机处理数据。

2. 解决方案流程拆解

1）对库存品及其外包装箱进行科学编码

根据不同的管理目标（如要追踪单品、实现保质期或批次管理）对库存品进行科学编码，然后在科学编码的基础上，通过条码打印机打印出库存品及其外包装箱的条码标签。

2）对仓库的库位和货架进行科学编码

对仓库的库位和货架进行科学编码，用条码标签加以标识并在入库时采集库存品应入的库位和货架；同时，导入仓库管理系统。对仓库中的商品进行库位管理有利于在大型仓库或多品种仓库中快速定位库存品所在的位置，可以实现先进先出的管理目标，提高仓库作业的效率。

3）使用扫描枪或手持数据终端进行仓库管理

使用扫描枪或手持数据终端分散采集相关数据，把采集的数据上传至计算机系统集中进行批量处理，这有利于库存的实时盘点和及时跟踪查询。

4）数据的上传与同步

将现场采集的数据上传到仓库管理系统中，使其自动更新系统中的数据；同时，也可以将系统中更新后的数据下载到手持数据终端中，以便现场查询和调用。使用条码管理仓库可以帮助企业实现基本信息管理、仓库区管理、入库管理、出库管理、质检管理、包装管理、调配管理和统计分析。

二、仓库管理条码解决方案具体描述

1. 进货管理

1）订货

使用条码打印机打印出库位和货架的条码标签并进行分类编排（其中包括类别、商品名称、品牌、产地、规格等信息）。配送中心在向供应商订货时，可以根据库位和货架上的条码标签操作。

2）收货

当仓储中心收到从供应商处采购的商品时，可用条码打印机大量打印出商品包装箱条码标签，作为该种商品对应仓库内相应货架的记录。同时，还要对商品包装箱上的条码进行扫描，将信息传到仓库管理系统中，并使包装箱条码与商品条码一一对应。

3）入库

接收商品后，计算机系统根据预先确定的入库原则、商品库存数量，确定该种商品的存放位置。计算机系统则根据商品的数量打印出条码标签，这种条码标签包含着该种商品的存放位置信息。然后，在货箱上贴好标签并将其放到输送机上。输送机在识别出货箱上的条码后，便将货箱放至指定的库位区。

2. 库存管理

1）库存盘点

仓库管理系统根据货物存放库位和货架进行品名、型号、规格、产地、牌名、包装等的分类，划分货物品种，并且分配唯一的编码，通过手持数据终端，收集盘点商品信息，然后将收集到的信息由计算机系统进行集中处理，从而形成盘点报告。对于需要更新的条码标签，可用便携式条码打印机进行及时更新。

2）移库调拨

商品以托盘为单位进行整理移库、调拨时，通过计算机系统整理出移库或调拨物品清单，用条码打印机打印出条码标签，并在相关移库或调拨物品和托盘上贴上条码标签。接下来，使用叉车将整理好的商品移动到计算机系统所指引的货架或库位上。

3）库内加工

为重新组装后的包装或重新加工过的产品贴上条码标签，将相关信息导入计算机中。

3. 出货管理

1）拣货配货

配送中心在接收到客户的送货要求后，将汇总各客户的商品需求信息，然后分批使用条码打印机打印出拣货条码标签。这种条码包含这件货物要发送到城市或街道的信息。分拣人员根据计算机打印出的拣货单在仓库中拣货，然后在商品上贴上拣货标签（在商品上已有包含商品基本信息的条码标签)。

2）装箱

先将拣出的商品进行装箱，用条码打印机打印包装箱条码标签，这种条码包含商品到达区域的信息，再将货箱送至自动分类机，在自动分类机的感应分类机上，激光扫描器对货箱上的条码进行扫描，然后将货箱输送到不同的发货区。

3）出库

根据配送中心产生的提货单或配送单，对出库产品上的条码进行扫描并进行出库检验，生成可用于移动终端的数据文件。当产品出库时，要扫描商品上的条码以完成对出库商品的信息确认；同时，更改其库存状态。

三、仓库条码管理的优越性

(1) 在仓库管理中应用条码技术，实现数据的自动化采集，省去手工书写单据和送到机房输入的步骤，能大大提高工作效率。

(2) 解决库房信息陈旧滞后的弊病。一张单据从填写、收集到键盘输入，需要一天甚至更长的时间，这使得生产调度员只能根据前几天甚至前一周的库存信息，为用户定下交货日期。

(3) 解决手工单据信息不准确的问题（主要是抄写错误、键入错误），达到提高生产率、提高服务质量、消除事务处理中的人工操作、减少无效劳动、消除因信息不准确而引起的附加库房存量、提高资金利用率等目的。

(4) 将单据所需的大量纸张文字信息转换成电子数据，简化了查询步骤，工作人员不用再手工翻阅查找各种登记册和单据本，只需要输入查询条件就可以在很短的时间内查出所需记录，大幅加快了查询速度，提高了生产数据统计的速度和准确性，降低了汇总统计人员的工作难度。

任务一 走进条码世界

微课 2-1：走进“条码”世界

随着计算机、信息及通信技术的发展，全面、有效的信息采集和输入几乎成为所有信息系统的关键能力。条码自动识别技术就是在这样的环境下应运而生的。它是在计算机技术、光电技术和通信技术的基础上发展起来的一门综合性科学技术，是信息采集、输入的重要方法和手段。

条码包含物品的生产国、制造厂家、商品名称、生产日期、图书分类号、邮件起止地点、类别、日期等许多信息，因而在商品流通、图书管理、邮政管理、银行系统等许多领域都得到广泛应用。条码是入驻亚马逊商城、天猫商城、大型超市的必要条件。商品条码是商品的“身份证”，是商品流通在国际市场上的“共通语言”。

一、条码的发展

条码最早出现于20世纪40年代，但迅速发展和得到实际应用还是在近几十年。欧美、日本等国家和地区已普遍使用条码技术，而且正在世界各地迅速推广普及，其应用领域正在不断扩大。20世纪40年代，伯纳德·西尔弗和诺曼·约瑟夫·伍德兰在与食品连锁店老板交流开发自动化结账系统的想法后，开始着手研究用条码表示食品类目及自动识别的设备，并于1949年获得美国专利。该专利的图案很像微型射箭靶，被称为“公牛眼”代码，如图2.1所示。在原理上，“公牛眼”代码与后来的条形码很相近，被认为是条形码的雏形，但是当时的工艺和商品经济还没有能力印制出这种码，这并不影响诺曼·约瑟夫·伍德兰成为北美统一代码（UPC）奠基人的地位。在随后的20年中，许多发明家受“公牛眼”代码的启发取得各项相关专利，使条码的拓展研究和应用取得了长足的进步。

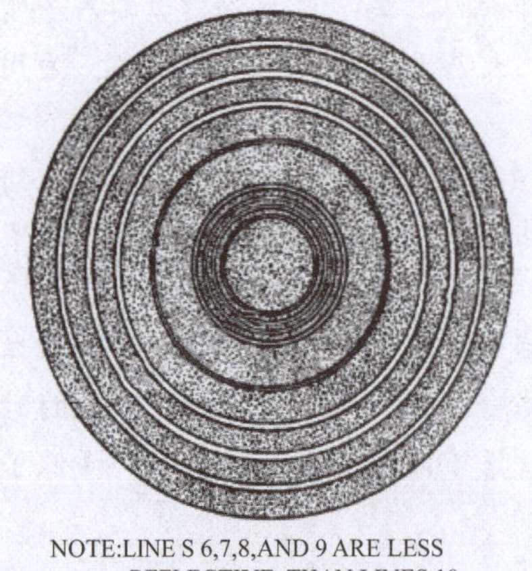

图2.1 “公牛眼”代码

20世纪60年代后期，一种被北美铁路系统采纳的条码系统出现了。

1970年美国超市AdHoc委员会制定了商品通用条码——UPC，随后许多团体也提出了各种条码符号方案。UPC首先在杂货零售业中试用，为以后该码制的广泛应用奠定了基础。1971年，布莱西公司研制出“布莱西码”及相应的自动识别系统，用于库存验算。这是条码技术首次在仓库管理系统中应用。1972年，莫那奇·马金等人研制出库德巴码（Codabar），至此美国的条码技术进入了新的发展阶段。

美国统一代码委员会（UCC）于1973年建立了UPC条码系统，并全面实现了该条码编码以及其所标识商品编码的标准化。同年，杂货零售业把UPC作为该行业的通用标准码制，对条码技术在商业领域里的广泛应用起到了积极的推动作用。

1976年，UPC在美国和加拿大超市得到成功应用，欧洲人对此产生了极大兴趣。1977年，欧洲共同体在此基础上制定出欧洲物品编码EAN-13和EAN-8码，在欧洲各成员国间通用并正式成立了欧洲物品编码协会（EAN）。1981年，由于EAN已经发展成为一个国际性组织，故改名为“国际物品编码协会”（IAN），但由于历史原因和习惯，其还是被称为EAN。

20世纪80年代，人们开发出密度更高的一维码，如EAN128码和93码（这两种码的符号密度均比39码高将近30%）。同时，一些行业纷纷选择条码符号，建立行业标准和本行业内的条码应用系统。在此以后，二维码开始出现，戴维·阿利尔研制出49码，特德·威廉斯于1988年推出16K码，Symbol公司推出PDF417码。二维码的出现使条码的作用从只能充当便于机器识读的物品代码扩展到能携带一定信息量的数据包，这就使得系统能够通过条码对数据包实现自动识别和数据采集。在某些条件下，二维码由于方便、价廉、快捷的特点，在信息识别和数据采集方面具有独特的优势。

二、条码技术概述

（一）条码的概念

物流信息自动化管理系统要求高速、准确地采集物流信息。若要及时捕捉作为信息源的每种商品出库、入库、上架、分拣、运输等过程中的各种信息，就迫切需要建立一种自动识别及数据自动录入的手段。条码自动识别技术具有输入简便、迅速、准确、成本低、可靠性高等显著优点，被广泛应用于物品装卸、分类、拣货、库存等各物流环节，使得物流作业程序简单且准确。

条码是由一组由规则排列的条、空以及对应的字符组成的标记，常见的如图2.2所示。“条”指对光线反射率较低的部分，“空”指对光线反射率较高的部分。这些条和空组成的标记表达一定的信息，能够用特定的设备识读并可以转换成与计算机兼容的二进制或十进制信息。

（a） （b）

图2.2 常见的条码

（a）一维码；（b）二维码

（二）条码的组成

一个完整的条码符号由两侧静区、起始字符、数据字符、校验字符和终止字符组成，条码组成如表2.1所示。

表2.1 条码组成

静区	起始字符	数据字符	校验字符	终止字符	静区

（1）起始字符：条码符号的第一个字符，标志条码符号的开始，阅读器确认此字符存在后开始处理扫描脉冲。

（2）数据字符：位于起始字符后面的字符，标志条码的值，其结构异于起始字符，允许进行双向扫描。

（3）校验字符：校验字符代表一种算术运算结果，即当阅读器对条码进行解码时，对读入的字符进行规定的运算，如果运算结果与校验字符相同，便判定此次阅读有效；否则不予读入。

（4）终止字符：条码符号的最后一位字符标志着条码符号的结束，即阅读器确认此字符后停止处理。EAN-13 码的组成如图 2.3 所示。

图 2.3 EAN-13 码的组成

（三）条码技术的优点

条码技术是光电技术、通信技术、计算机技术和印刷技术相结合的产物，是快速、准确、可靠采集数据的有效手段。条码技术是实现物流行业自动化管理的有力武器，实现进货、销售、仓储管理一体化和物流 EDI，能够节约资源，提高企业的市场竞争力。

与其他自动识别技术相比，条码技术具有如下优点。

1. 输入速度快

与键盘输入相比，条码输入的速度是键盘输入的 5 倍，并且能实现即时数据输入。

2. 可靠性高

键盘输入数据出错率为三百分之一，利用光学字符识别技术出错率为万分之一，而采用条码技术出错率低于百万分之一。

3. 采集信息量大

运用传统的一维码一次可采集几十位字符的信息，二维码可以携带数千位字符的信息，并具有一定的自动纠错能力。

4. 灵活实用

条码技术既可以作为一种识别技术单独使用，也可以和相关识别设备共同组成系统，从而实现自动化识别功能，还可以和其他控制设备连接起来实现自动化管理。

另外，条码标签易于制作，对设备和材料没有特殊要求，设备操作简单，不需要对使用者进行特殊培训，且设备购入费用相对便宜。

三、条码的识别原理

条码是根据条码宽度不同、反射率不同的条和空按照一定的编码规则（码制）编制而成的，用来表达一组数字或字母符号信息的图形标识符。条码的识别原理如图 2.4 所示。

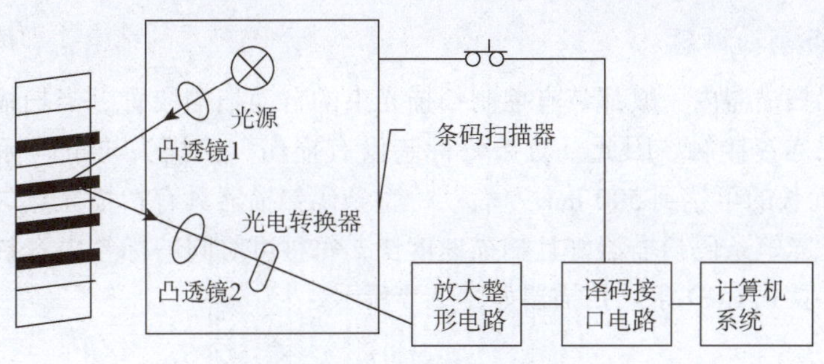

图 2.4　条码的识别原理

不同颜色的物体可反射的可见光的波长不同，白色物体能反射各种波长的可见光，黑色物体则吸收各种波长的可见光，所以当条码扫描器光源发出的光经光栅及凸透镜 1 照射到黑白相间的条形码上时，反射光经凸透镜 2 聚焦后，照射到光电转换器上，于是光电转换器接收到与白条和黑条相应的强弱不同的反射光信号并转换成相应的电信号输出到放大整形电路，放大整形电路把模拟信号转化成数字电信号，再经译码接口电路译成数字字符信息。

四、常用条码扫描器及性能分析

微课 2-2：条形码的识读与印制

1. 光笔条码扫描器

光笔条码扫描器是最早出现的一种手持接触式条码阅读器，也是最为实惠的一种条码阅读器。

光笔条码扫描器是一种轻便的条码读入装置。在笔内部有扫描光束发生器和反射光接收器。目前市场上出售的这类扫描器有多种类型，主要在发光的波长、光学系统结构、电子电路结构、分辨率、操作方式等方面存在差异。光笔条码扫描器无论采用何种工作方式，在使用上存在一个共同点，即阅读条码信息时，要求扫描器与待识读条码距离极短（一般仅为 0.2~1 mm）。常见的光笔条码扫描器如图 2.5 所示。

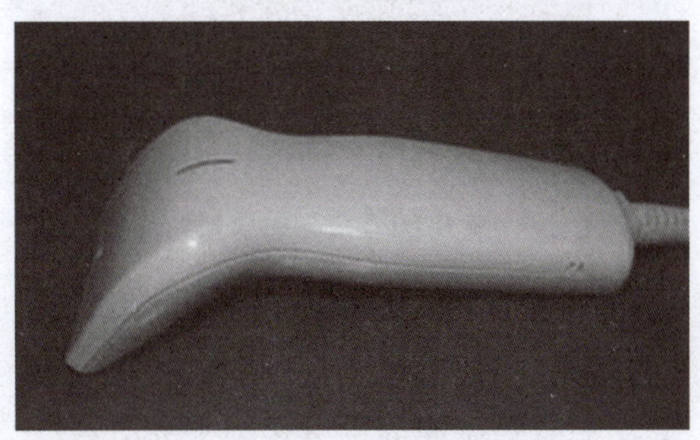

图 2.5　常见的光笔条码扫描器

2. 手持式条码扫描器

手持式条码扫描器内一般都装有控制扫描光束的自动扫描装置。当扫描条码时，扫描器不需要与条码标签接触。因此，对条码标签没有损伤。扫描头与条码标签的距离短的为0~20 mm，而长的可达到500 mm左右。枪型条码扫描器具有扫描光点匀速的优点，因此，阅读效果比光笔条码扫描器好且扫描速度快，每秒可对同一标签内容扫描几十次至上百次。常见的手持式 CCD 条码扫描器如图 2. 6 所示。

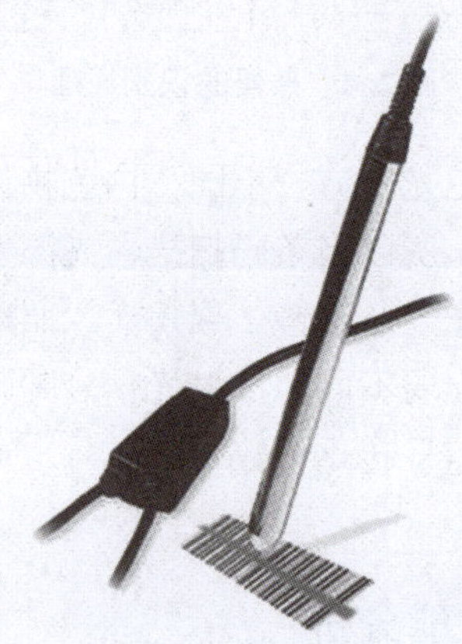

图 2. 6　常见的手持式 CCD 条码扫描器

3. 台式条码自动扫描器

台式条码自动扫描器适用于不便使用手持式扫描方式阅读条码信息的场合。如果工作环境不允许操作者一只手处理标附有条码标签的物体，而另一只手使用手持式条码扫描器，就可以选用台式条码自动扫描器扫描。这种扫描器也可以安装在生产流水线传送带旁的某一固定位置，等待标附有条码标签的待测物体以平稳、缓慢的速度进入扫描范围内，对自动化生产流水线进行控制。常见的台式条码自动扫描器如图 2. 7 所示。

图 2. 7　常见的台式条码自动扫描器

4. 激光自动扫描器

激光自动扫描器的最大优点是扫描光照强，可以远距离扫描，且扫描景深长，激光自动扫描器的扫描速度高，有的产品扫描速度可以达到 1 200 次/s，这种扫描器可以在百分之一秒时间内对某一条码标签扫描阅读多次，而且可以做到每一次扫描不重复上一次扫描的轨迹。扫描器内部光学系统可以由单束光转变成十字光或米字光，从而保证被测条码从任何角度进入扫描范围时都可以被扫描器识读。常见的激光自动条码扫描器如图 2.8 所示。

图 2.8 常见的激光自动条码扫描器

5. 卡槽式条码扫描器

卡槽式条码扫描器可以用于医院病案管理、身份验证、考勤和生产管理等领域。这种扫描器内部的机械结构能保证标附有条码标签的卡式证件或文件在插入滑槽后自动沿轨道做直线运动，在卡片前进过程中，扫描光点将条码信息读入。卡槽式条码扫描器一般具有向计算机传送数据的能力，也具有声光提示。常见的卡槽式条码扫描器如图 2.9 所示。

图 2.9 常见的卡槽式条码扫描器

6. 便携式条码扫描器

便携式条码扫描器一般配接光笔式或轻便的枪型条码扫描器，有的也配接激光扫描器。便携式条码扫描器本身就是一台自动识别与数据采集的专用计算机，有的甚至就是一台通用微型计算机。这种扫描器本身具有对条码信号的译解能力。条码译解后，可直接存入机器内存或机内存储器的磁带中。这种扫描器具有与计算机主机通信的能力，本身带有显示屏、键盘、条码识别结果声响指示及用户编程功能。使用时，这种扫描器可以与计算机主机分别安装在两处，通过线路连成网络，也可以脱机使用，使用电池供电。这种设备特别适用于流动性数据采集环境，收集到的数据可以定时传送到主机内存储。在某些场合，由于标有条码信息或代号的载体体积大，比较笨重，不适合搬运到同一数据采集中心处理，在这种情况下使用便携式条码扫描器就会十分方便。常见的便携式条码扫描器如图 2.10 所示。

图 2.10　常见的便携式条码扫描器

任务二　条码的分类、码制与编码

微课 2-3：通用商品的标签-EAN-13 码

一、条码的分类

请大家看一下从超市买回来的果品、蜂蜜等，就可以发现果品箱、蜂蜜罐上肯定有编码，不管是超市自己编的条码，还是商品制造者商标上的条码。实际上，条码的种类是很多的，已知的条码种类现在就有多达 250 种。

根据条码的维数分类，分为一维码、二维码、多维码。按码制分类，分为 UPC 码、EAN 码、25 码和交叉 25 码、ITF-14 码和 ITF-6 码、39 码（Code 3 of 9）、库德巴条码、贸易单元 128 码和 93 码，下面重点介绍一维码和二维码。

1. 一维码

一维码又可分为商品条码和物流条码，其优点是速度快、可靠性高、采集信息量大、编码难度小、成本低。

2. 二维码

二维码是一种比一维码更高级的条码格式。一维码只能在一个方向（一般是水平方向）上表达信息，而二维码在水平和垂直方向都可以存储信息。一维码只能由数字和字母组成，而二维码能存储汉字、数字和图片等信息，因此应用领域更加广泛。

3. 一维码和二维码的区别

（1）一维码是由纵向黑条和白条组成，黑白相间且条纹的粗细也不同，且条纹下通常

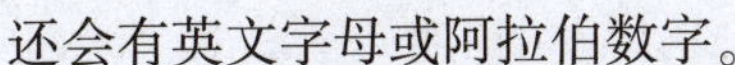

还会有英文字母或阿拉伯数字。

（2）二维码通常为方形结构，不单由横向和纵向的条码组成，码区内还会有多边形的图案，同样二维码的纹理也是黑白相间、粗细不同，二维码是点阵形式。

（3）一维码可以识别商品的基本信息，如商品名称、价格等，但并不能提供商品更详细的信息，需要使用电脑数据库调用更多信息。

（4）二维码不但具备识别功能，而且可以提供更详细的商品内容。例如，衣服不但可以显示衣服名称和价格，还可以显示材料、每种材料所占百分比、衣服尺寸大小、洗涤注意事项等。

二、条码的码制

条码的码制是指条码符号的类型，各种条码符号都是由符合特定编码规则的条和空组合而成，具有固定的编码容量和条码字符集。一维码的码制有 100 多种编码模式，常用的包括 EAN 码、UPC 码、贸易单元 128 码、25 码和交叉 25 码、库德巴条码、39 码及 IFT-14 码等。

1. EAN 码

EAN 码（图 2. 11）是国际物品编码协会在全球推广应用的商品条码，是定长的纯数字型条码，它表示的字符集为数字 0~9。在实际应用中，EAN 码有两种版本：标准版和缩短版。标准版 EAN 码是由 13 位数字组成，称为 EAN-13 码或长码；缩短版 EAN 码由 8 位数字组成，称为 EAN-8 码或短码。EAN 码由 13 位代码组成，不同国家（地区）的条码组织对 13 位代码的结构有不同的划分，其结构为前缀码+厂商代码+商品项目代码+校验码，如图 2. 12 所示。其中，前缀码由 2~3 位数字组成，是国际物品编码协会分配给其成员的标识代码，实际上就是国家或地区代码，如内地为 690~693，香港特别行政区为 489，德国为 40~44。需要指出的是，随着世界经济一体化发展，前缀码并不一定代表产品的原产地，只能说明分配和管理有关厂商识别代码的国家或地区编码组织。厂商代码是在国家范围内唯一标识厂商的识别代码，如我国的厂商代码由 4~6 位阿拉伯数字组成，由中国物品编码中心统一分配。商品项目代码由获得厂商代码的厂商自己负责编制，由 3~5 位阿拉伯数字组成，用以表示具体的商品项目。校验码由 1 位阿拉伯数字组成，由于条码设计、印制的缺陷，以及识读设备在光电转换时存在一定程度的误差，为保证正确读取条码数据，在条码中一般通过设置校验码的方法来校验编码的正误，以提高条码的识读可靠性。

（a）　　（b）

图 2. 11　EAN 码

（a）EAN-13 码；（b）EAN-8 码

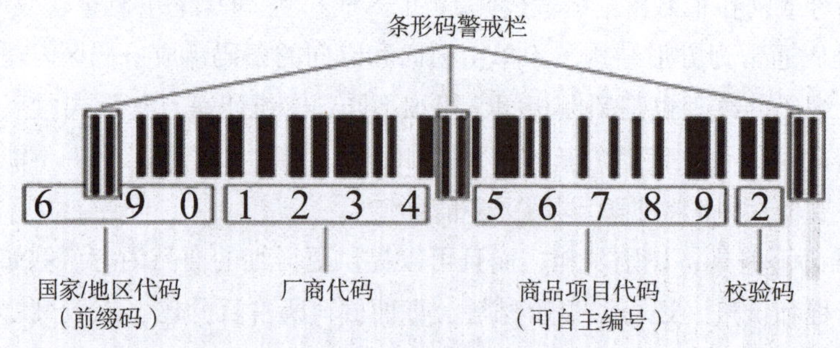

图 2.12　EAN 码的组成

2. UPC 码

UPC 码通用商品代码是一种长度固定的连续型数字式码制，其字符集为数字 0~9。它采用 4 种元素宽度，每个条或空是 1、2、3 或 4 倍单位元素宽度。UPC 码有两种类型，即 UPC-A 码和 UPC-E 码，如图 2.13 所示。UPC-A 码中供人识读的数字代码只有 12 位，代码结构由厂商识别代码（6 位）（包括系统字符 1 位）、商品项目代码（5 位）、校验码（1 位）组成，只能用数字表示。UPC 码主要在美国和加拿大使用，用于工业、医药、仓储等领域。

UPC 码是美国统一代码委员会制定的商品条码，它是世界上最早出现并投入应用的商品条码，在北美地区得以广泛应用。UPC 码在技术上与 EAN 码完全一致，它的编码方法是模块组合法，也是定长、纯数字型条码。UPC 码有 5 种版本，常用的商品条码版本为 UPC-A 码和 UPC-E 码。UPC-A 码是标准的 UPC 通用商品条码版本，UPC-E 码为 UPC-A 码的压缩版。

图 2.13　UPC 码

（a）UPC-A 码；（b）UPC-E 码

3. 贸易单元 128 码

1981 年出现的贸易单元 128 码是一种长度可变、连续性的字母数字条码，如图 2.14 所示。与其他一维码相比，贸易单元 128 码是较为复杂的条码系统，其所能支援的字符也比其他一维码多，又有不同的编码方式可供交互运用，因此应用弹性较大。内容大致分为起始码、资料码、终止码、检查码 4 部分，其中检查码是可有可无的。它可以自动输入信息，由此而节省了信息传递及输入的成本，保证信息传输的正确性和及时性，使生产、配送、零售等各环节都能掌握商品动态，允许进行双向扫描处理。

贸易单元 128 码对全部 128 个字符进行编码，通过起始字符选择不同的代码集。其中 A、B、C 代表不同的数据范围。A 为大写字母+数字编码，B 为大小写字母+数字编码，C 为偶数纯数字编码，而 Auto 为根据数据自动选择起始符进行最短编码。UCC/EAN 是在 128 码的基础上扩展的应用标识条码，能标识贸易单元中需表示的信息，如产品批号、数量、生产日期等。SCC（集装箱运输代码）和 SSCC（系列货运包装箱代码）为细分的 AI 标识符条码。

图 2.14 贸易单元 128 码

4. 25 码和交叉 25 码

25 码根据宽度调节法进行编码，并且只有条表示信息的非连续型条码。每一个条码字符由规则的 5 个条组成，其中有 2 个宽单元，3 个窄单元，故称为“二五条码”。它的字符集为数字字符 0~9。

25 码虽然是最简单的条码，但不能有效利用空间。后来，人们在 25 码的启发下，将条表示信息扩展到用空也表示信息，于是就产生了交叉 25 码，又称储运单元条码，如图 2.15 所示。它是一种连续、无固定长度、具有自校验功能的双向条码，可用于定量储运的单元包装上，也可以用于变量储运单元的包装上，因此在物流管理中被广泛采用。

图 2.15 交叉 25 码

5. 库德巴条码

库德巴条码又称“血库用码”，是一种条、空均表示信息的非连续、可变长度、双向自检的条码，可表示数字 0~9、字母 A~D 及特殊字符（+、-、$、:、/、·），其中，A、B、C、D 仅作为起始符和终止符，并可任意组合，主要用于医疗卫生、图书报刊、物资等领域的自动识别，在日本称为 NW-7 条形码。库德巴条码如图 2.16 所示。

图 2.16　库德巴条码

6. 39 码

39 码是一种条、空均表示信息的非连续型条码，它可表示数字 0~9、字母 A~Z 和 8 个控制字符（-、空格、/、$ 、+、%、·、*）共 44 个字符，如图 2.17 所示。主要用于工业、图书及票证的自动化管理，目前使用极为广泛。而 Code 39 Extended 是 39 码的全 ASCII 形式。使用 2 个字符可以将 128 个 ASCII 全部字符集进行编码。

图 2.17　39 码

7. ITF-14 码

ITF-14 码是属于 Interleaved 2 of 5 类型的一种规范应用，条形码长度没有限制，用 5 个黑条和 5 个白条表示 2 位数字，与其他类型相比，密度要高，但是数据必须为偶位数。ITF 码四周的边框为支撑条，作用是保护条码的识别区域（图 2.18）。多使用于 UPC 标准物流符号及日本的标准物流符号等包装箱印刷中。

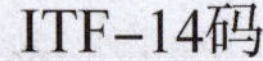

图 2.18　带支撑条的 ITF-14 码

三、条码的编码原则和方法

1. 条码的编码原则

条码的编码原则是唯一性、稳定性和无含义性。商品编码必须保证唯一性，一旦分配下去，只要商品的基本特征没有发生变化，就应该保持不变，且商品标识代码中的每一位数字不表示任何与商品有关的特定信息。在满足以上三个条件前提下，可以开始绘商品编码了。

2. 条码的编码方法

条码的编码方法就是要通过设计条码中条与空的排列组合来表示不同的二进制数据。一般来说，条码的编码方法有两种：模块组合法与宽度调节法。

（1）模块组合法。

在条码符号中，条与空是由标准宽度的模块组合而成，用相同宽度的条和空代表 1 个模块，1 个模块的条表示“1”，1 个模块的空表示“0”。

若干模块组成 1 个字符。商品条码一般采用模块组合法进行编码。每个模块的标准宽度是 0. 33 mm，每个字符由 7 个模块构成，这 7 个模块组成 2 条 2 空，每个条或空由 1~4 标准宽度的模块组成，包括 EAN 码、UPC 码、93 码、UCC 码等，如图 2. 19 所示。

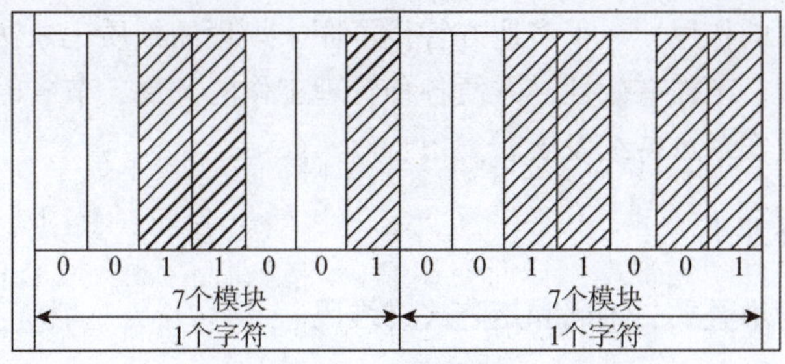

图 2. 19　模块组合法

（2）宽度调节法。

条与空的宽窄设置不同，宽单元表示二进制的“1”，窄单元表示二进制“0”，宽单元的宽度通常是窄单元的 2~3 倍，如图 2. 20 所示。39 码、库德巴条码和常用的 25 码和交叉 25 码等都属于宽度调节型条码。例如，25 码是一种只有条表示信息的非连续型条码，它的条码字符由规则排列的 5 个条组成，其中有 2 个宽单元、3 个窄单元，宽单元的宽度一般是窄单元的 3 倍。

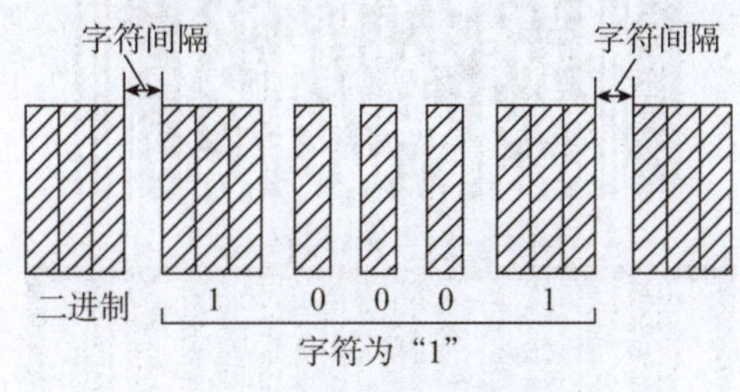

图 2. 20　宽度调节法

任务三　无处不在的二维码

微课 2-4：无处不在的二维码-QR 码

二维码是一种高度发达的条码技术，与其他条码技术相比，具有较为复杂的信息存储格式，不仅可以将电子信息、文字信息等存储在其中，还可以为机器识别提供更多的信息。这种类型的条码，就像一块拼图，可以模仿由一大组点组成的小图形，如回扣、横线、连接线、框等。完整的一维码中由条码头、条码体和条码尾三部分组成，包含序号、产品编号、全国统一编码等特征，其中条码体代表信息。而二维码是由两个维度的条码构成的，信息数目要比一维码多得多，如可以包含价格、URL、地址等。与一维码相比，二维码可以储存更多的信息，条码尺寸也更小、更方便。例如，二维码可以在有限的空间内存储大量的信息，如证件信息、商品信息、产品信息等。再如，二维码条码的识别速度比一维码快，准确性也更高，是一个很好的条码系统。在当今社会，二维码应用更加广泛，它发挥着越来越重要的作用，在很多地方替代了原来烦琐的纸质记录法。二维码可以有效提高企业的经营效率、工作有效性，方便各种管理工作的开展，节省时间和投资成本，改善内部环境，使企业实现可持续发展。

一、二维码的分类

二维码可以分为堆叠式二维码和矩阵式二维码。

1. 堆叠式二维码

堆叠式二维码又称行排式二维码，其编码原理建立在一维码基础之上，按需堆积成两行或多行。它在编码设计、校验原理、识读方式等方面继承了一维码的一些特点，识读设备及条码印刷与一维码技术兼容。但由于二维码行数增加了，需要对行进行判定，其译码算法与软件也不完全与一维码相同。具有代表性的行排式二维码有 Code 16K、Code 49、PDF417 码等。PDF417 码如图 2.21 所示。

图 2.21　PDF417 码

2. 矩阵式二维码

矩阵式二维码又称棋盘式二维码，它在一个矩形空间内，通过黑、白元素在矩阵中的不同分布进行编码，即在矩阵相应元素位置上，用点（方点、圆点或其他形状）的出现表示二进制“1”，点的不出现表示二进制的“0”，点的排列组合确定了矩阵式二维码所代表的意义。矩阵式二维码是建立在计算机图像处理技术、组合编码原理等基础上的一种新型图形符号自动识读处理码制。具有代表性的矩阵式二维码有 MaxiCode、QR Code、Data Matrix、Chinese Sensible（Han Xin）Code 等。QR Code 如图 2.22 所示。

图 2.22　QR Code

二、二维码的特点

（1）高密度编码。信息容量大。其可容纳多达 1 850 个大写字母或 2 710 个数字字符或 1 108 个字节或约 500 个汉字，比普通条码的信息容量高几十倍。

（2）编码范围广。该条码可以对图片、声音、文字、签字、指纹等能够数字化的信息进行编码，用条码表示出来；可以表示多种语言文字；可以表示图像数据。

（3）容错能力强。具有纠错功能，二维码因穿孔、污损等引起局部损坏时，照样可以正确得到识读，损毁面积达 50%仍可恢复信息。

（4）译码可靠性高。普通条码译码的出错率为百万分之二，而二维码的出错率不超过千万分之一。

（5）可引入加密措施。保密性、防伪性强。

（6）成本低、易制作、持久耐用。

（7）条码符号形状、尺寸、比例可变。

（8）二维码可以使用激光或 CCD 阅读器识读。

三、二维码的优势

二维码与一维码相比有以下明显优势。

（1）数据容量更大。

（2）超越了字母和数字的限制。

（3）条码尺寸小。

（4）具有抗损毁能力。

一维码与二维码的对比如表 2. 2 所示。

表 2. 2　一维码与二维码的对比

项目	条码类型	
	一维码	二维码
条码密度与容量	密度低、容量大	密度高、容量大
错误校验及纠错能力	可以使用校验码进行错误校验，但没有纠错能力	有错误校验及纠错能力，并可以根据实际应用设置不同的安全等级
垂直方向的信息	不存储信息，垂直方向的高度是为了识读方便，并弥补印刷缺陷或局部损坏	携带信息，并对印刷缺陷或局部损坏等可以采用错误纠正机制恢复信息
主要用途	主要用于对物品的标识	用于对物品的描述
信息网络及数据库依赖性	多数场合需依赖信息网络与数据库的存在	可不依赖信息网络与数据库的存在而单独应用
识读设备	可用扫描器识读，如光笔、线型 CCD、激光扫描枪	对于堆叠式二维码，可用线型扫描器多次扫描或用图像扫描仪识读。矩阵式二维码则仅能用图像扫描仪识读

四、常用的二维码——QR Code

1. QR Code 的符号结构

QR Code 是由日本的 Denso 公司于 1994 年 9 月研制出的一种矩阵式二维码，它具有一维码及其他二维码所具有的信息容量大、可靠性高、可表示汉字及图像多种文字信息、保密防伪性强等优点。

QR Code 作为二维码的一种，是我们日常生活中接触最多的一种条码（EAN-13 码和 QR Code），如支付宝、微信等扫描支付二维码；微博、微信的二维码名片等。相对于其他二维码而言，QR Code 可以通过人眼识别类型，它的三个角上总有“回”字形的图样，而这是它区别于其他二维码的重要特征，如图 2.23 所示。

图 2.23　QR Code 的“回”字形图样

每个 QR Code 符号由名义上的正方形模块构成，深色模块表示二进制“1”，浅色模块表示二进制“0”，组成一个正方形阵列，它由编码区域和包括寻象图形、分隔符、定位图形和校正图形在内的功能图形等组成。符号的四周由空白区包围。QR Code 符号共有 40 种规格，分别为版本 1、版本 2、……、版本 40。版本 1 的规格为 21 模块×21 模块，版本 2 为 25 模块×25 模块，以此类推，每个版本符号比前一版本每边增加 4 个模块，直到版本 40，其规格为 177 模块×177 模块。

（1）分隔符。在每个位置探测图形和编码区域之间有宽度为 1 个模块的分隔符，全部由浅色模块组成，如图 2.24 所示。

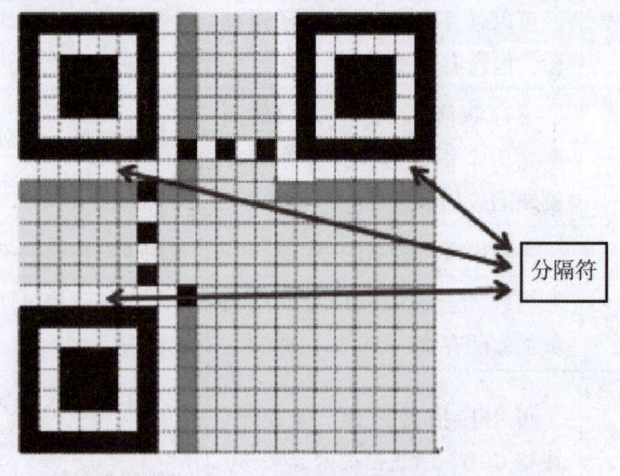

图 2.24　QR Code 的分隔符

（2）定位图形。水平和垂直定位图形分别为1个模块宽的1行和1列，由深色模块和浅色模块交替组成，其开始和结尾都是深色模块，如图2.25所示。

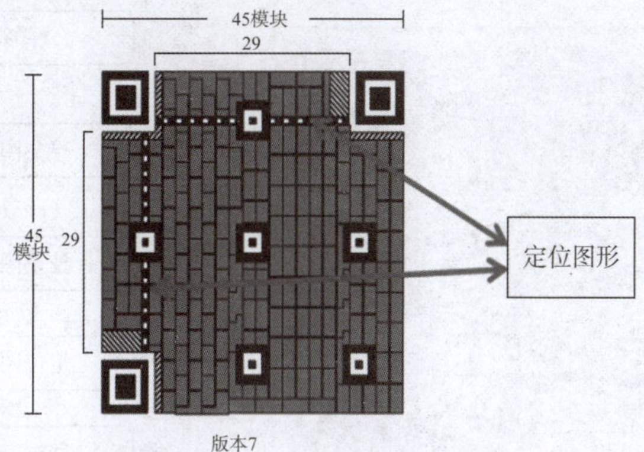

图2.25　QR Code的定位图形

（3）校正图形。每个校正图形可视为3个重叠的同心正方形，由5×5个的深色模块、3×3个的浅色模块以及位于中心的1个深色模块组成，如图2.26所示。

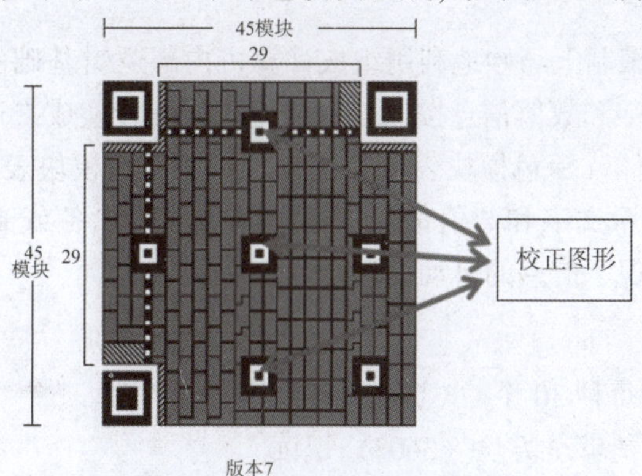

图2.26　QR Code的校正图形

（4）编码区域。编码区域包括表示数据码字、纠错码字、版本信息和格式信息的符号字符，如图2.27所示。

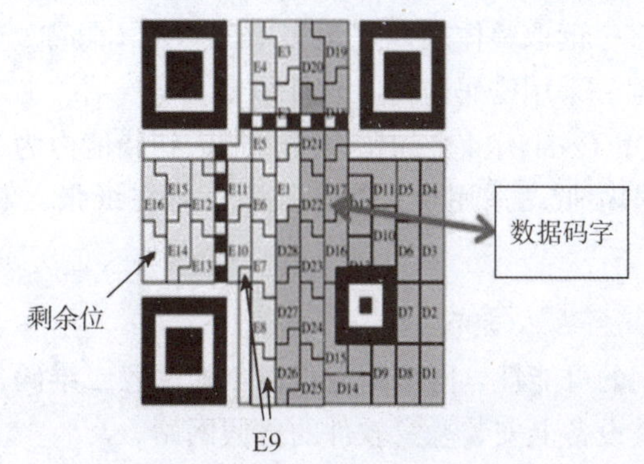

图2.27　QR Code的编码区域

（5）空白区。空白区为环绕在符号四周的 4 个模块宽的区域，其反射率应与浅色模块相同，如图 2.28 所示。

图 2.28　QR Code 的空白区

2. QR Code 的原理

QR Code 在代码的编制上巧妙地利用组成计算机内部逻辑基础的“0”“1”比特流的概念，先将要表示的文字和数值信息按照一定的编码规则转换成二进制数，再使用若干与二进制相对应的几何形体（深色模块表示二进制“1”，浅色模块表示二进制“0”）组合成 QR Code 码图案来表示文字和数值信息；通过图像输入设备或光电扫描设备自动识读 QR Code 符号，从而实现了信息的自动处理。

3. QR Code 的特点

（1）超高速识读。每秒 30 个 QR Code（含 100 个字符）。

（2）全方位识读。能够全方位（360°）识读。

（3）有效地表示汉字。仅用 13 bit 可表示 1 个汉字。

（4）识读范围广。QR Code 可以容纳 1 848 个大写字母或 2 729 个数字字符或约 500 个汉字信息。

4. QR Code 的优点

（1）识读范围广。多个读取整体表现（最多 16 个 QR Code）。

（2）保密、防伪性强。采用密码防伪、软件加密。

（3）纠错能力强。QR Code 有 4 个纠错级别，最大纠错能力为 30%。

（4）容易制作且成本很低。采用现有打印技术，可在纸张、卡片、PVC 甚至金属表面上印出 QR Code。

5. QR Code 的缺点

存在欺诈和安全漏洞的可能性。网络罪犯可以创建恶意二维码，将消费者重新定向至旨在窃取个人信息或在其设备上安装恶意软件的虚假网站。

6. QR Code 的应用与发展前景

QR Code 在商品标签领域的应用颇具潜力。当消费者看到产品上的 QR Code 时，可以通过扫描查询商品信息，比较价格以及阅读其他顾客的评论。这样可以为消费者提供更多的信息，使其能够做出更明智的购买决策。此外，通过扫描商品上的 QR Code，消费者还可以直接进行在线购物，不用到实体店即可购物，这种便捷的购物方式越来越受到消费者的欢迎。

QR Code 的另一个重要应用领域是支付系统。QR Code 支付已经成了移动支付的一种主流方式。使用这种方式时，消费者只需要通过扫描相应的 QR Code 就可以完成支付，避免了忘记携带现金和信用卡的麻烦。相对于传统的刷卡支付，QR Code 支付更加方便快捷，不需要额外的设备和网络连接。QR Code 支付的发展不仅对消费者有利，对商家也有很多好处，如节省 POS 机的购买成本和维护费用，提高交易的效率和安全性。

在市场推广领域，QR Code 的应用越来越广泛。企业可以将 QR Code 印刷在广告和宣传材料上，并引导消费者扫描，了解更多的产品信息或参与活动。通过扫描 QR Code，消费者可以直接进入企业的官方网站或购物平台，实现线上线下的无缝连接。此外，企业还可以开展扫描 QR Code 进行抽奖、领取优惠券等活动，吸引消费者的关注和参与。

未来，随着物联网技术的进一步发展，QR Code 的应用前景将更加广阔。QR Code 可以与物联网设备结合，为消费者提供更智能、便捷的服务。例如，在智能家居中，通过扫描 QR Code 可以控制家电、管理家庭环境、提高居住的舒适度。在智慧城市的建设中，QR Code 可以用于公共交通、智能停车和身份识别等领域。可以预见，随着技术的不断推进，QR Code 的应用将越来越多样化，给人们带来更多的便利。

总而言之，QR Code 的应用前景广阔，正在逐步改变人们的生活和工作状态，它的出现为市场交易、信息传递和用户体验带来了更多的便利。未来，QR Code 将在更多的领域中应用，为人们的日常生活和工作带来更多可能性。

任务四　条码技术在智慧物流中的应用

微课 2-5：条码技术在智慧物流中的应用

2019 年 3 月 11 日，京东物流在其仓库中上线了一套智能扫描收货系统——“秒收”系统，与传统的人工操作方式相比，该系统可将作业效率提升 10 倍以上，能有效降低员工的劳动强度，可广泛应用于计算机、通信、电子产品、汽车制造、电商快递、第三方物流、零售、服装等行业。

“秒收”系统在物流作业中的进货环节，满足了大批量条码扫描、大批量信息采集的需求，还可自主纠错，每名员工可以在 10 s 内完成近 2 000 件商品的信息采集。该系统通过摄像头对排列整齐的商品条码墙进行旋转式扫描，操作方式与用微信扫描二维码相同。当 4 面条码墙依次扫描完成后，即可完成整个托盘商品的入库操作。

一、在智慧物流领域中的应用

（一）仓库管理

1. 进货管理

进货时，需要核对产品品种和数量。这部分工作是由数据采集器完成的。将所有本次进货的单据、产品信息下载到数据采集器中，数据采集器将提示材料管理员输入购货单的号码，由数据采集器的应用系统判断这个条码是否正确。如果不正确，系统会立刻向材料管理员做出警示；如果正确，材料管理员就再次扫描所购材料单上的项目号，系统随后检查购货单上的项目是否与实际相符。接下来，材料管理员扫描物料规格信息和标识号的条码。

2. 入库管理

搬运工或叉车司机只需要扫描准备入库的物料箱上的条码标签即可。入库分间接入库和直接入库两种。间接入库指物料堆放在任意空位上后，通过扫描条码记录地址；直接入库指将某一类货物存放在指定货架并为其存放位置建立存档记录。

3. 仓库库位管理

仓库分为若干库房，每个库房又为若干库位。仓库库位管理按仓库的库位记录仓库货物库存，在产品入库时将库位条码号与产品条码号一一对应，在出库时按照库位货物的库存时间可以实现先进先出或批次管理。

4. 出库管理

采用条码识读器对出库货物包装上的条码标签进行识读并将货物信息若传递给计算机，计算机根据货物的编号、品名、规格、数量等自动生成出库明细。若发现条码标签破损或丢失，应按照上述程序进行人工补贴操作。出库货物经核对并确认无误后，再进行出库登账处理；同时，更新货物库存明细。

5. 仓库业务管理

仓库业务管理包括出库、入库、盘库、月盘库、移库，不同业务以各自的方式进行，完成仓库的进、销、存管理。条码仓库管理采集货物单件信息，处理采集数据，建立仓库的入库、出库、移库、盘库数据，使仓库业务管理更加准确。条码仓库管理能够根据货物单件库存为仓库货物出库提供库位信息，使仓库货物库存更加准确。

一般仓库管理只能完成仓库运输差错处理（根据人机交互输入信息），而条码仓库管理则会根据采集信息建立仓库运输信息直接处理实际运输差错，还能够根据采集的单件信息及时发现出入库的货物单件差错（入库重号、出库无货），并提供差错处理方案。

（二）库存管理

将条码技术应用于库存管理中可以避免手工书写票据和送到机房输入的步骤，大幅提高了工作效率，也解决了库房信息陈旧滞后的问题，还提高了交货日期的准确性。另外，条码技术解决了票据信息不准确的问题，提升了客户服务质量，减少了无效劳动。

条码技术在库存管理上的运用表现在将无线网络技术和条码自动识别技术嵌入企业成品库存管理中。从成品入库开始，就使用固定式扫描设备扫描入库流水线的成品包装条码，记录入库时间以及入库的产品数量，形成产品库的入库登记。给产品出库时，应按照出库计划扫描整机包装箱的条码，检验出库产品的信息，包括产品的种类、数量等，是否与计划出库的产品信息相吻合，最后完成产品的出库操作。在整个存取过程中应用条码技术，有效防止产品登记错误现象的出现，避免了产品缺漏或者错拿情况的出现，提高了拣货的准确性。

每个流程都由工作人员手持数据终端处理，从而提高了效率，确保库存管理、运输过程的统一性和准确性。在库存管理中运用条码技术可以进一步解决物料出入库、物料存放地点等信息传递烦琐、滞后，导致库存量上升；发货日期无法保证或难以估计；决策依据不准确等一系列问题。利用条码技术，对仓库进行基本的进、销、存管理，能够有效降低成本，并形成质量检验报告，建立与采购订单挂钩的供应商评价体系。

对于条码标签破损，可以参照同类货物或根据其所在位置用计算机制作条码标签进行人工补贴。当货物移位时，用条码识读器进行识读并收集数据，把采集数据自动传送至计算机系统中进行数据管理。按照规定的标准，通过条码识读器对仓库分类货物或零散货物进行定期盘存。在货物的发放过程中，若出现某些品名的货物被零散领取的情况，可采用两种方式处理，一种是重新打包，系统生成新的条码标签，作为一个包箱处理；另一种是系统设置零散物品库专门存储零散货物信息，记录货物的品名、数量、位置等信息，进行统一管理。

（三）配送管理

配送中心在接到送货订单后，先将信息汇总并对配送信息进行分析，然后决定配送的时间段、配送的路线等。当配送中心将货物从仓库中拣出，在装车之前对商品进行扫描，以确保所发送商品的准确性，避免发错商品。在整个发货运输过程中，对商品进行实时跟踪每个到达的地点，用条码识读器读取信息并输入计算机系统，实时监控商品的动态状况，有利于配送中心及时地对商品的运输做出调整。由于条码技术和计算机系统的应用，大大提高了信息的传递速度和数据的准确性，从而做到实时物流跟踪，实现仓库的进货、发货、运输中的装卸自动化管理，整个配送中心的运营状况、商品的库存量也会通过计算机系统及时反馈到管理层和决策层。

条码技术在商品零售业的应用与在物流业的应用存在较大区别。在商品零售领域中，条码主要是用于对消费包装单元的标识，采用的 EAN-13 码或 EAN-8 码。而在物流领域中，条码是对运输仓储包装的标识，物流条码根据消费包装单元属性的不同可采用 EAN-128 码、ITF-14 码或 EAN-13 码。

（四）物流管理

供应链的典型物流包括由生产厂家将产品生产出来，通过运输、仓储、加工、配送到消费者手中的物流全过程。其具体分工为生产企业购进原材料，组织生产产品，生产结束后将单个产品进行包装并将多个产品集中在大的包装箱内；物流公司组织包装运输，在这一环节中通常需要更大的包装；批发商采购直接从生产企业购进产品，进行产品的存储和配送，然后，产品通过零售商销售到消费者手中，产品通常在这一环节中再还原为单个产品。供应链物流示意如图 2.29 所示。在供应链物流领域，条码技术就像一条纽带，把产品生命周期各阶段信息连接在一起，有助于了解产品从生产到销售的全过程。

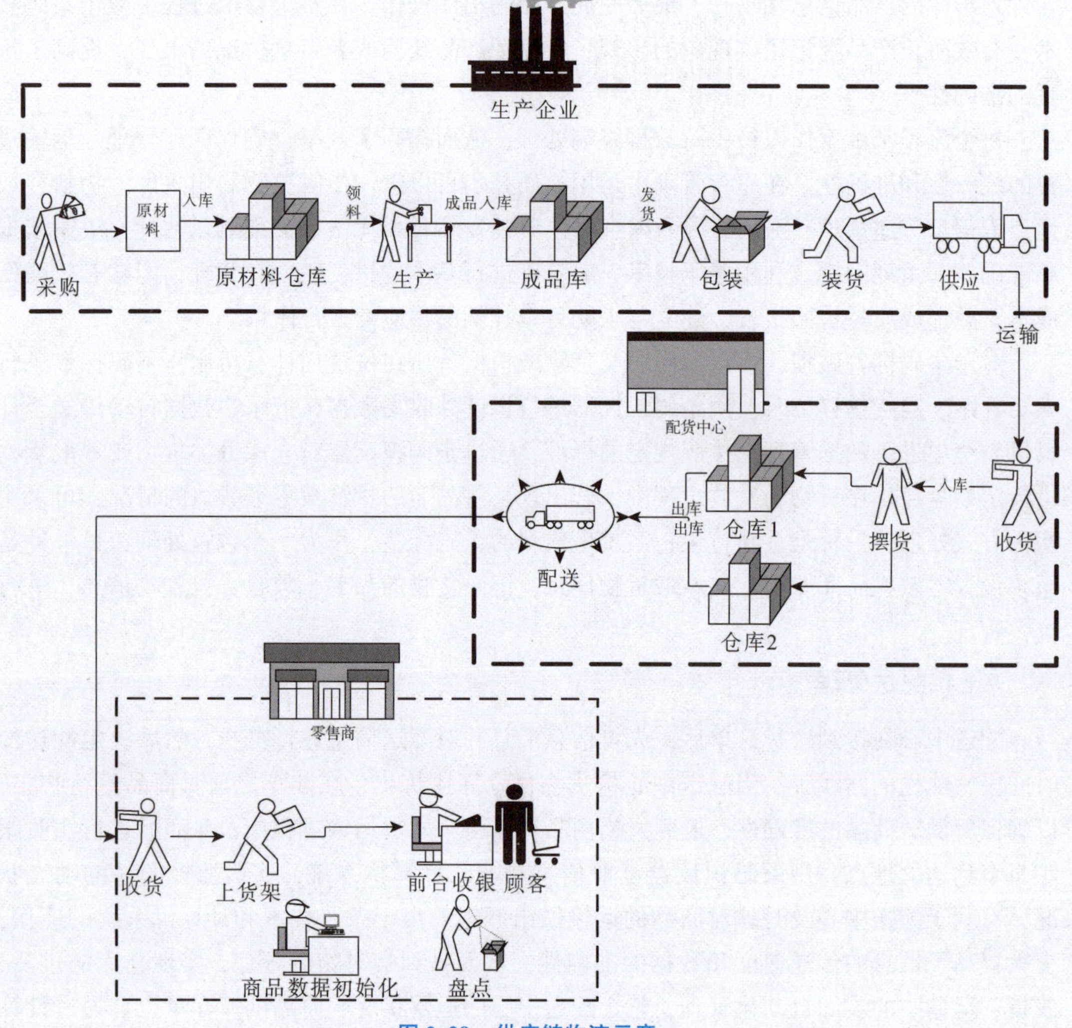

图 2.29 供应链物流示意

1. 在生产管理中的应用

首先，在生产流水线的每个关键点上配置条码识读器，工人在流水线上先扫描自己的工号，记录其在本工位上的开始时间，扫描 PCB（印制电路板）条码，记录扫描开始的时间，扫描在本工位上要安装的配件号码并输入生产数据；完成后再输入完成时间，将该产品传送到下一个工位，直到完成产品的组装。当产品组装完成后，按 PCB 条码打印整机、包装箱条码，将完成包装的产品送到仓库。生产管理过程中的条码如图 2.30 所示。通过条码的扫描，将整个产品生产过程中的信息通过条码扫描输入计算机，将信息进行汇总，时刻监测产品的动态，以便及时对生产过程中出现的问题进行处理，避免劣质产品流入市场，造成消费者以及厂商的损失，从而提高产品的质量。

图 2.30 生产管理过程中的条码

2. 货物信息控制、跟踪

库存自动预警是指对各种货物库存量高于或低于限量进行自动预警，结合各种货物近期平均用量，自动生成在一定时间内需要采购的货物品名和数量等。管理人员可适时进行采购或取消订货，从而有效控制库存量。空间监控是监控货物的实际位置、存放时间、空间余地等参数，自动对不合理位置、超长存放时间、空间余地不足等规定的限量自动报警。货物信息跟踪是对整个供应链进行跟踪。例如，通过跟踪系列、批号和库存掌握准确的可供应量信息；通过跟踪货物的出库、入库情况掌握分发单位、生产单位的相关信息等。报损处理是指自动对将要报损货物进行跟踪，管理人员可对报损货物进行登记，填写报损申请表。当报损申请获批后，系统便对报损货物进行报损处理，然后生成报损明细。

3. 市场销售链管理

为了占领市场、扩大销售，企业根据各地的消费水准不同，制定各地不同的产品批发价格，并规定只能在此地销售。但是，有些违规的批发商以较低的地域价格取得产品后，将产品在地域价格高的地方低价倾销，扰乱市场秩序，使企业的整体利益受到极大的损害。由于缺乏真实、全面、可靠、快速的事实数据，企业虽然知道这种现象存在，但对违规的批发商也无能为力。为保证政策的有效实施，企业必须能够跟踪向批发商销售的产品品种或产品单件信息，通过在销售、配送过程中采集产品的单品条码信息，根据产品单件条码记录产品销售过程完成销售链的跟踪和管理。

4. 产品售后跟踪服务

根据产品条码建立产品销售档案记录产品信息和重要零部件信息。根据产品上的条码进行产品售后维修检查，检查产品是否符合维修条件和维修范围，并分析其零部件的情况。根据产品条码反馈产品售后维修记录，监督产品维修点信息，记录统计维修原因，建立产品售后维修档案，然后对产品维修部件实行基本的进、销、存管理，与维修的产品一一对应，建立维修零部件档案。

对产品的售后服务信息进行采集与跟踪不仅可以为企业产品售后保修服务提供依据，

还能够有效地解决售后服务带来的困难，如产品的重要部件被更换而造成的保修损失和虚假的修理报表等。

上述环节为企业进行产品质量管理控制及分析提供了强有力的依据，即根据物料准备、生产制造、维修服务过程中采集的物料单品信息，统计物料质量的合格率，辅助产生物料质量分析报告；通过生产线质量控制产品条码信息采集点，采集产品生产质量信息，辅助打印合格证，实现产品生产质量的有效控制；分析生产线质量控制采集点采集数据，提供生产质量分析数据。

二、在商业作业流程中的作用

产品从厂家经过各种批发、配送渠道，通过零售环节到达最终用户手中。商业企业的日常业务经营活动主要包括购、销、存三个方面。商业管理者和经营者迫切需要借助现代化的管理工具和手段来加强企业内部的管理、加快物流周转、提高资金利用率、准确掌握供销业务情况、帮助企业在竞争中立于不败之地。

企业的自动化管理应满足经营作业层、管理层、决策层三个层次的要求。在实际作业中，商业企业推行大类管理、单品进销存管理，利用商品上现有的条码再配合自打条码作为自动识别输入的基础，减少操作时间，提高录入的准确性，节约大量的人力物力，提高自动化程度。

批发商、零售商的流程大致一致，其重点稍有区别。现代商业企业需依靠 EDI 技术和信息流来控制物流。在现代商业企业的管理中，条码技术已被广泛应用。在所用到的条码中，除了商品的条码外，还有货位条码、装卸台条码、运输车条码等；商业流通业务处理中的订货、收货、入库、配货、摆货、盘点、补货、销售等。条码技术的应用几乎涵盖整个商业作业流程中的所有环节。

1. 订货

无论是总部向供货商订货，还是连锁店向总部或配送中心订货，都可以根据订货簿或货架牌进行订货。不管采用哪种订货方式，都可以用条码扫描设备将订货簿或货架上的条码输入。这种条码包含商品品名、品牌、产地、规格等信息，然后通过计算机主机，运用网络通知供货商或配送中心，这种订货方式比传统的手工订货效率高出数倍。

2. 收货

当配送中心的接货员收到从供应商处发来的商品时，就会在商品包装箱上贴一个条码标签，作为该种商品对应仓库内相应货架的记录。同时，接货员还要对商品外包装上的条码进行扫描，然后将信息传递到后台管理系统中，并使包装箱条码与商品条码一一对应。对零售商而言，收货过程的记账单位是单个商品。

3. 入库

应用条码技术可以进行入库管理，即当商品到货后，接货员通过扫描条码建立商品基本信息并将其传递至计算机系统中。计算机系统根据预先确定的入库原则、商品库存数量确定该种商品的存放位置。然后根据商品的数量制作出条码标签，这种条码标签的内容包含该种商品的存放位置信息。在货箱上贴上条码标签并将其放输送机上。输送机识别箱上的条码后，将货箱放至指定的库位区。

4. 摆货

扫描包装箱上的条码，计算机系统就会提示工人将商品放到事先分配好的货位上，而当工人将商品运到指定的货位后再扫描货位条码，确认所找到的货位是否正确。这样，在商品从入库到搬运至货位存放整个过程中，条码起到了相当重要的作用。商品以托盘为单位入库时，把到货清单输入计算机，就会得到按照托盘数制作出的条码标签。托盘货位上装有传感器和发射显示装置、红外线发光装置和表明货区的发光图形牌。叉车司机将托盘放置好后，通过叉车上装有的终端装置将作业完成的信息传送给主计算机。这样，商品的货址就存入计算机中了。

5. 配货（销售）

配货过程中也采用了条码管理的方式。在传统的物流作业中，分拣、配货要占去全部所用劳动力的60%，且容易发生差错。只有在分拣、配货中应用条码技术才能使拣货迅速、正确，并提高效率。

总部或配送中心在接受客户的订单后，将订货单汇总并分批制出印有条码的拣货标签。这种条码包含有这件商品要发送到哪一连锁店的信息。分拣人员根据计算机打印出的拣货单在仓库中拣货，然后在商品上贴上拣货标签（在商品上已有包含商品基本信息的条码标）。拣出的商品被运到自动分类机，放置于感应输送机上。激光扫描器对商品上的两个条码自动识别，检验拣货有无差错。如无差错，商品即分岔流向按分店分类的滑槽中。接下来，将不同分店的商品装入不同的货箱中并在货箱上贴上印有条码的送货地址卡，这种条码包含有商品到达区域的信息。随后，将货箱送至自动分类机，由激光扫描器对货箱上的条码进行扫描，然后将货箱输送至不同的发货区。当发现拣货有错时，商品流入特定的滑槽内。条码技术配合计算机系统在物流管理中的应用，大幅提高了物流作业的自动化水平，也提高了劳动效率。

对零售商而言，这一过程是销售的过程，消费者将商品从货架上取下后到收银台结账，收银员扫描商品条码，计算机系统自动调出商品所需的其他重要属性，如商品名称、商品售价，这里的条码在数据库中起到关键字的作用。使用条码技术大幅提升了销售速度，缩短了商品流转时间。

6. 盘点

通过条码扫描器对条码库存数据的采集，工作人员可以及时、准确地了解商品的库存。另外，条码技术还可以减轻盘点工作量。同时，条码技术还可以进行有效的库存控制、缩短商品的流转周期、保持合适的库存量。另外，采用条码技术代替原有的填写表单、账簿的工作，避免了人为错误的发生，提高了数据准确性，减少了错账、错货等问题造成的商品积压、缺货、超过保质期等情况的发生，减少了由于管理不善而造成的损失。

三、在生产企业内的作用

（一）物料管理

（1）将物料编码并打印条码标签不仅便于物料跟踪管理，而且有助于做到合理的物料库存准备，提高生产效率，便于合理运用企业资金。对采购的生产物料按照行业及企业规则建立统一的物料编码，从而杜绝因物料无序而导致的损失和混乱。

（2）对需要进行标识的物料打印其条码标签便于在生产管理中对物料的单件跟踪，从而建立完整的产品档案。

（3）利用条码技术、对仓库进行基本的进、销、存管理，能够有效地降低库存成本。

（4）通过产品编码，建立物料质量检验档案，生成质量检验报告并与采购订单挂钩建立对供应商的评价。

（二）生产管理

（1）制定产品识别码格式。根据企业规则和行业规则确定产品识别码的编码规则，保证产品规则化，建立产品唯一标识。

（2）建立产品档案。在生产线上通过产品条码对产品生产进行跟踪并将采集生产产品的部件、检验等数据作为产品信息，在生产批次计划审核后建立产品档案。

（3）通过生产线上的信息采集点控制生产信息。

（4）通过产品条码在生产线采集质量检测数据，以产品质量标准为准绳判定产品是否合格，从而控制产品在生产线上的流向及是否建立产品档案、打印合格证。

实训一　Label mx 通用条码标签设计系统的使用

一、实训目标

（1）熟悉一维码和二维码的相关理论知识。

（2）能运用 Label mx 通用条码标签设计系统设计、制作和打印一维码和二维码。

（3）能使用条码扫描系统对条码进行扫描识别。

二、实训背景

在物流信息系统繁忙处理各种业务信息的同时，系统外的信息采集和处理也在紧张运作中。若某公司要提高整体运作效率，保证物流作业的准确性，必须及时捕捉并熟练使用自动化信息采集技术。

三、实训步骤

（一）任务描述

安装条码打印机和条码编制软件，按照条码编制规则为盛放无条码商品的托盘编制一套条码，且该条码应该能够体现公司所需要的信息。要求设计、制作和打印出一维码和二维码并能够使用条码扫描系统对条码进行扫描和识别。

（二）任务分析

目前，物流公司使用的是业内普遍采用的条码技术。在使用条码采集商品信息时，由于入库操作是采集信息的源头，物流公司一般会遇到两种情况，一种是商品本身印有条码，只需要在扫描条码后，对应分配好的货位入库即可；另一种是商品本身没有条码，（如没有包装的裸品等），需要公司为其编制条码或为存放其的托盘编制条码，以便于管理。

（三）任务处理

（1）选择一款条码制作软件进行安装，本实训选择的是 Label mx 通用条码标签设计系统，请按照安装说明，正确安装下载 Label mx 通用条码标签设计系统软件。

（2）Label mx 通用条码标签设计系统功能介绍。

①系统执行界面如图 2. 31 所示。

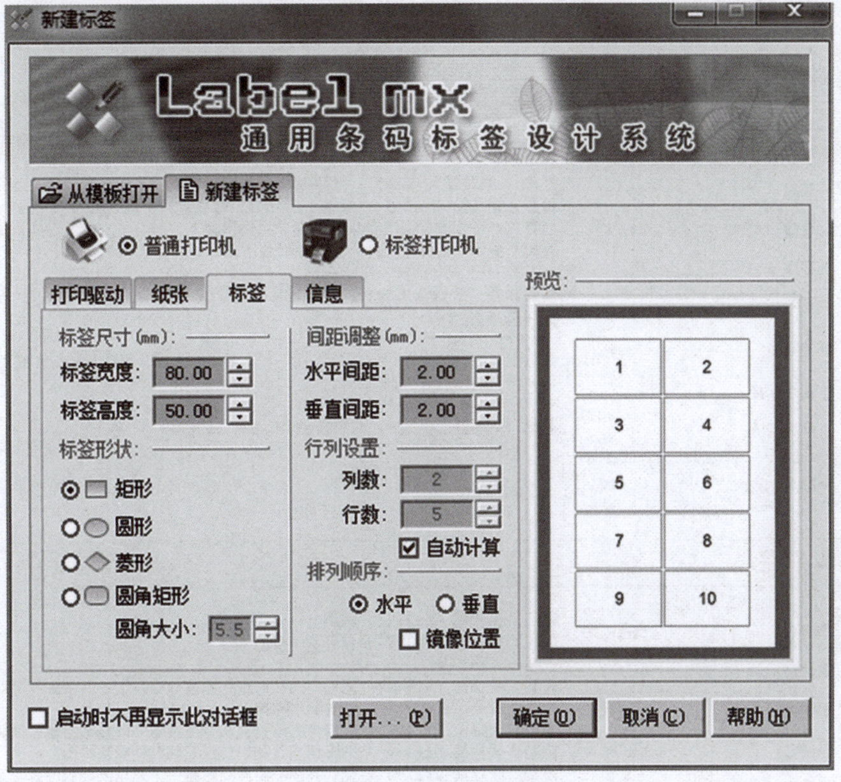

图 2. 31　系统执行界面

②系统主设计窗口如图 2. 32 所示。

图 2. 32　系统主设计窗口

③系统菜单介绍。

系统菜单包括标签、编辑、查看、图层、打印、工具和帮助，每部分的主要功能如图2.33所示。

“标签”菜单：

新建(N) Ctrl+N
打开(O) Ctrl+O
保存(S) Ctrl+S
另存为...
关闭(C)
标签属性 Ctrl+L
1 图片标签
2 吊牌演示2
退出(Q) Ctrl+Q

新建：快捷键 Ctrl+N ；弹出 新建标签窗口 新建空白标签或从模板打开标签文件。
打开 ：快捷键 Ctrl+O ；打开 Label mx 格式文件，后缀名为“.lax”。
保存：快捷键 Ctrl+S ；保存 Label mx 格式文件，后缀名为“.lax”。
另存为：把当前标签文件以新的名字另外保存。
关闭：关闭当前标签文件，整个页面处于无标签文件状态。

标签属性：快捷键 Ctrl+L ；设置标签文件的 说明信息、作者信息 及 设置标签打开密码。

最近编辑的文件在菜单“标签属性”和“退出”之间，保存程序打开的历史文件，可以快速打开以前编辑过的文件。

退出 ：快捷键 Ctrl+Q ；结束整个Label mx程序。

“编辑”菜单：

撤消(U) Ctrl+Z
重做(R) Ctrl+Y
剪切(X) Ctrl+X
复制(C) Ctrl+C
粘贴(V) Ctrl+V
再制(D) Ctrl+D
删除... Del
全选(A) Ctrl+A
反选(E)
分类选择...
清空剪贴板(M)
隐藏辅助线(L)

撤消：快捷键 Ctrl+Z ；撤消上一步编辑操作。
重做：快捷键 Ctrl+Y ；恢复下一步的操作。

剪切：快捷键 Ctrl+X ；把选中的图形剪切到内存中，以备粘贴命令使用，与复制不同的是在复制的同时把图形删除掉。
复制：快捷键 Ctrl+C ；把选中的图形复制到内存中，以备粘贴命令使用。
粘贴：快捷键 Ctrl+V ；把剪切或复制的图形，粘贴到标签页面上。
再制：快捷键 Ctrl+D ；复制并粘贴当前图形到一个默认的相对位置，这个相对位置以移动图形后单击右键复制的距离而改变。
删除：快捷键 Delete ；删除所选图形。

全选：快捷键 Ctrl+A ；全选图形。
反选：取消当前选择图形并把除选择以外的所有图形选中。
分类选择： 分类选择对应的图形。如选择所有的条码、所有的图片或锁定图形等。

清空剪贴板： 清除程序里剪贴板里的图形。
隐藏辅助线： 隐藏和显示画图的辅助线。

“查看”菜单：

画图工具条
属性栏
状态条
放大 F2
缩小 F3
页面适合窗口 F4
实际大小... F5

画图工具条：显示或隐藏“画图工具条”。
属性栏：显示或隐藏“属性栏”“数据库”“模板”“图片库”。
状态条：显示或隐藏“状态条”。

放大：快捷键 F2 ；以25%的倍率放大页面。
缩小：快捷键 F3 ；以25%的倍率缩小页面。
页面适合窗口：快捷键 F4 ；把页面最大到适合画图区窗口。
实际大小：快捷键 F5； 关闭当前标签文件，以1:1（100%）的倍率显示页面及图形。

图2.33 系统菜单介绍

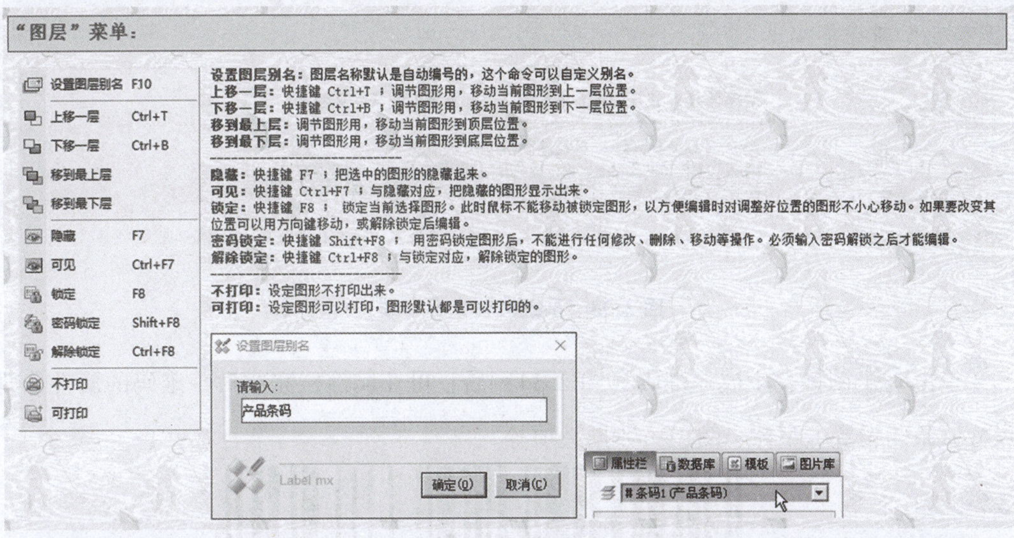

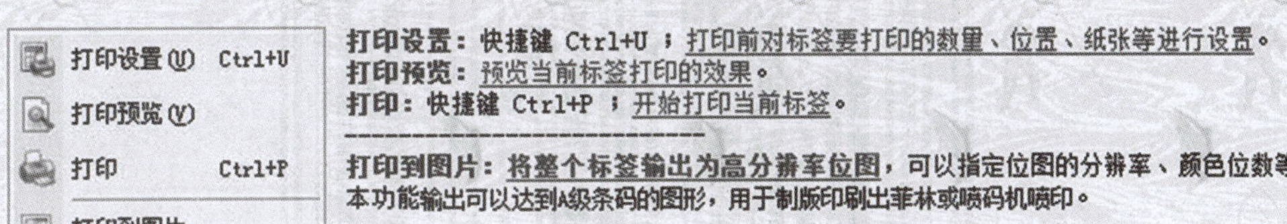

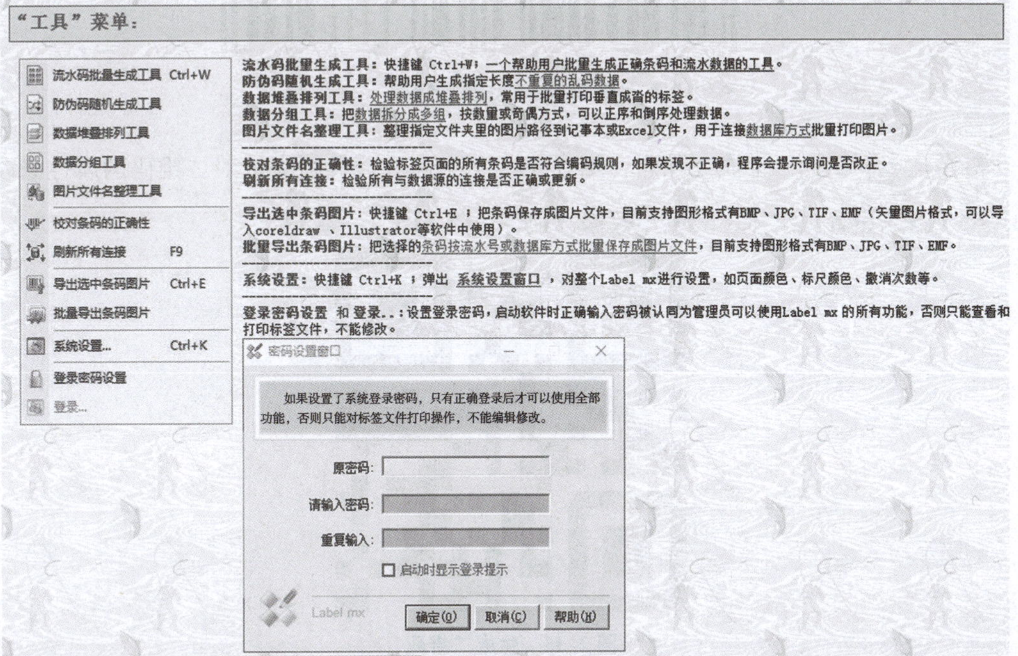

图 2.33　系统菜单介绍（续）

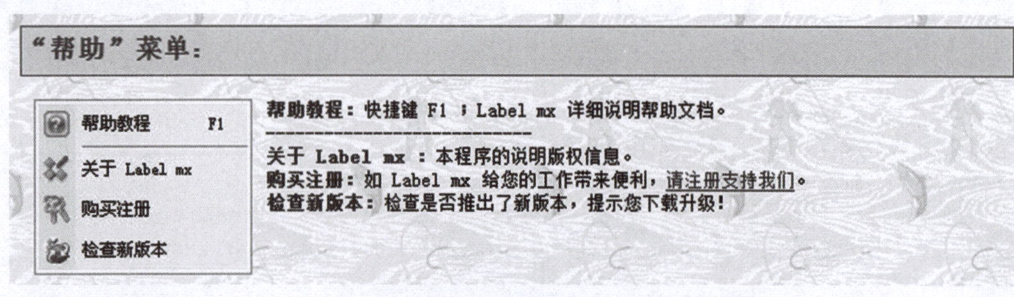

图 2.33　系统菜单介绍（续）

④单击图标，生成一维码（图 2.34）后，可在属性栏完成对一维码的属性修改，如尺寸、条码设置、字体、颜色、数据选项等。

图 2.34　生成一维码

⑤单击图标，生成二维码（图 2.35）后，可在属性栏完成对二维码的属性修改，如尺寸、条码设置、字体、颜色、数据选项等。

图 2.35　生成二维码

⑥其他功能介绍。

单击系统左侧的各图标，可以分别完成直线、曲线、圆形、矩形、菱形、多边形、文字、图片和数据源的创建。

（3）特色工具。

系统可以完成流水码批量生成、防伪码随机生成、数据堆叠排列、数据分组、图片文件名整理等功能，具体操作流程见系统的帮助教程。

四、实训报告

教师下达实训任务，让学生自行练习，并完成实训报告（表 2.3）。

表 2.3　实训报告

实训名称：		课程名称：
学号：	姓名：	实训时间：
专业：	班级：	实训地点：
一、实训目的与要求		
二、实训环境		
三、实训内容		
四、实训步骤		
五、结论、问题与解决方法 （此部分为实训总结，是体现实训过程的重要内容，应鼓励学生将遇到的重要问题及解决方法总结出来，以体现实训对学生技能的提升作用）		
批语：		

实训二　条码识读设备认知

一、实训目标

（1）熟悉常见的条码识读设备，了解各种设备的识读原理。

（2）能区别各种条码识读设备。

（3）能使用条码扫描系统对条码进行扫描识别。

二、实训准备

安装条码识读设备。

三、实训步骤

（1）认知条码光笔、条码卡槽、扫描枪、激光全向扫描台、二维码识读器、智能手机、条码数据采集器等设备。

（2）通过淘宝网、京东商城、国美在线、苏宁易购等在线销售平台查询相关资料，了解条码识读设备（至少 6 种不同种类的光笔、条码卡槽、扫描枪、激光全向扫描台、二维码识读器、智能手机、条码数据采集器等）的型号、生产厂商、产品参数、价格、销量等信息。并将所调查情况进行分析整理后填入表 2.4 中。

表 2.4　识读设备信息

设备品牌	设备型号	设备种类	产品参数	价格	销量	信息来源

（3）查阅资料，回答以下问题：

①条码识读的基本工作原理。

②条码识读系统由几部分组成？它们分别是什么？各部分的工作原理是什么？

③条码识读设备选择时主要考虑的参数有哪些？

④CCD 扫描器和激光扫描器区别是什么？

⑤CCD 扫描器和激光扫描器主要应用于哪些方面？

⑥常用的数据采集器有哪些？

⑦数据采集器与扫描设备的异同点有哪些？

⑧数据采集器在仓储及配送中心中的应用有哪些？

（4）利用条码扫描器和数据采集器对条码进行扫描识读。

学习测试

一、选择题

1. 某企业使用 EAN-13 码为商品编码，前缀码为 692，则其厂商识别代码数字位数为（　　）。

A. 6　　　　B. 7　　　　C. 8　　　　D. 9

2. （　　）位于条码中间的条、空结构，它包含条码所表达的特定信息。

A. 静区　B. 起始/终止符　C. 数据符　D. 校验符

3. 通用商品条码模块的一个字符由 2 个条和（　　）个空构成。

A. 1　B. 2　C. 3　D. 4

4.（　　）二维码形态上是由多行短截的一维码堆叠而成，它在编码设计、校验原理、识读方式等方面继承了一维码的一些特点，识读设备与一维码技术兼容。

A. 堆叠式/行排式　B. 矩阵式　C. 图像式　D. 数字

5. 国际上公认的用于物流领域的条码不包括（　　）。

A. EAN-13 码　B. 交叉 25 码　C. QR Code　D. UCC/EAN-128 码

6. 从系统结构和功能上讲，条码识读系统由（　　）等组成。

A. 条码扫描和译码　B. 光学系统及探测器

C. 信号放大、滤波、波形整形　D. 扫描系统、信号整形、译码

7.（　　）又称手持终端。

A. 激光扫描器　B. CCD 扫描器

C. 卡槽式扫描器　D. 便携式数据采集器

8. 条码编码方法中的（　　）是指在条码符号中，条与空是由标准宽度的模块组合而成。

A. 模块组合法　B. 宽度调节法　C. 矩阵法　D. 堆叠法

9.（　　）表示条码中反射率较低的部分。

A. 条　B. 空　C. 空白区　D. 模块

10. 下列选项中（　　）属于一维码。

A. PDF417 码　B. QR Code　C. Code 49　D. EAN 码

11. 某企业使用 EAN-13 码为商品编码，前缀码为 692，则其厂商识别码由（　　）位数字组成。

A. 6　B. 7　C. 8　D. 9

12. 在下列选项中，（　　）属于行排式二维码。

A. PDF417 码　B. QR Code　C. 龙贝码　D. code one

13. EAN 码 694750370393 的校验码是（　　）。

A. 4　B. 5　C. 6　D. 7

14. 设计条码应用系统主要考虑的因素有（　　）。

A. 条码设计　B. 符号印制　C. 识读设备选择　D. 系统工程

15. 物流条码的特点有（　　）。

A. 储运单位的唯一识别　B. 服务与供应链全过程

C. 信息多　D. 可变性

16. 中国 EAN 码的前缀有（　　）。

A. 696　B. 695　C. 690　D. 692

17. 下列选项中的（　　）属于二维码。

A. 汉信码　B. QR Code　C. PDF417 码　D. 龙贝码

二、判断题

1. 一维码只在一个方向（一般是水平方向）表达信息，而在垂直方向不表达任何信息。（　　）

2. 编码中的“条”指对光线反射率较低的部分，“空”指对光线反射率较高的部分。（　）

3. 完整的一维码由两侧空白区、起始符、数据符、校验符、终止符组成。（　）

4. 条码扫描设备按原理不同可分为光笔、CCD、激光和拍摄4类条码扫描器。（　）

5. 激光条码识读器可以识读常用的一维码，还能识读行排式和矩阵式的二维码。（　）

6. 二维码因穿孔、污损等引起局部损坏时，照样可以正确识读，损毁面积达50%仍可恢复信息。（　）

7. QR Code在扫描时需要对准3个位置探测图形才能被识别。（　）

8. 条码技术的应用解决了数据录入和数据采集的瓶颈问题，为物流管理提供了有力的技术支持并贯穿物流管理的全过程。（　）

三、简答题

1. 简述条码的概念。
2. 列举一维码的主要码制。
3. 简述EAN-13码的代码结构。
4. 商品条码在编码时应遵守的原则有哪些？
5. 简述条码识别系统的组成。
6. 选择条码识读设备时应考虑哪些因素？
7. 简述二维码与一维码的区别。
8. 简述QR Code的优点。
9. 什么是条码和条码技术？
10. 编码的方法有哪几种？
11. 常用物流码制有哪几种？它们的结构如何？编码时应注意的事项有哪些？
12. 一维码与二维码的区别有哪些？二维码在货物运输中是如何应用的？
13. 简述物流标识技术。
14. 简述物流编码技术的主要内容和技术特点。
15. 常用的条码扫描器有哪几种？
16. 分析条码技术在物流领域的应用。

四、思考题

1. 条码识别技术的工作原理是什么？
2. 条码技术在物流领域主要应用在哪些环节？

五、案例分析题

条形码在天津丰田汽车有限公司的应用

天津丰田汽车有限公司（以下简称“丰田汽车”）是丰田汽车公司在中国创办的第一辆轿车生产基地。在这里，丰田汽车公司引入最新技术，生产专为中国最新开发的，充分考虑到环保、安全等条件因素的新型小轿车。

二维码应用管理解决方案使丰田汽车在生产过程控制管理系统中成功应用了QR Code数据采集技术并完成了生产过程控制管理系统的组建。

1. 丰田汽车组装生产线数据采集管理

汽车是在小批量、多品种混合生产线上生产的，将写有产品种类生产指示命令的卡片安装在产品生产台，这些命令被各个作业操作人员读取并完成组装任务，使用这些卡片存在严重的问题和大的隐患，包括速度、出错率、数据统计、协调管理、质量问题等在内的一系列问题。

1）系统概要

如果用 QR Code 取代手工卡片，初期投入费用虽然高，但建立了高可靠性的系统。

(1) 在生产线的前端，操作人员根据主控计算机发出的生产指示信息，条码打印机打印出 1 张条码标签，贴在产品的载具上。

(2) 在各作业工序中，操作人员用条码识读器读取载具上的条码符号，将各种信息输入计算机中。接下来，主系统对作业人员和检查装置发出指令。

(3) 在各工序中，操作人员用扫描器读取贴在安装零件上的条码标签，然后读取贴在载具上的 QR Code，以确认零件安装是否正确。

(4) 在各工序中，QR Code 的生产指示号码、生产线顺序号码、车身号数据和实装零部件的数据、检查数据等均被反馈回主控计算机，用来对进展情况进行管理。

2）应用效果

(1) 投资较低。

(2) QR Code 可被识读器稳定读取（错误率低）。

(3) 可节省大量的人力和时间。

(4) 主系统对生产过程的指挥全面提升。

(5) 使生产全过程和主系统连接成为一体，大幅提高生产效率。

2. 丰田汽车供应链采集系统的应用

1）应用环境

汽车零件供货商按汽车厂商的订单生产零配件，这样可以减少人为操作，缩减成本，提高效率。

2）应用描述

(1) 汽车厂商将看板标签贴在自己的周转箱上，先定义箱号。

(2) 汽车厂商读取看板标签上的一维码，将所订购零件的编号、数量、箱数等信息制作成 QR Code 并生成带有该 QR Code 的看板单据。

(3) 汽车厂商将看板单据和看板标签一起交给零件生产厂。

(4) 零件生产厂读取看板单据上的 QR Code，处理接收的订货信息，并制作发货指示书。

(5) 零件生产厂将看板标签附在发货产品上，将看板单据作为交货书发给汽车厂商。

(6) 汽车厂商读取看板单据上的 QR Code 进行接货统计。

3）应用效果

(1) 采用 QR Code 可以使原来无法条码化的“品名”“规格”“批号”“数量”等进行自动对照，出库时的肉眼观察操作大幅减少，降低了操作人员人为识别验货的错误，避免了误配送的发生。

(2) 出库单系统打印 QR Code 加密，安全、不易出错。

(3) 验货出库工作可以完全脱离主系统和网络环境独立运行，对主系统的依赖性小，减少主系统网络通信和系统资源的压力，同时对安全性要求降低。

(4) 真正做到了 QR Code 数据与出库单数据及实际出库物品属性特征的统一。

（5）加快了出库验收作业的时间，缩短了工作的过程，并且验收的信息量大大增加，从而提高了效率、降低了成本、保证了安全、防止了错误的发生。

1. 天津丰田汽车有限公司使用手工卡片时存在哪些不足？
2. 供应链采集系统的应用为天津丰田汽车有限公司解决了哪些问题？
3. QR Code 技术在该供应链采集系统中发挥了什么作用？

项目二 学习测试答案

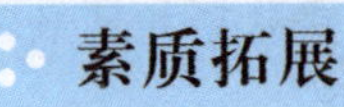

素质拓展

"中国二维码之父"：黑白方寸之间的创新与探索

随着互联网技术的发展，二维码移动支付渐渐代替了现金支付的方式，无论是城市还是乡镇的大街小巷，移动支付占据了人们生活的各个角落。北京意锐新创科技有限公司便是一家致力于以二维码技术服务、识读产品提供、手机二维码应用，为中国企业提供基于二维码整体解决方案的公司，是国内唯一一家贯穿整个二维码产业链的二维码企业。董事长王越自 2002 年投身于二维码支付技术开发，被公认为中国二维码之父。

2001 年，王越在日本的一所医院第一次接触到二维码，他发现：通过这一技术，医护人员可以快速获知并更新患者的相应信息，远程诊断成为可能。第二年回国后，他在中关村创立了国内首家二维码应用开发公司意锐新创，没用几年，就将二维码读取时间从 17 s 降至 100 ms。2002 年，王越便开始进军二维码行业，但那时，互联网、智能手机还并未普及，因此，王越与团队很快便被资本市场放弃，但他始终坚信移动支付一定是历史发展的必然。2015 年，王越终于迎来了创业以来的高光时刻，意锐新创重新组建团队、梳理业务、全力出击，成功开发出移动支付设备"派派小盒"，迎来了二维码移动支付行业的蓝海。

王越表示，移动支付二维码是一个动态的机制，没有用户的账号是无法生成的，此外移动支付还有一层层的安全把关，"目前为止，这是最安全的体系。在线支付安全性比线下支付安全性高很多"。二维码支付是全人类文明的一部分，"我认为，移动二维码支付未来会写进教科书里。在中国，我们不敢说是最早做二维码的，但我们 100% 是最早做手机二维码移动应用的"。

随着新消费经济时代的到来，为了满足零售客户不断增长的对数字化和无缝链接体系的期望，零售银行已经在重新思考自己的运营模式和定位，建立起以客户为核心的运营体系，从内而外提升自己的数字化能力。意锐新创作为移动支付领域的倡导者，以构建支付+数字化+场景化为横向主线，以银行+商户+消费者为纵向主线的一体化生态管理平台，从而实现用户消费体验、商户管理升级和银行高效运营的数字化新生态。

历经多年的创新与探索，王越和他的团队围绕消费数字化升级、数字人民币及海外发展，在智慧化应用方面自主研发了系列智能支付终端、SAAS 解决方案及 AIOT 平台。根据不同业态，为零售银行提供数字化转型基础设施并为小微商户、农村农户等数字化经营管理赋能，让数字技术为代表经济活力的中小微商户服务，促进实体经济与数字经济的融合发展。

（摘自：人民网济南9月6日电（乔姝））

项目三　POS 系统

项目简介

自 20 世纪 70 年代起，人们普遍使用电子收款机。20 世纪 80 年代初期，随着商业经营与管理水平的不断提高和商品市场迅速发展以及客户对多种交易方式的需求进一步扩大，电子收款机开始从单机控制转变为主从控制的数台收款机及多台辅助设备集群连接的控制方式，进一步增强了电子收款机自身的功能，使单纯的收款工具开始向 POS 系统转变。

工作流程

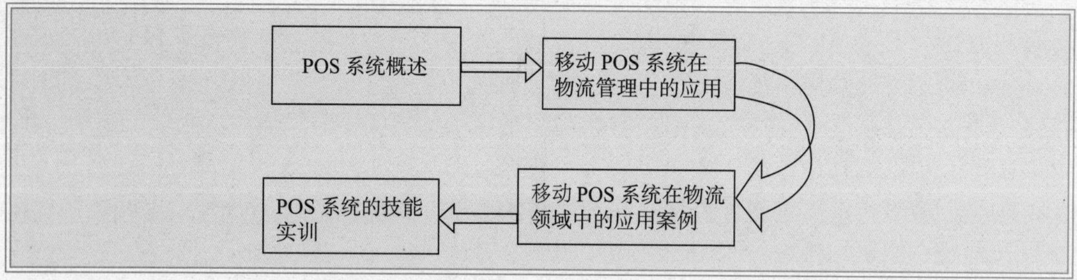

学习目标

知识目标

1. 了解 POS 系统的组成和结算步骤。
2. 理解 POS 系统的定义、分类、功能和价值。
3. 掌握 POS 系统的应用。

技能目标

1. 学会应用 POS 系统的方法。
2. 能够熟练应用 POS 系统结算。

素养目标

1. 具备解决问题的积极心态。
2. 具备沟通能力，能够与团队成员进行顺畅的沟通。

国内零售业 POS 系统应用问题浅析

我国零售行业经过信息化建设，已经走向成熟，大幅提升了企业的经营管理效率。而在这个过程当中，作为中国零售业信息化建设时首个引入的软硬件设备，POS 系统发挥了巨大作用。但中国的 POS 系统目前还仅仅被当作普通的收款设备来使用，应用效率远不及国外。

1. 中国零售业 IT 系统的利用率还不足 10%

虽然经过多年的信息化建设，中国的零售企业信息化应用已经有所进步，但是据中国零售业 IT 投入评估报告显示，中国零售业 IT 系统的利用率还不足 10%。虽然各种系统的应用数量十分庞大，但大部分还是小型、孤立的系统，而且缺乏高水平的应用。与国外相比，我国零售企业的信息化应用还处于初级阶段。

例如，国外零售企业的选址或者新品进店，都要有充分的信息依据才能做出决策，这完全都要依赖其完善的 IT 系统。而国内零售企业在这方面则非常盲目。业内人士认为，国内零售企业并没有把从消费者那里得到的数据当作企业的资源与资本。

2. POS 机高价值的功能被忽略

目前，POS 机已经从最初的收银机和第二代的有效客户反应（ECR）电子收款机发展到了第三代包括主机、显示器、扫描仪以及钱箱的整体解决方案。有些 POS 机还可以当作普通计算机来使用，在性能和稳定性方面也更加强悍。有些甚至还可以满足对于数据库管理的需求以及处理多种类型的交易，轻松收集消费记录等信息，结合网络的无缝介入，可以满足店面的数据共享，为数据的深度挖掘提供基础工作。

3. POS 数据是辅助运营的有效工具

事实上，零售企业完全可以通过数据挖掘技术来分析消费者的购物模式，以便对他们将来的购物趋势和行为进行预测，从而做出正确的决策。

任务一　POS 系统概述

一、POS 系统的定义

POS 系统是指通过自动读取设备（如收银机）在销售商品时直接读取商品销售信息（如商品名称、单价、销售数量、销售时间、销售店铺、购买者信息等），并通过通信网络和计算机系统传送至有关部门，进行分析加工以提高经营效率的系统。POS 系统最早应用于零售业，随后逐渐扩展至其他领域，如金融、旅馆等，而应用 POS 系统的范围也从企业

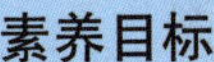

内部扩展到整个供应链。

POS 机是一种多功能终端，把它安装到信用卡的特约商户和受理网点与计算机联成网络，就能实现消费、预授权、余额查询和转账等功能，使用起来安全、快捷、可靠。

二、POS 系统的组成

POS 系统由前台 POS 系统和后台管理信息系统两部分组成，如图 3.1 所示。

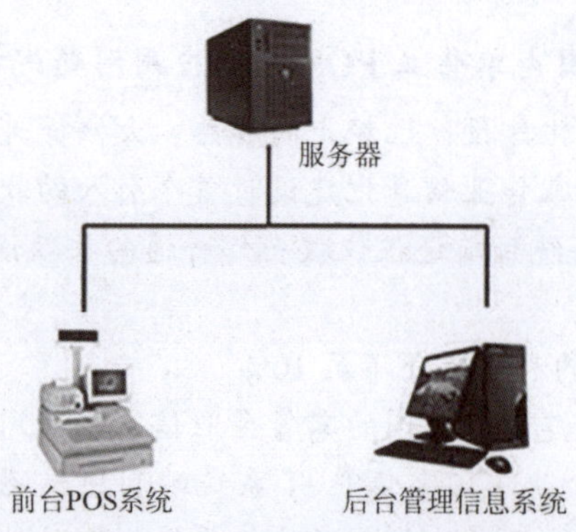

图 3.1　POS 系统的组成

（一）前台 POS 系统

前台 POS 系统是指通过自动读取设备（如扫描仪等）在销售商品时直接读取商品销售信息，实现前台销售业务自动化，对商品交易进行实时处理并通过通信网络和计算机系统传至后台 MIS。前台 POS 系统的组成如图 3.2 所示。

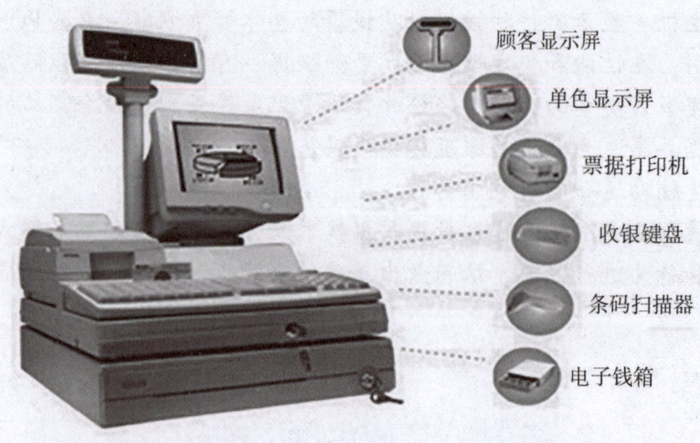

图 3.2　前台 POS 系统的组成

前台 POS 系统的功能如下。

1. 收银员识别

收银员识别功能指收银员必须在工作前登录系统才能进行终端操作，即门店中的每位收银员都有独立的 ID（标识）和密码，只有输入正确的 ID 和密码后，才能进入销售屏幕开始操作。在交接时，收银员必须退出系统，以便让其他收银员使用该终端。如果收银员在操作时需要暂时离开终端，可以使终端处于登录或关闭状态，在返回时重新登录。

2. 多种销售方式

POS 系统有多种销售方式，收银员在操作时可根据需要选择商品各种销售方式。

（1）优惠、打折功能：包括优惠折扣商品或交易本身特价许可等，应进行权限检查。

（2）销售交易更正功能：包括清除功能、交易取消功能。

（3）退货功能：收银员通常无该权限，需要由管理人员完成。

（4）挂账功能是指在当前交易未结束的状态下保留交易数据进行下一笔交易的收银操作。

3. 多种付款方式

其付款方式主要有现金、支票、信用卡等，POS 系统支持多种付款方式。

4. 其他

（1）票据查询功能。其查询范围可以是某时间段内的全部交易内容，也可以是某时间点的交易内容。

（2）报表查询。收银员根据收银机本身的销售数据制作一些简单的报表并用收银机连接的打印机打印出来。报表包括结款表、柜组对账表等。

（3）前台盘点：主要是清查库存商品数量。前台盘点的实质是将需要盘点商品的信息手工输入或用条码扫描仪录入收银机中并将此作为后台清查库存商品数量的数据来源。

（4）工作状态检查功能是指对有关收银机、收银员的各种状态进行检查，包括一般状态、交易状态、网络状态、外设状态等。

（二）后台管理信息系统

后台管理信息系统包括计算机和相应的管理软件。后台管理系统负责全部商品的进、销、存管理。它根据前台 POS 系统提供的销售数据，控制进货数量、优化库存。通过后台计算机系统计算、分析和汇总商品销售的相关信息，为企业管理部门和管理人员的决策提供依据。后台管理信息系统的具体功能如下。

（1）商品入库管理：对入库的商品数据进行输入，建立商品数据库，以实现库存查询、修改、报表及商品入库验收单打印等功能。

（2）商品调价管理：由于某些商品的价格随季节和市场等情况而发生变动，POS 系统能对这些商品进行调价管理。

（3）商品销售管理：根据商品的销售记录，实现商品的销售、查询、统计、报表等管理，并能对各收款机、收银员等进行分类统计管理。

（4）单证票证管理：实现商品的内部调拨、残损报告、变价调动、仓库验收盘点报表等各类单据票证管理。

（5）报表打印管理：打印内容包括时段销售信息表、营业员销售信息报表、部门销售统计表、退货信息表、进货单信息报表、商品存储信息报表等，实现商品销售过程中各类报表的分类管理功能。

（6）数据分析功能：POS 系统的后台管理软件应能提供完善的分析功能，分析内容涵盖进、销、调、存过程中的所有主要指标，同时以图形和表格方式提供给管理者。

（7）数据维护管理：完成对商品资料、营业员资料等数据的编辑工作，如商品资料的编号、名称、进价、进货数量、核定售价等内容的增加、删除、修改，营业员资料的编号、姓名、部门、班组等内容的编辑，还有商品进货处理、批发处理、退货处理等。另外，其还可以实现收款机、收款员的编码、口令管理，支持各类权限控制，具有对本系统所涉及的各类数据进行备份的权限和恢复交易断点功能。

（8）销售预测：包括对畅销商品分析、滞销商品分析、某种商品的销售预测分析、某类商品的销售预测分析等。

三、POS 系统的特点

（一）分门别类管理

POS 系统的分门别类管理不仅针对商品，还可针对员工及顾客。

1. 单品管理

零售业的单品管理是指对店铺陈列展示销售的商品，以单个商品为单位进行销售跟踪和管理的方法。由于 POS 系统信息实时、准确地记录单个商品的销售信息，POS 系统的应用使单品管理的高效率成为可能。

2. 员工管理

通过 POS 系统终端机上计时器的记录，依据每位员工的出勤情况、销售状况（在任一时间段内）对员工进行考核管理。

3. 顾客管理

客户购买商品结账时，通过扫描仪自动读取零售商发行的客户 ID 卡或信用卡，掌握每个客户的购买品种和购买金额，从而对客户进行分类管理。

（二）自动读取销售时点信息

当客户结账时，POS 系统通过扫描仪自动读取商品条码标签或 OCR 标签上的信息。在销售商品的同时，也可以获得实时的销售信息是 POS 系统的最大特征。

（三）集中管理信息

将在各个前台 POS 系统获得的销售时点信息与其他部门发送的有关信息一起由总部的信息系统加以集中并进行分析加工，对商品上架陈列方式、促销方法、促销期间、竞争商品的影响进行相关分析和集中管理。

（四）连接供应链

POS 系统是供应链信息管理的起点。供应链上的各参与方要做到信息共享，销售时点信息必不可少。具有 POS 系统、EOS 系统并能使用 VAN 网络的现代化企业通过 POS、EOS、VAN、MIS，将商品销售信息转化为订货信息并通过 VAN 网络自动传递至上游供应商的管理信息系统。供应商可以运用该信息并结合其他信息来制定企业的经营计划和市场营销计划。

四、POS 系统的类型

POS 系统主要有以下两种类型。

（一）消费 POS

消费 POS 具有消费、预授权、查询止付名单等功能，主要用于特约商户受理银行卡消费。国内消费 POS 的手续费如下。

（1）航空售票处、加油站、大型超市一般扣除消费金额的 0.5%。

（2）药店、小超市、批发部、专卖店、诊所等 POS 刷卡消费额不高的商户，一般扣除消费金额的 1%。

（3）宾馆、餐饮、娱乐、珠宝首饰、工艺美术类店铺，一般扣除消费金额的 2%。

（4）房地产、汽车销售类商户一般扣除固定手续费，按照 POS 消费刷卡笔数扣收，每笔不超过 40 元。

（二）转账 POS

转账 POS 具有财务转账和卡卡转账等功能，主要用于单位的财务部门。

五、POS 系统的结算步骤

使用 POS 系统结算时的步骤如下。

（1）地方易货代理或特约客户的易货出纳系统，将买方会员的购买或消费金额输入 POS 终端。

（2）读卡器（POS 机）读取广告易货卡上磁条的认证数据、买方会员号码（密码）。

（3）结算系统将所输入的数据送往中心的监管账户。

（4）广告易货出纳系统对处理的结算数据确认后，由买方会员签字。买卖会员及易货代理或特约商户各留一份收据存根，易货代理或特约商户将其收据存根邮寄到易货公司。

（5）当与易货公司确认买方已收到商品或媒体服务后，结算中心会划拨易换额度完成结算过程。

六、POS 系统的网络功能

ECR 是在商业、物流管理系统中，经销商和供应商为降低甚至消除系统中不必要的费用给客户带来更大效益，而运用信息传输系统或互联网进行密切合作的一种战略。

若要实施 ECR，需要将条码自动识别技术、POS 系统和 EDI 集成起来，在各供应链（由生产线直至付款柜台）之间建立无纸化的信息传输系统，确保产品不间断地由供应商流向最终客户；同时，信息流能够在开放的供应链中循环流动。此举既可满足客户对产品和信息的需求，给客户提供最优质的产品和适时准确的信息，又可满足生产者和经销者对消费者消费倾向等市场信息的需求，从而更有效地将生产者、经销者和消费者紧密联系起来，降低成本、提高效益、造福社会。

目前只有中高档次的机型（即二类收款机）具备联网功能，由于 ECR 的硬件环境不具备开放性，而且软件数据量比较小，因此一般采用专用网络形式，即通过收款机本身的

RS232/422/485 接口、多用户卡实现与收款机之间或与一台上位机（微机）的连接，从而完成收款机与收款机之间、收款机与上位机之间的数据传输。

七、POS 系统的价值

（1）节约原来手写、保管各种单据的人工成本和时间成本。

（2）简化了操作流程，提高基层员工的工作效率和积极性。

（3）提高工作人员的正确性，减少了手工核对的工作量。

（4）各级主管从繁重的传统式经营管理中解脱出来，并且有更多的时间从事管理工作，工作重心逐渐转到管理上来，进一步提高工作效率。

（5）采购人员运用查询和报表可以更直接、更有效地获取商品的销量情况。

（6）销售人员根据商品的销售情况进行分析，从而制定下一次的销售计划。

（7）财务人员能更加清楚地了解库存情况、账款余额、毛利贡献等财务数据，可以更好地控制成本和费用，提高资金周转率。

（8）管理者掌握商品的进销存动态后，可以更好地控制企业中各种资源的流转。

任务二　移动 POS 系统在物流管理中的应用

随着现代商业多种业态的发展和消费方式的变化，一种主动新颖的销售方式——移动销售应运而生。移动销售改变了传统的固定式店铺销售模式，它采用的是一种主动、灵活的销售模式，使原来以商品经营为主的销售行为逐步让位于提供多样化、个性化的服务行为。移动 POS 系统以通用分组无线服务（GPRS）网络为载体与企业总部 ERP 数据库服务器进行连接，可以解决目前使用 POS 系统受到网络传输、计算机硬件等条件限制的问题。将庞大的收银系统浓缩在手持式条码数据终端和红外驱动的打印机上，方便携带、功能强大、操作简单，随时随地即可完成商品销售情况的记录、金额的结算以及凭证的打印。

处于在线状态时，移动 POS 系统在进行单据保存的同时，将数据提交到中心数据库；在网络不通畅的情况下，系统会将数据先暂存在设备的本地数据库，滞后提交数据。这使销售人员进行日常的收货、销售、盘点等工作时更加轻松，保证了数据的及时提交和准确性，从而使信息以最快的速度汇集到企业中心数据库，以便及时做出准确快速的反应，提高企业的日常营运效率。移动 POS 系统的应用扩大了商业现代化管理的范围，拓展了商业领域的空间，全面提升了商家的营销水平。移动 POS 系统已经在很多连锁企业中应用。

一、移动 POS 系统

（一）移动 POS 系统的组成

移动 POS 系统可以分为三层，即中心数据库层、PC 处理软件层以及移动 POS 处理层，它们紧密联系在一起。其中，移动 POS 处理层是最基本的一层。首先，所有的客户信息都通过移动 POS 系统采集，如通过订货 POS 系统，可以获得客户完整的需求信息，这些信息是十分重要的。配送 PC 和追踪 PC 根据此信息完成其相应的处理过程，将这些信息进行整理后就可以进行市场需求分析和市场预测。其次，简单的逻辑过程和运算过程都

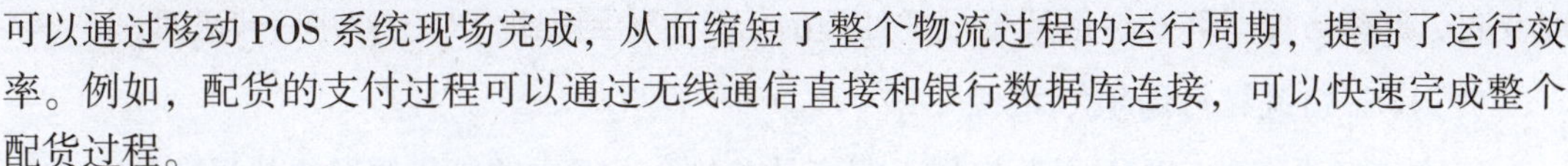

可以通过移动 POS 系统现场完成，从而缩短了整个物流过程的运行周期，提高了运行效率。例如，配货的支付过程可以通过无线通信直接和银行数据库连接，可以快速完成整个配货过程。

（二）移动 POS 系统的特点

移动 POS 系统有低成本、无环境限制、配置简单、功能强大、操作简便、系统稳定、交易迅速、安全性高等特点，适用于网站 B2B 销售、B2C 销售、商品流动销售车、商品连锁专卖店及第三方上门配送等场景。

（三）移动 POS 系统的硬件配置

移动 POS 系统的硬件配置主要包括手持式数据采集终端、微型打印机、调制解调器等。

二、移动 POS 系统的主要功能

移动 POS 系统的主要功能如下。

（1）商品管理。物品数量、销售明细、退货记录。

（2）用户管理。销售配额、销售底价。

（3）售价控制。基本价格、批量价格、特优价格。

（4）综合查询。客户查询、商品查询、单据查询、销售额查询。

（5）访销管理。增补订单、定期配送。

（6）打印管理。销售凭据（收据）、销售记录、退货记录。

（7）操作员管理。操作员登录、普通权限、特殊权限。

在销售配送系统方面要求信息系统能够强化物流企业和货主之间的连接，从而实现高品质服务和低成本运营。对此，推广手持式数据终端（如移动 POS 系统）和条码技术在流通领域的应用，既可以实现高质量的配送管理，又可以对配送中心的货物进行随时动态追踪管理，还可以根据所获知的信息进行市场分析和市场预测等。

三、移动 POS 系统在物流中的应用

（一）订货配货处理

订货配货处理的内容包括订单准备、订单传递、订单登录、按订单供货、订单处理状态跟踪等活动。

订货配货处理是实现企业客户服务目标最重要的影响因素。改善订货处理过程、缩短订货处理周期、提高订单满足率和供货的准确率、提供订货处理全程跟踪信息，可以大大提升客户服务水平与客户满意度，也能够降低库存水平，在提升客户服务水平的同时，降低物流总成本，使企业获得竞争优势。

（二）提高订货、配货效率

在移动 POS 系统中，PC 从中心数据库中下载客户的基本信息到订货 POS 上，订货员通过订货 POS 访问相应的客户，获得其订货信息，然后上传到订货 PC 等待进一步处理。接下来，配货 PC 根据订货 PC 所提供的信息，确定合理的供货周期将货物及时、准确地送到客户手中。配货 POS 可以打印各种单据，并可运用配货 POS 的无线通信功能实现实

时支付，此举方便了客户。最后把配货处理的信息上传到配货 PC 上作进一步处理。

（三）对物流进行跨地域跟踪

移动 POS 系统的应用可以跨地域掌握产品在整个市场中的销售情况，然后统筹全局进行市场调整和预测，以获得最大收益。另外，还可以使用移动 POS 系统完成对产品本身信息（条码信息，特别是二维码的产品详细信息）的采集，通过与中心数据库的产品信息相对照，确定该产品的真伪，从而真正做到防伪保真，保障企业自身的利益。因此，跟踪 PC 必须准备相应的产品信息，供跟踪 POS 对比，然后下载到跟踪 POS 上；在对产品进行跟踪处理时，跟踪 POS 通过本身的跟踪软件记录产品信息并参照相应的产品信息，从而确定该产品的真伪。

（四）提高库存管理效率与精度

库存管理可以分为出库发货和库存盘点。在出库发货时，根据配送中心的补货申请，由盘点 PC 机对照库存的相应商品的数量，确定配送中心的补货明细表，将需要补货的商品集中统一处理后，使用已存储好该批出库数据的盘点 POS，扫描商品的条码和确认出库的数量，完成后，将盘点 POS 数据传送至盘点 PC。进行库存盘点时，工作人员使用盘点 POS 依次扫描仓库货架上的商品条码，并输入实际库存数量，操作完成后，将实际库存数传送至盘点 PC 系统，然后制作出各种库存损益报告和分析报告。这些信息通过网络存入中心数据库以备使用。

任务三　移动 POS 系统在物流领域的应用案例

在我国，烟草行业率先在其核心业务流程和客户关系管理——“全面访销、全面配送、访送分离、专销结合”的体系中实现了以通信网络和移动 POS 系统为基础的电子化。访销是指一个卷烟销售网点定期调查所辖经营户的卷烟需求情况；配送是指销售网点根据访销的情况，在规定的时间内将卷烟及时准确地送到经营户手中。根据访销配送的具体特点，使用移动 POS 作为信息采集装置，以一维码、二维码作为信息载体，通过通信网络可以成功实现访销配送体系、商流信息采集和物流管理的电子化。

移动 POS 系统在烟草配送支付中的应用

一、市场背景

中国烟草行业实行的是农、工、商贸一体化管理，其经营管理体制具有浓厚的计划色彩。中国常年吸烟人口达 3.1 亿，年卷烟消费量约 17 000 亿支，市场零售总额近 3 000 亿元。中国加入世贸组织后，烟草行业也面临着国际化竞争。从 1994 年开始，上海、山东等地开始进行卷烟销售网络建设工作，目前已在全国范围内采用对卷烟零售商进行流动配送等销售方式，形成了较为完整且自成体系的销售网络。

中国烟草行业资金流动性强、规模效益明显，拥有大批的银行个人客户——卷烟零售商，这对于银行而言，是难得的优质客户群体。因此，中国建设银行菏泽分行以提高客户满意度和忠诚度为基础，以建立长期合作为目标，坚持“培植客户、经营客户”的理念，对本地烟草行业展开了整体营销渗透。菏泽分行在利用省行组建的资金结算网络积极争取烟草行业资金结算的同时，还抓住烟草公司卷烟销售款现金流量大，存在反复清点、存放不安全、结算速度慢等特点，向烟草公司提出了“采用移动POS系统结算烟款、建立高效科学的资金管理模式”的建议。此举得到了烟草公司的积极配合和响应，双方经过数月的谈判协商，本着“互惠互利、共同发展”的合作原则签订了多方面的银企合作协议，进一步提高了菏泽分行在烟草销售领域的业务占比，从而提升了经济效益。

二、移动POS系统技术特点

1. 移动POS系统的特点

银行卡作为一种先进的电子支付工具，已经被人们广泛接受和使用。银行卡的日益普及也推动了银行POS在各个商业领域的应用普及。传统POS基本上采用普通电话拨号连接银行主机的方式，但部分配送行业用户（如烟草）由于流动性及收款额度大等因素，其需求逐渐向方便、快捷和时效性强的电子交易方式转变，对移动POS的需求和依赖性越来越大，有线POS越来越不能满足客户需求。

移动POS是基于GPRS技术的手持式POS，兼备有线、无线双重功能，它采用以无线通信为主、无线拨号为辅的通信方式，具有交易速度快、体积小、携带方便等优点，非常适合各种物流配送行业的货款结算。与有线POS相比，无线POS交易速度明显加快，真正体现了银行卡交易的快捷性。

2. GPRS的特点

GPRS是基于GSM发展而来的数据业务。GPRS提供了一种高效、低成本的无线分组数据业务，特别适合间断的、突发性的和频繁的、少量的数据传输，也适合偶尔的大数据量传输。相对于普通电话通信，GPRS在安全性、网络特性、效率以及成本等各方面表现出独特的优势。

3. 移动POS系统的优势

（1）连接速度和交易速度极快。普通电话拨号方式每次通信需要网络连接一次，每次需20 s左右，而移动POS系统永远在线，可随时随地进行刷卡交易，每次交易时间为3~5 s。

（2）传输速度快。普通电话拨号方式最大传输速率为9.6 Kb/s，而GPRS可以达到30~40 Kb/s。

（3）费用低。移动POS系统一笔交易数据的流量约为300 B，按移动公司业务自由套餐资费标准计算，通信费用为300×8×0.03/1 024=0.07（元）。而普通电话拨号一笔交易至少为0.22元。由此可知，如果每台移动POS每月交易量按300笔计算，采用电话拨号每月通信费用为300×0.22=66（元），采用GPRS每月费用为300×0.07=21（元）。两者相比可知，使用移动POS后，每月的通信费用节约了45元。

三、移动POS系统应用的现实意义

1. 有利于提高企业销售管理水平

（1）加快了烟草公司的配送结算速度，并避免了卷烟配售面对的假币、短款等问题。

（2）烟草公司实现了销售资金的实时入账，提高了资金运转效率。

（3）烟草公司可通过POS交易数据分析销售情况，调整销售方案和访销路线，优化配置销售人员，提高企业销售管理水平。

2. 有利于银行拓展新的业务市场

移动POS结算系统突破了交易时间、交易环境等方面的限制，它可以凭借稳定的GPRS，随时随地实现银行卡交易。在商贸物流配送行业日趋兴旺的市场环境下，移动

POS系统将具有广阔的发展空间。

3. 有利于银行提高业务创新能力

移动POS结算系统的成功应用，为银行开发移动金融业务提供了经验。银行可根据市场发展趋势，运用安全、便捷的GPRS，无线接入银行专网，创造出流动服务车、移动ATM、个人账户通知、手机支付等一系列新产品，满足不同层次的客户需求。同时，银行还可利用GPRS专线推进内部管理工作的信息化，如企业电话直连、内部信息发布、车辆卫星定位、移动手机智能虚拟网等，在提高银行工作效率的同时，还可大幅度低管理成本。

实训　POS系统技能实训

一、情境设置

POS系统的工作原理如图3.3所示。

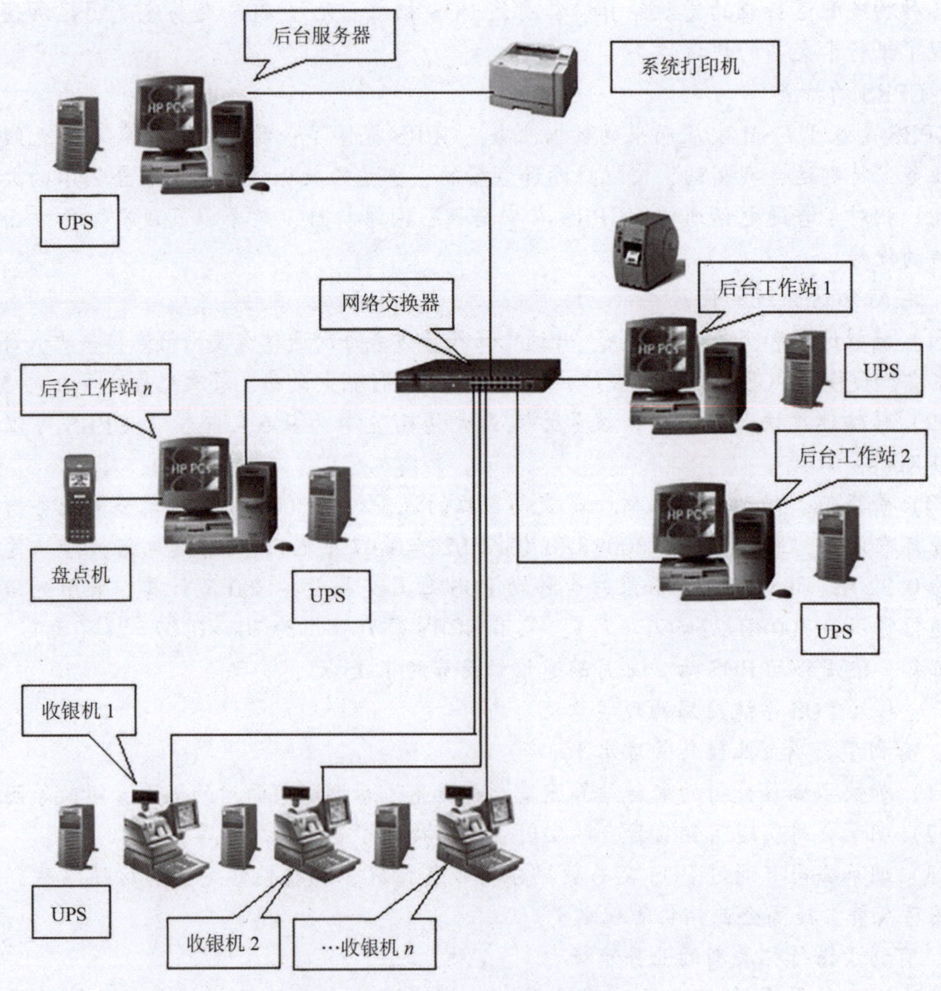

图3.3　POS系统的工作原理

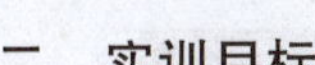

二、实训目标

(1) 了解 POS 系统及在物流销售环节的应用。

(2) 掌握常用 POS 系统使用方法。

(3) 学会撰写实训报告。

三、实训准备

(1) 学生在开始做任务之前，要学习和查阅信息相关的理论知识点。

(2) 学生要熟悉计算机的使用。

(3) 学生要给计算机安装 POS 系统，能够登录互联网。

四、实训步骤

(1) 将学生分组，每组 4~5 人。

(2) 给学生安排任务，让他们按照任务步骤逐步展开工作。

(3) 学生根据具体操作步骤操作。

(4) 学生完成实训报告的撰写。

五、具体操作步骤

下面以某一服装零售 POS 系统为例，其具体操作如下。

1. 数据更新

打开“自动更新程序（客户端）”对话框，选择“数据更新”标签。单击页面右下角的“数据下载”按钮进行数据更新，如图 3.4 所示。

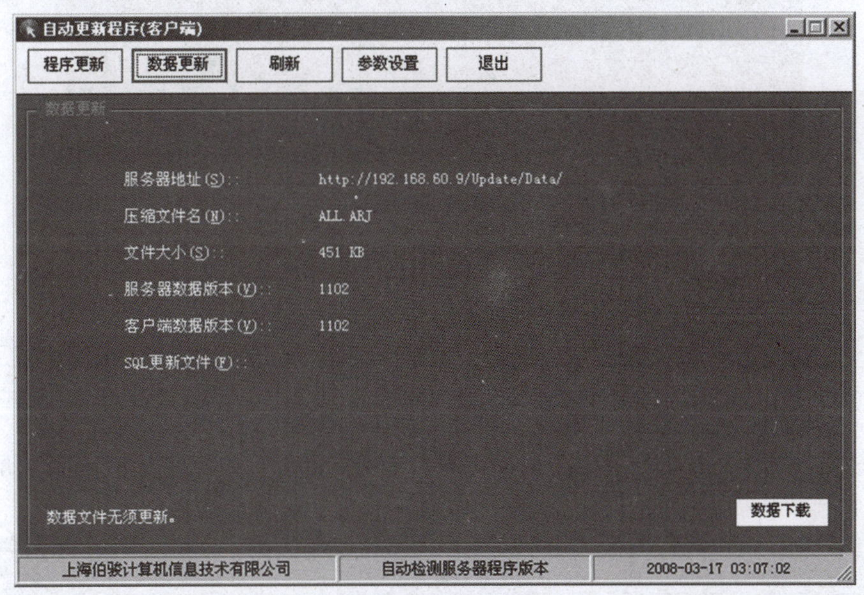

图 3.4　数据更新

2. 登录 POS 系统

打开 POS 系统，如图 3.5 所示。

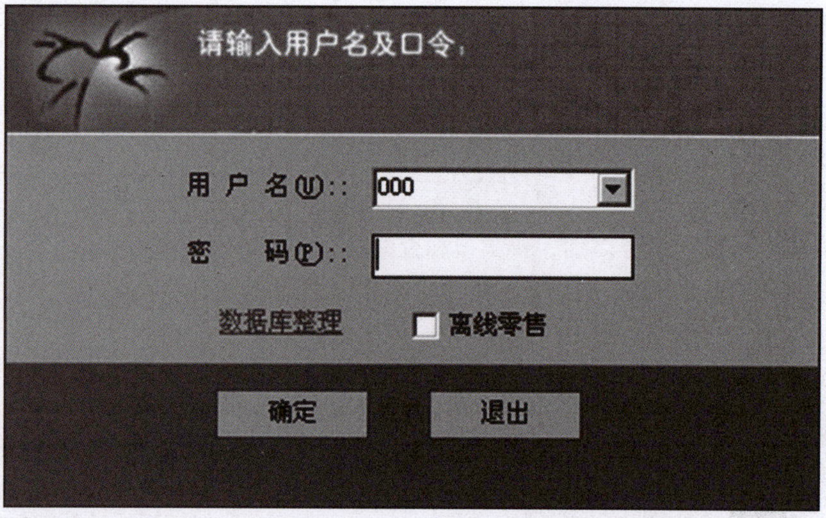

图 3.5 打开 POS 系统

输入用户名和密码，如果已断开网络，勾选“离线零售”复选框；反之，则不做选择。单击“确定”按钮后出现的系统界面如图 3.6 所示。

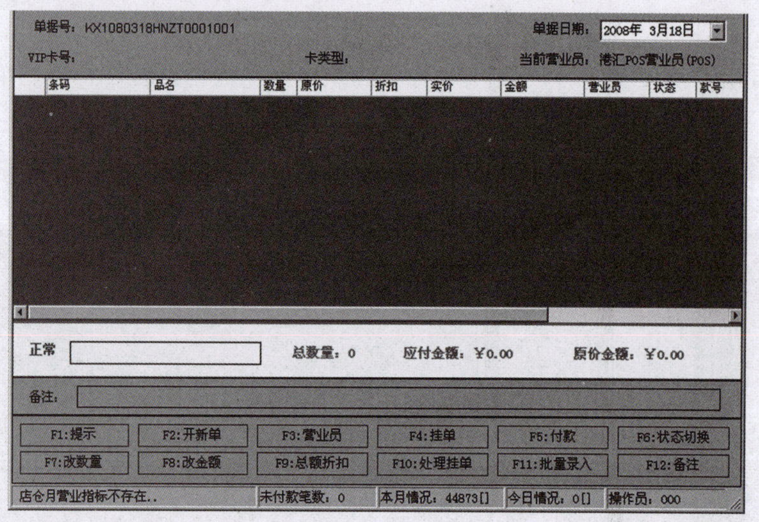

图 3.6 系统界面

“POS 操作”菜单中的所有命令后面都有一个快捷键。例如，按下 F1 键后，屏幕下方就会弹出两排操作提示，如图 3.7 所示；再次按 F1 键，它就会消失。

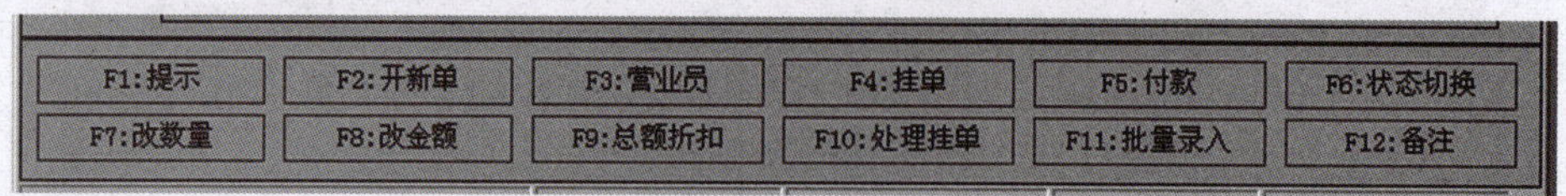

图 3.7 操作提示

3. 开新单

单击“F2：开新单”按钮，弹出 VIP 输入界面，如图 3.8 所示。

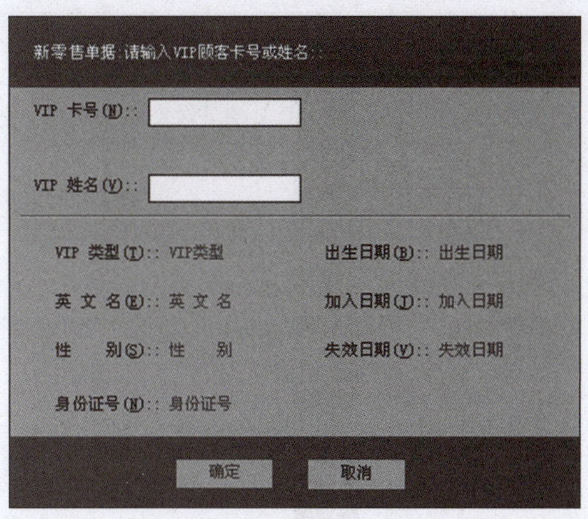

图 3.8　VIP 输入界面

如果该顾客有 VIP 卡，可在“VIP 卡号”里输入卡号以及密码，单击“确定”按钮，如没有 VIP 卡，可直接单击“取消”按钮。

单击“F3：营业员”按钮，可以更改相应营业员。

4. 零售业务操作

如图 3.9 所示，输入提示符在“正常”后面的空白方框里闪烁，此时可以录入商品条码。

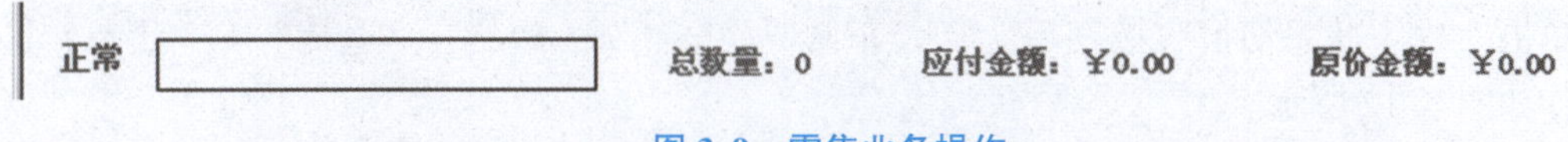

图 3.9　零售业务操作

录入商品条码可以通过手工录入或扫描枪扫入。当商品的条码出现后，按“Enter”键，相应的款号、颜色、尺寸、金额、折扣等信息会自动显示出来。

销售数据显示出来以后，输入提示符默认停留在条码输入框中，可以继续扫描下一件商品。

如果输入条码有误，系统会出现提示“条码不存在”。这时要仔细核对条码，修改完成后，再按“Enter”键。

如果顾客购买的衣服不止一件，可以单击“F7：改数量”按钮，修改件数。

如果发现输入的商品条码错误，只要把光标移到要删除的条码处，按“Delete”键即可删除。

选中要更改价格的商品，单击“F8：改金额”按钮，会自动弹出输入密码的对话框。如果设置了密码，系统便会要求输入该密码，如图 3.10 所示。

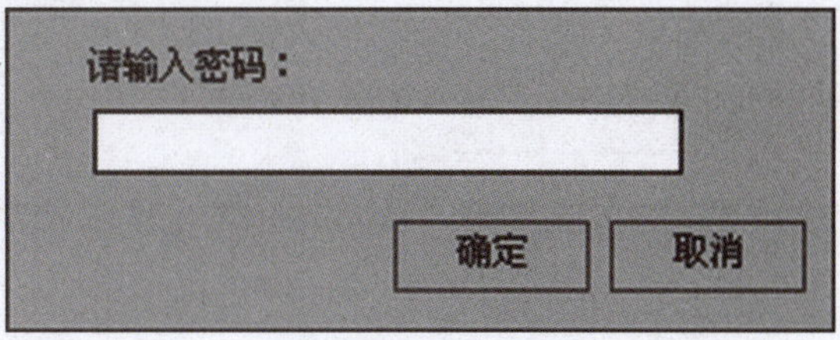

请输入密码：

确定　取消

图 3.10　输入密码

当密码输入正确后，弹出“单品折扣”对话框，如图 3.11 所示。

图 3.11　“单品折扣”对话框

“单品折扣”对话框可以更改折扣率，这里的“最低折扣限制”“最低金额限制”“最高优惠金额限制”都由总公司来决定。

不同的付款方式系统中有着不同的控制方式，如果现金付款可以超出应付款，系统还可以找零；卡付款不能超出应付款；购物券可以超出应付款，但不会找零。这些付款方式的相关设定要在 E-max 总部系统中进行。

5. 退货操作

单击“F6：状态切换”按钮后，有“正常”“全额”“赠品”“退货”4 个状态。退货操作如图 3.12 所示。

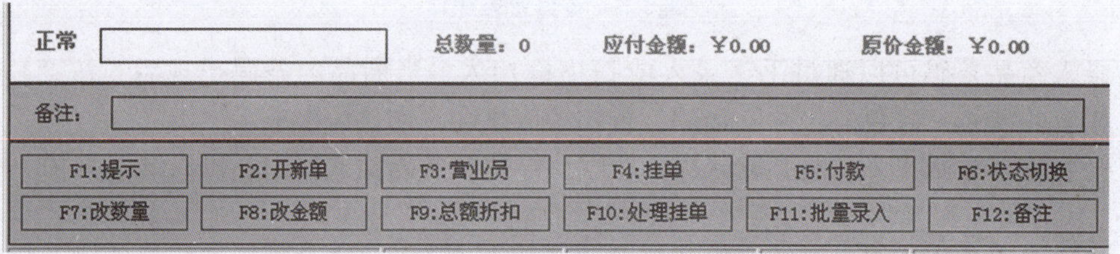

图 3.12　退货操作

当状态切换到“退货”时弹出“零售退货”对话框，将顾客需退货的商品扫入，此时需要输入密码，确认后出现图 3.13 所示对话框，该零售单号是退货商品先前销售时的交易单号，也可以选择忽略。单击“确认”按钮，弹出“零售退货价格输入”对话框，如图 3.14 所示。

图 3.13　“零售退货”对话框

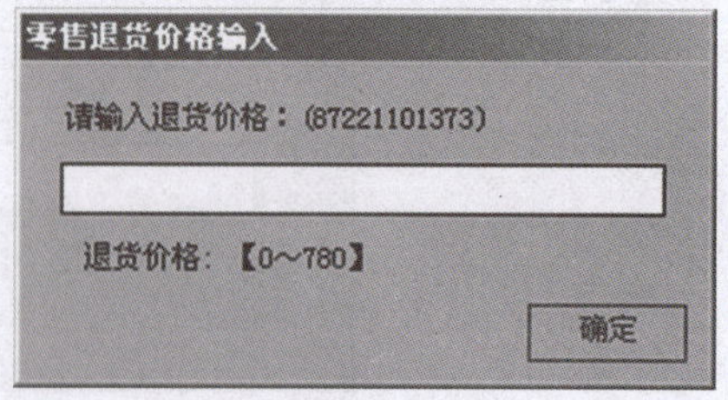

图 3.14　“零售退货价格输入”对话框

输入这件商品的价格，系统会根据该款商品的原价自动设置退货价格的范围，如果超出这个范围，退货无法成功。

以上操作完毕后，单击“F5：付款”按钮，进入付款界面。界面显示当前交易应付款金额为负数。店铺里的金额就会自动减去退货商品价格的金额，库存也随之增加一件。

6. 结束一天的零售业务

双击“零售数据上传”图标后，任务栏右下角会出现“数据上传”图标，它会自动上传数据，如图 3.15 所示。

图 3.15 上传数据

库存盘点是店仓人员定期要做的一件非常重要的事情，只有通过盘点才能时刻保证库存的准确性，从而为总部提供最为准确、及时的数据信息，为企业的经营决策提供依据。

盘点的原理是把实盘数量（输入盘点单的实际盘点数量）和记录在数据库中的数量进行比较，分析出差异（实盘数量和计算机账的差异），系统会将差异数量记录下来，在进行盘点、单记账后，自动调整计算机账，以保证实际库存和计算机中的账目一致。

六、实训报告

教师下达实训任务由学生自行练习，完成实训报告（表 3.1）。

表 3.1 实训报告

<table>
<tr><td colspan="2">实训名称：</td><td>课程名称：</td></tr>
<tr><td>学号：</td><td>姓名：</td><td>实训时间：</td></tr>
<tr><td>专业：</td><td>班级：</td><td>实训地点：</td></tr>
<tr><td colspan="3">一、实训目的与要求</td></tr>
<tr><td colspan="3">二、实训环境</td></tr>
<tr><td colspan="3">三、实训内容</td></tr>
<tr><td colspan="3">四、实训步骤</td></tr>
</table>

续表

实训名称：	课程名称：
五、结论、问题与解决方法 （此部分为实训总结，是体现实训过程的重要内容，应鼓励学生将遇到的重要问题及解决方法总结出来，以体现实训对学生技能的提升作用）	
批语：	

学习测试

一、简答题

1. 试述电子订货系统流程。

2. 简述POS系统的构成。

二、案例分析题

伊藤洋华堂的POS系统

伊藤洋华堂是日本的知名超市型零售企业，发展到现在取得了良好的经营业绩，这与它在1982年以后进行的3次业务革新有关，其中POS系统的引入对华堂商场的影响是相当显著的。由于POS系统是通过扫描商品上的条码进行记账，减少了结算过程中的出错率，降低了工人的劳动强度，更重要的是POS系统能及时把握每个商品的销售动向，从而确定哪种商品是畅销商品或滞销商品，为管理层决策提供依据。同时，该企业总部的计算机可以对POS数据进行分析和处理，并结合时间、地点和天气情况把握各门店的销售特点、顾客特性和销售动向，从而针对性地制定各种销售政策。除此以外，伊藤洋华堂还利用POS系统进行进货管理，大力发展与上游供应商的关系，形成紧密、协调一致的商品生产和管理团队，使商品能够在指定的时间送到指定的门店。

1. POS系统的作用有哪些？

2. 通过伊藤洋华堂POS系统的引入给企业带来的效益，谈谈POS系统对VMI（供应商管理库存）的支持作用。

项目三 学习测试答案

素质拓展

物流大数据公司：站在行业风口，持续探索盈利模式

大数据的应用渗透了整个物流过程，如线路规划等预测环节、资源优化配置等决策环节、实时管理等运营环节。

数据已成为一种战略资源，全面影响物流活动的部署与执行，为物流企业创造价值。不少企业赶乘这班快车，通过技术抓取、合作获取、公开查询等多种方式整合海量零散数据；通过对数据的清洗、加工、整理、建模形成专业的算法模型为多方主体提供洞察分析、精准预测、实时智能管理等产品与服务。

不难看出，数据来源对物流企业而言是一切服务的前提和业务生存的根本，企业需持续获取数据以保持业务稳定并保证数据的质量以挖掘更多价值。国际航空运输协会（IATA）是把控高质量数据来源、实现长足发展的典范。国际航空运输协会建立的民间联盟最早只是行使管理职能的情报汇集，但随着该行业的发展，发挥手中数据的价值、为各成员单位提供服务也一并成为国际航空运输协会的新职能。通过向各会员收集关于机场、货物、乘客、流量的数据，经过脱敏处理后深入挖掘潜在信息，从而提供关于乘客、流量的预测分析，分析结果也能以付费获取权限的模式获得盈利。

同时，国际航空运输协会还开发出多种面向会员的高附加值咨询服务，如空域流量优化和重新设计、货运和航站楼设施规划等，充分盘活了协会的资源，实现了以大数据赋能行业发展的时代目标。亿海蓝（北京）数据技术股份公司则是以船舶自动识别系统（AIS）技术为基石，辅以公开渠道与战略合作渠道，解决前端数据源问题，并通过深度挖掘，开发出一系列实时管理产品与数据洞察业务，将服务延伸至金融贸易、撮合匹配等领域，围绕数据打造生态。

诚然，在数据概念持续“发热”的年代，单纯依靠数据的加工与分析提供服务意义重大，但仅通过数据服务真正实现盈利，似乎还很难成为当下的主旋律。

究其根源，客户及其需求推动业务产生，业务运行主导数据沉淀，大数据的价值必须结合场景才能实现。数据技术能力是企业的立身之本，但数据从哪里来，数据的精确性、全面性、时效性如何保障，则似乎是更接近本源的问题。同时，国内的企业现在还在数据思维建立的初期，即便部分先行者已通过数据挖掘出新的价值，教育市场依然任重道远。在这样的背景下，由免费到收费的商业模式也自然需要相当长的时间被人们接纳。此外，如何增强大数据对物流场景的渗透，开发更多高附加值的衍生服务，形成更为完备的盈利模式，将是这类企业恒久面临的课题。

在未来的行业发展中，物流服务升级、信息连接与资源协同网络构建、智慧化与智能化是企业需始终关注的三大战略议题。

1. 供应链管理与整合优化是产业转型升级的主要方向

发展服务于全链条的物流规划与服务能力，构建上下游纵向产业协同体系，实现由线性单链协同向大规模网链协同的现代供应链管理服务，是物流行业提升价值创造与实现转型升级的终极目标。

在互联网时代，传统的供应链将逐步演变为各环节信息和决策实时同步的数字化供应网络。同时，从产业竞争的角度来看，供应链的竞争优势构建已不能局限于单个企业的能力范畴，而需要更为开放地思考如何利用平台化思维、竞合联盟的新战略思维构建产业协同的供应链网络，从而在更高层面具有竞争优势。

对于物流企业而言，需要在企业供应链战略和模式转型升级的思维方式中，思考如何延伸物流服务的内容和价值。

2. 数据连接共享与资源协同网络的结合是推动产业变革的核心资源要素

物流的核心离不开履约交付，自然就离不开线下的节点、通道和网络资源，在这样高度分工协作的产业中，如何挖掘线下网络的规模优势是核心，对线下资源的有效控制和协同是关键，而信息和数据的连接则是最重要的赋能手段。因此，基于互联互通搭建数据信息网络平台，整合基础设施（枢纽、运力等）构建线下资源网络，实现和促进“天网”与“地网”两大战略要素的融合与协同将始终是产业升级的关键议题，也是任何一家物流企业都必须关注的核心资源要素。

3. 投资技术推进运营模式和商业模式的双重创新

大数据、人工智能和物联网等创新科技横跨物流行业的实体和数字世界，充分实现业务和设备的数字化，继而在数据集成后通过大数据分析挖掘产生洞察，最后以数据反向驱动供应链优化与物流操作自动化，从而构建出一套智能规划、敏捷调度和自动化操作的智慧物流体系和数字化供应链网络，全面提升了产业的内部效率与外部价值创造。

同时，技术不仅带来了整个物流和供应链运营的优化，更催生了商业模式的创新，物流企业在考虑运营模式创新和升级的同时，更要思考如何利用新技术在不断发展的产业生态中实现真正的商业模式创新，拥有独到、坚实、可持续的竞争优势。

项目四　数据采集技术——RFID

项目简介

RFID（射频识别）是20世纪90年代开始兴起的一种自动识别技术，即利用射频信号通过空间耦合实现无接触信息传递并通过所传递的信息达到识别目的的技术。它是一种非接触式的自动识别技术，通过射频信号自动识别目标对象并获取相关数据，不需要人工干预，可工作于各种恶劣环境。RFID技术可识别高速运动物体，还可同时识别多个标签，操作方便。RFID技术在物流行业，特别是在仓储管理中发挥重要作用，除此之外，RFID技术在国内外很多领域普遍使用，例如，北京已在其所有的公交、地铁、城铁系统采用IC卡（集成电路卡）的计票方式；2005年开始实行的中国居民二代身份证都采用了RFID技术。本项目主要介绍RFID技术的概念和特点、工作原理、在物联网中的应用。

工作流程

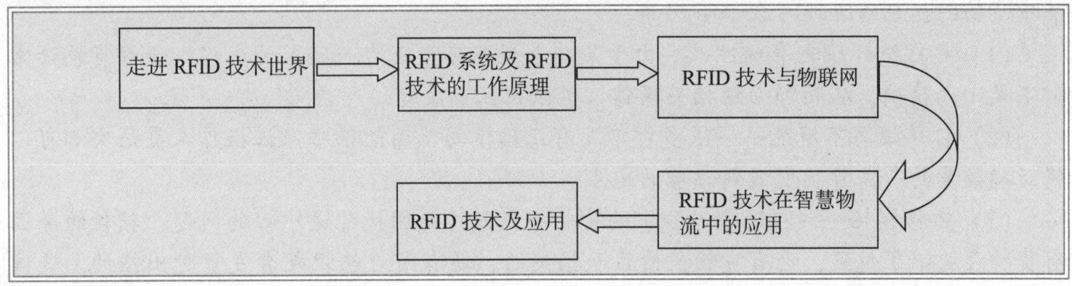

学习目标

知识目标

1. 了解RFID技术的发展背景、概念及特点。
2. 掌握RFID技术的优缺点。
3. 掌握物流信息的发展历史。

技能目标

1. 学会 RFID 技术。
2. 了解 RFID 技术的工作方式。

素质目标

1. 具备解决问题的积极心态。
2. 具备较强的大局意识，能科学地进行作业分工。
3. 具备耐心细致的工作态度、精益求精的工匠精神。
4. 具备沟通能力，能与团队成员进行顺畅的沟通。

案例导入

RFID 技术在物流仓储的应用

一、背景

RFID 技术以其数据存储量大、读写速度快、数据安全性高、使用方便、读写距离远等显著特点，被公众所认可并将其广泛应用于身份识别、物流管理、物品追踪、防伪、交通、资产管理等领域。

二、需求分析

RFID 技术的特点是通过射频识别来传送并识别信息，不受空间限制，可快速进行物品追踪和数据交换。工作时，RFID 标签与识读器的作用距离可达数十米甚至上百米。通过对多种状态下（高速移动或静止）的远距离目标（如物体、设备、车辆和人员）进行非接触式的信息采集，可对其进行自动识别和自动化管理。由于 RFID 技术免除了跟踪过程中的人工干预，在节省大量人力的同时，还可大幅提高工作效率，所以对物流和供应链管理具有巨大的吸引力。RFID 系统可以大大简化物品的库存管理工作，满足信息流量不断增大和信息处理速度不断提高的需求，但与此同时，我国在货物入库、分拣、盘点等环节中货物的识别清点还存在如下问题。

(1) 存货统计缺乏准确性——由于某些条码不可读或者一些人为失误，使存货统计常常不是十分精确，从而影响到相关操作人员做出正确决定。

(2) 订单填写不规范——很多订单没有正确填写，因此很难保证操作人员每次都可以将正确数量的所需货物发送到正确的地点。

(3) 货物损耗——在运输过程中的货物损耗始终是困扰配送中心的问题，损耗的原因有货物存放错了位置，也有货物被偷盗而损失的，还有因为包装或者发货时出错的。美国的一项调查表明，零售业的货物损耗可以达到销售量的 1.71%。

(4) 清点货物——传统方法在清点货物时的效率很低，而为了及时了解货物的库存状况又需要随时清点，为此需花费大量的人力、物力。

(5) 劳动力成本——劳动力成本太高已经成为比较严重的问题，相关统计表明，在整个供应链成本中，劳动力成本所占比重已经上升到 30% 左右。

RFID 技术的运用就是要让商品的登记自动化，盘点时不需要人工检查或扫描条码，更加快速准确，并减少了损耗。RFID 解决方案可提供有关库存情况的准确信息，管理人员可由此快速识别并改善低效率运作情况，从而实现快速供货，最大限度地减少仓储成本。

三、系统组成

RFID 系统主要由芯片设计、标签封装、读写设备的设计和制造、系统集成等环节组成。目前我国的 RFID 技术还不成熟，产品的核心技术基本还掌握在国外公司的手里，尤其是芯片、中间件等方面。虽然中低、高频标签封装技术在国内已经基本成熟，但也只有极少数企业具备了超高频读写器设计制造能力。

（1）芯片设计。

芯片设计在 RFID 的产品链中占据着举足轻重的位置，其成本占到整个制造成本的1/3左右。对于广泛用于各种智能卡的低频频段和高频频段的芯片而言，以复旦微电子、上海华虹、大唐微电子、清华同方等为代表的中国集成电路厂商已经攻克了相关技术，打破了国外集成厂商的统治地位。但在特高频（UHF）频段，RFID 芯片设计面临巨大的困难：①苛刻的功耗限制；②芯片上天线技术；③后续标签封装问题；④与天线的适配技术。

（2）标签封装。

国内企业已经熟练掌握了低频标签的封装技术，高频标签的封装技术也在不断完善，也出现了一些封装能力很强，尤其是各种智能卡封装能力强的企业，如深圳华阳、中山达华、上海申博等。但是，国内企业欠缺封装超高频、微波标签的能力，当然这部分产品在我国的应用较少，相关的最终标准也没有出台。如何提高生产工艺，提供防水、抗金属的柔性标签是我国 RFID 标签封装企业面临的问题。

（3）读写设备的设计和制造。

国内低频读写器生产加工技术非常完善，生产加工的企业很多且实力相当。高频读写器国内的生产加工技术基本成熟，但还没有形成强势品牌，企业实力相差不多，只是侧重的应用方向不同。例如，在面对消费领域的企业中，哈尔滨新中新、沈阳宝石、北京迪科创新等都有一定的影响力。国内只有深圳远望谷、江苏瑞福等少数几家企业具备设计、制造超高频读写器的能力。

（4）系统集成。

目前，RFID 市场还处于前期宣传预热阶段，项目机会在逐步增加，但是大部分还处于前期的洽谈阶段，真正实施的项目并不多，还未出现真正有大规模影响力的应用项目。因此中国市场的 RFID 系统集成商还处于前期的市场宣传和投入阶段，真正能够借助 RFID 盈利的集成商很少。国内市场上集成商可以分为两类。国外的各大厂商（如 IBM、HP 等）通过与国内集成商和硬件厂商合作，专攻大型的集成项目。国内较有影响力的集成商有维深、励格、富天达、实华开、倍思得等。

（5）RFID 中间件。

RFID 中间件又称 RFID 管理软件，它屏蔽了 RFID 设备的多样性和复杂性，能够为后台业务系统提供强大的支撑，从而驱动更广泛、更丰富的 RFID 应用。当前我国市场上比较有影响力的中间件企业有 SAP、IBM、HP、Sybase 等。

（6）标准发展。

中国在 RFID 技术与应用的标准化研究工作上已有一定基础，目前已经从多个方面开展了相关标准的研究工作，推出了《中国射频识别技术政策白皮书》《建设事业 IC 卡应用技术》等应用标准，还得到了广泛应用。在频率规划方面，已经做了大量实验；在技术标准方面，依据 ISO/IEC 15693 系列标准已经基本完成国家标准的起草工作，参照 ISO/IEC 18000 系列标准制定国家标准的工作已被列入国家标准制定计划。此外，中国 RFID 标准体系框架的研究工作也基本完成了。

四、系统特点

当前，RFID技术的工作频段主要是900 MHz，与低频自动识别系统（125 kHz、13.56 MHz）以及条码技术相比，有以下突出优点。

（1）非接触、阅读距离远（可达10 m）。

（2）读写速度快（毫秒级），可对高速物体（如行进中的汽车）进行识别。

（3）可穿过玻璃、布料、木材、塑料等非金属物体进行识别。

（4）可在油污、粉尘等恶劣环境下工作。

（5）可全天候工作，不受风、雨、雪、雾等恶劣天气的影响。

五、应用效果

RFID技术将彻底解决物流管理中信息采集的自动化问题。贴在单个商品、包装箱或托盘上的RFID标签，可以提供供应链管理中产品流和信息流的双向通信，并通过互联网传输从标签采集到的数据。同条码技术相比，RFID技术可以降低用来获取产品信息的人工成本，使供应链许多环节操作自动化。德国莱茵堡麦德龙超市的实验表明，RFID标签无论对托盘级别的识别还是对货架上单个商品的识别都非常成功。它能加速存货周转，不必人工清点装箱单或货物，也省去了各个环节人工获取数据的工作。

现代物流涉及大量纷繁复杂的产品，其供应链结构极其复杂，经常有较大的地域跨度，因此对信息的准确性和及时性要求非常高。麻省理工学院的自动识别技术中心对某消费品公司调查的结果显示，每个配送中心每年花在人工清点货物和扫描条码上的时间达11 000 h。RFID技术克服了条码的这些缺陷，将该过程自动化，从而为供应链提供即时数据。Forrester Research的零售业分析师认为，若采用RFID技术，沃尔玛每年可以节省83.5亿美元，其中大部分是扫描条码的人力成本。此外，RFID技术可解决零售业物品脱销、盗窃及供应链被搅乱带来的损耗，而沃尔玛每年因盗窃产生的损失达20亿美元。

RFID技术业务应用主要在物流配送领域，RFID技术在供应链管理上得到了非常广泛的应用。供应链是从原材料到最终客户的所有实物移动过程，包括供货商选择、采购、产品计划、材料加工、订单处理、存货管理、包装、运输、仓储与客户服务。成功的供应链管理能无缝整合所有供应活动，将所有合作者整合到供应链中。根据机构功能的不同，这些合作者包括供应商、配送商、运输商、第三方物流公司和信息提供商。RFID技术在供应链的应用中，主要的应用模式是物流的跟踪应用。技术实现模式是将RFID标签贴在托盘、包装箱或元器件上，进行元器件规格、序列号等信息的自动存储和传递，可以大幅度削减成本和清理供应链中的障碍。沃尔玛已经宣布要大范围使用RFID技术，美国军方也宣布军需物品均要使用RFID来进行跟踪，国际业界普遍认为，RFID技术是当今IT领域的革命性技术，其在物流配送领域的应用将有广阔的前景。

此外，RFID技术业务还应用于其他领域如医药、零售、后勤、加工、电子、政府与运输等。

任务一 走进 RFID 技术世界

微课 4-1：走进“RFID”技术世界

根据尚普咨询集团数据显示，自 2010 年中国物联网发展被正式列入国家发展战略后，中国 RFID 技术及物联网产业迎来了难得的发展机遇。2013 年，我国 RFID 技术的市场规模突破 300 亿元，规模增速达到 35.0%，随后市场平稳上升。2019 年，中国整体宏观环境遇冷，下游需求受到影响，市场增速有所下降，但整体仍保持上升势头，市场规模在 1 100 亿元左右。2020 年，基于 RFID 技术的物联网应用不断丰富，与移动互联网的结合不断深入，应用领域更加广泛，RFID 技术的市场规模将继续保持高速增长趋势，2020 年我国 RFID 市场规模突破 1 200 亿元。

2022 年，我国 RFID 技术的市场规模达到 1 686 亿元，主要的增长动力来源于社保卡和健康卡项目、交通管理、移动支付、物流与仓储、防伪、金融 IC 卡迁移等细分领域，初步估算，到 2026 年，我国 RFID 技术的市场规模将接近 2 500 亿元。

一、RFID 技术的发展

RFID 技术在 20 世纪 40 年代产生，最初仅用于军事领域，从 20 世纪 90 年代开始在企业内部逐步推广使用。现在随着物联网概念的产生，RFID 技术将逐步运用到各行各业之中。

1. RFID 技术的发展历程

任何新技术的产生和发展都源于实际应用的需要，RFID 技术也不例外。从 20 世纪 40 年代起，RFID 技术经历了产生阶段、探索阶段、成为现实阶段和普及阶段，具体如下。

（1）RFID 技术的产生阶段。

20 世纪 40 年代，雷达技术的应用和改进催生了 RFID 技术，也奠定了 RFID 技术的基础。RFID 技术的诞生源于战争的需要，如英国空军首先在飞机上使用 RFID 技术，其功能是用来分辨敌方飞机和英方飞机，这是有记录的第一个敌我 RFID 系统，也是 RFID 技术的第一次实际应用。RFID 技术在 20 世纪 50 年代末成为世界空中交通管制系统的基础，至今还在商业和私人航空控制系统中使用。

（2）RFID 技术的探索阶段。

20 世纪 50 年代是 RFID 技术的探索阶段。远距离信号转发器的发明扩大了敌我识别系统的识别范围。在探索期，RFID 技术主要是在实验室进行研究。

（3）RFID 技术成为现实阶段。

1960—1980 年，RFID 技术成为现实。在理论与技术方面，无线理论以及其他电子技术（如集成电路和微处理器）的发展，为 RFID 技术的商业化奠定了基础。在应用方面，20 世纪 60 年代欧洲出现了商品的电子监视器，这是 RFID 技术第一次在商业系统中应用。

此后，RFID 技术逐步进入商业应用阶段。

（4）RFID 技术的普及阶段。

20 世纪 90 年代末和 21 世纪初是 RFID 技术的普及阶段。这时 RFID 产品种类更加丰富，标准化问题日趋为人们所重视，电子标签成本不断降低，规模应用行业不断扩大，一些国家的零售商和政府机构都开始推荐 RFID 技术，RFID 技术比想象的更接近现实。

2003 年，沃尔玛公司宣布将要求 100 个主要供应商在 2005 年 1 月前在其货箱和托盘上应用 RFID 电子标签。同时，沃尔玛还提出在 2006 年这一要求将扩展到其他的供应商，同时将很快在欧洲实施，然后在剩下的其他海外区域实施。沃尔玛是世界最大的连锁超市，沃尔玛的这一决定在全球范围内大力推动了 RFID 技术的普及。沃尔玛的高级供应商每年要把 80 亿~100 亿箱货物运送到零售商店，一旦这些货箱贴上 RFID 电子标签，就需要安装相应的 RFID 设施。因此，沃尔玛的这项决议使 RFID 技术在各行业的应用迅速扩展。

2. RFID 标准体系

21 世纪初，RFID 标准体系已经初步形成。国际上目前有多种 RFID 标准体系，其中 ISO/IEC、EPCglobal 和 Ubiquitous ID 是三种最主要的 RFID 标准体系。各种 RFID 标准体系相互竞争，共同促进 RFID 技术的发展。国际上多种 RFID 标准体系的竞争，有利于降低我国物联网 RFID 标准的使用成本，ISO/IEC、EPCglobal 和 Ubiquitous ID 标准体系最后是否能够成为我国的产业标准将由政府和市场共同决定。

3. RFID 技术在中国的发展

全球多种 RFID 标准体系包含了许多 RFID 标准，但这些 RFID 标准不一定完全符合我国的应用需求。中国是世界的工厂、物流的源头，还将建立我国自己的 RFID 标准。

RFID 系统包括芯片设计、读写设备、软件和系统集成服务，其中软件部分包括中间件和应用软件。据中国 RFID 产业联盟数据显示，目前，我国芯片设计产品市场在 RFID 系统中所占的比例最大，未来软件和系统集成服务的规模会进一步提高。2022 年，标签封装市场的比例约为 32%，系统集成服务占 31%，读写设备占 22%，软件占 15%。

RFID 技术已经进入各行各业。随着中国经济的高速发展，RFID 技术在物流、零售、制造业、服装业、医疗、身份识别、防伪、资产管理、交通、食品、动物识别、图书馆、汽车、航空、军事与安全等领域都将发挥越来越重要的作用。

RFID 技术作为物联网的核心技术之一，具有巨大的发展潜力和广阔的应用前景。随着 5G 网络的普及和物联网平台的建设，RFID 技术将与云计算、大数据、人工智能等技术深度融合，实现更高效、更智能、更安全的数据传输和处理。同时，RFID 技术也将不断创新和优化，提高识别速度和准确率，降低成本和功耗，扩大规模和应用范围。

二、RFID 技术的概念、特点和作用

1. RFID 技术的概念

RFID 技术又称无线射频识别，是一种自动识别技术，是指利用射频信号及其空间耦合和传输特性进行非接触式双向通信实现对静止或移动物体的自动识别，并进行数据交换

的一项自动识别技术。RFID 技术利用无线射频方式对记录媒体（电子标签或射频卡）进行读写，从而达到识别目标和数据交换的目的，被视为 21 世纪最具发展潜力的信息技术之一。RFID 技术系统由一个射频识别阅读器和很多应答器（或电子标签）组成。其通过射频信号自动识别目标对象并获取相关数据，识别工作不需要人工干预，可在各种恶劣环境下工作。另外，RFID 技术可识别高速运动物体并可同时识别多个标签，操作快捷方便。

2. RFID 技术的特点

RFID 技术在本质上是商品标识的手段，最终将取代现今应用非常广泛的传统条码，成为商品标识的最有效方式。

（1）读取方便快捷。不需要光源，可以透过外包装进行，有效识别距离大，可超过 30 m。

（2）识别速度快。标签进入磁场，射频识别阅读器就可以即时读取其中的信息，并能够同时处理多个标签，实现批量识别。

（3）数据容量大。

（4）标签数据可动态更改。

（5）更好的安全性。

（6）可以实现动态实时通信。标签以 50~100 次/s 的频率与解读器进行通信，所以只要 RFID 标签所附着的物体出现在解读器的有效识别范围内，就可以对其位置进行动态追踪和监控。

3. RFID 技术的作用

（1）减少统计差错，即时获得准确的信息流，进一步降低在供应链各个环节上的安全存货量和运营成本。

（2）提高物流的自动化程度与处理效率，减少雇佣员工的人数，降低劳动成本。

（3）加大商品的监控与管理力度，有效防止盗窃现象和因遗忘等原因造成的商品损耗；强化设备管理，优化配置设备与提高设备的使用率。

（4）更加透明和快速地了解各种商品在门店的销售情况并进一步减少因为货架上缺货而导致的营业额损失，从而对顾客的需求变化做出更加敏捷的反应。

（5）加速购物的统计与结算过程，减少排队付款的时间，改善客户的购物体验，进而获得更高的客户满意度和忠诚度。

（6）获取更大的渠道权利，从而成为整个供应链上无可争议的领导者。

RFID 技术与条码的区别从概念上来说，两者很相似，目的都是快速准确地确认、追踪目标物体，主要区别是有无写入信息或更新内存的能力（条码的内存不能更改）。RFID 技术的标签不像条码，标签的作用不仅仅局限于视野之内（因为信息由射频信号传输），而条形码必须在视野之内。

由于条码成本较低，有完善的标准体系，已在全球传播，所以已经被普遍接受，从总体来看，RFID 技术只被局限在有限的市场份额之内。另外，在获取信息渠道方面，RFID 技术也有不同的标准。

三、RFID 的分类及优缺点

1. 按供电方式分类

RFID 标签分为无源 RFID 标签和有源 RFID 标签（图 4.1）。无源 RFID 出现时间最早、最成熟，其应用也最为广泛。在无源 RFID 标签中，电子标签通过接受射频识别阅读器传输的微波信号，以及电磁感应线圈获取能量来对自身短暂供电，从而完成信息交换。因为省去了供电系统，所以无源 RFID 标签的体积可以达到厘米量级甚至更小，而且自身结构简单，成本低、故障率低、使用寿命较长。但无源 RFID 标签的有效识别距离通常较短，一般用于近距离的接触式识别。无源 RFID 标签的主要工作频段在 125 kHz、13. 56 MHz 等，其典型应用包括公交卡、第二代居民身份证、食堂餐卡等。

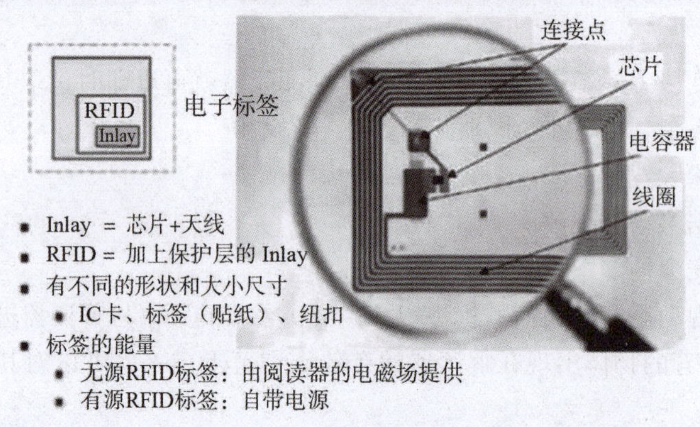

图 4. 1　RFID 标签

无源 RFID 标签的优点是体积小、成本低、寿命长，可以制作成薄片或挂扣等不同形状，应用于不同的环境；缺点是由于没有内部电源。因此，无源 RFID 标签与 RFID 读写器之间的距离受到限制，局限性较大。

有源 RFID 标签由内置的电池提供能量，不同的标签使用不同数量和形状的电池。有源 RFID 标签通过外接电源供电，主动向射频识别阅读器发送信号，其体积相对较大，但也因此拥有了较长的传输距离与较高的传输速度。一个典型的有源 RFID 标签能在百米之外与 RFID 阅读器建立联系，读取率可达 1 700 次/s。有源 RFID 标签主要工作频段为 900 MHz、2. 45 GHz、5. 8 GHz 等较高频段，且具有可以同时识别多个标签的功能。有源 RFID 标签的远距性、高效性，可以在一些需要高性能、大范围的射频识别应用场合里发挥作用。

有源 RFID 标签的优点是作用距离远，稳定性更好，有源 RFID 标签与 RFID 读写器之间的距离理论上可以达到几十米，甚至可以达到上百米。缺点是体积大、成本高，使用时间受到电池寿命的限制。

从应用比例来说，无源 RFID 标签占到 80%，有源 RFID 标签占到 20%；从应用的行业领域来看，政府 RFID 应用、物流行业、交通行业 RFID 应用、制造行业的部分环节 RFID 应用是近期的主要发展领域。

2. 按工作频率分类

RFID 分为低频标签、高频标签、超高频标签和微波标签。

（1）低频段 RFID 标签，又称低频标签，频率一般为 30~300 kHz。在实际应用中，最典型的应用频率有 125 kHz、133 kHz。低频标签一般是通过无源 RFID 标签电感耦合的方式进行能量供应和数据传输。低频标签主要应用在动物识别、容器识别、物品追踪、电子闭锁防盗（带有内置应答器的汽车钥匙）等。

（2）高频标签的频率一般为 3~30 MHz，在实际应用中典型的应用频率有 13.56 MHz。高频标签工作能量的获取方式与低频标签相同，一般也采用无源方式。因此具备较大的读写速度和传输速度。高频标签天线设计相对简单，标签一般制成卡状，广泛应用于防伪追溯领域，如电子身份识别、电子车票、校园卡、门禁识别等。

（3）中国的超高频标签频段为 840~844 MHz 和 920~924 MHz。超高频标签通过电磁波的方式进行能量的供应和数据的传输可实行有源 RFID 标签和无源 RFID 标签两种类别。

超高频标签的优点如下。

①作用范围广、传输速度快，支持同时识别多个对象。

②高速运动的物体也可进行识别。

③穿透性较强，可在恶劣环境中应用。

④安全性高、保密性强、储存空间大，也可重复使用。

其缺点如下。

①使用比较耗能。

②对作业区域的要求较高，不能存在太多干扰。

③设备价格昂贵，应用与维护的成本相对较高。

因其诸多优点，使得超高频标签拥有广阔的应用市场，如资产管理、生产线管理、供应链管理、仓储管理、车辆管理等诸多领域。

（4）微波标签的频段为 2.45~5.8 GHz，数据存储容量一般限定在 2 KB 以内，标签与读写器可实现远距离读写信息，典型情况为 4~7 m，最大可超过 10 m。因此，一般应用于识别远距离与快速移动的物体，如物流领域、铁路运输识别与管理、电子收费（ETC）系统、行李追踪、供应链管理等。

任务二 RFID 系统及 RFID 技术的工作原理

微课 4-2：RFID 的工作原理及组成

一、RFID 系统

（一）RFID 系统的组成

RFID 系统基本组成包括 RFID 标签、阅读器和天线，如图 4.2 所示。

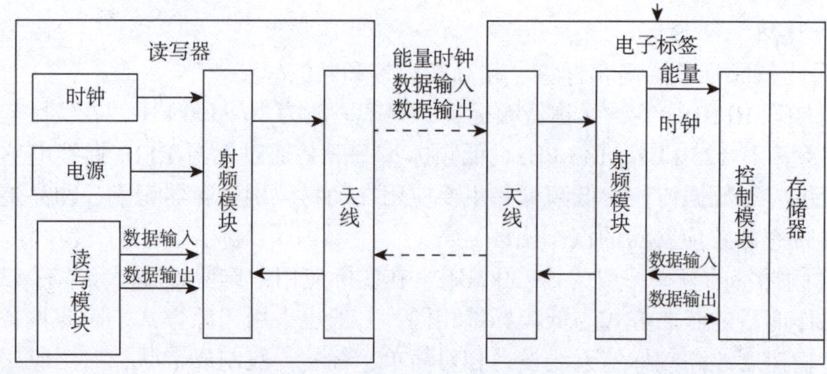

图 4.2　射频识别系统基本组成

1. RFID 标签

RFID 标签又称为应答器或智能标签，是一种微型的无线收发装置，主要由内置天线和芯片组成。它是信号的发射端，带有线圈、天线、存储器与控制系统的低电集成电路。能够自动或在外力的作用下，把存储的信息主动发射出去，如图 4.1 所示。

2. 阅读器

阅读器又称为读写器，是无线射频识别系统的主要组成部分之一。它不仅可以读出 RFID 标签信息，而且可以把处理完成的数据写入 RFID 标签。无线射频识别的距离和无线射频识别系统的工作频段都对读写器的频率有直接影响。所以，阅读器在 RFID 系统中占据着重要的位置，发挥着重要的作用。阅读器是将标签中的信息读出或将标签所需要存储的信息写入标签的装置。根据使用的结构和技术不同，阅读器可以是读/写装置，是 RFID 系统信息控制和处理中心。当 RFID 系统开始工作时，阅读器在一个区域内发送射频能量，形成电磁场，区域的大小取决于发射功率。此时，在阅读器覆盖区域内的标签被触发，开始发送存储在其中的数据，或根据阅读器的指令修改存储在其中的数据并能通过接口与计算机网络进行通信。阅读器的基本构成通常包括收发天线、频率产生器、锁相环、调制电路、微处理器、存储器、解调电路和外设接口，如图 4.3 和图 4.4 所示。

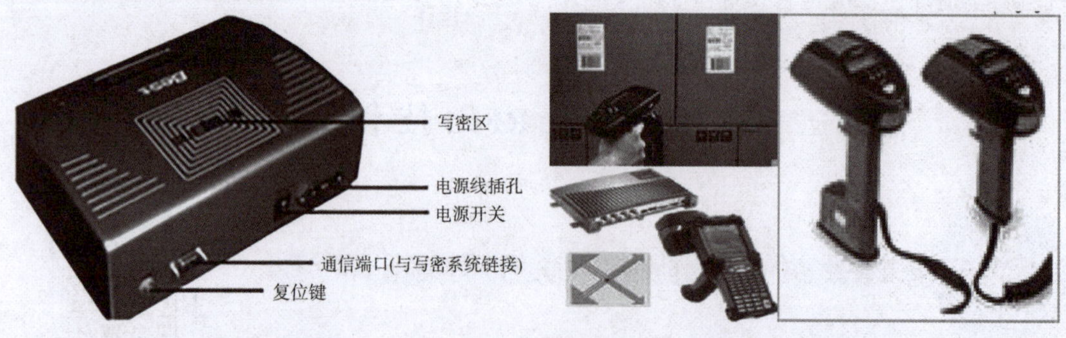

图 4.3　阅读器　　　　图 4.4　各种阅读器

3. 天线

天线是一种以电磁波形式把前端射频信号功率接收或辐射出去的设备，是 电路与空间的界面器件，用来实现导行波与自由空间波能量的转化。如图 4.5 所示。

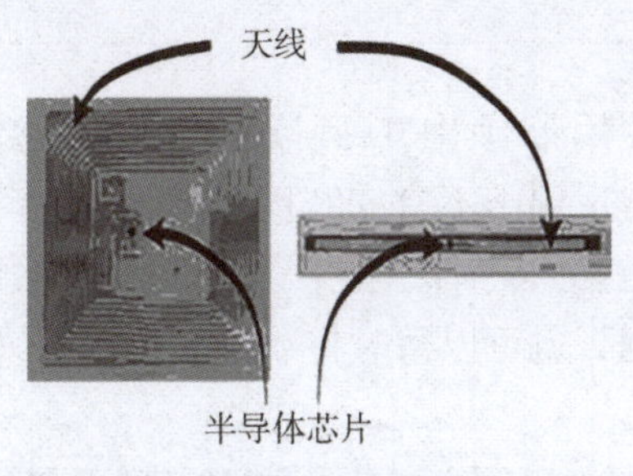

图 4.5 天线

（二）RFID 系统的分类

RFID 系统按功能分为 4 类，分别是 EAS 系统（电子物品监视系统）、便携式数据采集系统、物流控制系统（又称 RFID 网络控制系统）、RFID 定位系统。

1. EAS 系统

EAS 系统是一种设置在需要控制物品出入处的 RFID 技术。这种技术的典型应用场合是商店、仓库、数据中心、图书馆等出入口处，当未被授权的人从这些地方非法取走物品时，EAS 系统会发出警告。在应用 EAS 技术时，首先在物品上黏附 EAS 标签，当物品被有偿购买或者合法移出时，在结算处通过一定的装置使 EAS 标签失去活动性，物品就可以取走。物品经过装有 EAS 系统的门口时，EAS 装置能自动检测标签的活动性，发现活动性 EAS 标签会发出警告。EAS 技术的应用可以有效防止物品被盗，无论是大件的商品还是很小的物品。典型的 EAS 系统一般由 4 部分组成：附着在物品上的电子标签、电子传感器、电子标签灭火装置（授权商品能正常出入）和监视器（在出入口处形成一定监视区域的监视空间）。EAS 的工作状态如图 4. 6 所示。

EAS 系统的工作原理是发射器以一定的频率发射无线电波，当携带有一定特征 RFID 标签的物品进入该监视区时，会对发射器发出的信号产生干扰，这种干扰信号也会被接收器接收，微处理器对此信号做出判断，控制警报器的鸣响，从而完成对通过监视区物品的监视。

图 4.6 EAS 的工作状态

2. 便携式数据采集系统

便携式数据采集系统是使用带有 RFID 阅读器的手持式数据采集器采集 RFID 标签上的数据，具有较大的灵活性，适用于不宜安装固定式 RFID 系统的应用环境，如图 4.7 所示。手持式数据采集器（数据输入终端）在采集数据的同时，通过无线电波数据传输方式实时向主计算机系统传输数据，也可以暂时将数据存储在阅读器中，成批向主计算机系统传输数据。

图 4.7　便携式数据采集系统

3. RFID 网络控制系统

在物流控制系统中，固定位置的 RFID 阅读器分散布置在给定区域，并且阅读器直接与数据管理信息系统相连，信号发射机是移动的，一般安装在移动的物体、人体上面。当物体、人经过阅读器时，阅读器会自动扫描标签上的信息并把数据信息输入数据管理信息系统进行存储、分析处理，达到控制物流的目的。

4. RFID 定位系统

在 RFID 定位系统中，阅读器安装在移动的车辆、轮船或自动化流水线上移动原材料、半成品、成品上，通过无线或有线方式与计算机信息系统相连；信号发射机则嵌入操作环境的地表或其他位置，存储有位置识别信息。RFID 定位系统通过阅读器和信号发射器的配合工作，可用于自动化加工系统中的定位以及提供对运行车辆、轮船等的定位支持。

RFID 产品在 20 世纪 90 年代就进入商业应用阶段，由于 RFID 标签具有可读写能力，对于需要频繁改变数据内容的场合尤为适用。

二、RFID 技术的工作原理

RFID 是利用感应无线电波或微波能量进行非接触式双向通信、识别和交换数据的自动识别技术。RFID 标签由耦合原件及芯片组成，里面含有天线、阅读器和 RFID 标签，可按约定的通信协议互传信息。

RFID 技术的基本工作原理，如图 4.8 所示。当标签进入阅读器后，接收阅读器发出的射频信号，凭借感应电流所获得的能量发送出存储在芯片中的产品信息（无源标签或被动标签），或者由标签主动发送某一频率的信号（有源标签或主动标签），阅读器读取信息并解码后，送至中央信息系统进行有关数据处理。一套完整的 RFID 系统由阅读器与

RFID 标签也就是所谓的应答器及应用软件系统组成，其工作原理是阅读器发射一特定频率的无线电波能量，用以驱动电路将内部的数据送出，此时阅读器便依序接收解读数据，再送给应用程序做相应的处理。以 RFID 卡片阅读器及 RFID 标签之间的通信及能量感应方式来看，大致可以分成感应耦合及后向散射耦合。低频 RFID 大多采用第一种方式，而较高频的 RFID 大多采用第二种方式。阅读器是 RFID 系统信息控制和处理中心，根据使用的结构和技术不同可以是读或读写装置。阅读器通常由耦合模块、收发模块、控制模块和接口单元组成。阅读器和标签之间一般采用半双工通信方式进行信息交换；同时，阅读器通过耦合给无源标签提供能量和时序。RFID 技术的基本工作过程，如图 4.9 所示。

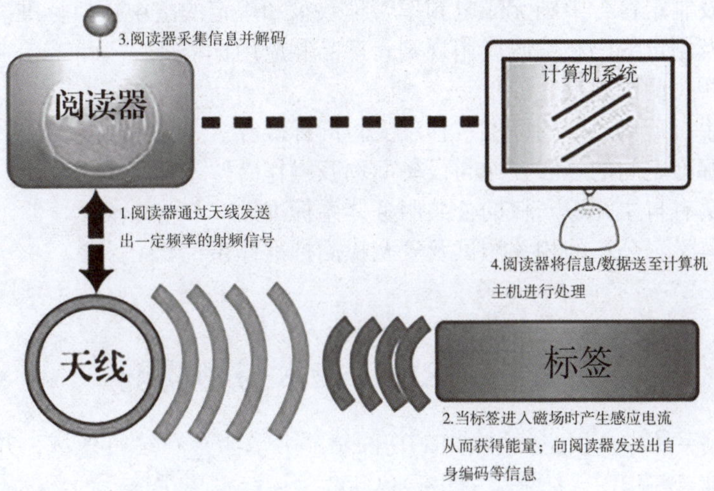

图 4.8　RFID 技术的基本工作原理

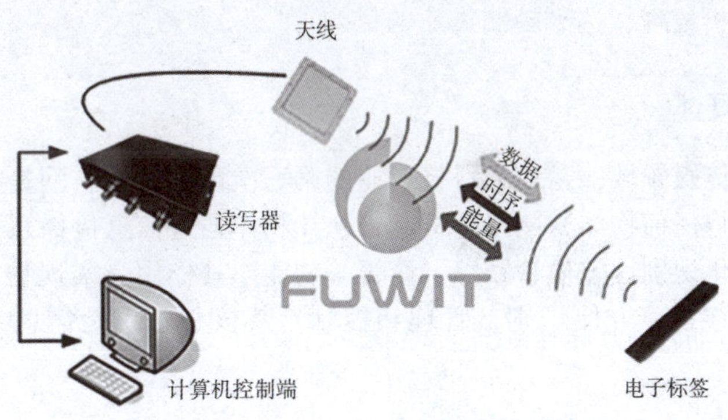

图 4.9　RFID 技术的基本工作过程

三、中国 RFID 标准和制定原则

为了推进 RFID 技术的发展，有关部门制定相应的标准。

1. 制定中国 RFID 标准的基本原则

（1）坚持用自主创新与开放兼容相结合的原则制定符合中国国情的 RFID 标准，积极参与相关国际标准的制定。

（2）坚持开放、广泛开展国际合作，借鉴国外成熟标准，实现互联互通和资源共享。

（3）建立中国 RFID 自主标准体系，逐步形成核心技术标准和行业应用标准。

（4）建立中国自主的物品编码体系，形成跨行业、全国统一的信息交换和资源共享体系。

（5）坚持对外开放、加强国际合作，努力争取将自主标准上升为国际标准或将具有我国自主知识产权的技术纳入国际相关标准中。

（6）允许国际通用行业标准与特定领域自主标准共生共荣。

2. 中国 RFID 标准

（1）形成能够支撑产业及应用发展的标准体系。

（2）研究及制定符合中国无线电频率管理政策和规定的空中接口标准。

（3）研究及制定编码和编码应用规则、产品和应用标准。

（4）制定相关测试规范。

（5）制定手机近场通信的标准、移动支付的标准等。

（6）研究标准之间的互联互通与设备间的互操作。

（7）建立具有自主知识产权的公共服务体系标准。

（8）建立科学、公正的相关测试及安全检测标准体系。

任务三　RFID 技术与物联网

微课 4-3：RFID 在物联网中的应用

一、物联网概述

物联网起源于传媒领域，是信息科技产业的第三次革命。物联网是指通过信息传感设备，按约定的协议将任何物体与网络连接起来，让物体通过信息传播媒介进行信息交换和通信，以实现智能化识别、定位、跟踪、监管等功能。其作用是实现物与物、物与人、所有的物品与网络的连接，方便识别、管理和控制。其核心思想是信息共享和信息的智能（智慧）处理。

二、RFID 技术与物联网的关系

RFID 技术是物联网发展的关键部分，但 RFID 技术的应用却不仅仅在物联网领域。物联网发展的制约因素除了 RFID 技术之外，还有很多其他同样关键的因素。但是，RFID 技术的飞速发展无疑对物联网领域的进步具有重要意义。RFID 标签中存储着规范而具有互用性的信息，通过无线数据通信网络把它们采集到中央信息系统中识别出来进而通过开放性的计算机网络实现信息交换和共享，实现对物品的透明化管理。而 RFID 技术恰好实现了数据的采集（物联网通过 RFID 标签、无线数据通信网络和中央信息系统实现信息交换与共享并实现对物品的透明管理），只是物联网的一部分。物联网体系智能架构如图 4.10 所示。

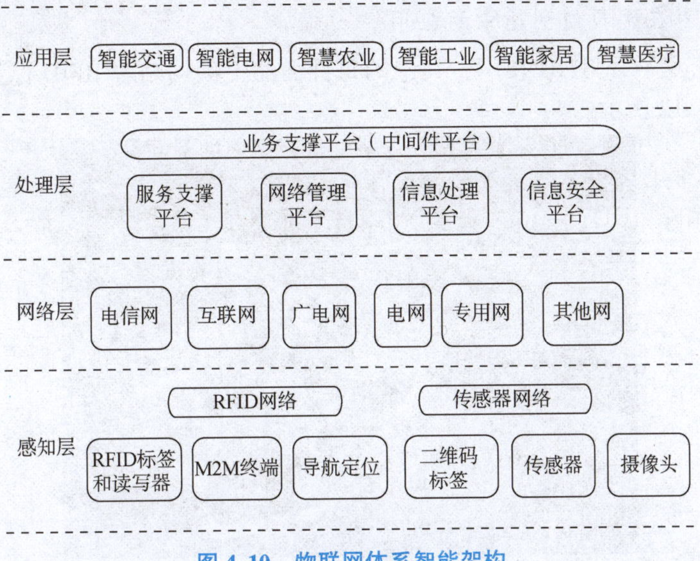

图 4.10　物联网体系智能架构

三、RFID 技术在物联网中的应用

从冰箱、洗衣机到交通运输、机场等，都可以通过 RFID 标签实现数据共享，从而实现远程管理控制并形成了智能网络。

1. ETC 系统

ETC 系统又称不停车收费系统，是以现代通信技术、电子技术、自动控制技术、计算机和网络技术等高新技术为主导，实现车辆不停车自动收费的智能交通电子系统。ETC 系统利用自动车辆识别技术（AVI）完成车辆与收费站之间的无线数据通信，进行车辆自动识别和有关收费数据的交换，通过计算机网络处理收费数据，从而实现不停车但可以自动收费。ETC 系统示意如图 4.11 所示。

图 4.11　ETC 系统示意

2. RFID 技术在零售业中的应用

随着 RFID 电子标签在零售业中渗透率的不断提高，其中的服装行业也逐渐开始引入 RFID 技术并应用在整个管理体系上，预计在未来的几年，RFID 在服装行业的渗透率将得到较快增长。此外，服装行业还将 RFID 标签贴在所有产品上，与自动化物料搬运设备相结合建立自动化仓库。例如，优衣库会将 RFID 标签贴在所有产品上，与自动化物料搬运设备相结合建立起自动化仓库后，仓库人员的数量从 100 人减至 10 人。

3. RFID 技术在无人便利店中的应用

无人便利店离不开 RFID 技术，其中的每件商品上面均贴着 RFID 标签，以方便结账时使用，如图 4.12 所示。

图 4.12　RFID 技术在无人便利店中的应用

4. RFID 技术在卡证、商品标签中的应用

国内的第二代居民身份证采用了内置 RFID 技术，通过多层聚酯材料复合成了单页卡式证件。第二代居民身份证内含 RFID 芯片，读写速度快且芯片使用特定的逻辑加密算法，可以实现高性能防伪，可以方便各用证部门使用计算机核查。

同样，RFID 标签还可用于商品标签，便于防伪，如酒类产品就是基于 RFID 技术的酒类溯源系统从原料、装配、仓储盘点、出货到零售商，可以实现一体化监控记录信息，从而杜绝假酒的出现，有效保护消费者和酒类企业的利益。

5. RFID 技术在供应链物流中的应用

使用 RFID 标签可以实现产品对原料、半成品、成品、运输、仓储、配送、上架、最终销售，甚至退货处理等环节进行实时监控。另外，在物流供应链场景中应用 RFID 技术不仅可以大幅提高工作效率，而且为数字信息打开了新的通道。RFID 技术在物流供应链中的应用有如下优点。

（1）自动化作业运转。

（2）优化仓库空间。

（3）库存的最小化。

（4）保证货物在运输过程的安全，减少损耗。

（5）全面追踪货物。

近几年来，RFID 技术的迅猛发展为零售行业的供应链管理带来了跨越式的发展机遇。随着沃尔玛、玛莎百货公司、麦德龙、艾伯森、塔吉特等国际零售巨头陆续使用 RFID 供应链管理技术，成品供应链之间的抗衡已经成为未来零售行业竞争的关键所在。

我国政府和技术监督系统也已经开始在国内 RFID 领域的先导厂商的帮助下，尝试利用 RFID 技术实现对药品、食品、危险品等特殊产品的防伪和跟踪追溯。

随着物联网的应用范围不断拓展，RFID 将成为重点发展的感知层技术。

任务四 RFID 技术在智慧物流中的应用

微课 4-4：RFID 在智慧物流中的应用

RFID 技术使合理的产品库存控制和智能物流技术成为可能。借助电子标签，可以实现对原料、半成品、成品、运输、仓储、配送、上架、最终销售，甚至退货处理等环节进行实时监控。RFID 技术广泛用于物流管理中的仓库管理、运输管理、物料跟踪、运载工具和货架识别、商店特别是超市中商品防盗等场合。

现代物流是一种以物流企业为主体、以第三方物流配送服务为主要形式、由物流和信息流相结合的、涉及供应链全过程的系统。随着网络技术、电子商务、交通运输和管理的现代化，现代物流配送也将在运输网络合理化和销售网络系统化的基础上实现整个物流系统管理的电子化及信息化，配送各环节作业的自动化和智能化。

采购、存储、生产制造、包装、装卸、运输、流通加工、配送、销售和服务是供应链中环环相扣的流程。在供应链中运作时，企业必须实时、精确地掌握整个供应链上的商流、物流、信息流和资金流的流向和变化，因为使这 4 种流以及各个环节、各个流程都协调一致、相互配合，才能发挥其最大经济效益和社会效益。然而，由于实际物体的移动过程中各个环节都是处于运动和松散的状态，信息和方向常常发生变化，影响了信息的可获性和共享性。而 RFID 正是能够有效解决供应链上各项业务运作数据的输入与输出、业务过程的控制与跟踪及减少出错率等难题的技术。

RFID 标签具有可读写能力，对于需要频繁改变数据内容的场合尤为适用，可以发挥数据采集和系统指令传达作用。

一、RFID 技术在物流行业中的应用

RFID 技术在物流行业中的典型应用有快运业务、第三方综合物流业务和防伪产品物流业务。

1. 快运业务模式

与传统快运业不同的是，RFID 技术可以主动汇报快递的运送情况，在很大程度上增加了快递业务的透明度。在快运业务模式中 RFID 电子标签会加贴在单件货物、包装箱、托盘、集装箱、运输车辆等不同包装层次上，所以对于无论是批量还是单个的管理物流产品在运送过程中的路线等信息都是非常方便的。在快运业务模式中应该充分发挥 RFID 技术的非可视传输、批量读写、信息储存容量大等技术优势，如图 4.13 所示。

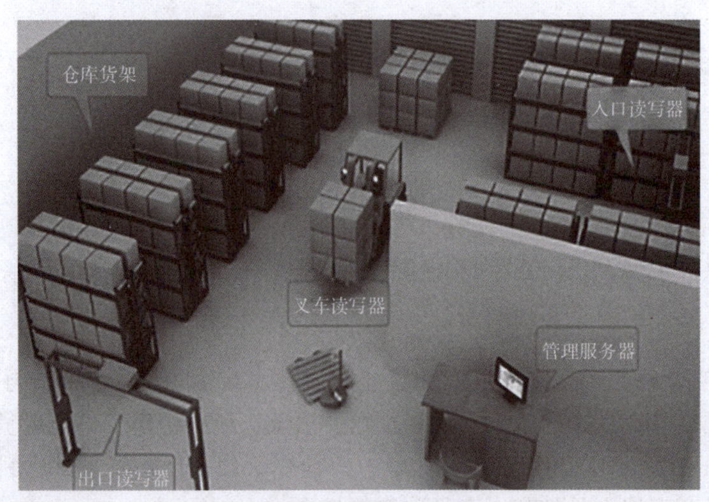

图 4.13 快运业务模式

2. 第三方综合物流业务模式

第三方综合物流业务模式是指商品交易双方之外的第三方为商品交易双方提供部分或全部物流服务的物流运作模式。第三方综合物流业务模式将为物流客户提供应用 RFID 技术的完整成熟解决方案，包括原材料及零配件的管理、产成品的分拨配送、回收物流、VMI 服务等。第三方综合物流业务需要企业对自身的管理信息系统进行改造，包括运输管理信息系统、仓库管理系统、采购管理系统、配送管理系统等。

3. 防伪产品物流业模式

与其他防伪技术如激光防伪、数字防伪等技术相比，RFID 防伪有着其他防伪技术无法比拟的优点，RFID 的每个标签上都有一个全球唯一的 ID 号码，它是在制作芯片时放在 ROM 中的，无法修改、无法仿造，具有防机械磨损、防污损的优点。

二、RFID 技术的应用范围

目前，RFID 技术已被广泛应用于工业自动化、商业自动化等领域。

1. 防伪

通过扫描形成详细的货物记录与物流记录，防止假货混入。

2. 生产流水线管理

电子标签在生产流水线上可以方便准确地记录工序信息和工艺操作信息，满足柔性化生产需求。对工人工号、时间操作、质检结果的记录，可以完全实现生产的可追溯性。还可避免生产环境中手写、眼看信息造成的失误。

3. 仓储管理

若将 RFID 系统用于智能仓库货物管理中，能够有效地实现仓储货物信息管理。对于大型仓储基地来说，管理中心可以实时了解货物位置、货物存储的情况，对于提高仓储效率、反馈产品信息、指导生产都有很重要的意义。它不但增加了一天内处理货物的件数，还可以监看货物的一切信息。

4. 供应链渠道管理

在生产过程中给产品嵌入电子标签（其中包含唯一的产品号）后，厂家就可以用识别器监控产品的流向，而批发商、零售商可以用厂家提供的读写器来识别产品的合法性。

5. 贵重货物管理

RFID 技术可用于贵重货物的防盗、结算、售后服务。专门的货架扫描器会对货物进行实时扫描，从而得到实时存货记录。如果有人将货物从货架上拿走，系统将验证此行为是否合法，如为非法取走，系统将报警。

6. 图书管理、租赁产品管理

在图书中加入电子标签后，可以方便地读取信息，有助于提高工作效率。

三、RFID 技术在智慧物流中的应用

1. RFID 技术在仓库管理系统中的应用

传统仓储业存在进出库人员混乱、库存报告更新不及时、仓库货品属性不清晰、堆放混乱、盘点不准确等问题，而使用 RFID 技术仓库可以实现管理员对货物的实时追踪，货物来源、去向、库存数量等信息都能即时收集，随时掌握库存状态，从而保证货物及时供应，充分发挥周转效率。

智能仓库管理系统包括入库管理、出库管理、盘点入库管理和库存管理。

在入库管理过程中，工人先将 RFID 标签贴在产品上，将它们成批装箱后，贴上箱标，对于需要打托盘的，也可在打完托盘后贴上托盘标。包装好的产品由装卸工具经由 RFID 阅读器与天线组成的通道入库；同时，RFID 设备自动获取入库数量并记录在系统中，对于贴有托盘标的货物，通过进货口读写器将信息写入托盘标并形成订单数据关联。

在出库管理过程中，领货人携出库单至仓库，让仓管员核对信息并安排装卸人员执行对应产品库。装卸人员提完货经过出口闸时，让 RFID 阅读器读取托盘上的标签获取出库信息并核实出货产品与出库单中列出产品批号与库位是否正确。待出库完毕，仓储终端提供出库明细让仓管员确认并自动更新资料到数据库。RFID 技术在仓库管理系统中的应用如图 4. 14 所示。

图 4. 14　RFID 技术在仓库管理系统中的应用

2. 使用 RFID 技术进行盘点、入库管理

仓管员使用 RFID 手持式数据终端在每个货架或者是托盘边走过，读取出货架或者托盘上的货物的数量种类并累加，待盘点完成后生成盘点报表，并提供系统内的数据信息与仓库实际存货的数量对比，还可根据需要修正系统内的数据信息，从而保证货、账一致。

库存管理中，RFID 读写器识别关键物料上的无源 RFID 标签，记录物料入库出库信息。电子显示板上实时显示关键物料的库位和数量信息。系统自动展示库位信息，实现浮动库存盘点。RFID 技术让库存的可视化管理成为可能。仓库人员在无接触的情况下就可以采集货品信息，降低了仓库盘点的出错概率。另外，在物流环节应用 RFID 技术还能帮助企业在供应链上下游实现对货物运输的动态管理。使用 RFID 进行盘点、入库管理如图 4.15 所示。

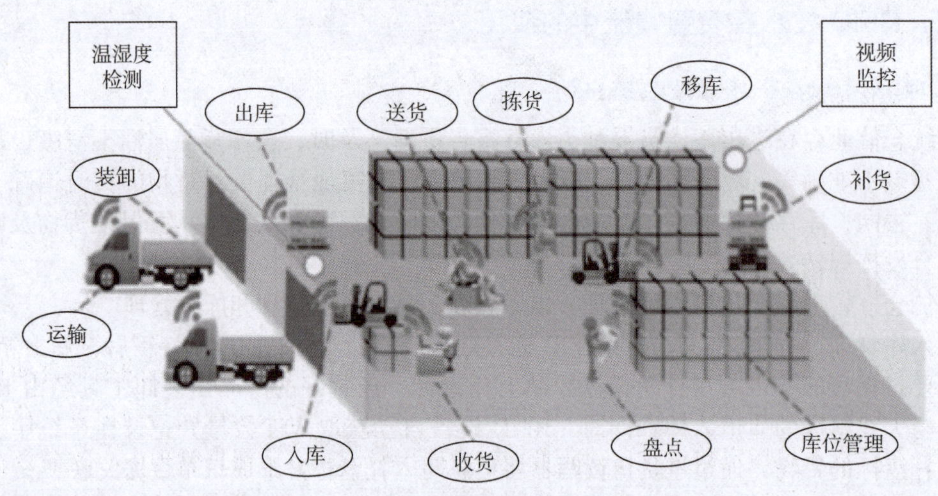

图 4.15　使用 RFID 技术进行盘点、入库管理

3. RFID 技术在 EMS 中的应用

2019 年，EMS 为快递面单加上 RFID 芯片，实现了自动扫描、批量自动复核、错件急速定位等操作，缩短工作时间，还能提高工作效率及准确性。

据悉，EMS 的新一代物联网 RFID 运单支持多个读写器在同个区域内工作，读取距离可达 6 m，单环节识读效率可达人工 PDA 扫描上千倍，通道式整托读取在运营中可以实现 3~5 s“无驻留”整托盘通过，最高可达到 600 件/s。

4. RFID 技术在机场智能运输系统中的应用

自动导引车替代了固定输送机和分拣系统，行李安检由机器人完成，自动导引车将行李运输至安检系统上进行安检，然后运输到行李转盘；用自动导引车一对一运送行李比较灵活，能够自动规划并优化路线，对行李进行智能排序，自动导引车自行判断哪个行李先运送，哪个行李后运送，确保及时运送行李；整个运输过程系统使用 RFID 技术进行完整的全程包裹跟踪，能实时了解每个包裹的状态，大幅提高了货物运输效率。RFID 技术在机场智能运输中的应用如图 4.16 所示。

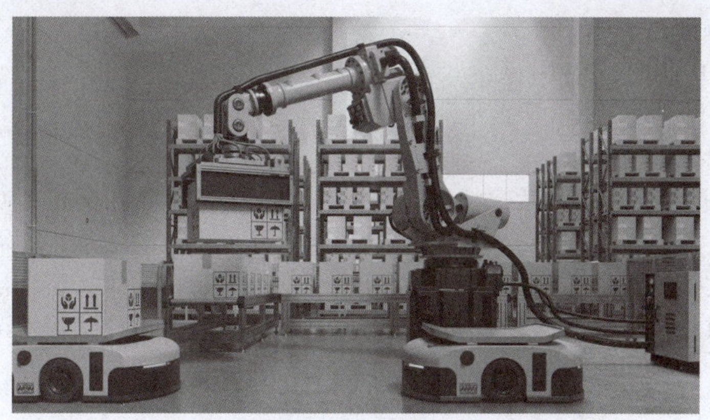

图 4.16　RFID 技术在机场智能运输中的运用

5. RFID 技术在配送中心的应用

（1）入库和检验。

当贴有电子标签的货物运抵配送中心时，入口处的阅读器将自动识读标签，根据得到的信息，管理系统会自动更新存货清单并根据订单的需要，将相应货物发往正确的地点。这一过程将传统的货物验收入库程序大大简化，省去了烦琐的检验、记录、清点等大量需要人力的工作。货物的入库和检验流程如图 4.17 所示。

（2）整理和补充货物。

装有移动阅读器的运送车自动对货物进行整理，根据计算机管理中心的指示自动将货物运送至正确的位置并将计算机管理中心的存货清单更新，记录最新的货物位置。存货补充系统将在存货不足指定数量时自动向管理中心提出申请，然后根据管理中心的命令在适当的时间补充相应数量的货物。在整理货物和补充存货时，如果发现有货物堆放到了错误位置，阅读器将随时向管理中心报警并根据指示派出运送车将这些货物重新堆放至指定位置。

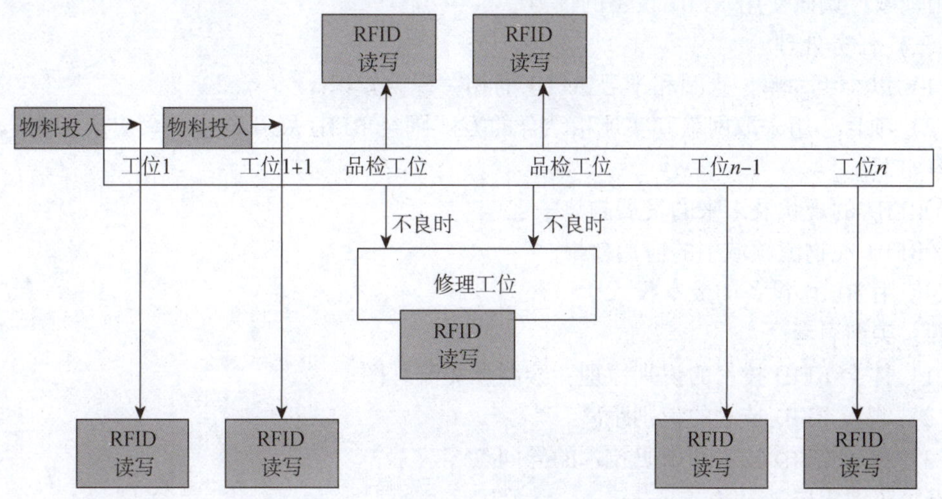

图 4.17　货物的入库和检验流程

（3）订单填写。

存货和管理中心通过 RFID 系统紧密联系在一起，将发货、出库、验货、更新存货目录整合成一个整体，从而最大限度地降低了错误发生的概率，也节省了大量人力。

（4）货物出库运输。

应用 RFID 技术后，货物运输将实现高度自动化。当货品在配送中心出库，经过仓库出口处在阅读器有效范围时，阅读器自动读取货品标签上的信息，不需要扫描，可以直接将出库的货物运输到零售商手中，而且由于前述的自动操作，整个运输过程的速度大幅提高；同时，所有货物都避免了条码不可读和存放到错误位置等情况的出现，准确率大大提高。

实训　RFID 技术及应用

一、实训目标

（1）了解 RFID 的概念、分类、特点、结构等。

（2）掌握 RFID 和条码使用方面的区别，明确它们各自具有的优势。

（3）了解 RFID 的现状及未来的发展趋势。

二、实训背景

当某物流公司采购条码识读设备时，卖方为其介绍了一些 RFID 设备。该公司认为，RFID 技术非常具有发展前景，将来会广泛应用于物流领域。

三、实训步骤

（一）任务描述

物流信息人员深入研究 RFID 技术，结合本公司的实际分析是否具有必要性和可行性。

（二）任务分析

分析 RFID 技术的识读原理和设备组成；结合该物流公司的具体业务分析 RFID 技术的应用领域；调研使用 RFID 设备的优点。

（三）任务处理

（1）以小组为单位查阅和学习 RFID 的相关理论知识。

（2）项目小组采取网络和实地相结合的方式围绕 RFID 展开调查并写出实训报告。调查内容如下。

①RFID 的现状及未来的发展趋势。

②RFID 在物流领域中的应用效果。

③使用 RFID 设备的成本投入。

四、实训思考

（1）体会 RFID 技术的识别原理，绘制相关流程图。

（2）测量 RFID 技术的识别距离。

（3）比较 RFID 技术和条码技术的异同点。

五、实训报告

教师下达实训任务让学生自行练习，完成实训报告（表 4.1）。

表 4.1　实训报告

<table>
<tr><td colspan="2">实训名称：</td><td>课程名称：</td></tr>
<tr><td>学号：</td><td>姓名：</td><td>实训时间：</td></tr>
<tr><td>专业：</td><td>班级：</td><td>实训地点：</td></tr>
<tr><td colspan="3">一、实训目的与要求</td></tr>
<tr><td colspan="3">二、实训环境</td></tr>
<tr><td colspan="3">三、实训内容</td></tr>
<tr><td colspan="3">四、实训步骤</td></tr>
<tr><td colspan="3">五、结论、问题与解决方法
（此部分为实训总结，是体现实训过程的重要内容，应鼓励学生将遇到的重要问题及解决方法总结出来，以体现实训对学生技能的提升作用）</td></tr>
<tr><td colspan="3">批语：</td></tr>
</table>

学习测试

一、选择题

1. （　　）不是 RFID 技术的特点。

A. 全自动快速识别多目标　　　B. 数据记忆量大

C. 应用面广　　　D. 安全性能不高

2. 下列有关 RFID 标签的说法中不正确的是（　　）。

A. 主动式标签能传输较强的信号，因此具有更远的读写距离

B. 主动式标签的使用寿命与电池寿命无关

C. 被动式标签可分为“有源”和“无源”两种模式

D. 被动式标签比主动式标签具有更广泛的应用领域

3. 被动标签与读写器之间通信的 ID 信息一般通过高频和低频（　　）方式实现。

A. 改变阅读距离　B. 解调　C. 频率转换　D. 调解

4. RFID 低频系统和高频系统的主要区别在于（　　）。

A. 成本的高低　B. 数据记忆量的大小

C. 标签内存的大小　D. 阅读距离的大小

5.（　　）是阅读器工作的核心。

A. 载波产生器　B. 接收通道　C. MCU　D. 天线

6. 不属于 RFID 常见工作频率高频的是（　　）。

A. 125 kHz　B. 34. 2 kHz　C. 860~930 MHz　D. 433 MHz

7. uCode 采用（　　）位记录信息。

A. 64　B. 128　C. 256　D. 512

8. 根据读取电子标签数据的技术实现手段，RFID 系统可分为三大类，其中不包括（　　）。

A. 广播发射式系统　B. 倍频式系统

C. 反射调制式系统　D. 有源系统

9. 通常，RFID 阅读器发送的频率称为 RFID 系统的（　　）。

A. 使用频率　B. 最高频率　C. 最低频率　D. 载波频率

10. 在下列的应用中，（　　）多使用 RFID 的低频系统。

A. 门禁控制　B. 火车监控　C. 高速公路收费　D. 产品跟踪

11. 射频是指（　　）。

A. SP　B. RF　C. RFID　D. RFDC

12. RFID 是指（　　）。

A. 射频　B. 物流技术　C. 无线射频技术　D. 无线通信技术

13. 低频的频率是（　　）。

A. 100 kHz 以下　B. 125~134 kHz　C. 860~960 MHz　D. 13. 56 MHz

14. 无线数据通信是指（　　）。

A. RFDC　B. RFID　C. RF　D. IOT

15. RFID 技术是无线电波与（　　）的结合。

A. 雷达技术　B. 射频技术　C. 信息技术　D. 物流技术

16. RFID 系统一般由（　　）组成。

A. 射频标签　B. 阅读器　C. 天线　D. IC 卡

17. 属于 RFID 系统的类型有（　　）。

A. EAS 系统　B. 便捷式数据采集系统

C. 物流控制系统　D. 定位系统

18. 电子标签一般分成（　　）这几种频率。

A. 低频　B. 高频　C. 超高频　D. 微波

19. RFID 中间件的特征是（　　）。

A. 独立于架构　B. 数据流　C. 处理流　D. 标准

20. 电子标签按照获取能量的方式可以分为（　　）。

A. 有源标签　　B. 半有源标签　　C. 无源标签　　D. 低频标签

21. 物联网系统的关键在于（　　）。

A. RFID　　B. 传感器　　C. 嵌入式软件　　D. 传输数据计算

二、判断题

1. EPC Global 是 UCC 和 EAN 于 2003 年 9 月共同成立的非营利性组织。（　　）

2. 阅读器的频率决定了 RFID 系统工作的频段，其功能决定了 RFID 的有效距离。（　　）

3. RFID 的低频系统主要应用于长距离、高成本的应用中。（　　）

4. RFID 技术应用在高速公路自动收费上能够充分体现它非接触识别的优势，使车辆在高速通过收费站的同时完成自动收费操作。（　　）

5. 在写入标签时，用户可以对写入的数据进行修改。（　　）

6. RFID 采用的是激光，可以透过外部资料读取数据，而条形码靠无线电 RF 来读取数据。（　　）

7. 被动标签与读写器之间通信的 ID 信息一般通过高频和低频的方式调制实现。（　　）

8. 电子标签中一般保存有约定格式的电子数据，由耦合原件及芯片组成，内置 RF 天线，用于和阅读器通信。（　　）

9. 高频系统的工作频率高于 400 MHz，典型的工作频段有 915 MHz、2.45 GHz，用于和阅读器通信。（　　）

10. RFID 标签和阅读器是 RFID 系统的重要组成部分，可以实现信息采集和存储功能。（　　）

三、简答题

1. 简述 RFID 技术的特点。
2. 简述主动式标签和被动式标签的区别。
3. 简述 RFID 技术的基本原理。
4. 简述 RFID 技术工作的基本流程。
5. 简述反射调制式 RFID 系统的工作原理。
6. 根据 RFID 系统的应用功能，可以将它分为哪几类？
7. 简述 RFID 技术使用的主要频率标准。
8. 简述 RFID 技术在现代物流业中有哪些应用？
9. 什么是 RFID 技术？RFID 系统的应用频率一般有哪几种？
10. RFID 技术在物流中的应用主要有哪些方面？
11. RFID 技术在食品中的应用有哪些方面？
12. 什么是 RFID 标签？
13. RFID 技术在仓储管理环节中的应用主要表现在哪些方面？
14. RFID 技术在供应链管理中存在的问题有哪些？
15. 什么是物联网？

四、思考题

1. RFID 作为一种先进的技术，给现代物流业的发展带来了哪些好处？

2. 针对 RFID 技术的影响，你认为现代物流业今后的发展趋势如何？

3. 对于物流管理决策者，RFID 技术在什么条件下应用比较合适？

五、案例分析题

材料 1：中创物流利用 RFID 技术实现仓储系统管理

RFID 技术在企业物流的应用越来越受到重视，企业负责人逐渐意识到，通过 RFID 技术可以提高供应链物流管理的透明度和库存周转率，有效减少缺货损失，提高企业物流效率。RFID 应用于企业物流管理的各个环节，对货物的流通数据采集准确。物流管理的功效体现在两点：①物流效率高，货物交接速度快，有效提高物流作业效率；②数据准，在中创物流股份有限公司（以下简称中创物流）拥有精通物流业务的 IT 研发团队，自行开发了拥有独立知识产权的综合物流管理平台 CML E-Platform。中创物流根据仓库管理的现状和对 RFID 技术在物流管理中的可行性研究提出了在仓库管理系统（WMS）中实现 RFID 系统的应用，目的是提高物流管理的先进性与高效性。

上海实甲智能系统有限公司（以下简称“上海实甲”）结合 RFID 技术并根据中创物流仓储管理的业务需求提出了 RFID 技术应用在仓储管理的设备配置方案。该方案采用 RFID 电子标签给叉车、集装箱及托盘做好标识并在 WMS 中融合了先进的 RFID 数据采集手段，实现了企业物流管理的信息化与现代化，以此提高企业物流管理水平和管理效率，降低企业管理成本。

1. 系统框架

根据中创物流 WMS 的 RFID 管理需求，目标系统将由智能 RFID 手持机系统、智能 RFID 车载终端系统、智能 RFID 识别通道终端系统、中间件/接口系统 子系统和 WiFi/LAN（局域网）网络共同构成 RFID 仓储终端管理系统，即智能 RFID 手持机系统、智能 RFID 车载终端系统、智能 RFID 识别通道终端系统、中间件/接口系统，通过对应的网络访问并操作 WMS 系统数据库，实现仓储管理所需数据的互通与共享。

2. 系统方案

中创物流采用 RFID 技术应用在仓储管理中着重需要解决两个问题：仓储管理流程的规范化和提高出入库效率，具体需要实现以下管理目标。

（1）仓储管理以 RFID 标签标识的托盘、叉车和集装箱。

（2）收到货物并为其码盘时，将托盘 RFID 标签与所装载货物的物流信息进行关联。

（3）通过智能 RFID 手持机实现码盘、收货和发货确认、库存盘点。

（4）通过智能 RFID 车载终端系统实现入库、出库、装车等环节的高效识别与检验。

（5）通过智能 RFID 识别通道终端系统实现出入库计数、校验及库存自动更新。

为实现上述 WMS 管理目标，该方案从标签选型和设备选型两方面着重阐述了在物流管理中使用 RFID 设备的方法，以便更好地发挥 RFID 的技术优势。

3. 系统特点及实施效益

1）系统特点

将 RFID 标签标识托盘、集装箱、叉车作为物流过程管理的基本单位，实现数据自动采集；多种数据采集方式集成应用，通过有线/无线的通信方式，实现智能 RFID 识别通道、智能 RFID 手持机、智能 RFID 叉车读写设备、条码标签打印机等读写设备进行数据采集并上传；完整的仓储管理流程，涵盖入库、出库、盘库、库存管理等；精确的库存管

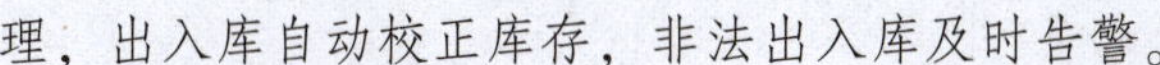

理，出入库自动校正库存，非法出入库及时告警。

2）实施效益

完整的货物物流过程管理功能，出入库差错及时报警，对货物的实时动态管理的能力得到大幅提升；管理实时，操作快捷，记录详尽，实现完整的管理链路；提高出入库准确率，使库存盘点更高效；全过程数据的实时采集并记录，通过集中管理信息，达到信息共享，减少劳动环节，节约时间；通过统计、分析处理数据，提供管理所需的各种数据，为决策者提供可靠的依据。

灵活易用的 RFID 中间件技术可以在现有管理系统中方便地扩展 RFID 数据采集方式，充分保护企业的现有投资。

材料 2：广州亚运会采用 RFID 监测保食品安全

在广州亚运会期间，所有食品都通过 RFID 检测技术拥有一张“身份证”，每款食品的包装封条必须内置一个微型芯片，存储着关于食品的所有生产信息，通过 RF 扫描器扫描就可以了解食品的“身份”信息。

这项专门为广州亚运会研发的食品安全追溯系统，可以对所提供食品进行“快、准、全”的监测，从原料来源到成品销售的范围都有监测信息，若在服务终端发现安全问题，可以迅速追查是在哪一个环节出现漏洞，整个操作都可以在网上进行。据知情人士介绍，2012 年 9 月前，所有为广州亚运会供给食品的企业及超过 800 种食品都被纳入全天候的生产动态及溯源监控系统的监控中。而在广州亚运会之后，这一食品生产动态监控平台将会陆续覆盖全市 1 500 多个食品生产企业。

RFID 电子标签从食品种养殖及生产加工环节开始加贴，实现了“从农田到餐桌”全过程的跟踪和追溯，包括运输、包装、分装、销售等流转过程中的全部信息，如生产基地、加工企业、配送企业等都能通过电子标签在数据库中查到。

（资料来源：王晓丽. 物流信息管理［M］. 北京：中国财富出版社，2011.）

1. 结合材料 1 分析中创物流如何利用 RFID 技术实现仓储系统管理。
2. 阅读上述材料，分析 RFID 主要的应用领域。
3. 结合上述材料，谈谈 RFID 技术在现代物流业中的作用。

项目四 学习测试答案

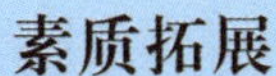

素质拓展

全球见证，中国突破可重构 5G 射频收发芯片

一、可重构射频收发芯片的重要性

射频收发芯片是手机与电信网络进行通信的桥梁，也是 5G 技术中的重要组成部分。它能够将手机产生的信号转化为电磁波，然后通过天线发送出去，也能将接收到的电磁波转化为数字信号，供手机进行处理和解码。射频收发芯片的作用可谓举足轻重，它的性能将直接影响到通信的速度、稳定性和质量。

二、可重构射频收发芯片的技术优势

可重构射频收发芯片相比传统的定制射频芯片具有很多技术优势。首先，可重构射频收发芯片具备弹性化的特点，可以通过软件更新或变更工作频率或工作模式，从而适应不同的需求。其次，可重构射频收发芯片的功耗非常低，能够有效延长设备的电池寿命。最后，可重构射频收发芯片还具备高可靠性、多功能化等特点，能够满足不同用户的需求。

三、中国可重构射频收发芯片技术的突破

中国移动发布的国内首款可重构5G射频收发芯片“破风8676”，标志着中国在可重构射频收发芯片领域取得了重要突破。这款芯片采用了自主设计的架构和算法，具备低成本、低功耗、多功能等竞争优势。与此同时，它还支持多种射频频段的灵活切换，能够适应多种网络环境和业务场景，为用户提供更加稳定、高速的网络体验。

中国的成功研发可重构射频收发芯片不仅展示了国家在射频识别技术领域的实力，也摆脱了美西方国家的封锁和打压。中国在过去长期依赖进口射频芯片的局面已经改变，具备了自研自产的能力。这一突破不仅提高了中国在全球射频技术领域的竞争力，也推动了国内芯片产业的发展，并为中国成为全球射频技术领导者奠定了基础。

中国发布的可重构射频收发芯片代表了中国芯片行业的进步和科技实力的提升。自主研发的可重构射频收发芯片使中国不再依赖进口，为国内通信产业打下了坚实的基础。中国科技实力的提升也得益于政府的支持和投入，以及企业和科研团队的努力。

四、未来展望

射频技术在5G时代将发挥越来越重要的作用，而可重构射频收发芯片的突破为中国在这一领域抢占了先机。随着5G技术的普及和应用，可重构射频收发芯片将发挥更大的价值，并推动相关产业的快速发展。未来，中国在科技对垒中会有更多的突破，不断提升科技实力。

五、总结

中国突破可重构5G射频收发芯片技术，不仅代表了中国在射频技术领域的竞争力不断提升，也展示了中国科技实力的崛起。中国成功研发的可重构射频收发芯片具备多重优势，为中国通信产业的发展提供了强有力的支撑。随着5G技术的发展，可重构射频收发芯片的应用前景十分广阔，中国将在这一领域取得更多重要突破，成为全球领航者。

项目五　智慧物流跟踪技术——GIS

项目简介

GIS（地理信息系统）是能够提供存储、显示、分析地理数据功能的软件，主要包括数据输入与编辑、数据管理、数据操作以及数据显示和输出等。作为获取、处理、管理和分析地理空间数据的重要工具、技术和学科，得到了广泛关注。GIS 已经发展到新的高度，它可以有效地应用于各种行业，包括农业、资源管理、公共安全、交通运输、测绘、环境管理、电子政务、教育、军事等。

工作流程

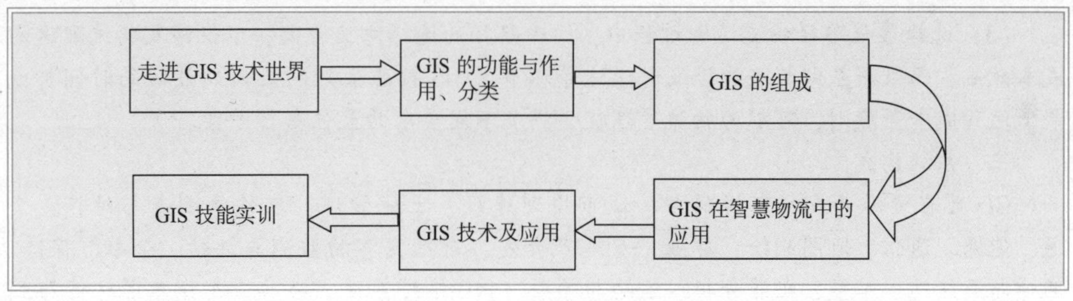

学习目标

知识目标

1. 了解 GIS 的概念。
2. 理解 GIS 的组成和应用。
3. 掌握 GIS 的应用。

技能目标

1. 能够运用 GIS 进行数据的搜寻。
2. 能够进行 GIS 的应用。

素质目标

1. 具备解决问题的积极心态。
2. 具备较强的大局意识，能科学地进行作业分工。
3. 具备耐心细致的工作态度、精益求精的工匠精神。
4. 具备沟通能力，能与团队成员进行顺畅的沟通。

案例导入

GIS 在物流中的应用

一、背景

物流管理和信息系统全过程控制是物流管理的核心问题。供应商必须准确、动态地把握散布到全球各个中转仓库、经销商、零售商以及汽车、火车、飞机、轮船等各种运输环节之中的产品流动状况，并以此为根据随时发出调度指令，调整市场策略。接下来，将GIS 整合到物流信息管理系统中将成为现代物流管理的重要课题。

二、需求分析

（1）客户对于物流市场服务的要求越来越高，为了更好地提供准确及时的物流服务，供应商需掌握产品流动状况并以此为根据随时调整市场策略，从而满足客户的需求。

（2）在城市之间选择合理的物流中心地址，既能发挥物流中心的作用，又能符合城市规划，GIS 使物流中心的位置更加准确，根据实时动态交通条件进行路线选择，将智能交通系统（ITS）应用于动态路线选择，从而使整个物流系统的效率最大化、费用最小化。

（3）选择最佳路径物流运输过程中，运输路径的选择意义重大，不仅涉及物流配送的成本效益，而且关系到物流能否及时送达等环节。GIS 按照最短的距离或最短的时间抑或最低运营成本等原则，可以为物流管理提供满足不同要求的最佳路径方案。

三、系统构成

GIS 已在资源开发、环境保护、城市规划建设、土地管理、农作物调查与结产、交通、能源、通信、地图测绘、林业、房地产开发、自然灾害的监测与评估、金融、保险、石油与天然气、军事、犯罪分析、运输与导航、110 报警系统、公共汽车调度等方面得到了广泛应用。

国内外的城市测绘 GIS 或测绘数据库正在建设或运行中。一批 GIS 软件已研制开发成功，一批高等院校已设立了一些与 GIS 有关的专业或学科，一批专门从事 GIS 产业活动的高新技术产业相继成立。此外，国内还成立了中国 GIS 协会和中国 GPS 技术应用协会等。

GIS 由计算机硬件、计算机软件、地理空间数据和 GIS 用户组成。

计算机硬件包括各类计算机、外接存储设备、输入设备、输出设备和网络设备。

计算机软件包括各类计算机操作系统、支持信息处理的计算机应用程序系统。

地理空间数据包括空间坐标数据、属性数据和空间关系数据。

GIS 用户包括从事 GIS 建设、维护、管理和更新的人员。

四、应用效果

(1) 提供模型参考数据。结合各种选址模型，GIS 为物流配送中心、连锁企业和仓库位置选址，以及为中心辐射区范围的确定提供参考数据。

(2) 进行车辆监控和实时调度。GIS 和 GPS 集成并应用于物流车辆管理，为物流监控中心及汽车驾驶人员提供各车辆的所在位置、行驶方向、速度等信息，实现车辆监控和实时调度，减少物流实体存储与运送的成本，降低物流车辆的空载率，从而提高整个物流系统的效率。

(3) 监控运输车辆的位置及工作状态。物流监控中心在数字化地图上监控运货车辆的位置和工作状态，并将最新的市场信息、路况信息及时反馈给运输车辆，实现异地配载，从而使销售商更好地为客户管理库存，加快物资和资金的运转，降低各个环节的成本。另外，其还能对特种车辆进行安全监控，可以为安全运输提供保障。

(4) 车辆导航利用 3S 遥感、全球定位系统和地理信息系统与移动通信集成技术，物流监控和实时提供被监控运输车辆的当前位置信息以及目的地的相关信息，指导运输车辆迅速到达目的地，从而节约成本。

(5) 实现仓库立体式管理。三维 GIS 与条码技术、POS、RFID 技术以及闭路电视等多种自动识别技术相结合，可以应用于物流企业的仓库管理信息化，为仓库入库、存储、移动及出库等操作提供三维空间位置信息，以更直观的方式实现仓库货物的立体式管理。

任务一　走进 GIS 技术世界

微课 5-1：走进 GIS 技术世界

我国 GIS 发展得较晚，经历了起步（1970—1980 年）、准备（1980—1985 年）、发展（1985—1995 年）、产业化（1996 年以后）4 个阶段。GIS 已应用在许多部门和领域中，还引起了政府部门的高度重视。

地理信息系统在近几十年内取得了惊人的进步，广泛应用于资源调查、环境评估、灾害预测、国土管理、城市规划、邮电通信、交通运输、军事公安、水利电力、公共设施管理、农林牧业、统计、商业金融等几乎所有领域。

在物资的分配、全国范围内能源保障、粮食供应等方面都有资源配置问题。GIS 在这方面应用的目标是保证资源的最合理配置和发挥最大效益。

一、GIS 概念

由于不同的部门和不同的应用目的，GIS 的定义也有所不同。当前对 GIS 的定义一般有 4 种观点：面向数据处理过程的定义、面向工具箱的定义、面向专题应用的定义和面向数据库的定义。Goodchild 把 GIS 定义为“采集、存储、管理、分析和显示有关地理现象信息的综合技术系统”。Burrough 认为“GIS 是属于从现实世界中采集、存储、提取、转换和显示空间数据的一组有力工具”。一些俄罗斯学者也把 GIS 定义为“一种解决各种复杂的地理相关问题，以及具有内部联系的工具集合”。面向数据库的定义则是在工具箱定义的基础上，更加强调分析工具和数据库之间的连接，认为 GIS 是空间分析方法和数据管理系统的结合。面向专题应用的定义是在面向数据处理过程定义的基础上，强调 GIS 所处理的数据类型，如土地利用 GIS、交通 GIS 等；由此可以认为地理信息系统是在计算机硬件、软件系统支持下，对整个或部分地球表层（包括大气层）空间中的有关地理分布数据进行采集、储存、管理、运算、分析、显示和描述的技术系统，和其他计算机系统一样，包括计算机硬件、软件、数据和用户四大要素。只不过 GIS 中的所有数据都具有地理参照，即数据通过某个坐标系统与地球表面中的特定位置发生联系。

人们对 GIS 的理解在不断深入。在 GIS 中，S 有 4 层意思，一是系统（system），从技术层面的角度论述地理信息系统，即面向区域、资源、环境等规划、管理和分析，是指处理地理数据的计算机技术系统，但更强调其对地理数据的管理和分析能力。一个地理信息系统项目可能包括以下几个阶段。

（1）定义一个问题。

（2）获取软件或硬件。

（3）采集与获取数据。

（4）建立数据库。

（5）实施分析。

（6）解释和展示结果。

二是科学（science），常称为地理信息科学，是一个具有理论和技术的科学体系，意味着研究存在于 GIS 和其他地理信息技术后面的理论与观念（GIScience）。

三是代表着服务（service），随着遥感等信息技术、互联网技术、计算机技术等的应用和普及，地理信息系统已经从单纯的技术型和研究型逐步向地理信息服务层面转移，如导航需要催生了导航 GIS 的诞生，著名的搜索引擎 Google 也增加了 Google Earth 功能，GIS 成为人们日常生活中的一部分。当同时论述 GIS 技术、GIS 科学或 GIS 服务时，为避免混淆，一般用 GIS 表示技术，GIScience 或 GISci 表示地理信息科学，GIService 或 GISer 表示地理信息服务。

四是研究（studies），即研究有关地理信息技术引起的社会问题，如法律问题、私人或机密主题、地理信息的经济学问题等。

因此，地理信息系统是一种专门用于采集、存储、管理、分析和表达空间数据的信息系统，它既是表达、模拟现实空间世界和进行空间数据处理分析的工具，也可以视为人们用于解决空间问题的资源，还是一门关于空间信息处理分析的科学技术。GIS 的应用如图 5.1 所示。

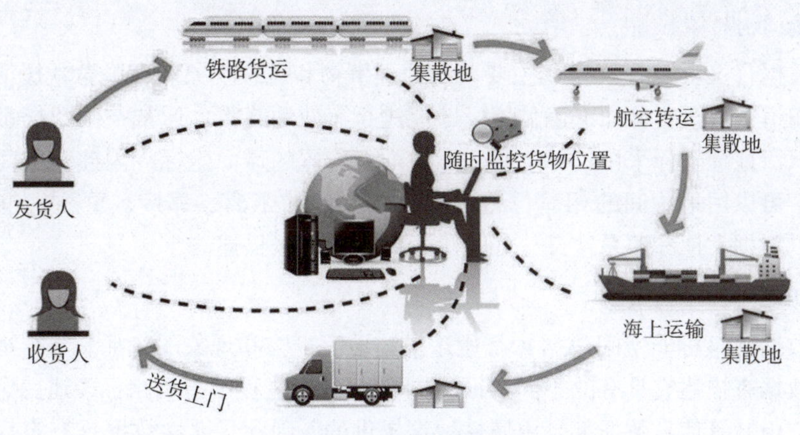

图 5.1　GIS 的应用

由于研究和应用领域的不同，人们对地理信息系统的定义仍存在分歧。一般可分为以下三种观点。

1. 地图观

其来自制图学派，强调 GIS 是一个地图处理和显示系统。在系统中，每个数据集被视为一张地图、一个图层、一个专题、覆盖，运用 GIS 的相关功能对数据集进行操作和运算，就可以得到新的地图。

2. 数据库观

其来自计算机学派，强调数据库理论和技术方法对 GIS 的设计、操作的重要性。

3. 空间分析观

其来自地理学派，强调空间分析和模拟的重要性。实际上，GIS 空间分析功能是与计算机辅助设计（CAD）、MIS 的主要区别之一，也是 GIS 理论和技术方法发展的动力。不管哪种观点，都可以把地理信息系统认为是地理信息和信息系统的统一应用，而地理信息来源于地理数据。

GIS 是一门综合性学科，结合地理学与地图学以及遥感和计算机科学，已经广泛应用在不同领域，是用于输入、存储、查询、分析和显示地理数据的计算机系统，随着 GIS 的发展，也有称 GIS 为地理信息科学，近年来，也有称 GIS 为地理信息服务。GIS 是一种基于计算机的工具，它可以对空间信息进行分析和处理，即一种以地理数据库为基础，在计算机的硬件、软件系统支持下，以采集、存储、管理、分析和描述地球表面与地理分布有关数据的空间信息系统。它对地球上存在的现象和发生的事件进行成图和分析。GIS 技术把地图这种独特的视觉化效果和地理分析功能与一般的数据库操作集成在一起。

二、地理数据

地理数据是 GIS 的基础与核心，是表征地理圈或地理环境固有要素或物质的数量、质量、分布特征、联系和规律等的数字、文字、图像和图形的总称。它的作用是描述地球表面所有要素或物质。一种完整的地理数据通常包括三类数据：空间数据、属性数据、时间数据。

1. 空间数据

空间数据（又称位置数据）主要表明地理事物和地理现象。在紧急救援活动中，救援人员需要知道被救援对象的准确位置，才能进行有效地施救。通常空间数据都采用地理坐标进行标识。地理坐标采用经纬度来表示地面点位置的球面坐标。因此，空间数据具有定位的性质，可以用地物间的相对位置关系（如空间的距离、邻接、重叠、包含等）来描述；也可以根据大地参照系定义，如大地经纬度坐标来描述。

2. 属性数据

属性数据（又称非空间数据）是用来描述地表事物和现象的特征。一个地物可以采用多个属性数据来描述它具有的不同特征，如 GPS 导航过程中指示路标、道路名称、道路长度、河流与山脉等信息数据都是由属性数据提供的。因此，属性数据具有定性或定量的性质，常用自然现象、物体的质量和特征数据来描述。

3. 时间数据

时间数据用来反映要素的时态特征，它对于进行环境模拟分析非常重要，越来越受到人们的重视。

三、GIS 的特征

1. 数据的空间定位特性

GIS 具有表示、管理和操作空间数据的能力。地理数据的三类数据中，除属性数据和时间数据外，空间数据是地理空间数据有别于其他数据的本质特征。信息系统一般仅包括属性数据和时间数据，只有空间数据是地理数据所特有的。

2. 空间关系处理的复杂性

地理信息的属性数据是除空间位置之外所有描述地理对象或人文属性的定性或定量的数据信息，这相当于一般信息系统所处理的数据和信息，或者说 GIS 系统中的属性信息处理就相当于一个普通的事务性信息处理系统。由此可见，地理信息系统除要完成一般信息系统的工作外，还要处理与之对应的空间位置和空间关系，以及与属性数据的一一对应处理。图形操作本身就是一个比较复杂的问题，在处理空间问题的同时还要处理属性数据。因此 GIS 中空间数据处理的复杂性是一般信息系统中前所未有的技术难题。

3. 海量数据管理能力

地理信息系统海量数据特征来自两方面，一方面来自地理数据，地理数据是地理信息系统的管理对象，其本身就是海量数据；另一方面来自空间分析，GIS 在执行空间分析的过程中，不断产生新的空间数据，这些数据也具备海量特征。GIS 的海量数据带来的是系统运转、数据组织、网络传输等一系列技术难题，这也是 GIS 比其他信息系统复杂的另一个因素。天地一体地理国情监测技术结构如图 5.2 所示。

图 5.2 天地一体地理国情监测技术结构

GPS 技术和 GIS 技术的区别主要体现以下方面。

首先，从处理的数据范畴来看，GPS 主要处理的是位置、速度、时间等数据信息，而 GIS 主要是管理数据。

其次，从两者的特征来看，GPS 具有全球全天候定位、定位精度高、观测时间短、测站间无须通视、仪器操作简便等特点。而 GIS 需要通过计算机软件实现，所采集的信息是按地理空间分布特征并以地图（数据化）的形式来反映。

最后，从用途来看，GPS 能为全球用户提供低成本、高精度的三维位置，速度和精确定时等导航信息，是卫星通信技术在导航领域的应用典范。而 GIS 主要应用于城市规划、基础设施的设计等分析，能对地理空间数据进行输入、管理、分析和表达。

四、GIS 的特点

1. 地理数据集成

GIS 能够将不同来源和类型的地理数据进行整合和集成，包括地图、卫星影像、遥感数据、GPS 轨迹等。通过数据集成，可以构建丰富的地理信息数据库，为空间分析和决策提供多样化的数据支持。

2. 空间关系分析

GIS 强调对地理现象的空间关系进行分析。它可以通过空间查询、缓冲区分析、路径分析等功能，揭示地理现象之间的相互作用和空间分布规律。这有助于发现隐藏在数据背后的空间趋势和模式，并能为规划、管理等决策提供科学依据。

3. 可视化展示

GIS 能够将地理数据以地图、图表、三维模型等形式进行可视化展示。通过可视化，用户可以直观理解地理现象的空间特征和变化趋势，从而更好地理解和沟通复杂的地理信息。

4. 决策支持

GIS 提供了强大的决策支持功能。它能够对多种空间方案进行模拟和评估，帮助决策者预测和评估不同决策方案的效果。同时，GIS 还能进行风险分析、优化规划等操作，为决策者提供科学的决策依据。

5. 多领域应用

GIS 广泛应用于多个领域，如城市规划、土地利用、环境保护、资源管理、交通规划、灾害管理等。无论是市政府、企业还是科研机构，都可以借助 GIS 技术来解决空间问题，优化资源配置，提高效率和决策质量。

任务二　GIS 的功能、作用与分类

微课 5-2：GIS 的功能与分类

一、GIS 的功能

作为现代科技与地理信息的完美结合，地理信息系统在如今的社会中发挥着越来越重要的作用。GIS 系统通过整合地理数据、分析空间关系和可视化信息，为人类呈现了一个数字化的地球，带来了许多令人惊叹的功能。

地理信息系统的功能包括基础功能和应用功能，基础功能主要包括数据采集与编辑、数据存储与管理、数据处理与变换、空间分析与统计、产品制作与显示、二次开发与编程。其应用功能包括城乡规划、灾害预测、环境管理、辅助决策等。

（一）数据采集与编辑

地理信息系统的数据通常抽象为不同的专题或层。数据采集与编辑功能就是保证各层实体的地物要素按顺序转化为 X、Y 坐标及对应的代码并输入计算机中。

（1）数据采集是地理信息系统研究的重要内容，是把现有资料转换为计算机可处理的形式，按照统一的参考坐标、统一编码、统一标准和结构组织到数据库中的数据处理过程。

（2）数据编辑是指对地理信息系统中的空间数据和属性数据进行数据组织、修改等。针对数据的类型不同，可分为空间数据编辑和属性数据编辑。

（二）数据存储与管理

数据存储与管理是数据集成的过程内容，涉及空间数据和属性数据的组织。

1. 空间数据组织方式

目前，与 GIS 设计有关的空间数据模型主要有矢量模型、栅格模型、数字高程模型、面向对象模型、混合数据模型等。前面 4 种模型属于定向性模型，在模型设计时只包括与应用目标有关的实体及其相互关系，而混合数据模型的设计则包括所有能够指出的实体及其相互关系。就目前的应用现状而言，矢量模型、栅格模型、数字高程模型相当成熟（目前成熟的商业化 GIS 主要采用这 3 种模型），而其他模型，特别是混合数据模型则处于大力发展过程中。

（1）如图 5.3 所示，矢量模型是利用边界或表面来表达空间目标对象的面或体要素，通过记录目标的边界；同时，还采用标识符表达它的属性来描述空间对象实体。矢量模型能够方便地进行比例尺变换、投影变换以及图形的输入和输出。矢量模型处理的空间图形实体是点、线、面。矢量数据结构是利用欧几里得几何学中的点、线、面及其组合来表示地理实体空间分布的一种数据组织方式。例如，空间目标对象的空间特征信息连同属性特征一起存储。根据属性特征的不同，点可用不同的符号来表示那些因实体太小而在地图上无法用按比例描绘的地理要素，如消防栓、井、测量控制点等；线可用不同的颜色、线型、粗细来描绘、表示线状或网络状的地理要素，如溪流、道路、管线等；多边形则可以充填不同的色彩，表示由一个封闭多边形包围的区域状地理要素，如水系、地块、房屋建筑、行政边界等。这种方式能最好地逼近地理实体的空间分布特征，数据精度高、数据存储冗余度低，便于进行地理实体的网络分析，但是对于多层空间数据的叠合分析比较困难。基础地理信息系统中常见的图形数据结构为矢量结构，即通过记录坐标的方式表示点、线、多边形等地理实体，坐标空间设为连续，允许位置、长度和面积的精确定义。

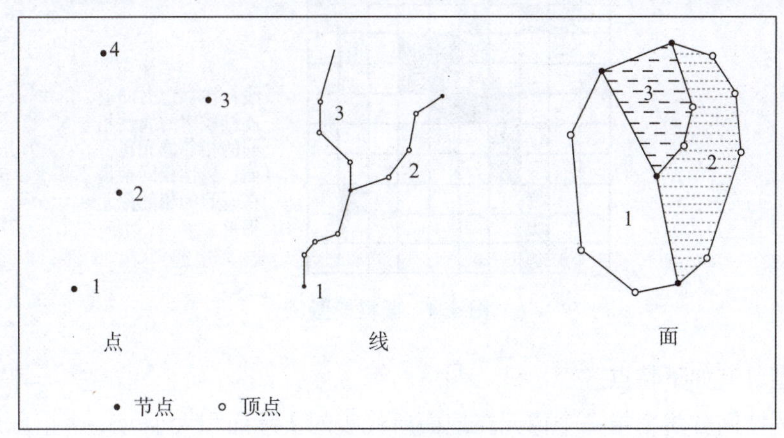

图 5.3　矢量模型

在 GIS 的拓扑数据模型中，与点、线、面相对应的空间图形实体主要有结点、弧段、多边形，多边形的边界被分割成一系列的弧段和结点，结点、弧段、多边形间的空间关系在数据结构或属性表中加以定义。GIS 的矢量数据模型具有如下特点。

①通过对结点、弧段、多边形拓扑关系的描述，相邻弧段的公用结点、相邻多边形的公用弧段在计算机中只需要记录 1 次，而在 Spaghetti 模型中的记录次数则大于 1。

②空间图形实体的拓扑关系，如拓扑邻接、拓扑关联、拓扑包含不会随着移动、缩放、旋转等变换而变化，而空间坐标及一些几何属性（如面积、周长、方向等）会受到影响。

③通常，通过矢量模型所表达的空间图形实体数据文件占用的存储空间比栅格模型小。

④能够精确地表达图形目标，精确地计算空间目标的参数（如周长、面积等）。

（2）栅格模型直接采用面域或空域枚举来描述空间目标对象，如图 5.4 所示。在栅格模型中，点（点状符号）由一个或多个像元，线由一串彼此相连的像元构成。在栅格模型中，每一像元的大小是一致的（一般是正方形），而且每个栅格像元层记录着不同的属性（如植被类型等）。像元的位置由横纵坐标（行列）决定。所以，每个像元的空间坐标不一定要直接记录，因为像元记录的顺序已经隐含了空间坐标。栅格可以用数字矩阵来表示，地理空间坐标隐含在矩阵的行列上。数字扫描仪、视频数字化仪、行式打印机、喷墨绘图仪等设备是基于栅格模式的。栅格模型的一个优点是不同类型的空间数据层可以进行叠加操作，不需要经过复杂的几何计算。但对于一些变换、运算，如比例尺变换、投影变换等操作则不太方便。利用栅格模型进行数字图像处理和分析已被广泛应用于遥感、医学图像、计算机视觉等领域。

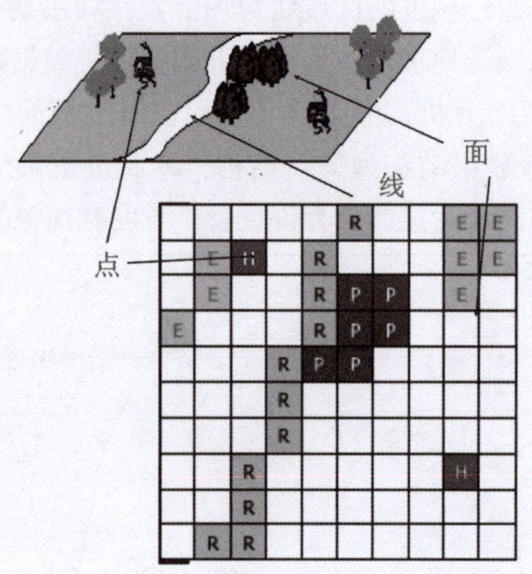

定义：栅格模型是以规则的阵列来表示空间地物或现象分布的数据组织，组织中的每个数据表示地物或现象的非几何属性特征。

点：为一个像元。
线：在一定方向上连接成串的属性相同的相邻像元集合。
面：属性相同聚集在一起的相邻像元集合。

图 5.4　栅格模型

栅格模型具有如下特点。

①栅格的空间分辨率指一个像元在地面所代表的实际面积大小（一个正方形的面积）。

②对于同一幅图形或图像来说，随着分辨率的增大，存储空间也随之增大。如果每一像元占用一字节，而且分辨率为 100 m，那么，一个面积为 10 km×10 km = 100 km^{2}的区域就有 1 000×1 000 = 1 000 000 个像元，所占存储空间为 1 000 000 字节；如果分辨率为 10 m，那么，同样面积的区域就有 10 000×10 000 = 1 亿个像元，所占存储空间近 100 MB。

③表达空间目标、计算空间实体相关参数的精度与分辨率密切相关，分辨率越高，精度越高。

④非常适合进行空间分析。例如，同一地区多幅遥感图像的叠加操作等。

⑤不适合进行比例尺变化，投影变换等。

（3）如图 5.5 所示，数字高程模型（DEM）采用规则或不规则多边形拟合面状空间对象的表面，主要是对数字高程表面的描述。根据多边形的形状可以把数字高程模型分为规则格网模型和不规则三角网模型。

图 5.5　数字高程模型

①规则格网模型与栅格模型相似，同样是直接采用面域或空域枚举来描述空间目标对象。一般情况下，栅格模型的每一像元或像元的中心点代表一定面积范围内空间对象或实体的各种空间几何特征和属性几何特征，而规则格网模型通常以行列的交点特征值代表交点附近空间对象或实体的各种空间几何特征和属性几何特征。栅格模型主要用于图像分析和处理，而规则格网模型主要进行等值线的自动生成，坡度、坡向的分析等。栅格模型处理的数据主要来源于航空、航天摄影以及视频图象等，而规则格网模型则主要来源于原始空间数据的插值。

②不规则三角网模型（又称 TIN 模型）利用不规则三角形来描述数字高程表面。在 TIN 模型中，同样可以建立三角形顶点（数据点）、三角形边、三角形个体间的拓扑关系。如果建立了 TIN 模型图形实体（三角形顶点、三角形边、三角形）的拓扑关系，将大大加快处理三角形的速度。

归纳起来，数字高程模型的主要优点是能够方便地进行空间分析和计算，如对地表坡度、坡向的计算等。

2. 属性数据组织方式

属性数据组织方式有层次数据模型、网状数据模型、关系型数据模型三种。

(1) 层次数据模型是用树状层次结构来组织数据的数据模型。

如图 5.6 所示，层次数据模型的图形表示就是 1 棵倒立生长的树，由基本数据结构中树（或者二叉树）的定义可知，每棵树都有且仅有 1 个根节点，其余的节点都是非根节点。每个节点表示 1 个记录类型对应于实体的概念，记录类型的各个字段对应实体的各个属性。各个记录类型及其字段都必须记录。

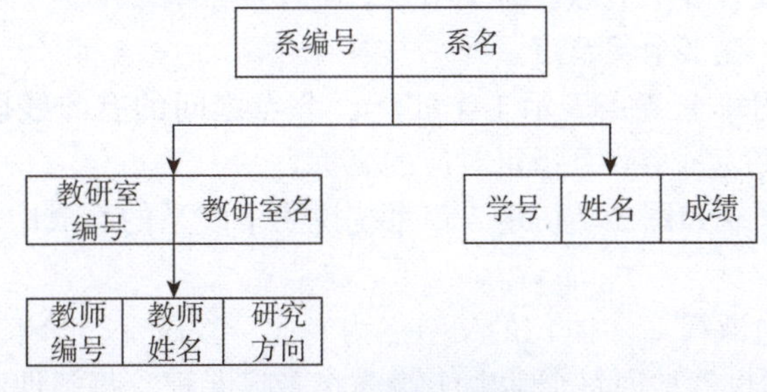

图 5.6　层次数据模型

树的性质决定了树状数据模型具有如下特征。

①整个模型中有且仅有 1 个节点没有父节点，其余的节点必须有且仅有 1 个父节点，

但是所有的节点都可以不存在子节点。

②所有的子节点不能脱离父节点而单独存在，如果删除父节点，也要同时删除父节点下方的所有子节点。注意，可以单独删除一些叶子节点。

③每个记录类型有且仅有一条从父节点通向自身的路径。

下面以学校某个系的组织结构为例，说明层次数据模型的结构。

①记录类型系是根节点，其属性为系编号和系名。

②记录类型教研室和学生分别构成了记录类型系的子节点，教研室的属性有教研室编号和教研室姓名，学生的属性分别是学号、姓名和成绩。

③记录类型教师是教研室这一实体的子节点，其属性由教师的编号、教师的姓名、教师的研究方向。

层次数据模型的优点如下。

①层次数据模型的结构简单、清晰、明朗，很容易看到各个实体之间的联系。

②操作层次数据类型的数据库语句比较简单，只需要几条语句就可以完成数据库的操作。

③查询效率较高，在层次数据模型中，节点的有向边表示了节点之间的联系，在数据库管理系统（DBMS）中如果有向边借助指针实现，那么依据路径很容易找到待查的记录。

④层次数据模型提供了较好的数据完整性支持，如果要删除父节点，那么其下的所有子节点都要同时删除；如果想要删除教研室，则其下的所有教师都要删除。

层次数据模型的缺点如下。

①结构呆板，缺乏灵活性。

②层次数据模型只能表示实体之间 $1:n$ 的关系，不能表示 $m:n$ 的复杂关系，因此现实世界中的很多模型不能通过该模型方便地表示。

③查询节点的时候必须知道其双亲节点，因此限制了对数据库存取路径的控制。

（2）网状数据模型是用有向图表示实体和实体之间的联系的数据结构模型。网状数据模型可以看作是放松层次数据模型约束性的一种扩展。网状数据模型中所有的节点允许脱离父节点而存在，即在整个模型中允许存在 2 个或多个没有根节点的节点，也允许 1 个节点存在 1 个或者多个父节点，成为网状的有向图。因此，节点之间的对应关系不再是 $1:n$，而是 $m:n$ 的关系，从而克服了层次数据模型的缺点。

网状数据模型具有如下特征。

①可以存在两个或者多个节点没有父节点。

②允许单个节点存在多个父节点。

网状数据模型中的每个节点表示 1 个实体，节点之间的有向线段表示实体之间的联系。网状数据模型需要为每个联系指定对应的名称。

院系的教务管理系统如图 5.7 所示。该系统说明了院系的组成中教师、学生、课程之间的关系。

由图 5.7 可以看出课程（实体）的父节点为专业、教研室、学生。课程和学生之间的关系是 $m:n$ 的关系，也就是说每个学生能够选修多门课程，每门课程也可以被多个学生同时选修。

网状数据模型的优点如下。

①网状数据模型可以很方便地表示现实世界中的很多复杂关系。

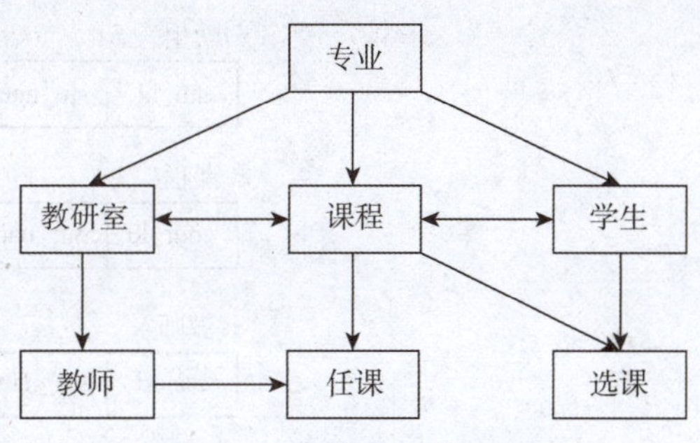

图 5.7 院系的教务管理系统

②修改网状数据模型不像修改层次数据模型那样有很多严格限制，其可以删除 1 个节点的父节点而依旧保留该节点，也允许插入 1 个没有任何父节点的节点，这样的插入在层次数据模型中是不被允许的，除非首先插入的是根节点。

③实体之间的关系在底层中可以借由指针实现，因此，在这种数据库中的执行操作的效率较高。

网状数据模型的缺点如下。

①网状数据模型的结构复杂、使用不易，随着应用环境的扩大，数据结构越来越复杂，数据的插入、删除牵动的相关数据太多，不利于数据库的维护和重建。

②网状数据模型数据之间的彼此关联比较大，该模型其实是一种导航式的数据模型结构，不仅说明要对数据做些什么，还说明操作记录的路径。

(3) 关系型数据模型对应的数据库自然就是关系型数据库，这是目前应用最多的数据库。使用表格表示实体和实体之间关系的数据模型称为关系数据模型。

关系型数据库是目前最流行的数据库，也是被普遍使用的数据库，如 MySQL 就是一种流行的数据库。支持关系数据模型的数据库管理系统称为关系型数据库管理系统。

关系型数据模型具有如下特征。

①关系数据模型中，无论是实体、还是实体之间的联系都是被映射成统一的关系——1 张二维表。在关系数据模型中，操作的对象和结果都是二维表。

②关系型数据库可用于表示实体之间多对多的关系，只是此时要借助第三个关系——表来实现多对多的关系。

③关系必须是规范化的关系，即每个属性是不可分割的实体，不允许表中表的存在。

下面以学生选课系统为例进行说明。学生选课系统的实体包括学生、教师、课程；其联系一般为学生与课程之间是多对多的关系，教师与课程之间是多对多的关系。学生可以同时选择多门课程，1 门课程也可以同时被多个学生同时选择；一位教师可以教授多门课程，1 门课程可以由多个教师教授。学生选课系统示意如图 5.8 所示。

将该图映射为关系数据模型中的表格如图 5.9 所示。从图 5.9 中可以看出，学生与课程之间的联系以及教师和课程之间的多对多联系都被映射成了表格。其中，选课表中的 sut_id 和 cour_id 分别引用学生表和课程表的主键；教课表也是如此。

关系型数据模型的优点如下。

①结构简单，关系型数据模型是一些表格的框架，实体的属性是表格中列的条目，实体之间的关系也通过表格的公共属性表示，结构简单明了。

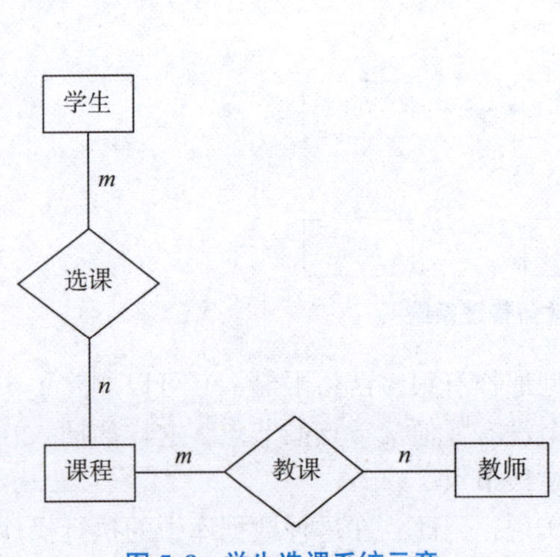

图 5.8　学生选课系统示意

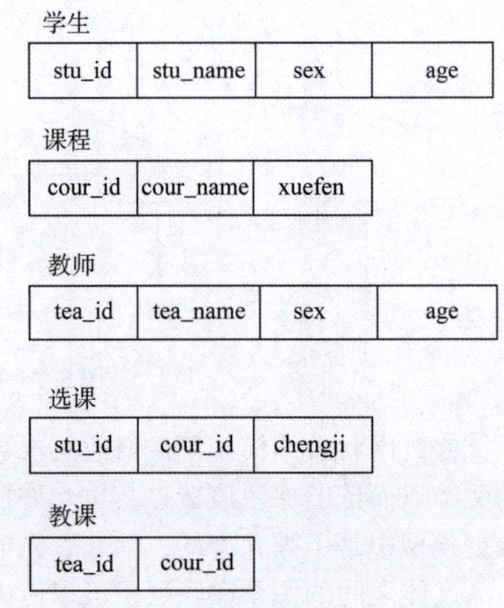

图 5.9　关系数据模型中的表格

②关系型数据模型中的存取路径对用户而言是完全隐蔽的，程序和数据具有高度的独立性，其数据语言的非过程化程度较高。

③操作方便，在关系型数据模型中操作的基本对象是集合而不是某一个元素。

④有坚实的数学理论做基础，包括逻辑计算、数学计算等。

关系型数据模型的缺点如下。

①查询效率低，关系型数据模型提供了较高的数据独立性和非过程化的查询功能（查询的时候只需指明数据存在的表和列，不用指明具体的查找路径），因此加大了数据库管理的负担。

②由于查询效率较低，因此，需要数据库管理系统对查询进行优化，加大了数据库管理系统的负担。

在空间数据组织与管理中，其关键是如何将空间数据和属性数据融合为一体。一般将两者分开存储，利用标识码来连接，内容包括空间数据库的定义、数据访问和提取、从空间位置检索空间物体及其属性、从属性条件查询空间物体及其位置、开窗和接边操作、数据更新和维护等。

（三）数据处理与变换

（1）数据变换指数据从一种数学状态转换为另一种数学状态，包括投影变换、比例尺缩放、误差改正和处理等。

（2）数据重构指数据从一种几何状态转换为另一种几何状态，包括数据拼接、数据截取、数据压缩、结构转换等。

（3）数据抽取指数据从全集到子集的条件提取，包括类型选择、窗口提取、布尔提取和空间内插等。

（四）空间分析与统计

（1）空间数据几何量测包括长度、面积、分布中心等的计算。

（2）空间集合分析是按照两个逻辑子集给定的条件进行布尔逻辑运算。

（3）叠加分析通过将同一地区的 2 个不同图层的特征相叠合，不仅可以建立新的空间特征，而且能将输入的特征属性予以合并，易于进行多条件的查询检索、地图裁剪、地图更新和应用模型分析等。

(4) 缓冲区分析是根据数据库的点、线、面实体，自动建立各种要素的缓冲多边形，用以确定不同地理要素的空间接近度或邻近性。

(5) 网络分析包括对地理网络（交通网络）、城市基础设施网络（电力线、电话线）进行地理分析和模型化。

(6) 数字地形分析。GIS 提供了构造数字高程模型及有关地形分析的功能模块，包括坡度、坡向、地表粗糙度、立体图和透视分析等，为地学研究、工程设计和辅助决策提供重要的基础属性数据。

(7) 空间数据统计是进行地理参数的统计计算与分析。

（五）产品制作与显示

GIS 为用户提供了许多用于显示地理数据的工具，其表达形式可以在计算机屏幕上显示，也可以是报告、表格、地图等硬复制图件，尤其强调的是 GIS 的地图输出功能。

（六）二次开发与编程

为广泛应用于各个领域，满足不同的应用需求，GIS 技术必须具备二次开发的功能。

二、GIS 的作用

GIS 管理海量数据，它的作用主要体现在可以解决以下问题。

(1) 位置：在某个地方有问题，通过空间位置进行定位，然后使用查询功能获取其性质，如建筑物名称、地点、建筑时间等。

(2) 条件：符合某些条件的实体在哪里的问题，通过空间对象的属性信息列出条件表达式，进而查询满足该条件的空间对象的分布位置。

(3) 趋势：某个地方发生的某个事件及其随时间的变化过程，该类问题依赖于现有数据做出分析判断，并能对未来做出预测和对过去做出回溯。

例：苹果园逐渐消失。

①多少地块转作他用？

②现在作何用？

③某一区域中有多少发生了这种变化？

④这种变化可回溯多少年？

⑤哪些时段能反映该趋势，1 年、5 年还是 10 年？

⑥变化率是增加了还是减少了？

(4) 模式：某个地方存在空间实体分布模式的问题，是分析与已经发生或正在发生事件有关的因素。GIS 将现有数据组合在一起之后，能更好地说明正在发生什么，还可找出发生的事件与哪些数据有关。

例：机动车辆事故常常符合特定模式。

①事故发生在何处？

②发生地点与时间有关吗？

③是不是在某种特定的交叉处？

④这些交叉处具有什么条件？

（5）模拟：某个地方如果具备某种条件会发生什么的问题，需要建立新的数据关系以产生解决方案。

例：建一个儿童书店，用来选址的评价指标可能包括 10、15、20 min 可到达的空间区域。

分析：

①附近居住的 10 岁或 10 岁以下儿童的人数。

②附近家庭的收入情况。

③周围潜在的竞争情况。

三、GIS 的分类

GIS 按内容、功能和作用可分为三类：工具型 GIS、应用型 GIS 和实用型 GIS。

（1）工具型 GIS。

工具型 GIS 又称 GIS 开发平台或外壳，它具有 GIS 的基本功能，是可供其他系统调用或用户进行二次开发的操作平台。工具型 GIS 为 GIS 使用者提供某种技术支持，使用户能借助 GIS 工具中的功能直接完成应用任务，或者运用工具型 GIS 和专用模型完成应用任务。

（2）应用型 GIS。

应用型 GIS 是根据用户的需求和应用目的而设计的一种解决一类或多类实际应用问题的地理信息系统。除了具有 GIS 的基本功能外，它还具有解决空间实体及空间信息分布规律、分布特性及其相互依赖关系的应用模型和方法。

（3）实用型 GIS。

实用型 GIS 是从实用角度来区分 GIS 的理论和技术。实用型 GIS 的目的是使实践过程优化，在不断提高中得到完善。因此，实用型 GIS 是在使用 GIS 的过程中，不断提高和完善，使 GIS 的应用趋向成熟的系统。

实用型 GIS 按研究对象的性质和内容又可分专题 GIS 和区域 GIS。

（1）专题 GIS 是具有有限目标和专业特点的地理信息系统。它为特定目的而服务，如水资源信息系统、矿产资源信息系统、环境保护和监测信息系统、城市管网系统、土地资源信息系统、配电网管理系统等。

（2）区域 GIS 主要以区域综合研究和全面信息服务为目标。它可以有不同的规模，如加拿大国家地理信息系统属于国家级的系统；黄河流域地理信息系统是面向某个地区的，属于区域级的系统；北京水土流失信息系统是面向地方的，属于地方级系统。

四、GIS 的未来发展

1. 3D 和虚拟现实（VR）技术的整合

随着 3D 建模和虚拟现实技术的不断进步，未来的 GIS 系统将能够以更真实、交互性更强的方式呈现地理信息。用户可以通过使用 VR 头盔或其他显示设备来体验地理场景，并进行真实感的空间导航和分析。

2. 大数据和人工智能的应用

大数据技术的发展为 GIS 系统提供了处理和分析大规模地理数据的能力。结合人工智能算法，GIS 系统可以进行更精细的地理模式识别、预测和决策支持。例如，在城市规划方面，GIS 可以分析人口流动、交通状况和环境指标等数据，为以后的发展提供科学建议。

3. 移动 GIS 的普及

移动设备的普及使移动 GIS 成为可能。未来，更多的人将能够使用智能手机、平板电脑等移动设备进行地理数据采集、查询和分析。这将为现场调查、应急响应和移动定位服务等领域提供更多的便利。

4. 云计算和云存储的应用

云计算和云存储技术的应用将使 GIS 系统的数据存储和处理能力大幅提升。用户可以通过云平台实现分布式数据管理和协同工作，还可以享受更高性能和可扩展性的服务。

5. 集成与共享

未来，GIS 系统将更加注重不同系统和数据源之间的集成和共享。通过建立标准接口和统一数据格式，不同的机构和用户可以更加便捷地共享地理信息，从而提高数据的有效利用率。

6. 可持续发展与环境保护

GIS 技术在可持续发展和环境保护方面的应用将继续扩展。例如，通过监测和分析自然资源的利用情况，GIS 可以帮助人们制定更科学的资源管理和环境保护政策。

任务三　GIS 的组成

微课 5-3：GIS 的构成与工作流程

GIS 的组成包括计算机硬件系统、计算机软件系统、地理空间数据、系统开发、管理和使用人员，如图 5.10 所示。GIS 的核心是计算机软硬件系统，地理空间数据反映了 GIS 的地理内容，管理人员和用户决定了系统的工作方式和信息表示方式。

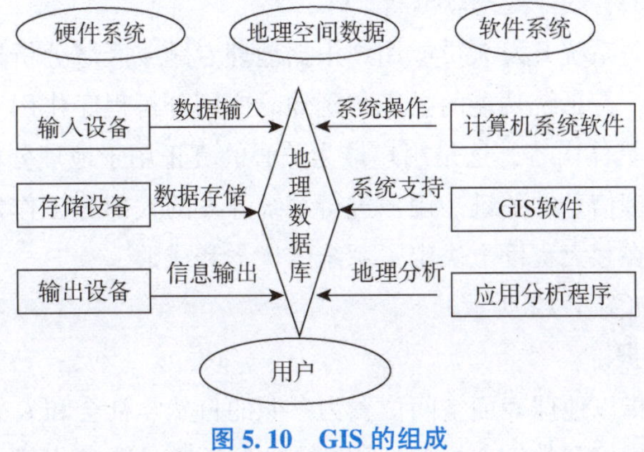

图 5.10　GIS 的组成

（1）计算机硬件系统。

计算机硬件是计算机系统中实际物理装置的总称，可以是电子的、电的、磁的、机械的、光的元件或装置，它是 GIS 的物理外壳，系统的规模、精度、速度、功能、形式、使用方法甚至软件都与硬件有极大的关系，受硬件指标的支持或制约。GIS 由于其任务的复杂性和特殊性，必须由计算机设备支持，GIS 硬件的组成如图 5.11 所示。

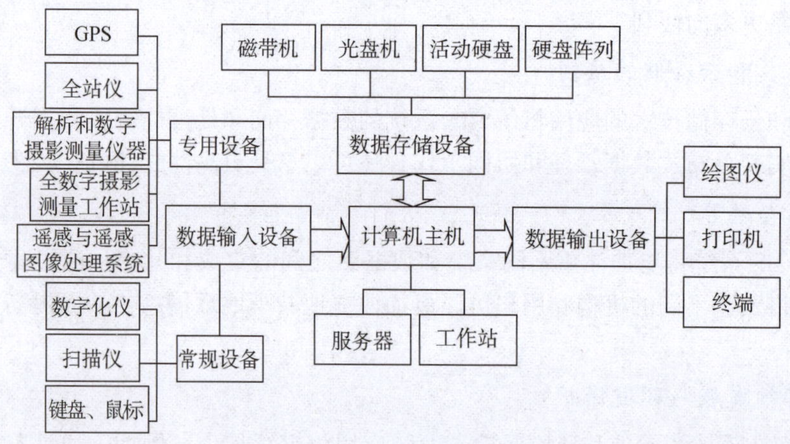

图 5.11　GIS 硬件的组成

①计算机主机。

②数据输入设备：数字化仪、图像扫描仪、手写笔、光笔、键盘、通信端口等。

③数据存储设备：光盘刻录机、磁带机、光盘塔、活动硬盘、磁盘阵列等。

④数据输出设备：笔式绘图仪、喷墨绘图仪（打印机）、激光打印机等。

（2）计算机软件系统。

计算机软件系统是指 GIS 运行必需的各种程序，通常包括以下内容。

①计算机系统软件：由计算机厂家提供的、为用户开发和使用计算机提供方便的程序系统，通常包括操作系统、汇编程序、编译程序、诊断程序、库程序以及各种维护使用手册、程序说明等，是 GIS 日常工作所必需的软件。

②GIS 专业软件和其他支撑软件：包括通用的 GIS 软件也可包括数据库管理软件、计算机图形软件包、CAD、图像处理软件等。

③应用分析程序：系统开发人员或用户根据地理专题或区域分析模型编制的用于某种特定应用任务的程序，是系统功能的扩充与延伸。应用分析程序作用于地理专题数据或区域数据，构成 GIS 的具体内容，这是用户最为关心的真正用于地理分析的部分，也是从地理空间数据中提取地理信息的关键。用户进行系统开发的大部分工作是开发应用程序，而应用程序水平的高低在很大程度上决定了系统的优劣和成败。

GIS 软件的组成如图 5.12 所示。

（3）地理空间数据。

地理空间数据是指以地球表面空间位置为参照的自然、社会和人文景观数据（可以是图形、图像、文字、表格和数字等），由系统的建立者通过数字化仪、扫描仪、键盘、磁带机或其他通信系统输入 GIS，是系统程序作用的对象，是 GIS 所表达的现实世界经过模型抽象的实质性内容。不同用途的 GIS 其地理空间数据的种类、精度都是不同的，但基本上都包括三种互相联系的数据类型。

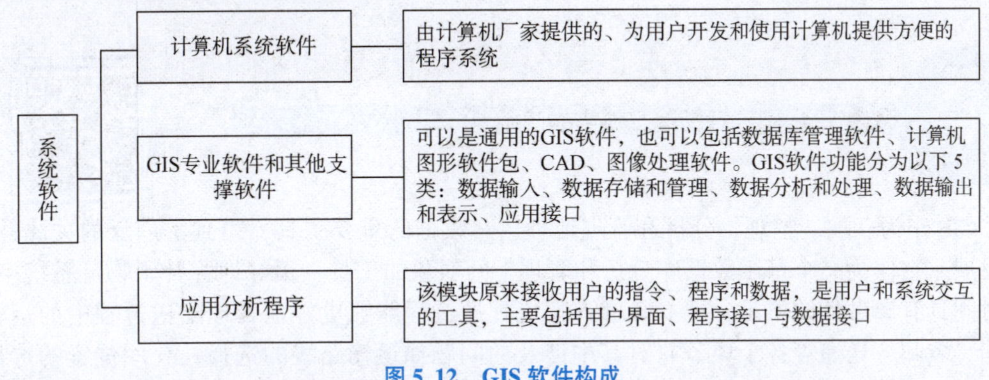

图 5.12　GIS 软件构成

①某个已知坐标系中的位置即几何坐标，标识地理实体在某个已知坐标系（如大地坐标系、直角坐标系、极坐标系、自定义坐标系）中的空间位置，可以是经纬度、平面直角坐标、极坐标，也可以是矩阵的行、列数等。

②实体间的空间相关性即拓扑关系，表示点、线、面实体之间的空间联系，如网络结点与网络线之间的枢纽关系、边界线与面实体间的构成关系、面实体与岛或内部点的包含关系等。空间拓扑关系对于地理空间数据的编码、录入、格式转换、存储管理、查询检索和模型分析都有重要意义，是地理信息系统的特色之一。

③与几何位置无关的属性（即非几何属性或简称属性）是与地理实体相联系的地理变量或地理意义。属性分为定性和定量两种，定性包括名称、类型、特性等，定量包括数量和等级；定性描述的属性如岩石类型、土壤种类、土地利用类型、行政区划等，定量描述的属性如面积、长度、土地等级、人口数量、降雨量、河流长度、水土流失量等。非几何属性一般经过抽象的概念，通过分类、命名、量算、统计得到。任何地理实体至少有 1 个属性，而地理信息系统的分析、检测和表示主要是通过属性的操作运算实现的。因此，属性的分类系统、量算指标对系统的功能有较大的影响。

地理信息系统特殊的空间数据模型决定了地理信息系统特殊的空间数据结构和特殊的数据编码，也决定了地理信息系统具有特色的空间数据管理方法和系统空间数据分析功能，成为地理学研究和资源管理的重要工具。

（4）系统开发、管理和使用人员。

人是 GIS 中的重要组成因素。地理信息系统从其设计、建立、运行到维护的整个生命周期，处处都离不开人的作用。仅有系统软硬件和地理空间数据还不能构成完整的地理信息系统，还需要人进行系统组织、管理、维护和数据更新、系统扩充完善、应用程序开发并灵活采用地理分析模型提取多种信息，为研究和决策服务。

任务四　GIS 在智慧物流中的应用

微课 5-4：GIS 在智慧物流中的应用

GIS 作为获取、整理、分析和管理地理空间数据的重要工具，得到了广泛的关注并迅速发展。它作为一个基于数据库分析和管理空间对象的工具，很好地弥补了物流系统空间和时间具有离散性的不足。把 GIS 融入物流配送过程能够更好地处理配送过程中的运输、仓储、装卸、送递等各个环节并对其中涉及的问题如运输路线的选择、仓库位置的选择、仓库容量的设置、合理的装卸策略、运输车辆的调度和投递线路进行有效的管理、决策与分析，有助于物流配送企业有效地利用资源、降低消耗、提高效率。实际上，随着电子商务、物流等的发展，GIS 将成为全程物流管理中不可缺少的组成部分。

一、物流 GIS 的作用

GIS 在物流系统的作用主要体现在 3 个方面：一是借助 GIS 的空间分析功能解决了现代物流仅依赖传统的运筹学方法无法得出满意解的问题；二是利用 GIS 强大的空间数据处理能力，统一资源管理平台管理和维护好多源信息；三是提供了决策的直观和可视结果，提高了决策效率。GIS 应用的基本原理如图 5.13 所示。

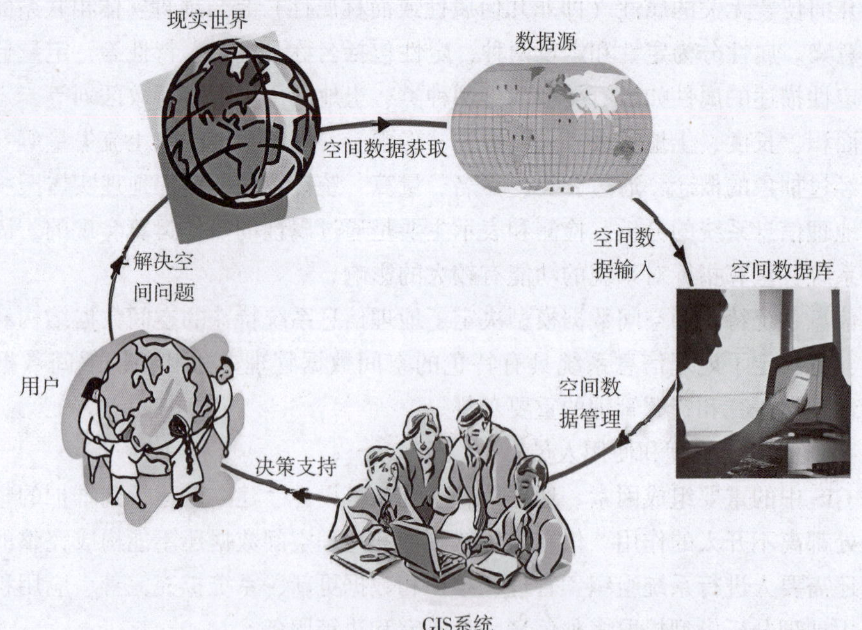

图 5.13　GIS 应用的基本原理

二、GIS 在智慧物流方面的应用

GIS 在智慧物流方面的应用主要体现在物流配送中心位置选择、优化配送路径、配送车辆的实时监控与调度、实现送货上门这 4 个方面。

1. 基于 GIS 进行物流配送中心位置选择的优点

利用 GIS 进行物流配送中心位置的选择具有 3 方面的优点。

（1）GIS 通过地图来表现数据：在 GIS 中，空间数据和属性数据是不可分割的整体，它们分别描述地理实体的两面，以地理实体为主线组织起来，除了具有管理空间数据的功能（如物流节点的位置等）以外，还具有空间查询与分析功能，如查询物流设施的属性、分析其周围的环境状况等。

（2）具有可视性：利用 GIS 以图的形式显示包含区域地理要素背景下的整个物流网络，如现存物流节点、道路、客户等要素，让规划者能够直观方便地确定位置或线路，而且 GIS 最终评价是输出图形，既直观又容易理解。

（3）动态交互性：GIS 是一个动态的系统，它强大的数据库管理系统可以保持持续更新，地理空间上的任何变化 GIS 都可以更新其数据库以备调用；同时，利用 GIS 的空间查询分析功能，在物流中心选址过程中能很好地实现规划者与计算机的动态交互，使选址结果更符合实际所需。

2. 利用 GIS 优化配送路径

利用 GIS 能够便于企业基于属性数据和图形数据的结合对分区进行科学、规范的管理，并且可以优化车辆与人员的调度，最大限度地利用人力、物力资源，使货物配送达到最优化。对于物流中的许多重要决策问题，如货物组配方案、运输的最佳路径、最优库存控制等方面，都可以得到更好的解决。

寻求最优分配货物路径问题，即物流网点布局问题。可利用长期客户、车辆、订单和地理数据等建立模型来进行物流网络的布局和模拟，根据实际的需求分布规划出运输线路，使显示器能够在电子地图上显示设计线路并同时显示汽车运行路径和运行方法，同时利用 GIS 的网络分析模型优化具体运行路径，使消耗的资源最少，以此来建立决策支持系统，以提供更有效而直观的决策依据。

3. 利用 GIS 实现配送车辆的实时监控与调度

利用 GIS 和电子地图可以实时显示出车辆或货物的实际位置从而对车辆提供导航服务并能查询出车辆和货物的状态，以便进行合理调度和管理。在时间紧迫的情况下，可以先找出可替代的行车路线，使所从事的物流活动可以安排在恰当的时间出发并按照规定的时间到达目的地。

4. 利用 GIS 实现实时送货上门服务

若要最大限度地提升送货效率，要先考虑以下几个问题。

（1）怎么才能走最短的路线送最多的货？

（2）每个送货点有多少可派人员？

（3）可派人员送货的范围和最大数量各是什么？

GIS 地图上可以实时呈现商品的到达位置，通过订单号，买家可以查看自己所购买商品的实时运送位置，这样可以帮助客户随时了解所购买商品的配送情况，做好货物的接收准备。客户的购物体验改善了，快递公司的信誉也会得到提升。GIS 实时送货上门服务如图 5.14 所示。

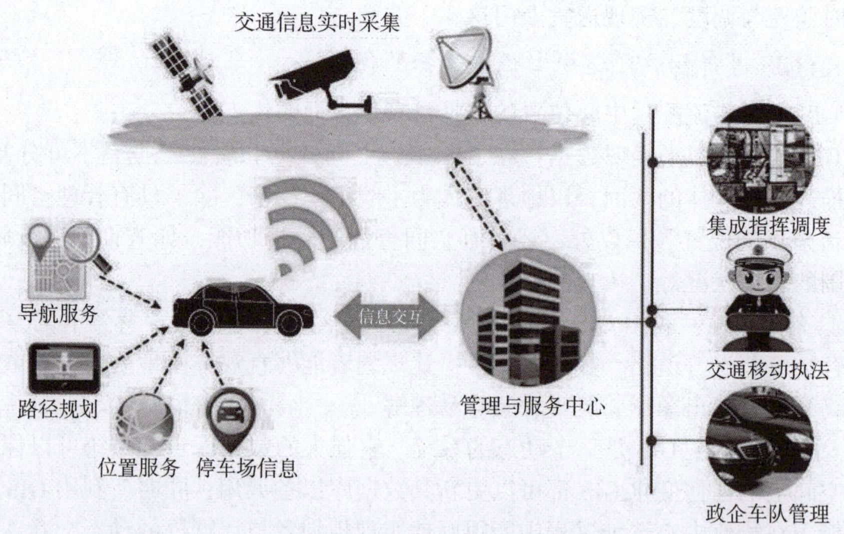

图 5.14　GIS 实时送货上门服务

5. 利用 GIS 提高无人车的自主驾驶水平

导航规划技术是无人车实现自主行驶的关键技术之一，面对复杂多变的行驶环境，仅仅依靠搭载的传感器，如相机、激光雷达、全球卫星导航系统和惯性导航系统等，难以实现无人车的快速精确定位、实时路径规划等任务，GIS 数据库预先存储有丰富的道路和环境语义信息，因此，利用 GIS 能有效提高无人车的自主驾驶能力。

首先，根据无人车导航的需求完成 GIS 数据库的构建，在这一步中通常需要全球导航卫星系统（GNSS）、惯性测量单元（IMU）、相机和激光雷达等传感器数据，完成道路精确位置及周边环境三维影像信息的采集。定位是自主导航的基础，无人车利用 GNSS、IMU 等传感器进行定位，通过地图匹配技术确定自身在地图中的位置并获取周边环境信息。

在行驶过程中，无人车读取 GIS 数据库中丰富的语义信息（如道路标示线、交通标志等），配合相机、激光雷达等传感器，能显著提高无人车识别道路环境的感知能力，完成局部路径规划与导航。在无人的行驶过程中，GIS 的主要技术包括 GIS 数据库构建、地图匹配和路径规划。

三、物流 GIS 在其他方面的应用

1. 车辆定位、实时监督、车辆跟踪功能

GPS 能够实现实时快速定位，这对于现代物流的高效率管理来说是非常关键的，将能够方便地实现总部对于车辆运输情况的实时监控，随时了解最新的情况；结合 GIS 技术，可以利用网络分析和路径分析等功能，科学、快速地预先设定运输地的最佳路径，当利用 GPS 信号反馈得到汽车运行路径偏离原定路线的时候，就可以发出警告，使决策层可以针对实际情况快速做出决策。

2. 导航功能

GPS 在车辆导航方面的技术已经逐渐成熟，主要是结合 GIS 技术，利用车载 GPS 接收机获取车辆位置信息，使用车载电子地图进行图上定位等。在现代物流信息系统中的城市配送子系统中，这种技术有非常高的实用价值，可以很好地解决物流配送效率不高这一问题。

3. 轨迹回放功能

轨道回放功能不仅是 GIS 和 GPS 相结合的产物，也可以作为车辆跟踪功能的重要补充。

4. 打造数字物流企业，规范企业日常运作，提升企业形象

GIS 和 GPS 的应用，必将提升物流企业的信息化程度，使企业日常运作数字化，包括将企业拥有的物流设备或者客户的任何一笔货物用精确的数字来描述，这不仅提高企业运作效率，也能提升企业形象，为企业争取更多的客户。

通过对运输设备的导航跟踪，提高车辆运作效率、降低物流费用、抵抗风险。GIS、GPS 和无线通信的结合，使流动在不同地方的运输设备变得透明而且可以控制。利用 GPS 和 GIS 技术可以实时显示出车辆的实际位置，还能任意放大、缩小、还原、换图；可以随目标移动，使目标始终保持在屏幕上，利用该功能可以对重要车辆和货物进行跟踪运输。

5. GIS 能够有效监控司机的行为

在物流企业中，为了逃避过桥费而绕远路延误时间、私自拉货、途中私自停留等现象屡见不鲜，而对车辆的监控可以规范司机的行为。

由于物流企业能够实时获取每部车辆的具体位置、载货信息，可以用系统的观念管理业务，从而降低空载率。

实训一　GIS 技术及应用

一、实训目标

(1) 了解 GIS 的概念、原理。

(2) 熟悉 GIS 技术的特性、基本功能以及构成。

(3) 能够使用城市电子地图。

(4) 了解 GIS 技术在物流分析过程及物流信息系统中的应用。

二、实训背景

随着发展，某物流公司的业务覆盖的地域范围越来越大，这对运输、配送提出了更高要求。某物流公司不仅要掌握配送单位的具体位置，而且要掌握不同地区的线路情况。

三、实训步骤

(一) 任务描述

该公司决定在网上申请 GIS 相关服务，在内部全面推广 GIS 的使用。

(二) 任务分析

熟悉城市电子地图的使用方法，总结 GIS 在物流信息系统中的应用。

（三）任务处理

（1）以小组为单位，在网络上查找提供 GIS 服务或电子地图的网站。

（2）进入相关网站查看所提供的 GIS 服务或电子地图服务的内容和哪些功能。

（3）学习使用电子地图。

（4）每小组在某地区的电子地图上，选择 1 个配送中心和 5 个配送地点，交给其他小组。接到任务的小组在电子地图上找到这些地点，找出可能的配送线路，并制定最优路线。

四、实训思考

（1）GIS 的工作原理及组成如何，其在物流方面有哪些应用？

（2）GIS 的主要功能有哪些？

（3）GIS 对促进物流的发展有哪些作用？

五、实训报告

教师下达实训任务，让学生自行练习，完成实训报告（表 5.1）。

表 5.1　实训报告

<table>
<tr><td colspan="2">实训名称：</td><td>课程名称：</td></tr>
<tr><td>学号：</td><td>姓名：</td><td>实训时间：</td></tr>
<tr><td>专业：</td><td>班级：</td><td>实训地点：</td></tr>
<tr><td colspan="3">一、实训目的与要求</td></tr>
<tr><td colspan="3">二、实训环境</td></tr>
<tr><td colspan="3">三、实训内容</td></tr>
<tr><td colspan="3">四、实训步骤</td></tr>
<tr><td colspan="3">五、结论、问题与解决方法
（此部分为实训总结，是体现实训过程的重要内容，应鼓励学生将遇到的重要问题及解决方法总结出来，以体现实训对学生技能的提升作用）</td></tr>
<tr><td colspan="3">批语：</td></tr>
</table>

实训二　GIS 技能实训

GIS 的原理如图 5.15 所示，请利用 GIS 软件模拟其原理。

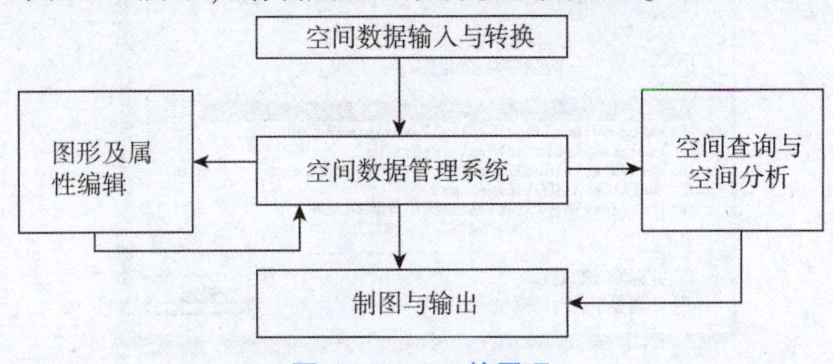

图 5.15　GIS 的原理

一、实训目标

(1) 了解 GIS 基本功能和构成。
(2) 了解 MapInfo 的窗口界面、菜单操作。
(3) 学会撰写实训报告。

二、实训准备

(1) 学生在任务开始之前，学习和查阅信息相关的理论知识点。
(2) 部门级服务器一台、计算机控制系统。
(3) 每位学生在计算机上安装教师要求的操作系统，能够从互联网上下载资料。

三、实训步骤

(1) 教师给学生安排任务，让学生按照任务步骤逐步展开。
(2) 学生根据具体的流程操作。
(3) 完成实训报告的撰写任务。

四、具体操作步骤

启动 ArcMap。选择"开始"→"所有程序"→"ArcGIS"→"ArcMap"选项，如图 5.16 所示。

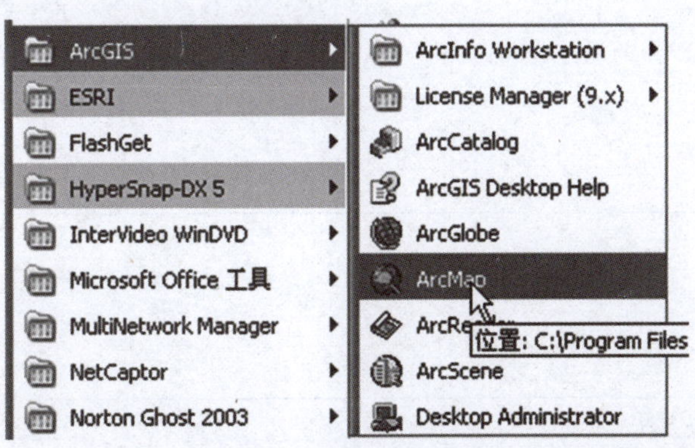

图 5.16　启动 ArcMap

当出现 ArcMap 对话框时，选中"一个新的空地图"单选按钮，单击"确定"按钮，如图 5.17 所示。

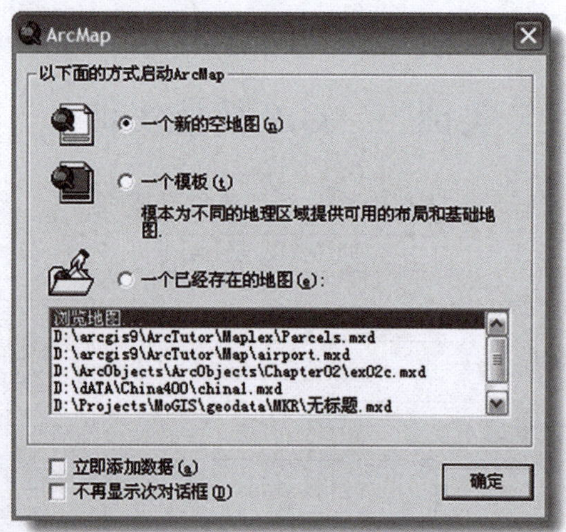

图 5.17　ArcMap 对话框

五、实训报告

教师下达实训任务，让学生自行练习，完成实训报告（表 5.2）。

表 5.2　实训报告

实训名称：		课程名称：
学号：	姓名：	实训时间：
专业：	班级：	实训地点：
一、实训目的与要求		
二、实训环境		
三、实训内容		
四、实训步骤		
五、结论、问题与解决方法 （此部分为实训总结，是体现实训过程的重要内容，应鼓励学生将遇到的重要问题及解决方法总结出来，以体现实训对学生技能的提升作用）		

续表

实训名称：	课程名称：
批语：	

学习测试

一、选择题

1. （ ）不是地理信息的特征。

A. 空间性 B. 多维结构 C. 静态特征 D. 动态特征

2. GIS 处理、管理的对象不包括（ ）。

A. 空间定位数据 B. 图形数据 C. 图像数据 D. 时间数据

3. GIS 的空间分析的层次不包括（ ）。

A. 空间检索 B. 空间拓扑叠加分析

C. 定位分析 D. 模型分析

4. 数据输入方式与使用的设备密切相关，以下不属于其常用形式的是（ ）。

A. 键盘输入 B. 光栅扫描数字化

C. 编码输入 D. 矢量跟踪数字化

5. （ ）不是 GIS 的基本功能。

A. 可视化功能 B. 制图功能 C. 信息通信功能 D. 空间信息查询

6. （ ）不是层次数据库结构的优点。

A. 结构复杂 B. 容易理解

C. 数据库扩展容易 D. 存取方便且速度快

7. 以记录组或数据表的形式组织数据的数据模型是（ ）。

A. 层次结构数据库 B. 关系型数据库

C. 网络数据库 D. 指针型数据库

8. （ ）不是 GIS 输出的内容。

A. 全要素地图 B. 各种专题图 C. 各类统计图 D. 统计报表

9. 以下不属于 GIS 数据输入方法的是（ ）。

A. 图形数据输入 B. 矢量数据输入 C. 属性数据输入 D. 栅格数据输入

10. 描述地球表面空间位置为参照的自然、社会和人文景观数据的是（ ）。

A. 人文景观数据 B. 自然数据 C. 社会数据 D. 地理数据

11. 对于反映事物地理空间位置的信息，从计算机的角度可以称为（ ）。

A. 空间位置数据 B. 空间数据 C. 地理数据 D. 文字数据

12. （ ）是 GIS 中最重要的功能。

A. 空间数据管理 B. 空间查询与分析

C. 数据输入 D. 图形输入

13. GIS 是指（ ）。

A. 全球定位系统　B. 地理信息系统　C. 智能交通系统　D. 管理信息系统

14. GIS 最重要的部分是（　　）。

A. 数据　B. 信息　C. 地图　D. 文字

15. GIS 最简单也是最常用的分析是（　　）。

A. 查询　B. 定位　C. 分类　D. 绘图

16. 图形数据输入包括（　　）。

A. 数字化仪输入　B. 扫描仪输入　C. 键盘输入　D. 手工输入

17. GIS 工作在（　　）种不同的基本地理模式下。

A. 2　B. 3　C. 4　D. 5

18. 地理信息系统工作于不同的基本地理模式，即（　　）。

A. 矢量模式　B. 栅格模式　C. 基本模式　D. 复杂模式

19. GIS 数据库管理系统模型主要包括（　　）。

A. 单纯数据模型　B. 混合数据模型　C. 集成数据模型　D. 面向对象数据模型

二、简答题

1. 简述 GIS 的基本功能。
2. 简述 GIS 的基本原理及工作流程。
3. 简述栅格数据结构的栅格化过程包含的内容。
4. 数据库方法与文件管理方法相比，具有哪些优点？
5. 简述四叉树编码的原理。
6. 什么是网络数据库模型和关系数据库模型？
7. 简述 GIS 在物流信息系统中的应用。
8. 简述 GIS 与 IT 技术结合的综合应用？
9. 什么是 GIS？
10. GIS 的功能是什么，能解决什么样的问题？
11. GIS 的技术通常用于哪些领域？
12. 简述空间数据的类型及结构数据。
13. 简述互联网体系下 GIS 技术的变化。
14. 简述 GIS 的组成。
15. GIS 在物流分析中，有哪些功能模块？各模块解决什么问题？

三、判断题

1. 点实体包括由单独一对坐标（x，y）定位的一切地理或制图实体。（　　）
2. 关系数据库的缺点结构是缺乏灵活性，需要保存大量的索引文件。（　　）
3. 最简单的线实体只存储它的起止点坐标、属性、显示符等有关数据。（　　）
4. 栅格数据结构层的存储空间是有限制的，因此层的数量也必须是有限的。（　　）
5. 从几何图形转换到栅格单元的过程通常称为矢量化。（　　）
6. 信息系统及其数据库的组成形式决定了系统应用目的、数据类型和系统工作方式。（　　）
7. 栅格数据型最简单的格式是由规则的正方形或矩形栅格组成。（　　）
8. 网络数据库结构的最大优点是它的结构特别灵活，可以满足所有用布尔逻辑运算和数学运算规则形成的询问要求。（　　）

9. 栅格数据空间结构比矢量数据结构能更精确定义位置、长度和大小。 （　　）

10. 在矢量数据结构中，地理特征通常以点、线、面为基本元素表达二维地图。

（　　）

四、思考题

1. 作为一种先进的技术，GIS 给现代物流业的发展带来了哪些影响？

2. 结合实际案例分析 GIS 在现代物流领域中的具体应用。

3. 作为一名物流管理的决策者，你认为在现代物流中 GIS 未来的发展趋势如何？

五、案例分析题

智慧物流给 GIS 的应用带来“新机遇”

近年来，随着“智慧物流”概念的炒热，以“物联化”“互联化”“智能化”为核心的智慧物流信息技术和应用体系开始树立。空间信息管理作为一直以来物流构建中必不可少的内容，更是被智慧物流所重视。GIS 自然就成为推动和实现物流信息化的关键技术，它是智慧物流物联网体系的重要枢纽、互联化的必要信息平台、智能化的分析要件。信息技术和应用体系开始树立。

1. 智慧物流中 GIS 的“新角色”

物流是在空间、时间变化中的商品等物质资料的动态状态。因此，物流管理是对商品、资料的空间信息和属性信息的管理。在以物联网为基础的智能物流技术流程中，智能终端先利用 RFID 技术、红外感应、激光扫描等获取商品的各种属性信息，再通过通信手段传递到智能数据中心对数据进行集中统计、分析、管理、共享、利用，从而为物流管理提供决策支持。

GIS 对空间和属性数据采集、输入、编辑、存储、管理、分析、查询、输出和显示的功能，不仅能够实现对物流货物运输路径的选择、仓库地址的选择、有效地降低成本，而且能够在订单管理、运输、仓储、装卸、送递、报关、退货处理、信息服务及增值业务等物流程序中，为预测、监测、规划管理和决策提供科学依据。

在智能物流体系中，GIS 能通过车辆、货物跟踪、运输路线规划、导航、信息查询、模拟与决策等功能，实现对物流过程的全面控制和管理，提供高效率、高质量的物流配送服务。而在智慧物流体系中，基于物联网的物流感知体系拓宽了 GIS 对物质资料的属性管理的范畴，也扩充了 GIS 在物流应用中的内容。

另外，由于智慧物流强调的是企业内部的生产过程，将企业与企业、企业与个人之间的全部物流活动融为一体。因此，在智慧物流的应用需求下，GIS 将融入企业商业决策的应用。

2. GIS 的物流分析不再“单薄”

智慧物流体系集成 RFID 技术、GPS 通信技术和传感技术的信息采集终端，不仅能识别物体的身份信息，还可以识别物体的不同状态。温度、密度、压力、颜色、体积等更为丰富的信息被添加到 GIS 中，使货物的空间属性变得更为具体和完善，扩大了 GIS 的数据源，强化了 GIS 的分析功能和分析效果。

（1）在数据源方面：在物联网环境下，货物单一 ID 标签被集成位置、状态信息的标签所替代，通过可视化纳入 GIS 基础平台上。GIS 在智慧物流中，不再局限于对商品、物质资料不可变属性身份的表达，传感网下如温度、湿度、密度、重量、体积等各种物质变量属性，被整合到GIS信息平台中，GIS本身也不仅仅停留于货物运输的动态空间变化，更将关注天气、气候、环境等地理因素对货物的影响。

（2）在分析功能方面：例如，在冷链物流中，GIS不只关注整车货物位置移动分析，还需要将冷冻货物的传感温度、保质期等信息与货车本身行车里程、保养状况、载重变化、油耗标准等各种动态属性，以及道路交通状况、气候状况、加油、维修站分布等差异化的地理环境因素，甚至是与中转站的吞吐能力、库房湿度、温度等环境信息相结合进行分析，及时了解货物及车辆的动态变化，了解各地库房的使用情况，对车辆配置、路径选择、中转调度等物流活动进行分析，并提供决策支持。

3. GIS的物流管理更加“精细”

在智慧物流的物联网环境下，GIS不仅可以对货物进行成批次空间分析与查询，还可以具体到某一货物，实现物流管理的精细化。

从沃尔玛公司的物流配送情况来分析，在商品装车发往分店的途中，借助GPS或者沿途设置的RFID监测点，GIS可以准确表达单件商品的位置与完备性并预测准确的运抵时间。当商品运抵门店并进入RFID阅读器覆盖的场所，GIS还可以表现具体商品的位置，从而有效地防止商品失窃，还可以通过覆盖分店的RFID阅读器找到被顾客随意放置的商品位置并让店员归位。

另外，GIS可以有效解决目前物流配送中配送员的单笔配送效率与多笔配送效率的优化问题，这是传统GIS在智能物流中无法实现的。无论是当前众多的电子商务公司如京东商城，还是专门的物流配送公司如顺丰速运（集团）有限公司、圆通速递有限公司等企业，配送员在分区配送的模式下基于人工的配送路线选择，受配送分区大小、复杂情况、配送员对区域的熟悉度等影响，面对少则十来单、多则上百单的商品配送需求时，往往不能规划出最优的配送顺序和配送线路，更不能有效掌控单笔商品在配送员手中的流转情况。由于智慧物流下的单件识别和移动通信的突破，GIS通过给配送员配备移动设备，为配送员提供当批配送商品的最佳配送方案。

4. GIS物流应用趋向更加“开放”

在智慧物流中，GIS可以最大限度地发挥其地理分析功能，对商业决策进行辅助，并朝着开放的数据中心和公共信息平台的趋势发展。例如，白沙物流公司已启用的烟草配送GIS及线路优化系统，已取得初步成功的经验和数据，为全面启动该系统打下了良好的基础。

（资料来源：RFID世界网）

1. 结合该案例分析智慧物流给GIS带来了哪些新的机遇。

2. 分析该案例，谈谈GIS未来的发展方向。

项目五 学习测试答案

素质拓展

国之重器——中国天眼：宇宙探索的“天眼”

中国天眼位于贵州省平塘县，是世界上最大的单口径射电望远镜，被誉为“中国天眼”。它不仅是中国科学事业的重要成就，也是人类在探索宇宙方面的巨大飞跃。

一、科学目的

中国天眼的科学目的是探索宇宙的奥秘，主要包括以下几个方面。

寻找外星生命。中国天眼可以搜索到距离地球数十亿光年的外星文明信号，这将有助于人类了解宇宙中是否存在其他生命体。

研究黑洞。中国天眼可以探测到来自宇宙深处的引力波，这将有助于研究黑洞等极端天体和时空结构。

研究宇宙演化。中国天眼可以探测到距离地球数十亿年前发生的宇宙现象，这将有助于研究宇宙的起源和演化过程。

监测地球。中国天眼也可以用于监测地球上的自然灾害、环境保护等，为人类的生存和发展提供重要信息。

二、建设历程

中国天眼的建设历程始于1994年，分为5个阶段。

1994—1996年为中国天眼的可行性研究阶段，主要进行可行性研究。

1996—2000年为中国天眼的初步设计阶段，主要进行初步设计。

2000—2003年为中国天眼的详细设计阶段，主要进行详细设计。

2003—2016年为中国天眼的建设阶段，主要进行建设和调试。

2016年至今，为中国天眼的运行阶段，主要进行运行和维护。

2020年1月11日，中国天眼通过国家验收。2020年4月27日，中国天眼首次发现一颗毫秒脉冲星。2021年3月31日，中国天眼正式对全球科学家开放。

三、技术特点

中国天眼的技术特点主要包括以下几个方面。

（1）单口径射电望远镜：中国天眼是世界上最大的单口径射电望远镜，直径为500 m，覆盖了面积约为30个足球场大小的区域。

（2）主动反射面：中国天眼采用了主动反射面技术，可以通过调节反射面的形状来提高观测精度和灵敏度。

（3）轻型馈源舱：中国天眼采用了轻型馈源舱技术，可以通过索驱动控制系统来改变馈源舱的位置和角度，从而扩大观测范围和效率。

（4）数据处理：中国天眼具有强大的数据处理能力，可以实时处理来自天眼的海量数据。中国天眼可以为科学家提供重要的观测数据，有助于推动科学研究的进展。

四、科学成果

中国天眼的科学成果主要包括以下几个方面。

（1）发现脉冲星：中国天眼已经发现了660余颗新脉冲星，是同一时期国际上所有其他望远镜发现数量总和的4倍以上。脉冲星是正在快速旋转的中子星，具有极高的密度和精确的周期，被称为宇宙中最精确的时钟。研究脉冲星可以探索宇宙中的极端物理现象，甚至可能发现低频引力波。

（2）探测快速射电暴：中国天眼已经探测到了数十个快速射电暴，并在《自然》杂志上发表了重要论文。快速射电暴是一种短暂而强烈的射电波爆发，是宇宙中最神秘的现象之一。通过研究快速射电暴，可以揭示宇宙中的高能天体和磁场结构。

（3）观测银河系：中国天眼已经观测到了银河系中的多种天体和现象，如氢云、超新星遗迹、分子云等。通过研究银河系，可以了解我们所在的星系的结构和演化历史。

（4）监测地球：中国天眼也可以用于监测地震、暴风雪、台风等，可以通过研究自然现象，为人类生存和发展提供重要信息。

综上所述，中国天眼是中国自主创新的重要成果，已经在多个领域取得了重要成果，为人类认识宇宙和推动科技进步做出了贡献。未来，随着技术的不断进步和应用领域的不断拓展，中国天眼将在更多领域发挥重要作用，为人类探索宇宙和解决全球性问题做出更大的贡献。

项目六　智慧物流定位技术——GPS

项目简介

随着通信技术、计算机技术、信息及航天与空间技术的迅猛发展，导航与定位技术、无线电导航系统日新月异。卫星定位导航系统提供了全球、全天候、高精度、快速响应的连续导航、定位和授时信息服务，是一种可供陆、海、空领域军民用户共享的信息资源，越来越受人们的青睐。卫星定位导航技术已基本取代了无线电导航、天文测量、传统大地测量技术，成为人们普遍采用的定位导航技术。

工作流程

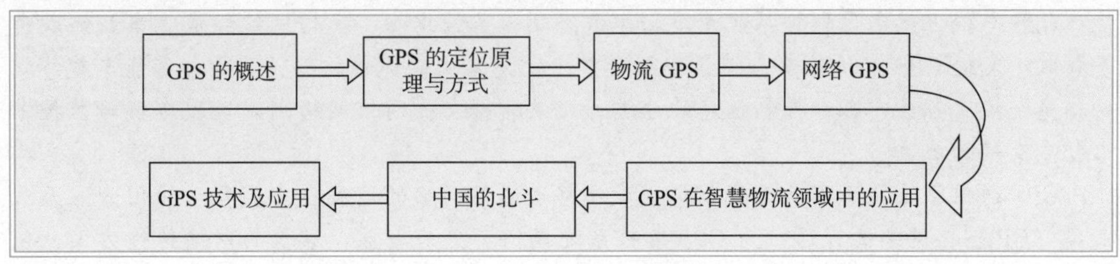

学习目标

知识目标

1. 掌握GPS的概念和特点。
2. 掌握GPS的组成和工作原理。
3. 理解GPS在物流领域中的应用。

技能目标

1. 能够利用GPS进行信息查找。
2. 能够在物流工作中应用GPS。

素质目标

1. 具备较强的学习能力，对出现的新知识、新规则能够进行自我学习。
2. 具备较强的创新思维能力，能够结合实际问题提出创新解决方案。

案例导入

GPS 在道路运输中的应用与发展

随着技术水平的提高和美国干扰的解除，GPS 用于民用目标测位、测速、测时，精度已经达到很高水平，成本也大幅度下降，在诸多领域内已经开始实用化。道路交通是关系国计民生的基础产业，随着汽车化进程的迅猛发展和交通问题的日益严重，如何利用智能交通相关技术解决道路运输的安全和效率问题已经成为亟待解决的问题。

GPS 与互联网的结合使物流企业运营管理水平全面提升，实时保障运输安全成为可能。GPS 技术的信息管理系统为物流运输行业车辆移动和财产的管理提供了一个比较理想的解决方案，保证了整体运输链的最优化。最优化既意味着外部优化，如防止空载；也意味着内部优化，如人员和运输设备的合理投入、场地利用率的提高等，从而降低运营成本，提高工作效率，增加企业的经济效益。

从价值工程角度分析，GPS 系统能否在运输企业得到广泛应用，主要取决于 GPS 系统的建设成本和 GPS 系统所能产生的经济效益两个关键因素。随着无线通信技术水平的提高和 GPS 产业规模的不断扩大，GPS 系统建设及运营成本迅速下降，而如何整合利用现有技术，不断以 GPS 的技术应用创新促进运输企业管理创新已经成为 GPS 厂商和运输企业共同关注的焦点。

GPS 技术在道路运输中的应用方法如下。

GPS 车辆卫星定位监控系统主要由车载终端、监控中心、通信网络组成。车载终端负责接收、发送 GPS 定位信息；监控中心是整个信息系统的通信核心，负责与智能车载终端的信息交换、各种内容和控制信息的分类、记录和转发；通信网络则是实现车辆与监控中心信息交换的载体。

GPS 通信系统经历了从无线集群向数字移动通信网络的过渡。中国移动通用分组无线业务（GPRS）网络的开通，为 GPS 监控系统提供了更为可靠、廉价的网络传输方案，使 GPS 监控系统的运营成本大大降低，并可以支持较大数据量的传输，从而实现从车辆定位简单监控到运输全程综合监控的飞跃。

现在，GPS 车辆卫星定位监控系统技术本身已相当成熟。然而对于运输行业来说，由于运输车辆及监控中心对连续性的要求并不是很高，其信息采集点可以是间断的，采集频率是由用户自定的，一般为 5 s 至 60 min 甚至更长，这样就可以避免由于连续丢失 GPS 卫星信号而导致车辆在一段时间内仍处于有效监控范围。因此，GPS 技术已具备了在道路运输监控中大规模应用的基础。

目前，我国 GPS 技术主要应用于运输企业车队的监控与调度管理，装车规模约 10 万辆。GPS 车辆监控调度系统的主要功能包括车辆跟踪、指挥调度、行驶监控、安全防护、车辆管理等。

任务一　GPS 概述

微课 6-1：GPS 的概述和组成

一、GPS 的发展历程

全球四大卫星定位系统分别是中国研制的北斗卫星导航系统（BDS）、美国研制的 GPS、俄罗斯研制的格洛纳斯卫星导航系统（GLONASS）和欧盟研制的伽利略卫星导航系统（GSNS）。

GPS 前身是美国军方研制的一种子午仪卫星定位系统（简称子午仪系统）。子午仪系统于 1958 年研制，并于 1964 年正式投入使用。该系统用 5~6 颗卫星组成的星网工作，每天最多绕地球 13 次，并且无法给出高度信息，在定位精度方面也不尽如人意。然而，子午仪系统的研制成功使研发部门对卫星定位取得了初步的经验，并验证了由卫星系统进行定位的可行性，为 GPS 的研制做好了铺垫。由于卫星定位显示出在导航方面的巨大优越性及子午仪系统存在对潜艇和舰船导航方面的巨大缺陷，美国海陆空三军及民用部门都感到迫切需要一种新的卫星导航系统。

为此，美国海军研究实验室（NRL）提出了名为 Tinmation 的、由 12~18 颗卫星组成 10 000 km 高度的全球定位网计划，并于 1967 年、1969 年和 1974 年各发射了 1 颗试验卫星，在这些卫星上初步试验了原子钟计时系统，这是 GPS 精确定位的基础。而美国空军则提出了名为 621-B 的计划，以每星群 4~5 颗卫星组成 3~4 个星群。这些卫星中只有 1 颗使用同步轨道，其余则使用周期为 24 h 的倾斜轨道，该计划以伪随机码（简称伪码，PRN）为基础传播卫星测距信号，其功能强大，当信号密度低于环境噪声的 1%时也能将被检测目标检测出来。伪随机码的成功运用是 GPS 得以成功研制的一个重要基础。海军的计划主要用于为舰船提供低动态的二维定位，空军的计划虽能提供高动态服务，但系统过于复杂。由于同时研制两个具有相同功能定位的系统会造成巨大的浪费，美国国防部在 1973 年将二者合二为一，并由国防部牵头组建的卫星导航定位联合计划局（JPO），还将办事机构设立在洛杉矶的空军航天处。该机构成员众多，包括美国陆军、海军、海军陆战队、运输部、国防制图局等。

最初的 GPS 计划是在 JPO 领导下诞生的。该方案将 24 颗卫星放置在互成 120°角的 3 个轨道上。每个轨道上有 8 颗卫星，地球上任何一点均能观测到 6~9 颗卫星，粗码精度可达 100 m，精码精度为 10 m。由于预算压缩，GPS 计划不得不减少卫星发射数量，方案改为将 18 颗卫星分布在互成 60°角的 6 个轨道上，然而这一方案中卫星可靠性得不到保障。1988 年 JPO 进行了最后一次修改，将 21 颗工作卫星和 3 颗备用卫星分布在互成 55°角的 6 条轨道上工作。这也是 GPS 卫星现在所使用的工作方式。

GPS导航系统是以全球24颗定位人造卫星为基础，向全球各地全天候提供三维位置、三维速度等信息的一种无线电导航定位系统。它由三部分构成：一是地面控制部分，由主控站、地面天线、监测站及通信辅助系统组成；二是空间部分，由24颗卫星组成，这些卫星分布在6个轨道平面上；三是用户装置部分，由GPS接收机和卫星天线组成，民用的定位精度在10 m内。

总的来看，GPS起源于1958年美国军方的一个项目，1964年投入使用。20世纪70年代，美国陆海空三军联合研制了新一代卫星定位系统GPS。主要目的是为陆海空三大领域提供实时、全天候和全球性的导航服务并用于情报收集、核爆监测和应急通信等军事目的，经过20余年的研究，耗资300亿美元。

二、GPS的概念

全球定位系统，又称全球卫星定位系统，是一个中距离圆形轨道卫星导航系统，具有海陆空进行全方位、实时三维导航与定位功能的新一代卫星导航与定位系统。

它可以为地球表面绝大部分地区提供准确的定位、测速和高精度的时间标准，是利用通信卫星、地面控制部分和信号接收机对对象进行动态定位的系统。GPS能对静态、动态对象进行动态空间信息获取，可以快速、不受天气和时间限制地反馈空间信息。

三、GPS的特点

1. 全球全天候定位

GPS卫星的数目较多且分布均匀，保证了人们在地球上任何地方、任何时间至少可以同时观测4颗GPS卫星，确保实现全球全天候连续的导航定位服务（除雷暴等不宜观测的环境外）。

2. 定位精度高

定位精度高，单点定位精度优于10 m，采用差分定位，精度可达厘米级和毫米级。相关应用实践已经证明，GPS的相对定位精度在50 km以内可达10^{-6} m，在100~500 km可达10^{-7} m，1 000 km可达10^{-9} m。在300~1 500 m工程精密定位中，1 h以上观测的解其平面位置误差小于1 mm。

3. 观测时间短

观测时间随着GPS系统的不断完善、软件的不断更新而缩短，目前20 km以内相对静态定位仅需15~20 min；快速静态相对定位测量时，当每个流动站与基准站相距15 km以内时，流动站观测时间仅需1~2 min，并且可随时定位，每站观测只需几秒。

4. 测站之间无须通视

GPS测量只要求测站上空开阔，不要求测站之间互相通视，因此不再需要建造觇标。这一优点既可大幅减少进行测量工作花费时间和建造觇标的费用（一般建造觇标费用占总经费的30%~50%），也使选点工作变得非常灵活，也可省去经典测量过程中传算点、过渡点的测量工作。

5. 仪器操作简便

随着 GPS 接收机的不断改进，GPS 测量的自动化程度越来越高，有的测量工具已趋于“傻瓜化”。在观测中测量员只需安置仪器、连接电缆线、量取天线高、监视仪器的工作状态，而其他观测工作，如卫星的捕获、跟踪观测和记录等，均由仪器自动完成。结束测量时，测量员仅需关闭电源，收起接收机，便完成了野外数据采集任务。

如果在一个测站上需进行长时间的连续观测，还可以通过数据通信方式将所采集的数据传送到数据处理中心，实现全自动化的数据采集与处理。

6. 可提供全球统一的三维地心坐标

GPS 测量可以同时精确测定测站平面位置和大地高程。另外，由于 GPS 定位是在全球统一的 WGS-84 坐标系统（1984 年世界大地测量系统）中计算的，全球不同地点的测量成果是相互关联的。

7. 应用广泛

随着 GPS 定位技术的发展，其应用的领域不断拓宽。在导航方面，它不仅广泛应用于海上、空中和陆地运动目标的导航，还在运动目标的监控与管理及运动目标的报警和救援等方面获得成功应用；在测量方面也用于大地测量、工程测量和海洋测绘等各个领域。GPS 系统不仅可用于测量、导航，还可用于测速、测时。

四、GPS 系统的组成

一般来说，GPS 系统主要由三部分组成：空间星座部分、地面监控部分和用户设备部分，如图 6.1 所示。空间星座部分包括 GPS 工作卫星和备用卫星；地面监控部分用于控制整个系统和时间，负责轨道检测和预报；用户设备部分主要是各种型号的接收机。

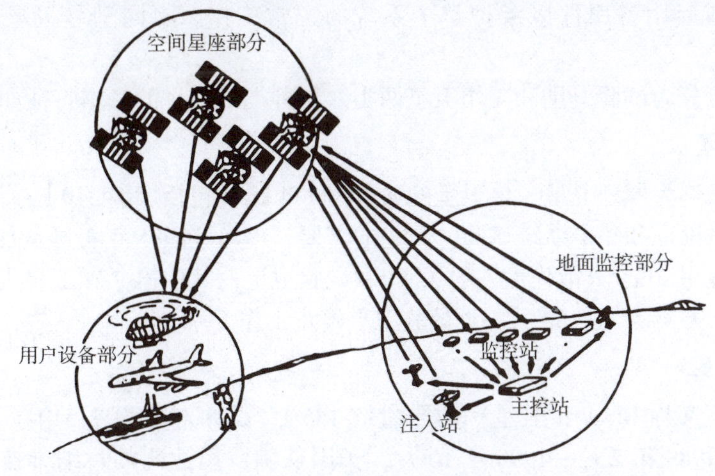

图 6.1　GPS 系统的组成

（一）空间星座部分

GPS 卫星星座由 24 颗卫星组成，其中 21 颗为工作卫星，3 颗为备用卫星。这些卫星均匀分布在 6 个轨道平面上，即每个轨道面上有 4 颗卫星。卫星轨道面相对于地球赤道面的轨道倾角为55°角，各轨道平面升交点的赤经相差60°角，1个轨道面上的卫星比西侧相邻轨道平面上的相应卫星升交角距超前30°角。这种布局的目的是保证在全球任何地点、任何时刻测站至少可以观测到4颗卫星。

当地球自转1周时，GPS卫星绕地球运行2周，即卫星绕地球1周的时间为12恒星时。位于地平线以上的卫星颗数随着时间和地点的不同而不同，每个测站最少可见到4颗卫星，最多可以见到11颗。在用GPS信号导航定位时，为了结算测站的三维坐标必须观测4颗GPS卫星，称为定位星座。在观测过程中，这4颗卫星对几何位置分布对定位精度有一定的影响。某地某时不能测得精确点位坐标的时间段称为间隙段。但这种间隙段是很短暂的，并不影响全球绝大多数地方的全天候、高精度、连续实时的导航定位测量。GPS工作卫星的编号和试验卫星的编号基本相同。

GPS卫星是由洛克菲尔国际公司空间部研制的，卫星质量为774 kg，使用寿命为7年。卫星采用蜂窝结构，主体呈柱形，直径为1.5 m。卫星两侧装有2块双叶对日定向太阳能电池帆板，帆板全长5.33 m。对日定向系统控制两翼电池帆板旋转，使板面始终对准太阳，为卫星不断提供电力，并给3组15 Ah镍镉电池充电，以保证卫星在地球阴影部分能正常工作。星体底部装有12个单元多波束定向天线，能发射张角大约为30°的两个L波段（19 cm波和24 cm波）的信号。星体的两端面上装有全向遥测遥控天线，用于与地面监控网的通信。此外，卫星还装有姿态控制系统和轨道控制系统，以便使卫星在适当的高度和角度运行。

GPS卫星的主体呈圆柱形，两侧的太阳能帆板能自动对日定向。太阳能电池为卫星提供工作用电。每颗卫星都配备有多台原子钟，可为卫星提供高精度的时间标准。卫星带有燃料和喷管，可在地面控制系统的控制下调整运行轨道。GPS卫星的基本功能：接收并存储来自地面控制系统的导航电文（D码）；在原子钟的控制下自动生成测距码和载波，并将测距码和D码调制在载波上播发给用户；按照地面控制系统的命令调整轨道，调整卫星钟，修复故障或启用备用件以维护整个系统的正常工作。不同型号卫星的外形也各不相同。

GPS卫星可分为试验卫星和工作卫星两类。各种类型卫星的基本特征如下。

1. 试验卫星

试验卫星又称为原型卫星。该卫星的质量为774 kg（包括燃料310 kg），设计寿命为5年。为满足方案论证和整个系统试验、改进的需要，1978—1985年美国从加利福尼亚州的范登堡空军基地用Atlas火箭先后发射了11颗试验卫星，其中第7颗卫星发射失败，未进入预定轨道。1995年年底，最后一颗试验卫星停止工作。

2. 工作卫星

工作卫星（又称Block Ⅱ卫星）的质量约1.5 t，设计寿命为7.5年。每颗卫星造价4 800万美元。1989年2月—1990年10月，美国从佛罗里达州的肯纳维拉尔空间基地用Delta Ⅱ火箭发射了9颗Block Ⅱ卫星。与试验卫星相比，Block Ⅱ卫星做了许多改进，卫星可存储14天的导航电文。Block Ⅱ A卫星的质量约17 t，设计寿命为7.5年，具备互相通信的能力。卫星存储导航电文的能力增加至180天。SVN35和SVN36卫星上配备了激光反射棱镜，可以通过激光测距来分析卫星钟和卫星星历的误差，检验GPS测距的精度。反射棱镜的大小为24 cm×20 cm。

（二）地面监控部分

对于导航定位来说，GPS 卫星是一动态已知点。卫星的位置是依据其发射的星历，由描述卫星运动及其轨道的参数算得。每颗 GPS 卫星所播发的星历都是由地面监控系统提供的。卫星上的各种设备是否正常工作，以及卫星是否一直沿着预定轨道运行，都要由地面设备进行监测和控制。地面监控部分主要由 1 个主控站（MCS）、4 个地面注入站和 6 个监测站组成。

1. 主控站

主控站位于美国科罗拉多州的谢里佛尔空军基地，是整个地面监控系统的管理中心和技术中心。另外还有一个位于马里兰州盖茨堡的备用主控站，在发生紧急情况时启用。主控站的作用是根据各监控站对 GPS 的观测数据，计算出卫星的星历和卫星钟的改正参数，并将这些数据通过注入站注入卫星。同时，它还可以控制卫星并向其发布指令。当工作卫星出现故障时，它还可以调度备用卫星替代失效的工作卫星工作。另外，主控站也具有监控站的功能。

2. 注入站

注入站有 4 个，分别位于南太平洋马绍尔群岛的瓜加林环礁、大西洋上英国属地阿森松岛、英属印度洋领地的迪戈加西亚岛和美国本土科罗拉多州的科罗拉多斯普林斯。注入站的作用是把主控站计算出的卫星星历、导航电文等信息注入相应的卫星中。

3. 监测站

由于 4 个注入站同时也是监测站，另外还有位于夏威夷和卡纳维拉尔角 2 个监测站，共有 6 个监测站。监测站的主要作用是采集 GPS 卫星数据和当地的环境数据，然后发送给主控站。监测站的作用是对所收到的卫星进行连续的 P 码伪距跟踪测量并将观测结果传送到主控站。

（三）用户设备部分

用户设备部分的主要功能是能够捕获到按一定卫星截止角所选择的待测卫星并追踪这些卫星的运行状态。当接收机捕获到跟踪的卫星信号后，就可测量出接收天线至卫星的伪距离和该距离的变化率，解调出卫星轨道参数等数据。根据这些数据，接收机中的微处理计算机就可以按定位解算方法进行定位计算，解算出用户所在地理位置的经纬度、高度、速度、时间等信息。

接收机硬件和机内软件及 GPS 数据的后处理软件包构成了完整的 GPS 用户设备。GPS 接收机的结构分为天线单元和接收单元两部分。接收机一般采用机内和机外两种直流电源，设置机内电源的目的是更换外电源时可以连续观测；在使用机外电源时，机内电池自动充电。关机后机内电池为 RAM 存储器供电，以防止数据丢失。各种类型的接收机体积越来越小，便于野外观测使用。另外，接收机有单频与双频两种型号，但由于价格因素，使用者通常购买单频接收机。

任务二　GPS 的定位原理与方式

微课 6-2：GPS 的定位原理与方式

一、GPS 的定位原理

1. 相关概念

（1）卫星星历：又称两行轨道数据（TLE），作用是描述太空飞行体位置和速度的表达式——两行式轨道数据系统。卫星星历能精确计算、预测、描绘、跟踪卫星、飞行体的时间，位置，速度等运行状态；能表达天体、卫星、航天器、导弹、太空垃圾等飞行体的精确参数；能将飞行体置于三维的空间；能用时间立体描绘天体的过去、现在和将来。卫星星历上的时间按世界标准时间（UTC）计算。

（2）GPS 卫星时钟：GPS 卫星时钟是指通过 GPS 等获取标准的时间信号，将这种信号通过各种接口输出给需要时间信息的设备上，如计算机、保护装置、故障录波器、事件顺序记录装置、安全自动装置、远动 RTU。此类时钟都可以称为 GPS 卫星时钟。GPS 卫星时钟主要有两大功能，一个是能够定点定位；另一个是精准授时。

（3）Gold 码：来自 GPS 卫星的 L1 信号采用 C/A 码进行相位调制的一种伪随机码。伪随机码又称伪随机噪声码，即 Gold 码是伪随机码的一种。C/A 码是数字信号“1”和“0”的序列。在 GPS 中，1 023 个连续的模式组成一个序列，随后，这个序列将不断重复。

①C/A 码（粗捕获码），频率为 1.023 MHz，周期为 1 ms，码长为 1 023，码元的宽度为 293.05 m，测距精度为 2~3 m。

②P 码（精捕获码），频率为 10.23 MHz，是和粗捕获码对应的测距码，其周期为 7 天，码长为 6.187 1×1 012，码元周期 0.097 752 μs，相应码元宽度为 29.3 m，测距精度为 0.3 m。P 码应用于军事领域，故可以对它进行加密，加密后的 P 码称为 Y 码。

（4）伪距（伪距离）：伪距是卫星至用户间的距离测量的、基于卫星信号的发射时间与到达接收机的时间之差。为了计算用户的三维位置和接收机时钟偏差，进行伪距测量时至少应接收来自 4 颗卫星的信号。

（5）D 码：在定位计算时，除了测距码外还需要卫星的一些信息，如星历、时间等，这些数据封装在 GPS 导航电文中，其传输频率为 50 bit/s（50 Hz）。

2. 定位原理

GPS 的工作原理如图 6.2 所示。地面主控站收集各监测站的观测资料和气象信息，计算各卫星的星历表及卫星钟改正数，按规定的格式编辑导航电文，通过地面上的注入站向 GPS 卫星注入这些信息。测量定位时，用户可以利用接收机的储存星历得到各个卫星的粗略位置。根据这些数据和自身位置，计算机选择卫星与用户连线之间张角较大的 4 颗卫星作为观测对象。

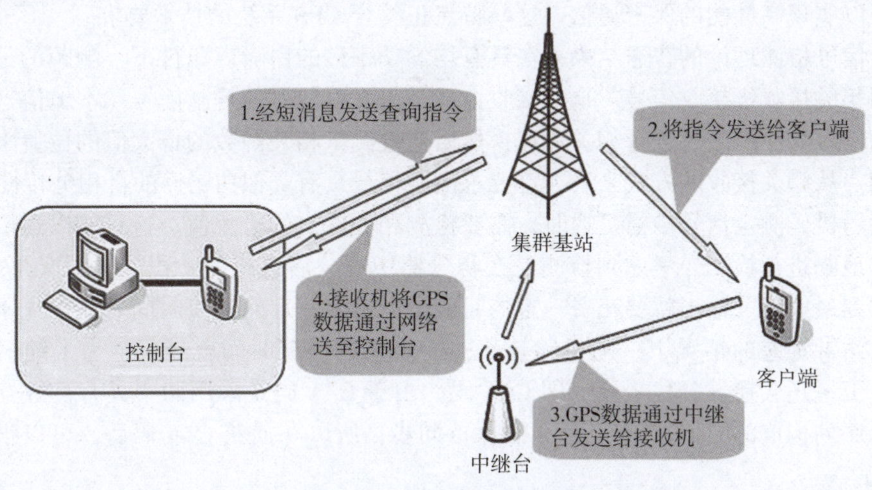

图 6.2 GPS 的工作原理

（1）主动测距与被动测距。

GPS 属于被动式测距卫星导航系统。在被动式测距系统中，用户天线只需要接收来自这些卫星的导航定位信号，就可测得用户天线至卫星的距离或距离差。这种发送测距信号和接收测距信号分别位居两个不同地方的测距方式，称为被动测距。通过测得的站星距离（基站与卫星的距离），再利用已知的卫星在轨位置，就可推算出用户天线的三维位置。这种基于被动测距原理的定位，称为被动定位。如果发送设备所发射的测距信号经过反射器的反射或转发，又返回到发送点，为其接收设备所接收，进而测得测距信号所经历的距离。这种发送和接收测距信号位于同一个位置的测距原理，称为主动测距。用它测得的站星距离和已知卫星的在轨位置，也可推算出用户现时的三维位置，这种基于主动测距原理的定位，称为主动定位。

（2）GPS 伪距测量。

GPS 全球定位系统采用多星高轨测距体制，以距离作为基本观测量，对 4 颗卫星同时进行伪距测量即可推算出接收机的位置。由于测距可在极短的时间内完成，即定位是在极短的时间内完成的，故可用于动态用户。

现代测距的实质是测量无线电信号传播时间来推算距离。其可以测量信号往返传播延迟，也可以测量单程传播延迟。往返传播测距（主动测距）要求卫星与用户均具备收发能力。对用户来说，这不仅大大增加了仪器的复杂程度，从隐蔽性来看也是十分不利的，因为发射信号易造成暴露。单程测距（被动测距）则在很大程度上避免了上述的缺点。但单程测距要求卫星与用户接收机的时钟同步。如果两个时钟不同步，那么在所测量的传播延迟时间中，除了因卫星至用户接收机之间距离所引起的传播延迟之外，还包含了两个时钟的钟差。在实际工作中，达到卫星与用户时钟同步很难做到，但可通过适当的方法解决。

（3）伪随机码与伪随机码测距。

在有噪声干扰的情况下，综合考虑测距精度、信号带宽、所需功率及不同卫星识别等问题，GPS 采用了伪随机码测距技术。伪随机码又称伪随机噪声码，是一种可以预先确定并重复产生，又具有随机统计特性的二进制码序列。在深空通信场合，伪随机编码信号可以实现低信噪比接收，改善了通信的可靠性，且可实现随机码多址通信。此外，伪随机编码信号可以实现高性能的保密通信。这些特点正符合GPS系统的技术要求。

根据信号检测理论的普遍结果，在具有均匀功率谱的白噪声条件下，测距的最佳接收机是使用相关接收机接收信号。这种接收方式是用发射信号的复制信号（本地信号）和所接收到的信号与噪声之和进行相关计算，然后通过测量相关函数的最大值的位置来确定目标的距离。从相关接收的方式来看，这要求测距信号具有类似白噪声的自相关特性。

用伪随机码测定信号传播延迟时，需要检测相关输出的极大值。这只能以逐码位的方式移动本地码进行检测。考虑到检测是在积分器中积分后进行的，积分时间又不宜太短，这样检测到最大相关输出就要花费一定的时间，即需要一定的捕获时间。在事先不知道待测距离及站钟钟差的情况下，随机码越长，所需要的捕获时间就越长。为了缩短捕获时间，GPS卫星还会播发一种短码，即C/A码。由于C/A码是采用两个具有良好互相关特性的同码序列构成的Gold码族，与P码保持同步，所以在捕获C/A码后，可以很方便地捕获P码。

3. GPS 工作过程

（1）测距测量原理。

GPS导航系统测量出已知位置的卫星到用户接收机之间的距离，然后综合多颗卫星的数据就可知道接收机的具体位置。卫星的位置可以从根据星载时钟记录时间的卫星星历中查出。而用户到卫星的距离是通过记录卫星信号传播到用户的时间再乘以光速得到的。由于大气层电离层的干扰，这一距离并不是用户与卫星之间的真实距离，而是伪距。当GPS卫星正常工作时，会不断地用二进制码元（1和0）组成的伪随机码发射导航电文。GPS系统使用的伪码一共有两种，分别是民用的C/A码和军用的P（Y）码。C/A码频率1.023 MHz，重复周期1 ms，码间距1 μs；P码频率10.23 MHz，重复周期266.4天，码间距0.1 μs。而Y码是在P码的基础上形成的，保密性能更佳。导航电文的内容包含卫星星历、工作状况、时钟改正、电离层时延修正、大气折射修正等信息。它是从卫星信号中解调制出来的，以50bit/s调制在载频上发射。导航电文每个主帧中包含5个子帧，每帧长6s。前三帧各10个字码；每30 s重复1次，每小时更新1次。后两帧共15 000 bit。导航电文的内容主要有遥测码，转换码，第1、第2、第3数据块等，其中最重要的为星历数据。当用户接收到导航电文时，提取出卫星时间并将其与自己设备的时钟做对比，便可得到卫星与用户的距离，再利用导航电文中的卫星星历数据推算出卫星发射电文时所处的位置，便可得到用户在WGS-84大地坐标系中的位置速度等信息。

（2）接收机位置原理。

GPS导航系统卫星部分的作用就是不断发射导航电文。然而，由于用户接收机使用的时钟与卫星星载时钟不可能总是同步，除了用户的三维坐标X，Y，Z外，还要引进1个Δt，即卫星与接收机之间的时间差作为未知数，然后用4个方程将这4个未知数解出来。所以若想知道接收机所处的位置，则需至少能接收到4个卫星的信号。GPS定位的基本原理是根据高速运动的卫星瞬间位置作为已知的起算数据，采用空间距离后方交会的方法确定待测点的位置，如图6.3所示。假设t时刻在地面待测点上安置GPS接收机，可以测定GPS信号到达接收机的时间Δt，再结合接收机所接收到的卫星星历等其他数据，就可以确定接收机位置了。

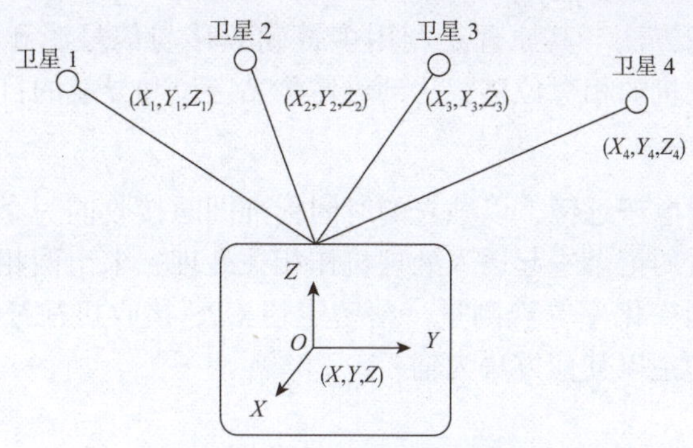

图 6.3　GPS 定位的基本原理

GPS 接收机可以接收到可用于授时的准确至纳秒级的时间信息，可用于预报未来几个月内卫星所处概略位置的预报星历及计算定位时所需卫星坐标的广播星历，精度为数米至数十米（精度根据卫星不同，随时变化），也可用于 GPS 信息，如卫星状况等。

GPS 接收机对码的量测就可以得到卫星到接收机的距离，由于含有接收机卫星钟的误差及大气传播误差，用 C/A 码测得的伪距称为 C/A 码伪距，精度约为 20 m；对 P 码测得的伪距称为 P 码伪距，精度约为 2 m。

GPS 接收机对收到的卫星信号进行解码或使用其他技术将调制在载波上的信息去掉，以恢复载波。严格地说，载波相位应称为载波拍频相位，它是收到的受多普勒频移影响的卫星信号载波相位与接收机本机振荡产生的信号相位之差。一般在接收机钟确定的历元时刻测量，保持对卫星信号的跟踪，就可记录下相位的变化值，但开始观测时的接收机和卫星振荡器的相位初值是未知的，星历起始历元的相位整数也是不知道的，即整周模糊度只能在数据处理中作为参数解算。相位观测值的精度虽然高至毫米级，但前提是要先解出整周模糊度，因此，只有在确定相位差、并有一段连续观测值的情况下才能使用相位观测值，而要达到优于米级的定位精度，也只能使用相位观测值。

二、GPS 的定位方式

GPS 的定位过程涉及多种测量与定位方式，具体如下。

1. 伪距测量

伪距测量是在定位系统进行导航和定位时，用通信卫星发播的伪随机码与用户接收系统接收机复制码的相关技术，测定监测站到卫星之间的距离的技术和方法。由于测得的距离含有时钟误差和大气层折射延迟，不是真实的距离，因此所得距离为伪距。伪距测量一般用于用户接收机固定在地面监测站上的静态定位，也可用于接收机固定于运动载体上的动态定位，但动态定位的定位精度较低，一般用于精度要求不高的导航。

2. 载波相位测量

载波相位测量是利用接收机测定载波相位观测值，经运算获得两个同步观测站之间的基线向量坐标差的技术和方法，可用于较精密的绝对定位和高精度的相对定位。

3. 多普勒测量

多普勒测量是通过接收机测定卫星发播信号的多普勒频移或多普勒计数，确定监测站到卫星的距离变化率或检测监测站到卫星相邻两点间的距离差，以确定监测站的三维坐标或两点坐标差的技术和方法。其原理是利用多普勒频移与信号源和接收机的相对位移关系，获得信号源与接收机的相对位移，达到对监测站定位和导航的目的。

4. 卫星射电干涉测量

利用基线两端的射电望远镜，以独立的时间标准同时接收同一个射电源信号并记录在磁带上，然后将两磁带的记录一起送入处理机作相关处理，求出两相同信号到达基线两端的时刻之差和相对时延变化率等观测量。精密定位 GPS 接收机往往不仅采用一种测量方式，还要以某种方式为主以其他方法为辅。

5. 单点定位

单点定位就是根据一台接收机的观测数据来确定接收机位置的方式，它只能采用伪距观测量，可用于车船等的概略导航定位。单台接收机，根据接收到的大于 4 颗以上卫星，获取的定位坐标。由于利用单台 GPS 接收机定位，如卫星轨道误差、卫星钟差、多普勒效应、电离层、对流层延迟、多路径效应，以及接收机钟差、接收机噪声等许多误差因素都无法消除，因此定位精度偏低，一般单点定位精度在 3~5 m。

6. 差分定位

差分定位又分为静态差分定位、动态差分定位。差分定位需要利用两台以上的 GPS 接收机，将其中至少一台架设在已知点上，以便同时观测可见卫星，通过长时间数据观测（静态差分定位）或实时解算卫星定位成果与已知坐标的差值、反算出各项误差的方式，传输改正值给其他未知 GPS 接收机（动态差分定位），然后解算获取到较高精度坐标结果的方法。差分定位的精度方面，静态定位方式可以获取毫米级定位精度，动态差分定位，可以获取到厘米级的定位精度。

手机导航定位方式一般分两种。一种是基站定位，这个是几乎所有手机都支持的，有没有 GPS 模块都可以用，它的基本原理是用手机处在那几个移动基站的范围内来进行粗略的定位，精度一般不超过 300 m，比较适用于日常路线查询和步行参考等；另一种是通过 GPS 模块接收卫星信号完成定位，这个需要 GPS 模块的支持，其实也是根据手机与对应的几个 GPS 卫星的距离范围等确定的，GPS 定位精度更高，可以达到 10 m 以内，比较适合用来导航以及路线跟踪等。

任务三　物流 GPS

一、物流系统的 GPS 技术需求分析

物流是物质实体从供给者向需求者的物理性移动。从系统的角度来分析研究，学术界普遍认为，物流起源于第二次世界大战美国对军需物资的配送物流，物流被人们广泛认为是降低产品成本和提高产品质量以外的第三利润源泉。现代物流的核心目标是在物流全过程中以最小综合成本满足客户要求的同时做到高效率、实时化，达到规范化、科学化管理。

近年来，物流行业中的配送和快递业务在总体业务中的地位日益提高。物流生产和经营过程需要对运递车辆、人员进行监控和调度，这样不仅能够提高生产效率，还能够实现

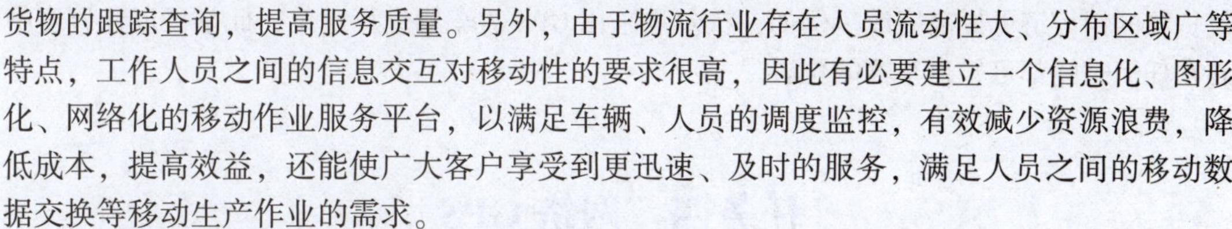

货物的跟踪查询，提高服务质量。另外，由于物流行业存在人员流动性大、分布区域广等特点，工作人员之间的信息交互对移动性的要求很高，因此有必要建立一个信息化、图形化、网络化的移动作业服务平台，以满足车辆、人员的调度监控，有效减少资源浪费，降低成本，提高效益，还能使广大客户享受到更迅速、及时的服务，满足人员之间的移动数据交换等移动生产作业的需求。

物流系统的 GPS 技术需求体现在以下几个方面。

1. 运单信息化需求

使用配送和快递企业的客户来自各行各业，运单的流量大、变动性强，且不同类型货物的运输时间、路线等要求也不一样，这也就增加了运单管理的难度。

2. 车辆调度监控需求

物流系统需实现车辆调度跟踪、发送调度指令、报告调度数据、通过电子地图实时跟踪车辆位置等功能。

3. 人员定位需求

发件和收件双方都可以及时了解接件货物、配送人员的所在位置，能够有效调度人员和车辆，提高服务的可靠性。

4. 调度、导航需求

易变动的目的地、任务要求路线和人员的最优化，使快递车辆及人员能在最短的时间内到达目的地，从而最大限度地节约资源，降低运营成本。

5. 开放性需求

物流信息化管理包括快递运输管理信息系统、EPR、财务管理系统等一系列的管理业务，因此快递运输管理信息系统必须具备很强的开放性，即具有开放的接口。

二、GPS 在物流中的三方应用

（一）车辆使用方

运输公司对合作客户指定开放自己的车辆信息，让他们能实时查看车辆与货物的相关信息，能较为直观地在网上看到车辆分布和运行情况，找到适合自己的车辆，省去不必要的交涉环节，加快车辆的使用频率，缩短运输配货的时间，减少相应的工作量。在货物发出之后，发货方可随时通过互联网或手机查询车辆在运输中的运行情况和所达位置，实时掌握货物在途信息，确保货物运输时效。

（二）运输公司

运输公司通过互联网实现车辆动态监控式管理和货物及时合理配载，以便加强对车辆与货物的管理，减少资源浪费与费用支出。同时，运输公司还将有关车辆的信息开发给客户，既方便客户的使用，又减少不必要的环节，提高经济效益与社会效益。

（三）接货方

接货方只需通过发货方所提供的相关资料与权限，就可在互联网实时查看全部货物信息，掌握货物在途情况和预计运输时间，以此提前安排货物的接收、停放及销售等环节，使货物的销售链可提前完成。例如，沃尔玛采用 GPS 对车辆进行定位，此举可以让调度中心在任何时间都可知道车辆的位置。

任务四　网络 GPS

微课 6-3：网络 GPS 的优势

一、网络 GPS 的概念

网络 GPS 是把互联网与 GPS 技术相结合，使 GPS 提供的定位信息在互联网上传递，并在界面上显示动态跟踪信息，以实现动态调度的一种应用方式。

二、网络 GPS 的工作原理

下面以车辆 GPS 定位导航为例分析其工作原理，如图 6.4 所示。

GPS 接收机接收卫星数据并发送给 GSM 通信机。GPS 接收机以卫星轨道上分布的 GPS 卫星发回的无线电信号为基础，接收卫星发射的信号并将被调制编码的信息依据 GPS 卫星的信息内容解出卡尔曼滤波导航方程。

中心处理器匹配电子地图显示车辆位置信息。在网络 GPS 平台后端，GPS 接收机接收到车辆的定位信息后，实时监控、计算和处理定位数据解析相应的地图模块并将处理好的定位数据和地图信息显示在用户端中。

用户上网实现车辆信息查询和监控。用户只需要在客户端输入车牌号码或其他相关信息，即可获取车辆的位置信息，并进行远程监控。

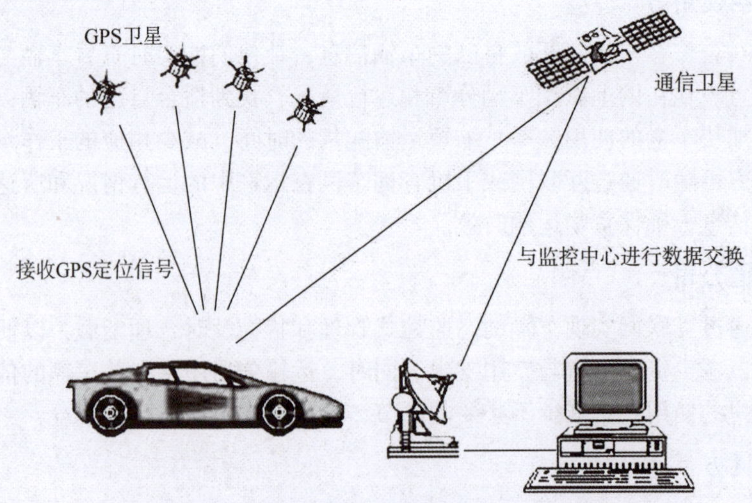

图 6.4　车辆 GPS 定位导航的工作原理

三、网络 GPS 的组成

网络 GPS 主要包括用户端设备、网上服务平台和车载设备。

1. 用户端设备

用户端设备通常是指各种移动互联网终端设备，如智能手机、平板电脑或笔记本电脑等，主要用于查看和监控车辆信息，以及与监控中心实时通信。

2. 网上服务平台

网上服务平台作为整个网络 GPS 后端的核心部件，负责处理海量车辆信号、建立车辆的信息数据库，以及提供监控数据存储与管理、交互界面和服务接口等功能以供用户端设备使用。

3. 车载设备

车载设备主要是指在需要进行车辆定位和监控的车辆中安装的相关硬件设备，如 GPS 接收机、通信模块及具有兼容性较好的 CPU 等。各企业可通过采集车载 GPS 的位置信息并传输至监控中心，实现对车辆的监控和状态管理。

总体来说，这三部分组成网络 GPS 的客户端、服务器端和基础设施部分，协同工作，形成较为完善的网络 GPS 系统，从而实现对车辆的实时定位、车况监控、行驶路线及历史轨迹记录、报警管理等。

四、网络 GPS 的系统优势

网络 GPS 是一种集 GPS 定位、GSM 无线通信技术、地理信息系统、增强现实等多种技术于一体的车辆管理系统，其系统优势主要包括以下几点。

1. 多功能

网络 GPS 可提供车辆监控、提供实况与历史定位数据、计算距离、记录行驶轨迹、维修检测、监测驾驶行为等功能。这套系统不仅可以提高物流企业的配送和运输效率，还可以降低运作成本。

2. 高精度

网络 GPS 可以精准且快速地定位车辆位置，在物流中起到重要作用，有利于监管车辆位置、配送及安全管理。

3. 功能全面

网络 GPS 覆盖了多个应用场景。现今车辆必备的自动车辆位置指示系统，具备实时监测车的行驶速度及查看在线状态、异常监测报警、GPS 地图引导导航、手机 App 实时查看等多个运用网络 GPS 的功能。

4. 操作简便

网络 GPS 操作简单易用，用户只需要在客户端输入车牌号码或其他相关信息，即可获取车辆的位置信息并进行远程监控。

5. 传输可靠

网络 GPS 使用 GSM 网络进行数据传输，保障了信息的及时性和可靠性，同时降低传输成本、提高传输效率。

6. 数据丰富

网络 GPS 能够生成详尽的车辆监管数据，如车辆运行轨迹、行驶时间、车速、油耗等，有助于企业全面掌握车辆的情况。

总之，网络 GPS 不仅能精准、快速、可靠地定位信息，还具有广泛的应用场景、功能全面、操作简单易用等优势，为物流行业和其他相关行业提供了有力的支持。

五、网络 GPS 的应用

1. 更高效的运输管理

网络 GPS 可以提供准确的位置信息，从而帮助司机避开拥堵路段，降低延误风险。此外，通过使用网络 GPS 来跟踪车辆，企业能够更好地计划路径和优化订单交付，从而提高整体运输效率并减少成本。

除此之外，网络 GPS 还可以增强货运的安全性。因为 GPS 能实时监测车辆位置，配合视觉监控系统，所以遇到交通事故或部分货物被盗等突发事件，企业可追踪汽车行驶轨迹及早发现线索，加速处理涉事摄像头影像，可对车辆周围进行实时跟踪并达成最安全的移动方案。GPS 也可用于提高客户服务水平。客户可以追踪包裹的详细行踪，查看运输状态，当包裹发送超过预期时间，企业还可以及时告知顾客，实现即时反馈快递情况、更新客户送达时间预期等功能，从而提升整个物流过程的透明度和可靠性。

2. 网络 GPS 在地图中的应用

高德地图：提供地图、导航和实时路况等功能，可以使用公共交通和驾车两种出行模式。

百度地图：提供地图、导航、实时路况和兴趣点搜索等功能，在城市内可以使用步行和骑行模式。

腾讯地图：提供地图、导航、实时路况和兴趣点搜索等功能，支持微信内直接打开并使用。

美团地图：提供地图、导航、实时路况、公交信息查询和美食推荐等功能，适合用于旅游和探索周边。

3. 路线规划和导航

基于网络 GPS 的地图和导航功能可以为物流车辆提供合理的路线规划与导航方案，还能及时调整路线，避免出现拥堵、事故等情况。网络 GPS 可以实时追踪物流车辆位置，监控配送进度和货物状态，帮助物流企业更好地掌握物流信息。依靠网络 GPS 系统对运输线路进行智能优化，可以减少运输距离和时间，达到节省物流成本的效果。另外，网络 GPS 还可以提高运输效率，从而提升客户的满意度和忠诚度。

六、网络 GPS 对物流产业的作用

（一）实时监控作用

在任意时刻通过发出指令查询运输工具所在的地理位置（经度、纬度、速度等信息）并在电子地图上直观地显示出来。

（二）双向通信作用

网络 GPS 的用户可使用 GSM 的话音功能与司机通话，或使用本系统移动设备上的汉

字液晶显示终端进行汉字消息收发。

司机通过按下相应的按键，将作业信息反馈到网络 GPS 工作站，质量监督员可在网络 GPS 工作站的显示屏上确认司机工作的正确性，了解并控制整个运输作业的准确性，如发车时间、到货时间、卸货时间、返回时间等。

（三）动态调度作用

调度人员能在任意时刻通过调度中心发出文字调度指令并得到确认信息。

系统可进行运输工具待命计划管理，操作人员通过在途信息的反馈，在运输工具返回车队前就做好待命计划，可提前下达运输任务，减少等待时间，提高运输工具的周转速度。

另外，系统还可进行运能管理。将运输工具的运能信息、维修记录信息、车辆运行状况登记处、司机人员信息、运输工具的在途信息等多种信息提供调度部门决策，以提高重车率，尽量减少空车时间和空车距离，从而充分利用运输工具。

（四）数据存储、分析作用

（1）实现路线规划及路线优化：事先规划车辆的运行路线、运行区域，何时到达某地等目标，并将该信息记录在数据库中，以备以后查询和分析使用。

（2）进行可靠性分析：汇报运输工具的运行状态，了解运输工具是否需要较大的修理，预先做好修理计划，计算运输工具日均差错时间，动态衡量该型号车辆的性价比。

（3）实现服务质量跟踪：在中心设立服务器并将车辆的有关信息（运行状况、在途信息、运能信息、位置信息等用户关心的信息）推送给相关人员，让具有权限的用户能异地获取所需信息；还可将位置信息标记在相对应的地图位置并将运输工具的历史轨迹同样标记出来，使该信息更加形象化。

（4）依据资料库储存的信息，工作人员可随时调阅每台运输工具以前的工作资料并根据各管理部门的不同要求制作各种不同形式的报表，使各管理部门能更快速、更准确地作出判断及提出新的指示。

网络 GPS 的出现无论是对 GPS 供应商还是对物流运输企业都是十分有利的，因为它降低了投资费用，还可以显示无地域限制的信息。最终，GPS 的门槛逐渐降低，其普及率也逐渐提高，使更多的物流企业受益。

任务五　GPS 在智慧物流中的应用

微课 6-4：GPS 在智慧物流中的应用

一、GPS 在物流中的应用

（一）物流配送

1. 车辆配送

GPS 将车辆的状态信息（位置、速度、车厢内温度等）及客户的位置信息快速、准确地反映给物流系统，由特定区域的配送中心统一、合理快速地调度该区域内所有车辆。这样可大幅提高物流车辆的利用率，减少空载车辆的数量和空载的时间，从而减少物流公司的运营成本，提高物流公司的效率和市场竞争能力，同时增强物流配送的适应能力和应变能力。

2. 无人机配送

GPS 可以通过卫星信号将无人机的精确位置确定到数米的范围内并以此来规划并控制其飞行路线。例如，当无人机需要投递包裹到指定位置时，GPS 可以帮助无人机知晓自己的当前位置和目标位置之间的距离和方向，帮助无人机进行调整并精确落地。

GPS 可以实时监测无人机的飞行状态，如高度、速度、方向等信息，以便及时发现并处理异常情况，如飞行器碰撞、突然坠落等问题。此外，GPS 还可以提供空域禁飞区域的信息，以避免由于无人机误入该区域而造成安全事故。

（二）动态调度

运输企业可进行车辆待命计划管理。操作人员通过反馈在途信息，可以在车辆返回车队前就做好待命计划并提前下达运输任务，从而减少等待时间，加快车辆周转速度，提高重载率，减少空车时间和空车距离，充分利用运输工具的运能，还能提前预设车辆信息及精确的抵达时间，然后根据具体情况合理安排回程配货。

（三）货物跟踪

通过 GPS 和电子地图系统，企业可以实时了解车辆位置和货物状况（车厢内温度、空载或重载），真正实现在线监控，避免在货物发出后难以知情的被动局面，从而提高货物的运输安全性。货主可以主动、随时了解到货物的运动状态信息及货物整个运输过程，增强物流企业和货主之间的相互信任。GPS 货物跟踪的演示场景如图 6.5 所示。

图 6.5　GPS 货物跟踪的演示场景

（四）车辆优选

根据系统预先设定的条件判断并查出锁定范围内可调用车辆。在系统提供可调用的车辆的同时，也根据最优化原则，在可能被调用的车辆中选择一辆最合适的车辆。

（五）路线优选

地理分析功能可以快速地为驾驶人员选择合理的物流路线及路线相关信息，所有可供调度的车辆无论本地还是异地都可统一调度。将配送货物目的地的位置信息和配送中心的地理数据结合后，产生的路线将是整体的最优路线。

（六）报警救援

在物流运输过程中，可能发生一些意外情况。而当发生故障和意外情况时，GPS 可以及时地反映发生事故的地点，调度中心会尽可能地采取相应的措施挽回损失，增加运输的安全和应变能力。GPS 的投入使用，使过去制约运输公司发展的一系列问题迎刃而解，对物流公司降低运输成本、加强车辆的安全管理、推动货物运输有效运转起到重要作用。此外，GPS 的网络设备还能容纳上千车辆同时使用，跟踪区域遍及全国。物流企业导入 GPS，是物流行业以信息化带动产业化发展的重要一环，它不仅为运输企业提供信息支持，而且对整合货物运输资源、加强区域之间合作具有重要意义。

（七）军事物流

GPS 是为军事目的发明的，在军事物流中，类似后勤装备的保障等方面的应用相当普遍。

二、GPS 在物流领域的具体应用

1. 用于汽车自定位、跟踪调度、陆地救援

货物跟踪 GPS 计算机信息管理系统可以通过 GPS 和计算机网络实时收集全路列车、机车、车辆、集装箱及所运货物的动态信息，实现对陆运、水运货物的跟踪管理。只要知道货车的车型、车号或船舶的编号就可以立即从铁路网或水运网中找到该货车或船舶，掌握相关信息。运用这项技术可以大幅提高运营的精确性和透明度，为货主提供高质量的服务。

在我国，GPS 最先用于内河及远洋船队最佳航程和安全路线的测定、航向的实时调度、监测及水上救援等活动，即远洋运输船舶导航。

在铁路运输方面，我国开发的基于 GPS 的计算机管理信息系统，可以通过 GPS 和计算机网络实时收集全路列车、机车、车辆、集装箱及所运货物的动态信息，可实现对列车、货物追踪管理。

2. 与 GIS 结合解决物流配送

物流包括订单管理、运输、仓储、装卸、送递、报关、退货处理、信息服务及增值业务。全过程控制是物流管理的核心问题。供应商必须全面、准确、动态地把握散布在全国各个中转仓库、经销商、零售商及汽车、火车、飞机、轮船等各种运输环节之中的产品流动状况并据此制定生产和销售计划，及时调整市场策略。因此，对大型供应商而言，没有全过程物流管理就谈不上建立有效的分销网络；对于大型连锁零售商而言，没有全过程物流管理就谈不上建立供应配送体系；对于第三方物流服务商、仓储物流中心而言，没有面向全过程的物流管理服务就很难争取到客户的物流业务；对于普通用户而言，若没有快速、准确、安全、可靠的物流配送服务，网上采购几乎不可想象。物流配送的过程主要为货物的空间位置转移的过程。在物流配送过程中，若涉及货物的运输、仓储、装卸、送达等业务环节，对各个环节涉及的如运输路线的选择、仓库位置的选择、仓库容量设置、合理装卸策略、运输车辆调度和投递路线选择等问题进行有效管理和决策分析，则有助于物流配送企业有效地利用现有资源、降低消耗、提高效率。事实上，仔细分析上述各个环节

存在的问题就可以发现，这些问题都涉及地理分布。凡涉及地理分布领域的问题，都可以应用 GIS 技术，它是全过程物流管理中不可缺少的组成部分。

任务六　中国的北斗

微课 6-5：中国的北斗

北斗卫星导航系统秉承“中国的北斗、世界的北斗、一流的北斗”发展理念，愿与世界各国共享北斗系统建设发展成果，促进全球卫星导航事业蓬勃发展，为服务全球、造福人类贡献中国智慧和力量。北斗系统为经济社会发展提供重要时空信息保障，是中国实施改革开放 40 余年来取得的重要成就之一，也是中国贡献给世界的全球公共服务产品。中国将一如既往地积极推动国际交流与合作，实现与世界其他卫星导航系统的兼容与互操作，为全球用户提供更高性能、更加可靠和更加丰富的服务。北斗卫星导航系统的标志如图 6.6 所示。

图 6.6　北斗卫星导航系统的标志

一、北斗卫星导航系统概述

1. 北斗卫星导航系统

北斗卫星导航系统是中国着眼于国家安全和经济社会发展需要，自主建设运行的全球卫星导航系统，是为全球用户提供全天候、全天时、高精度的定位、导航和授时服务的国家重要时空基础设施。它由一系列卫星、地面监测站和用户终端组成，能够提供全球范围内的高精度、高可靠的定位、导航和时间服务。

它是继 GPS、GLONASS 之后的第三个成熟的卫星导航系统。中国 BDS、美国 GPS、俄罗斯 GLONASS 和欧洲 GSNS，都是联合国卫星导航委员会已认定的供应商。除了应用于民用领域，北斗导航系统还得到了国际社会的广泛认可。

2. 发展历程

中国高度重视北斗系统的建设，自 20 世纪 80 年代开始探索适合国情的卫星导航系统发展道路，形成了“三步走”发展战略：2000 年年底建成了北斗一号系统，向中国提供服务；2012 年年底建成了北斗二号系统，向亚太地区提供服务；2020 年建成了北斗三号系统，向全球提供服务。北斗系统“三步走”战略规划如图 6.7 所示。

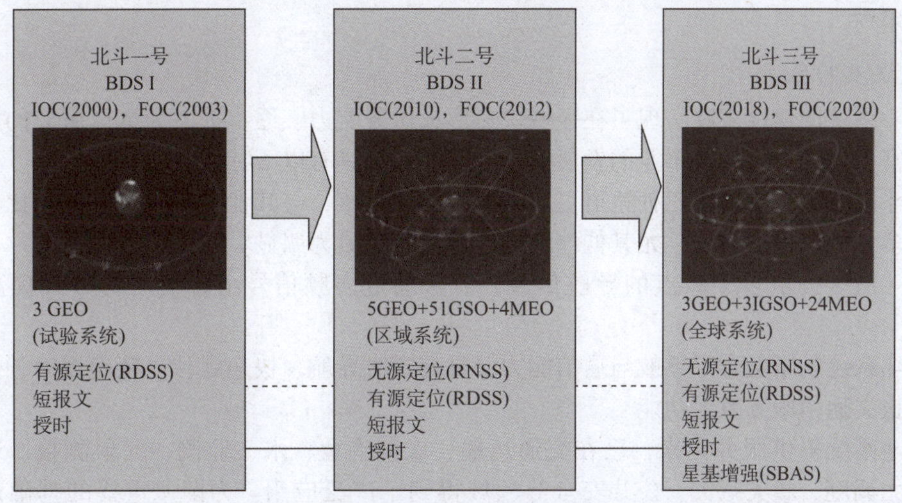

图 6.7　北斗系统“三步走”战略规划

3. 建设北斗一号系统

我国于 1994 年启动北斗一号系统工程建设并于 2000 年发射 2 颗地球静止轨道卫星，这标志着北斗一号系统建成并投入使用。该系统采用有源定位体制，为中国用户提供定位、授时、广域差分和短报文通信服务；2003 年我国发射第 3 颗地球静止轨道卫星，进一步增强系统性能。

4. 建设北斗二号系统

我国于 2004 年启动北斗二号系统工程建设并于 2012 年年底完成了 14 颗卫星（5 颗地球静止轨道卫星、5 颗倾斜地球同步轨道卫星和 4 颗中圆地球轨道卫星）发射组网。北斗二号系统在兼容北斗一号系统技术体制基础上，增加无源定位体制，为亚太地区用户提供定位、测速、授时和短报文通信服务。

5. 建设北斗三号系统

我国于 2009 年启动北斗三号系统建设并于 2018 年年底完成了 19 颗卫星发射组网，完成基本系统建设，向全球提供服务；计划 2020 年年底前，完成 30 颗卫星发射组网，全面建成北斗三号系统。北斗三号系统继承北斗有源服务和无源服务两种技术体制，能够为全球用户提供基本导航（定位、测速、授时）、全球短报文通信、国际搜救服务，中国及周边地区用户还可享有区域短报文通信、星基增强、精密单点定位等服务。

截至 2019 年 9 月，北斗卫星导航系统的在轨卫星已达 39 颗。从 2017 年年底开始，北斗系统正式向全球提供卫星无线电导航业务，在轨卫星共 39 颗。2020 年 6 月 23 日 9 时 43 分，中国在西昌卫星发射中心用长征三号乙运载火箭，成功发射北斗系统第 55 颗导航卫星，即北斗三号最后 1 颗全球组网卫星，至此北斗三号全球卫星导航系统星座部署比原计划提前半年全面完成。2021 年 5 月 26 日，在中国南昌举行的第十二届中国卫星导航年会上，中国北斗卫星导航系统主管部门负责人透露，中国卫星导航产业年均增长达 20% 以上。截至 2020 年，中国卫星导航产业总体产值已突破 4 000 亿元。预计到 2035 年，中国将建设更加泛在、更加融合、更加智能的综合时空体系，进一步提升时空信息服务能力，为人类走得更深、更远做出贡献。截至 2023 年 7 月，北斗系统已服务全球 200 多个国家和地区用户。

6. 发展特色

北斗系统的建设实践实现了在区域快速形成服务能力、逐步扩展为全球服务的发展路径，丰富了世界卫星导航事业的发展模式。北斗系统具有以下特点。

北斗系统空间段采用三种轨道卫星组成的混合星座，与其他卫星导航系统相比，高轨卫星更多，抗遮挡能力强，尤其低纬度地区性能特点更为明显。

北斗系统提供多个频点的导航信号，能够通过多频信号组合使用等方式提高服务精度。

北斗系统创新融合了导航与通信能力，具有实时导航、快速定位、精确授时、位置报告和短报文通信服务五大功能。

北斗系统提供服务以来，已在交通运输、农林渔业、水文监测、气象测报、通信授时、电力调度、救灾减灾、公共安全等领域得到了广泛应用，为国家重要的基础设施服务，产生显著的经济效益和社会效益。基于北斗系统的导航服务被电子商务、移动智能终端制造、位置服务等厂商采用，广泛进入中国大众消费、共享经济和民生领域，应用北斗系统的新模式、新业态、新经济不断涌现，深刻改变着人们的生产生活方式。中国将持续推进北斗应用与产业化发展，服务国家现代化建设和百姓日常生活，为全球科技、经济和社会发展做出贡献。

二、北斗的基本原理

1. 定位原理

北斗系统的定位主要通过测量出已知位置的卫星到用户接收机之间的距离后，综合多颗卫星的数据计算接收机的具体位置。具体而言，北斗系统通过发射在不同轨道上的多颗卫星，将导航信息以无线电波形式传输至地面上的用户终端，再经过信号处理和计算，得出用户终端的位置。用户终端接收到导航电文时，提取出卫星时间并将其与设备自身时钟做对比便可得出卫星与用户的距离，再利用导航电文中的卫星星历数据推算出卫星发射电文时所处的位置。

2. 导航原理

北斗系统的导航原理主要是利用建立在空中的一个基准坐标系，利用用户终端从儒略日开始到当前卫星信号传输时间的差值进行计算，从而得出用户终端所处的位置在地球上的坐标。

3. 授时原理

北斗系统的授时原理与定位原理相似，也是通过精密的时钟和射线的三角测量计算用户终端的时间精度和时差修正。该技术可以增强北斗定位精度，广泛应用于通信、银行、金融、电力等各领域。

三、北斗的发展目标、建设原则和基本组成

1. 发展目标

北斗系统的发展目标是建设世界一流的卫星导航系统，满足国家安全与经济社会发展需求，为全球用户提供连续、稳定、可靠的服务；发展北斗产业，服务经济社会发展和民生改善；深化国际合作，共享卫星导航发展成果，提高全球卫星导航系统的综合应用效益。

2. 建设原则

中国坚持“自主、开放、兼容、渐进”的原则建设和发展北斗系统。

坚持自主建设、发展和运行北斗系统，具备向全球用户独立提供卫星导航服务的能力。

免费提供公开的卫星导航服务，鼓励开展全方位、多层次、高水平的国际合作与交流。

提倡与其他卫星导航系统开展兼容与互操作，鼓励国际合作与交流，致力于为用户提供更优质的服务。

分步骤推进北斗系统建设发展，持续提升北斗系统服务性能，不断推动卫星导航产业全面、协调和可持续发展。

3. 基本组成

北斗系统由空间段、地面段和用户段三部分组成。

北斗系统空间段由若干地球静止轨道卫星、倾斜地球同步轨道卫星和中圆地球轨道卫星等部分组成。

北斗系统地面段包括主控站、时间同步的注入站和监测站等若干地面站，以及星间链路运行管理设施。

北斗系统用户段包括北斗兼容其他卫星导航系统的芯片、模块、天线等基础产品，以及终端产品、应用系统与应用服务等。

四、北斗的应用

（一）常见应用

北斗系统是中国自主研发的卫星导航定位系统，具有全球覆盖能力和高精度定位特点，应用范围十分广泛。

1. 交通运输领域

北斗系统在交通运输领域的应用十分重要。例如，它广泛用于汽车导航、船舶定位、航空导航、铁路运输等方面，可提供准确的定位和导航服务，帮助驾驶员和船员规划最佳路线、避免拥堵、提高运输效率和安全性。

2. 海洋渔业和渔船管理

北斗系统为海洋渔业和渔船管理提供了重要支持。例如，渔民可以通过北斗导航设备实时获取海洋渔业资源信息、天气预报等数据，并准确定位渔船，提高捕捞效果和安全性。同时，北斗系统也用于渔船监管、防止非法捕捞等方面的管理。

3. 农业和精准农业

北斗系统在农业领域的应用也日益增多。例如，它可提供土壤湿度、温度、光照等农业环境信息，以及作物生长和病虫害的监测数据，帮助农民进行精准的种植管理，提高农业生产效益和资源利用率。

4. 灾害监测和救援

北斗系统在灾害监测和救援方面起到了重要作用。例如，通过北斗导航设备，相关部门可以实时监测地震、洪水、山体滑坡等自然灾害发生的位置和范围。北斗系统为相关部门提供及时准确的灾害信息，便于组织救援行动和进行人员疏散。

5. 天气预报和气象监测

北斗系统为天气预报和气象监测提供了数据支持。例如，通过接收北斗卫星传输的气象数据，其可以实时了解气象变化和气象要素，提高天气预报的准确性，并为气象科学研究提供重要参考。

6. 应急通信和安全保障

北斗系统具备独立的应急通信能力，在灾害和紧急情况下可提供紧急呼叫、短信传输等通信服务，保障人们的生命安全和信息交流。

总之，北斗系统在交通运输、海洋渔业、农业、灾害监测与救援、天气预报、应急通信等领域具有广泛的应用价值，为社会经济发展和公共安全提供了重要的支持应用领域。北斗系统应急通信的应用领域如图 6.8 所示。

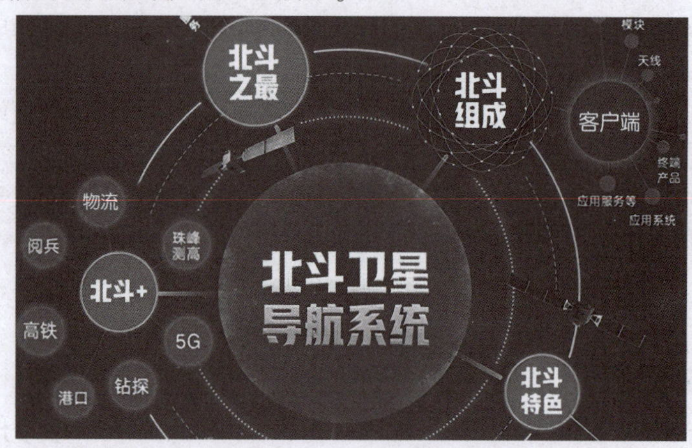

图 6.8　北斗系统应急通信的应用领域

（二）在智慧物流中的应用

货物监控：北斗系统可以实现货物的跟踪和监控，企业可在后台监管中心实时掌握和处理货物的运行情况、发货时间、到货时间、交接顺序等信息。

车辆调度：北斗系统可以进行车辆位置精确定位，企业可通过信息传输的方式精细管理货源和运输车辆，提高运输效率。

安全保险：北斗卫星定位技术可以将车辆实时管理和数据监控紧密结合，企业可对车辆及车内装备进行实时预警并进行远程控制操作，对违规行为进行安全评估和惩罚。

（三）在其他领域中的应用

北斗系统的服务发展前景广阔。基于北斗系统的导航服务已被电子商务、移动智能终端制造、位置服务等厂商采用，全面进入大众消费、共享经济和民生领域，改变了人们的生产生活方式。

2019 年 5 月 10 日，由中国联通与华大北斗共同成立的“5G+北斗高精度定位开放实验室”将运营商、芯片模组商、设备商、垂直行业应用商、研究机构及高校联合起来，构建基于 5G 和北斗系统的合作生态系统，共同推动 5G+北斗模式高精度定位在垂直行业的应用落地。北斗系统在其他领域中的应用如图 6.9 所示。

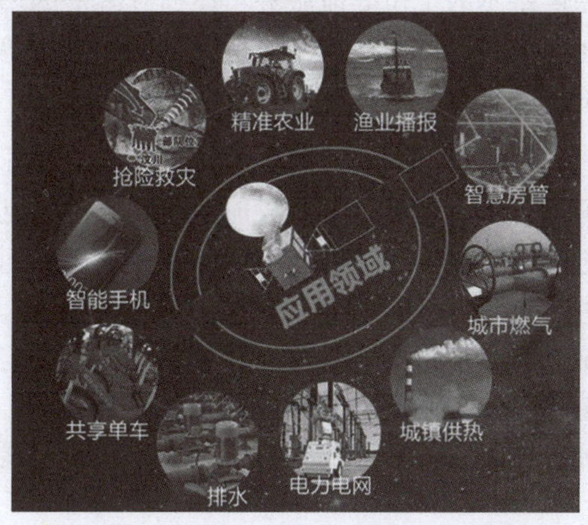

图 6.9　北斗系统在其他领域中的应用

在电子商务领域中，国内多家电子商务企业的物流货车及配送员应用北斗车载终端和手环，实现了车、人、货信息的实时调度。

在智能手机应用领域中，国内外主流芯片厂商均推出兼容北斗的通导一体化芯片。2018 年前三季度，在中国市场销售的智能手机中约有 470 款具有定位功能，其中支持北斗定位的有 298 款，北斗定位支持率达到 63%以上。2022 年 9 月 6 日，华为技术有限公司发布支持北斗卫星消息的大众智能手机 Mate50 系列。

在智能穿戴领域中，多款支持北斗系统的手表、手环等智能穿戴设备，以及学生卡、老人卡等特殊人群关爱产品不断涌现，北斗系统得到广泛应用。

2022 年 11 月，高德地图上线了北斗卫星定位查询系统，大众在定位导航时可查看当前所调用的北斗卫星数量、信号强度等信息。高德地图每日为用户提供的海量导航服务次数中，已有一多半通过北斗系统的定位能力主导实现。

五、北斗的特点

北斗系统是中国自主研发的全球卫星导航系统，具有如下特点。

1. 全球覆盖

北斗系统提供全球范围的定位、导航和时间服务。通过在轨运行的一系列北斗导航卫星和地面控制系统，让用户无论身处何地，都能够获取高精度的定位和导航信息。

2. 多模组合导航

北斗系统支持多模组合导航技术，可以与其他卫星导航系统（如美国的 GPS、俄罗斯的 GLONASS 和欧洲的 GSNS）进行互操作，提供更加可靠和精确的定位服务。多模组合导航技术使得用户在室内、城市峡谷等信号受限环境下，仍能获取到准确的位置信息。

3. 高精度定位

北斗系统具备高精度定位能力，能够提供米级甚至亚米级的定位精度。这使得北斗系统在军事、航空航天、交通运输、海洋渔业、测绘勘探等领域具有重要的应用价值，满足了高精度定位需求。

4. 多种服务功能

北斗导航系统不仅提供基本的定位导航服务，还拥有丰富的增值服务功能。例如，北斗系统能够提供精准的时间信号，广泛应用于通信、金融、电力等领域；同时，其还支持紧急救援、车辆监控、资源管理等特定应用服务。

5. 开放合作与全球共享

北斗系统积极推动国际合作，与其他卫星导航系统开展信息互通、技术共享和应用合作，实现全球导航系统之间的互联互通。这使不同国家和地区的用户可以相互接入并使用各类卫星导航系统，促进了全球导航产业的发展。

总而言之，北斗系统具有全球覆盖、多模组合导航、高精度定位、多种服务功能以及开放合作与全球共享等特点。作为中国独立建设的卫星导航系统，北斗系统在提供定位导航服务的同时，也为各种应用提供了可靠的支持，具有广阔的发展前景。

六、未来的发展

北斗系统在未来将继续进行发展和完善，提供更加全面、精确的导航服务。北斗卫星导航系统将在如下方面发展。

1. 提高定位精度

北斗系统将进一步提高定位精度，以能够满足更多领域的需求，如精密农业、智能交通等。通过引入更多的卫星、优化信号传输和处理算法，北斗系统将具有亚米级甚至更高精度的定位能力。

2. 增强抗干扰能力

北斗系统将不断加强其抗干扰能力。通过采用先进的技术和算法，如自适应波束的形成和抗干扰信号的处理，北斗系统可以有效应对恶意干扰和无意干扰，提供更可靠的导航服务。

3. 拓展应用领域

北斗系统将进一步拓展应用领域，满足更多行业的需求。例如，在智慧城市建设中，北斗系统可以用于交通导航、智能停车管理、物流配送等方面的智能化改造；在航空航天领域，北斗系统可以支持飞行器的自主导航和精确着陆。

4. 深化国际合作

北斗系统将积极推动与其他卫星导航系统的互操作性和合作。通过与 GPS、GLONASS、GSNS 等系统的互联互通，实现全球卫星导航系统的互补优势，为用户提供更稳定、更可靠的全球导航服务。

5. 推动创新应用

北斗系统将鼓励创新应用的发展，促进卫星导航与其他技术的融合。例如，结合人工智能、大数据等技术，北斗系统可以为智能交通、智能制造、无人机等领域提供更加高效的解决方案。

总之，北斗系统将继续致力于提高定位精度、增强抗干扰能力、拓展应用领域、深化国际合作以及推动创新应用。随着系统的不断完善，北斗系统将为用户带来更多便利和价值并在全球卫星导航领域发挥重要作用。

实训　GPS 技术及应用

一、实训目标

（1）明确 GPS 的概念，熟悉其基本原理。

（2）了解 GPS 的发展历程，掌握其组成及功能。

（3）掌握 GPS 的操作技能，并会在物流作业中应用。

二、实训背景

运输成本是物流作业中占比最高的一部分。为更加合理地调度车辆，及时掌握车辆及货物的在途信息，某公司决定为自有车辆配备 GPS；同时，要求为其服务的运输公司的车辆也必须配有 GPS，这成为今后选择合作伙伴的条件之一。公司要求所有与运输、配送作业相关的人员都会使用 GPS，以此来提高运作效率和服务水平。

三、实训步骤

（一）任务描述

在掌握 GPS 基础知识的基础上，通过网络查找 GPS 使用指南，掌握其使用方法。

（二）任务分析

教师带领学生去当地知名物流公司进行调查参观，撰写一篇关于 GPS 在物流信息系统中应用情况的调研报告。

（三）任务处理

（1）以小组为单位，下载 GPS 车辆监控系统软件。

（2）利用网络查询 GPS 的使用指南，或根据程序的说明、帮助等学会 GPS 的操作方法。

（3）将 GPS 的使用方法总结出来，每个小组选一名同学讲解。

（4）利用课余时间，在周边物流公司进行调查，撰写一篇关于本地区 GPS 在物流信息系统中应用情况的调研报告。

四、实训思考

（1）GPS 在物流方面有哪些应用？

（2）GPS 的主要功能有哪些？

（3）GPS 对促进物流的发展有哪些作用？

五、实训报告

教师下达实训任务让学生自行练习，完成实训报告（表 6.1）。

表 6.1 实训报告

<table>
<tr><td colspan="2">实训名称：</td><td>课程名称：</td></tr>
<tr><td>学号：</td><td>姓名：</td><td>实训时间：</td></tr>
<tr><td>专业：</td><td>班级：</td><td>实训地点：</td></tr>
<tr><td colspan="3">一、实训目的与要求</td></tr>
<tr><td colspan="3">二、实训环境</td></tr>
<tr><td colspan="3">三、实训内容</td></tr>
<tr><td colspan="3">四、实训步骤</td></tr>
<tr><td colspan="3">五、结论、问题与解决方法
（此部分为实训总结，是体现实训过程的重要内容，应鼓励学生将遇到的重要问题及解决方法总结出来，以体现实训对学生技能的提升作用）</td></tr>
<tr><td colspan="3">批语：</td></tr>
</table>

学习测试

一、选择题

1. 美国科学家利用（　　）原理建成了子午卫星导航系统。

A. 多普勒频移　　B. 时间导航　　C. 双星定位　　D. 载波射频

2. GPS 信号包括两种载波（L1 与 L2）和两种伪噪声码（P 码和 C/A 码）。其中，（　　）为精确码。为了自身的利益，（　　）只供美国军方、政府机关及得到美国政府批准的民用用户使用。

A. C/A 码　　B. P 码　　C. D 码　　D. 以上各项

3. GPS 卫星向广大用户发送的导航电文是一种不归零的（　　）。

A. 十进制数码　　B. 二进制数码　　C. 八进制数码　　D. 十六进制数码

4.（　　）是 GPS 信号接收机的核心，承担整个系统的管理、控制和实时数据处理。

A. 视频监控器 B. 原子钟 C. 蓄电池 D. 微处理器

5.（ ）主要用于运动载体的导航，可以实时给出载体的位置和速度。

A. 测地型接收机 B. 单频接收机 C. 授时型接收机 D. 导航型接收机

6. 当GPS能够收到（ ）及以上卫星的信号时，就可计算出本地的三维坐标（经度、纬度、高度）。

A. 1颗 B. 2颗 C. 3颗 D. 4颗

7.（ ）是GPS数据的核心，是组成“路线”的基础。

A. 坐标 B. 路标 C. 前进方向 D. 导向

8. 根据定位模式，GPS定位可以分为（ ）。

A. 绝对定位和相对定位 B. 实时定位和非实时定位

C. 静态定位和动态定位 D. 差分定位和非差分定位

9. 网络GPS是由网上服务平台、用户端设备、（ ）三部分组成。

A. 运输终端设备 B. 物流终端设备 C. 车载终端设备 D. 网络终端设备

10. 以下不属于网络GPS功能特点的是（ ）。

A. 功能多、精度高、覆盖面广 B. 观测时间短

C. 定位速度快 D. 信息传输可靠性高

11. GPS利用分布在约（ ）km高空的24颗卫星对地面进行精确定位。

A. 1万 B. 2万 C. 3万 D. 4万

12. GPS在导航和动态定位中主要有两种定位方式、单点定位和（ ）。

A. 差分定位 B. 多分定位 C. 动态定位 D. 静态定位

13. GPS是美国的第（ ）大航天工程。

A. 一 B. 二 C. 三 D. 四

14. GPS是指（ ）。

A. 地理信息系统 B. 全球定位系统 C. 智能交通系统 D. 管理信息系统

15. GPS主要应用于物流领域的（ ）环节。

A. 仓储 B. 运输 C. 配送 D. 搬运

16. 北斗卫星导航系统空间卫星一共有（ ）颗卫星。

A. 30 B. 32 C. 35 D. 40

17. GPS的主要特点是（ ）。

A. 定位精度高 B. 覆盖全球

C. 拥有全天候的导航定位能力 D. 定位快

18. GPS由（ ）组成。

A. 空间导航卫星星座 B. 地面监控系统

C. 手持终端 D. 用户接收机

19. GPS卫星采用伪噪声码的目的是（ ）。

A. 传送导电电文 B. 测距信号

C. 识别不同的卫星 D. 防伪

20. GPS信号接收机可以分为（ ）。

A. 导航型信号接收机 B. 测地型信号接收机

C. 车载型信号接收机 D. 守时型信号接收机

21. 全球导航卫星系统主要包括（　　）。

A. GPS　　B. GLONASS

C. BDS　　D. GSNS

二、简答题

1. 请简述 GPS 的发展历程。

2. 按照用途，GPS 接收机可分为哪几种？

3. 请简述 GPS 特点。

4. 地面监控系统中的主控站的主要任务是什么？

5. GPS 在交通运输方面有哪些应用？请举例说明。

6. 简述 GPS 各种定位方式的适用范围。

7. 请解释 GPS 工作的基本原理。

8. 卫星是如何准确测定信号传输时间的？

9. GPS 的主要特点有哪些？

10. 美国开发自主导航能力的主要动机是什么？

11. GPS 误差的主要来源有哪些？

12. 网络 GPS 监控中心的功能有哪些？

13. GPS 主要有哪些？并简要说明。

14. 北斗卫星导航系统的建设原则是什么？

15. 简述 GPS 车辆定位系统的功能。

16. 简述 GPS 城市公交车定位系统的组成。

17. 什么是网络 GPS？网络 GPS 与传统 GPS 相比，具有什么优势？

18. 简述网络 GPS 的功能。

三、判断题

1. GPS 不仅可以定时和测距，还可以向全球用户提供连续、定时、高精度的三维位置、三维速度和时间信息。（　　）

2. GLONASS 在系统组成和工作原理上与 GPS 类似，也是由空间卫星星座、地面控制和用户设备三大部分组成的。（　　）

3. GPS 卫星的核心部件有高精度的时钟、导航电文存储器、双频发射机和接收机及微处理机，而 GPS 定位成功的关键在于高度稳定的载波信号。（　　）

4. GPS 工作卫星的地面监控系统由三部分组成，包括 1 个主控站、3 个注入站和 4 个监测站。（　　）

5. 网络 GPS 可以利用互联网实现无地域限制的跟踪信息显示，但是无法通过设置不同权限做到信息保密。（　　）

6. GPS 信号接收机的基本结构是天线单元和接收单元两部分。天线单元的主要作用是：当 GPS 卫星从地平线上升起时，能捕获、跟踪卫星，接收放大 GPS 信号。（　　）

7. 网络 GPS 综合网络与 GPS 的优势与特色，取长补短，解决了原来的 GPS 无法克服的问题，但是投资金额较高。（　　）

8. 汽车导航系统一般由 GPS 接收机、微处理器、车速传感器、陀螺传感器、CD-ROM 驱动器组成。（　　）

9. GPS 定位采用空间被动式测量原理，即在测站上安置 GPS 用户接收系统，以各种

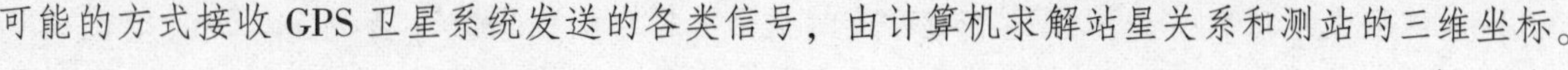

可能的方式接收 GPS 卫星系统发送的各类信号，由计算机求解站星关系和测站的三维坐标。（ ）

10. 车辆跟踪监控系统能够为用户提供主要物标，如道路的准确位置、沿路设施、旅游景点、宾馆等数据库。（ ）

四、思考题

1. 网络 GPS 与传统 GPS 有哪些异同？
2. 各种 GPS 定位方式各有哪些优缺点？
3. 如何将 GPS 与网络 GPS 共同运用于物流业以提高管理效率？请结合实际分析。

五、案例分析题

沃尔玛的 GPS 物流信息管理

沃尔玛公司是全世界零售业年销售收入位居第一的巨头企业，素以精确掌握市场、快速传递商品和最好地满足客户需求著称，是世界 500 强企业之一。沃尔玛公司在全球 27 个国家开设了超过 10 700 家商场，员工总数超过 200 万。从沃尔玛公司的发展历程可以看出，其成功得益于长期积累所建立起来的高效物流管理体系，而物流管理体系的高效运营离不开现代信息通信技术，某种意义上可以说，沃尔玛公司成长与发展的历程，是物流电子化深入的过程。

沃尔玛公司是首个发射和使用自有通信卫星的零售公司，该卫星的信息系统是全美最大的民用系统，专门用于全球店铺的信息传送与运输车辆的定位及联络，截至 20 世纪 90 年代初，沃尔玛公司已经在该系统投资 7 亿美元，而它不过是一家纯利润只有 2%~3%的折扣百货零售公司。这一系统的建成，使得沃尔玛公司所有店铺、配送中心的购销调存及运输车队的详细信息都可以通过与计算机相连的通信卫星传送到总部数据中心，总部能够掌握分布在全世界所有分店的瞬时销售情况及货物运输情况，供应商和车队也可以通过总部的数据中心和卫星系统与所有的商店、配送中心进行通信和信息交流。它们有相同的补货系统、相同的电子数据交换条形码系统、库存管理系统、会员管理系统、收银系统，实现了极高效率的信息传输和管理。位于全球各地的所有门店通过这一卫星网络可在 1 h 之内对每种商品的库存、上架、销售量全盘点，速度之快让人为之赞叹。卫星通信网络系统使沃尔玛公司的配送系统十分先进，配送中心、供应商及每个分店中的每个销售点都能高效在线作业，配送系统在短短数小时内便可完成“填妥订单—各分店订单汇总—送出订单”的整个流程，大幅提高了物流运作过程的高效性和准确性。

高效率的信息化运输队伍，是沃尔玛公司缩短商品供给时间、降低运输成本的关键。在整个物流过程中，运输环节是最昂贵的部分，运输车队节省的成本越多，整个物流链节省的钱就越多。为降低运输成本、提高运输效率，沃尔玛公司拥有世界上最大的商用车队，采用先进的全球定位系统对车辆进行定位，因此这部任何时候都能知道卡车与货物的具体位置，也能随时、准确地对车辆进行调度，这大大提高了整个物流系统的效率。例如，沃尔玛公司各店铺仅需要 2 天就能完成在总部从订货到补货，而美国的其他折扣商店如达格特和诺玛特，则分别需要 4 天和 5 天，沃尔玛公司的商品运往商店的成本，占商品总成本的比例只有 3%，而竞争对手则需要 4.5%~5%，这就使沃尔玛公司能以低廉的价格和快速的服务获得与竞争者同样的利润。

发达的高科技信息处理系统是沃尔玛公司实现无缝点对点式的平滑物流衔接、减少分销费用的强大后盾。首先，配送中心可随时根据数据中心提供的各店铺信息进行准确销售预测和及时补充货源，以降低库存量，提高资金周转速度，保持低成本存货；其次，运输车队的调度中心可根据数据中心的提单信息，及时合理地编排运输车辆，以保证将货物准确快速地运送至各店铺；再次，总部的数据中心将供应商纳入自己的信息系统，通过与供应商组建电子数据交换联系系统，实现信息共享。供应商通过该系统可了解所供应商品的流通动态状况，如配送中心的存货情况、销售预测、电子邮件、付款通知及各店铺的销售统计数据等，并据此及时安排生产、供货和送货，避免了由于无货可供而导致配送中心缺货及因无目的生产而导致的库存过多等现象，不仅有效降低了成本并提高了效率，而且可以对供应链管理做出快速反应。

1. 为降低物流运输成本，沃尔玛公司采取了哪些措施？
2. 分析该案例，谈谈 GPS 在沃尔玛公司中有何作用。

项目六 学习测试答案

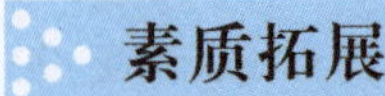

素质拓展

远在天外又近在身边，北斗应用在哪儿了？

无人驾驶的外卖配送车穿梭在送餐、送菜、闪购的路上，无人驾驶农机自动施肥、播种、覆土作业，燃气泄漏检测车自主穿行在城市中嗅闻风险气体，智慧校车将孩子们安全接送回家……远在天边的北斗，正在融入人们的日常生活。

近年来，北京市北斗产业飞速发展。在 2023 年召开的全球数字经济大会上，一组来自北京市经信局的数据令人欣喜：北京市北斗时空信息产业总体规模已超 1300 亿元，全国北斗领域上市企业超过半数在北京注册，在城市建设管理、交通、冬奥赛事保障等数十个领域实现北斗广泛应用，北斗系统用户总规模超过 2000 万。

作为北斗系统策源地的北京，北斗时空信息产业正迎来爆发式增长。

一、远在天外又近在身边

在顺义区后沙峪镇的小象超市配送站内，工作人员将居民的订单分拣打包，一辆辆黄色的自动配送车正在等待。满载货物后，配送车使用自动驾驶功能走向公路。接下来，这些车辆将按照预先设定的路线自动行驶到用户指定收货点，由用户输入取件码后自行取出货物。

在顺义，这些特殊的“配送员”已服务百姓多年。它们能够在道路上自主准确识别行驶路线并安全行驶，居民在手机上也能随时看到车辆所在位置，这样的智慧场景，归功于远在高空的北斗卫星实时指引。

虽然卫星在数十万米高空，但它对地面的定位精度却可以轻松达到厘米级。据配送站工作人员介绍，无人配送车在行驶中，主要依靠北斗系统随时校正自己的路线，同时工作人员能够实时获取车辆的位置和航向角，确定自动配送车在道路上的相对位置。在行驶中，车身的摄像头和车顶的激光雷达就是车辆的眼睛和感觉系统，帮助自动配送车随机应变。

不仅美团，特殊的“配送员”还有无人驾驶扫路机、京东自动物流配送车……基于北斗导航下的无人配送愈趋成熟，应用场景逐步扩大。目前，京东、毫末智行等30余家自动配送产业链企业在顺义区内开展研发和道路测试运营工作，仅在2022年便完成了城市公开道路场景配送订单70万个，为周边30万居民提供了配送服务。

北斗的应用，不仅在无人驾驶领域。在前不久举办的北京市北斗产业创新应用发展成果展上，多种北斗应用场景让人大开眼界。

在首都国际机场，飞机起起落落，购票、定位、保证飞机安全运行，无不依托北斗定位通信技术。来自顺义区的企业中国民航信息集团有限公司，展出的一款运行管理监控系统，运用云计算、北斗定位通信、计算机智能视觉、物联网等技术，将生产的动态信息、北斗位置信息和通航公司运营数据进行集成处理，实现了对飞行器和起降点的实时监控和地面保障情况管理；同时，这款系统具备对航空器信息标识及挂牌识别、飞行态势监控、机坪外来物入侵警告等功能，为航班运行的安全性提供了保障。

深埋地下的管线如何变得可视化？同样依靠远在高空的北斗。正元地理信息集团的智慧城市板块，展现了北斗在城市治理上的卓越能力。展区集中展示了北斗在燃气、供水、排水、供热等领域的应用场景，试着透过脚下的玻璃板能清晰地看到城市地下管网的模型。“这些深埋在地下的管网，24 h不间断地运行着，保障人们的基本生活所需。”工作人员介绍，基于北斗的精准位置信息以及物联网等技术，这套系统能为地下管线的“运行体征”进行24 h智慧“诊脉”。“对于管理人员来说，这就如同脚下的玻璃一般透明。”

就连田间地头，也能看到北斗的身影。在顺义赵全营镇前桑园村，成片的玉米田条垄笔直，间隔均匀，仿佛用尺子量过一般。“和装有北斗终端的农机相比，老式农机都得‘甘拜下风’。”有着20多年丰富经验的农机手马玉康赞不绝口，“在北斗的指引下，农机直线定位精度直达厘米级，即便是再优秀的农机手，也比不过北斗。”

随着北斗+农业的不断融合发展，北斗系统还应用于农作物丰收、秸秆粉碎还田、植保打药、联合整地等作业中，新时代智能化农场的应用场景正不断延伸。截至目前，顺义区北斗+农业智能化农机累计作业面积已达30万亩。

二、科技创新链在京形成

此时此刻，在我们头顶的高空，不同高度、不同角度的北斗卫星正不停运转，为全球200多个国家和地区的用户提供全天候、全天时、高精度的定位、导航与授时服务。从北斗一号到北斗三号，从覆盖中国、亚太到服务全球，作为重要的新型基础设施，北斗系统深度赋能各行各业，成为经济社会发展的时空基石。而北斗的策源地正是北京。

20世纪60年代，坐落在海淀区西北旺友谊路的中国航天城内，新建立的北京跟踪与通信技术研究所，正是日后北斗系统的诞生之地。在这里，中国科学院院士陈芳允与科研团队提出了“双星定位”的大胆构想：用两颗地球静止轨道卫星，就可以覆盖中国区域，并对地面目标和海上移动物体进行定位导航，还能兼具通信功能。1994年，北斗一号工程正式启动，现阶段北斗系统采用的技术路线正是诞生于北京跟踪与通信技术研究所的“双星定位”理论。

从中国航天城走出的北斗，最终站上了世界舞台。2020年，随着北斗三号系统的最后一颗全球组网卫星顺利进入预定轨道，北斗三号全球卫星导航系统星座部署全面完成，正式面向全球用户提供服务。

作为世界四大卫星定位系统之一，北斗系统带来了巨大的社会经济效益。北京瞄准全球数字经济标杆城市，充分发挥顶尖科技创新资源集聚优势，大力支持前沿科技自主创新，在激烈的国际科技竞争中抢占鳌头。

“随着数字经济的发展，我们已经进入到空前需要万物互联与时空感知的时代，对空间感知能力的精准度要求也在不断提升。”北京邮电大学副教授韩可说，“卫星通信系统在空旷地带的表现亮眼，可以达到米级甚至亚米级的定位，然而一旦进入遮蔽空间以及半遮蔽空间，卫星导航信号就很难覆盖了，所以在室内、地下、桥下，会造成卫星信号缺失的情况”。

如何提供一个泛在的、精确的定位网络，并实现不同场景的无缝衔接，成为世界强国发展进程中迫切需要解决的重大基础前沿问题。国家重大专项、科技部“曦和”计划在发展改革委产业计划等支持下，来自北京邮电大学的邓中亮科研团队主持并完成从单无线网、异构多网多源协同融合到天地一体定位的研究以及设备研制，并在这个基础上构建了无线网络定位理论方法与异构多网多源协同定位技术体系，并取得了一系列成果。韩可正是邓中亮团队的成员。“这个系统定位精度已经达到了国际领先水平，推动了我国无线网络定位技术走向世界领先地位。”韩可说。

国内领先、具有国际影响力的北斗时空信息科技创新链已在北京成形。作为北斗系统的策源地，北京拥有该领域40余个国家和省部级重点实验室等创新平台，10余家国内最权威的测试检测服务机构，已初步形成了以中关村科学城空天产业园、朝阳区地理信息服务出口基地、顺义区国家地理信息科技产业园、经开区北京市北斗产业创新基地等为核心的产业集群。

项目七　智慧物流数据传输技术——EDI

项目简介

EDI（电子数据交换）是现代计算机技术与远程通信技术相结合的产物。为竞争国际贸易的主动权，各国的企业界和商业界都积极采用 EDI 来改善生产和流通领域的环境，以获得最佳经济效益。

在物流企业中，货主、承运业主及其他相关单位之间要想利用计算机的数据处理与通信功能，交易双方彼此往来的文件需转换成标准格式，然后通过通信网络准确地传输给对方。货主、承运业主、实际运送货物的交通运输企业、协助单位和其他物流相关单位之间都通过 EDI 进行数据传输。

工作流程

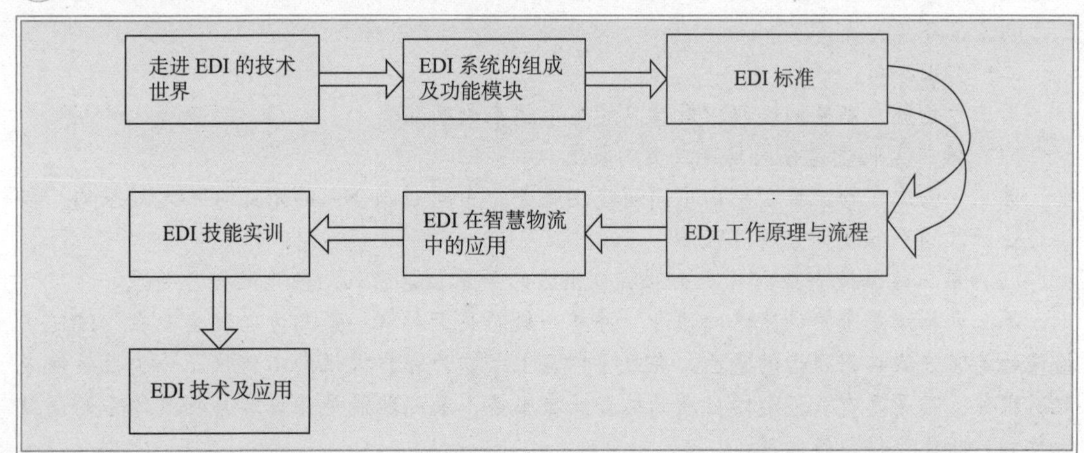

学习目标

知识目标

1. 了解 EDI 的概念、分类。
2. 理解 EDI 的组成和工作原理。
3. 掌握 EDI 在智慧物流中的应用。

技能目标

1. 学生能够利用 EDI 进行物流的学习。
2. 学生会进行 EDI 相关知识进行应用。

素质目标

1. 具备较强的学习能力，对出现的新知识、新规则能够进行自我学习。
2. 具备较强的创新思维能力，能够结合实际问题提出创新解决方案。

案例导入

EDI 在物流企业中的应用

一、背景

在社会发展的过程中，国际经贸合作逐渐成为关注焦点。在新的历史背景下，国际经济与贸易发挥着重要作用，为我国经济和社会的变革提供支持。随着经济不断发展，我国与国际大型跨国企业合作日益增加，大众、丰田、宝马等知名外国汽车公司与国内企业建立战略伙伴关系，通过合资模式将产品引入国内市场。大批跨国生产、零售企业在我国建立生产基地或销售网点，跨国公司对我国的投资进一步增加，而跨国企业一般在规划建设时不规划太多物流设施，而是将物流业务外包。同时，我国作为世界制造基地，原材料采购、成品销售的快速增长，我国的进出口贸易也有较大幅度的增长，这时就需要强大的第三方物流服务作为支撑了。

二、需求分析

第三方物流在发展的过程中对信息的需求越来越明显。

(1) 第三方物流是合同物流或契约物流。

第三方物流在物流渠道中由中间商提供服务，中间商以合同的形式在一定期限内，提供企业所需的全部或部分物流服务。

(2) 第三方物流企业同货主企业及分供方的关系应是密切、长期的合作关系。

第三方物流是客户的战略同盟者，并非一般的买卖对象。第三方物流企业在物流链中扮演的是客户战略同盟者的角色。在服务内容上，它为客户提供的不仅仅是一次性运输或配送服务，而是具有长期契约性质的综合物流服务，最终职能是保证客户物流体系的高效运作和不断优化供应链管理。

(3) 第三方物流企业应向客户提供跨越时间、空间的优质服务。

第三方物流系统必须在互联网环境下使用，能为客户提供全方位服务。

(4) 第三方物流系统应有先进的技术架构和扩展性。

第三方物流系统应有先进的技术架构和扩展性，以保证第三方物流系统是一个先进、完整的系统而不是分别独立的系统，并且可与企业资源计划系统/客户关系管理系统等系统无缝连接；系统良好的扩展可以保证在对系统进行二次开发或增加新的模块和功能时高效且维护简单。

(5) 第三方物流系统应有往来账目管理功能。

第三方物流系统应有很强的账务统计功能，能管理每个环节、每笔业务的费用及往来账目。

三、系统组成

广州启宏科技研发的第三方物流企业物流解决方案成功解决了上述问题，并且在第三方物流企业中实现“以客户服务为中心”“管理物流资源网络”“实现供应链节点连接”方面做了深入的研究和实践，取得了理想的效果。该方案可以应用于所有第三方物流公司、货代公司（海运、陆运、空运及多式联运公司）、制造业、零售业或供应商物流外包等。

该系统分为三个子系统：客户端子系统、物流公司端子系统、合作企业端子系统。通过这三个子系统，企业可以实现与合作伙伴、客户间数据快速、准确的传递，实现企业物流流程优化和智能化管理，提高企业物流运营管理能力和工作效率。企业可以精确地计算出物流活动的成本，有效管理物流渠道中的商流和资金流。

1. 客户端

客户可以网上下达运输指令、仓库作业指令、配送指令，可以查询运价、库存报告、账单统计，可以跟踪货物状态等。

2. 物流公司

物流公司可以审核客户的各种指令，对海运、陆运、空运、多式联运委托进行任务分发和业务操作，下达指令给运输和仓储联盟企业，全程跟踪货物状态，统计管理货票费用及物流公司与客户、联盟企业往来账目，提供电子报关、网上商品检验/检验/检疫、网上保险等服务接口。

3. 合作企业

合作企业可以查询指令及与物流公司的往来账目等。

四、系统特点

1. 高开放性

系统基于网络技术，无时间空间限制；客户端可以采用浏览器将系统维护工作量降到最低。

2. 高适应性

可通过电子邮件、传真等沟通渠道与第三方及客户交换信息。

3. 高集成性

可与运输系统、ERP 系统、GPS 系统、仓库管理系统及其他贸易网站链接，形成流畅的供应链管理。

4. 高适应性

适应于海运、陆运、空运、多式联运及仓储等物流环境。

五、应用效果

在互联网环境下，EDI 能为客户提供跨地域的不间断服务，能提供运输委托、出/入库委托、配送委托及其他增值服务功能，实现“以客户为中心”的服务目标，保证客户物流体系的高效运作和不断优化供应链管理。

六、技术特点

EDI 最大的技术特点主要体现在如下方面。EDI 单证是通过专用的 EDI 增值网络进行交换的。由于 EDI 单证大多是具有一定商业价值的单证，因此，通过有专门机构管理的 EDI 增值网络进行交换具有较高的安全性和可靠性。这一点是在目前的网络技术环境下还无法解决的问题。随着现代科技的迅速发展，EDI 技术也在与包括网络技术在内的其他先进技术不断融合，为用户提供更灵活、多样、简便的使用方式，使其自身拥有更广阔的电子商务服务领域。无论用户内部信息管理系统的应用程序和数据格式有何不同，在通过 EDI 增值网络进行交换之前，都用一种名为翻译器的软件将不同的数据格式翻译成符合国际标准的 EDI 格式。而也正是这种方法使不同用户不同应用系统自动交换数据成为可能。

任务一　走进 EDI 的技术世界

微课 7-1：走进 EDI 系统世界

在当今世界，信息技术正以其强大的渗透力，深入社会生活的各个领域。在商业、金融、物流等领域，电子数据交换技术作为一种新的商务手段正在被广泛应用，以取代传统的商务交易方式。

20 世纪 60 年代以前，人们就已经在用电报报文发送商务文件；20 世纪 70 年代又普遍采用方便、快捷的传真机来替代电报，但由于传真文件是通过打印纸面来传递和管理信息的，这些信息不能直接转入计算机信息管理系统中，数据的重复录入量较大。

20 世纪 70 年代末，应用于企业间的电子数据交换技术和银行间的电子资金汇兑（EFT）技术作为电子商务应用系统的雏形出现。

有关 EDI 的最初想法来自美国运输业。20 世纪 70 年代，运输业流通量大，货物和单证的交接次数多，而单证的交接速度常常赶不上货物的运输速度。贸易商们在使用计算机处理各类商务文件的时候发现，人工输入一台计算机中的数据中有 70%来自另一台计算机输出的文件，过多的人为因素影响了数据的准确性和工作效率。这就促成了 EDI 的诞生。

应用 EDI 可使交易双方将交易过程中产生的各种单据以规定的标准格式在双方的计算机系统上进行端对端的数据传送和自动处理，减少了文字工作量并提高了自动化水平，从而使企业实现“无纸贸易”，简化业务流程，减少由人工操作失误带来的损失，能够极大提高工作效率，降低交易成本，加强贸易伙伴之间的合作关系。因此，实用的 EDI 电子商务技术在 20 世纪 80 年代快速发展，在国际贸易、金融、海关业务、航空公司、连锁店及制造业等领域得到广泛的应用。

一、EDI 概述

1. EDI 的概念

EDI 是信息技术向商贸领域渗透并与国际商贸实务相结合的产物。相对于电子商务而言，EDI 是一种大企业专有的“特权电子商务”，EDI 的发展阶段是由初期电子商务到现代电子商务承前启后的重要阶段，是由“商务电子化”向“电子化商务”演变过程中产生质变的关键一环。

EDI 的发展至少经历了 20 年，人们将 EDI 称为“无纸贸易”，将电子转账称为“无纸付款”。其最基本的商业用途是由计算机自动生成的如订单、发票等商业单据，通过电信网络传输给商业伙伴。

真正推进 EDI 发展的是独立的 EDI 网络增值服务商。在 EDI 网络增值服务商推动下，EDI 实现了贸易“无纸化”，由此，EDI 能节省工作时间、减少费用，降低错误率、减少库存，改善现金的流动情况。

美国国家标准学会 EDI 标准委员会对 EDI 的解释是：“EDI 指的是在相互独立的组织机构之间所进行的标准格式、非模糊的具有商业或战略意义的信息传输。”

UN/EDIFACT 培训指南认为，“EDI 指的是在最少的人工干预下，在贸易伙伴的计算机应用系统之间标准格式数据的交换”。

可以将 EDI 定义为：EDI 是参加商业运作的双方或多方按照协议，对具有一定结构的标准商业信息，可以通过数据通信网络在参与方计算机间进行传输和自动处理。

EDI 电子传输的核心内容是商业信息和商业单证，如订单、发票、付款通知、付款凭证、交货凭证等。

EDI 使商业伙伴间的关系更加密切，从而使企业销售人员的角色发生微妙变化。另外，网上在线订单系统和网上在线客户信息系统将会对拥有庞大对外销售的行业造成重要的影响。

2. EDI 的贸易方式

EDI 是 20 世纪 80 年代发展起来的一种新颖的电子化贸易工具，是计算机、通信和现代管理技术结合的产物。

传统的贸易方式，通常是参与贸易的各方通过面对面或电话、传真等方式进行贸易磋商、签约和执行，相关贸易文件的制作和传输大多通过人工处理。在贸易涉及的银行、海关、商品检验、运输等环节中，含有相同贸易信息的不同文件要经过多次处理。这不但增加了重复劳动和额外开支，还增加了出错的概率，甚至常常由于文件邮寄的延误和丢失而给贸易双方造成意想不到的损失。传统贸易方式下 EDI 的传递方式如图 7.1 所示。

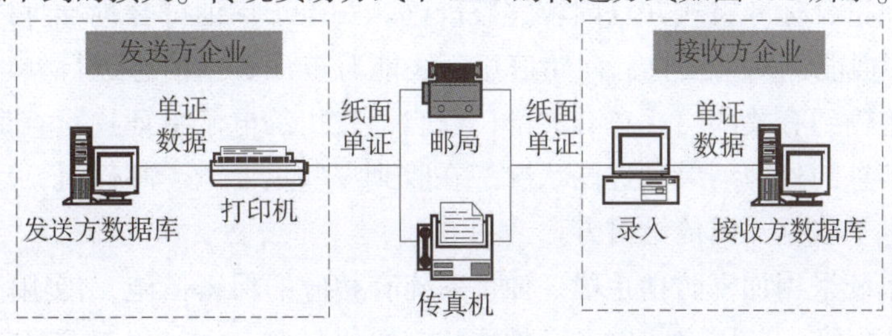

图 7.1　传统贸易方式下 EDI 的传递方式

EDI 的出现极大简化了整个贸易过程。作为一种新颖的电子化贸易工具，它将计算机、通信和现代管理技术有机结合起来，通过计算机网络将贸易、运输、保险、银行和海关等行业信息用一种国际公认的标准格式来表示，并通过网络实现各有关部门或公司与企业之间的数据交换与处理并完成以贸易为中心的全部过程。EDI 条件下贸易单证的传递方式如图 7.2 所示。

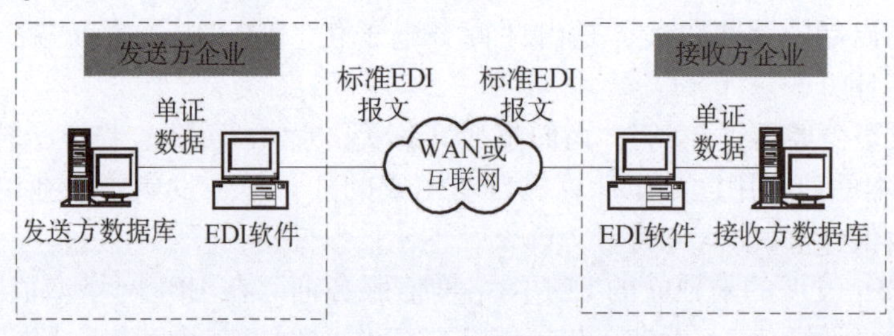

图 7.2　EDI 条件下贸易单证的传递方式

二、EDI 的特点和作用

1. EDI 的特点

EDI 是计算机系统之间所进行的电子信息传输。由于通过 EDI 传递的商业文件具有标准化、规范化的文件格式，因此 EDI 实现了数据的标准化，便于计算机自动识别与处理。EDI 采用电子化的方式传送，传输过程不需要人工介入，不需要纸张文件，可大大提高工作效率，消除许多无谓的工作，节省交易双方的支出。EDI 的使用改善了客户关系，拓展了用户群。EDI 具有以下特点。

（1）EDI 使用电子方法传递信息和处理数据。EDI 一方面用电子传输的方式取代以往纸质单证的邮寄和递送，提高了传输效率；另一方面通过计算机处理数据取代人工处理数据，减少了差错和延误。

（2）EDI 是采用统一标准编制数据信息的。这是 EDI 与电报、传真等其他传递方式的重要区别。电报、传真等并没有统一格式标准，而 EDI 必须有统一的标准方能运作。

（3）EDI 是计算机应用程序之间的连接。一般的电子通信手段是人与人之间进行信息传递的，传输的内容即使不完整，格式即使不规范，也能被人所理解。这些通信手段只是人与人之间的信息传递工具，不能处理和返回信息。EDI 实现的是计算机应用程序与计算机应用程序之间的信息传递与交换。由于计算机只能按照给定的程序识别和接收信息，所以电子单证必须符合标准格式并且内容完整准确。在电子单证符合标准且内容完整的情况下，EDI 系统不但能识别、接收、存储信息，还能对单证数据信息进行处理，自动制作新的电子单据并传输到有关部门。在有关部门就自己发出的电子单证进行查询时，计算机还可以反馈有关信息的处理结果和进展状况。在收到一些重要电子邮件时，计算机还可以按程序自动产生电子收据并回传给对方。

（4）EDI 系统采用加密防伪手段。EDI 系统有相应的保密措施，传输信息时通常采用密码系统的方法保密，各用户掌握自己的密码，可以打开自己的“邮箱”取出信息，外人却不能打开这个“邮箱”，有关部门和企业发给自己的电子信息均自动进入自己的“邮箱”。一些重要信息在传递时还要加密，即把信息转换成他人无法识别的代码，再通过接收方计算机按特定程序译码还原成可识别信息。为防止有些信息在传递过程中被篡改或有人传递假信息，还可以使用证实手段，即将普通信息与转变成代码的信息同时传递给接收方，接收方把代码翻译成普通信息进行比较，如二者完全一致，可知信息未被篡改，也不是伪造的信息。

（5）EDI 可以与用户计算机系统的数据库进行顺畅地连接，直接访问数据库或从数据库生成 EDI 报文，这与电子信箱有区别。

（6）EDI 是非实时通信的，具有存储转发功能。

2. EDI 的作用

（1）EDI 传输的是格式化的标准文件，并具有格式校验功能，而传真、用户电报和电子信箱等传送的是自由格式的文件。

（2）EDI 实现了计算机到计算机的自动传输和自动处理，其对象是计算机系统，而传真、用户电报和电子信箱等通信方式的用户是人，接收到的报文必须进行人为干预或人工处理。

（3）EDI 对于传送的文件具有跟踪、确认、防篡改、防冒领、电子签名等一系列安全保密功能，而传真、用户电报没有这些功能，电子信箱虽然具有一些安全保密功能，但比 EDI 层次低。

（4）EDI 文本具有法律效力，而传真和电子信箱则没有。传真是建立在电话上，用户电报是建立在电报网上，而 EDI 和电子信箱都是建立在分组数据通信网上。

（5）EDI 和电子信箱都建立在计算机通信网开放式系统互联（OSI）模型的第 7 层上，而且都是建立在消息处理系统（MHS）通信平台之上，但 EDI 比电子信箱要求的层次更高。传真大多为实时通信，EDI 和电子信箱都是非实时通信，具有存储转发功能，因此，不需要用户双方联机操作，解决了计算机网络同步处理的低效率问题。如果利用信箱系统，也可实现传真的存储转发。

3. EDI 的优点

（1）降低运营成本。EDI 可以显著降低企业的运营成本。实行自动化处理可以大幅降低人工成本，使企业能够更有效地管理供应链，并减少与库存管理相关成本。

（2）更快的数据传输。EDI 的传输是瞬间完成的，企业能够快速处理和响应大量交易活动，合作伙伴间的信息共享速度也很快，这使各方能够采取快速行动应对市场变化。

（3）减少传输错误。通过消除对人工数据输入和纸质交易的需求，减少人工数据输入错误，从而提高数据的准确性。使用 EDI 标准格式，对商业交易进行实时跟踪和监控，企业能够迅速发现并纠正错误。

（4）更好的客户体验。EDI 提高了数据的准确性，并提供了实时可见性，使企业能够快速响应客户需求。由于 EDI 实现了更快、更有效的沟通，订单执行的速度和效率也有所提高。使用 EDI 可以提高客户的服务水平和忠诚度。

（5）改善报告和安全电子数据交换使用 HTTPS 和虚拟专用网络（VPN）等安全协议来传输数据。这些安全协议确保数据通过安全加密的连接方式进行传输和接收，有助于保护数据免受未经授权的访问和泄漏。

（6）环保可持续使用电子数据交换可以减少对纸张的需求。电子数据交换还简化了操作和流程，帮助企业减少能源消耗。

三、EDI 的分类

根据功能，EDI 可分为 4 类。

（1）订货信息系统中最基本的、最知名的 EDI 系统——贸易数据互换（TDI）系统。它用电子数据文件来传输订单、发货票和各类通知。

（2）常用的 EDI 系统是电子资金汇兑（EFT）系统，该系统用于在银行和其他组织之间实行电子费用汇兑。EFT 已使用多年，但仍在不断地改进中。其中，最大的改进是同订货系统联系起来，形成一个自动化水平更高的系统。

（3）常见的 EDI 系统是交互式应答系统，它可应用于旅行社或航空公司机票预订系统。这种 EDI 系统在应用时要询问到达某一目的地的航班，要求显示航班的时间、票价或其他信息，然后根据旅客的要求确定所要的航班，打印机票。

（4）带有图形资料自动传输的 EDI 系统，最常见的是 CAD 图形的自动传输。例如，设计公司完成一个厂房的平面布置图，将其平面布置图通过 EDI 系统传输给厂房的主人，请他们提出修改意见。一旦该设计被主人认可，系统将自动输出订单，发出购买建筑材料的报告，在收到这些建筑材料后，自动开出收据。再如，美国某厨房用品制造公司在 PC 机上以 CAD 设计厨房的平面布置图，再用 EDI 传输设计图纸、订货单、收据等。

任务二　EDI 系统的组成及功能模块

微课 7-2：EDI 的组成及功能模块

一、EDI 系统的组成

EDI 的产生是以现有的通信技术、计算机软件和硬件技术及数据的标准化为前提条件的。换言之，数据通信网络是实现 EDI 的技术基础，业务处理的计算机化是实现 EDI 的条件，数据的标准化是实现 EDI 的关键。因此，EDI 的系统组成主要包括硬件设备、应用软件、数据标准化和通信网络。

1. 硬件设备

EDI 系统的硬件设备是由计算机、调制解调器及通信线路等构成的，是 EDI 系统的物理层面。EDI 系统的硬件设备主要包括计算机、服务器、路由器、防火墙等。这些硬件设备是 EDI 系统顺畅运行的保障。

2. 应用软件

EDI 系统的应用软件可分为转换软件、翻译软件和通信软件，其软件组成如图 7.3 所示。

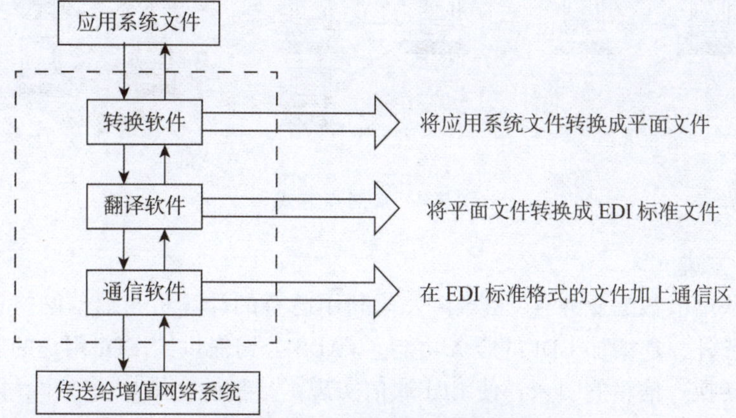

图 7.3 EDI 系统的应用软件组成

（1）转换软件：转换软件可以帮助用户将原有计算机系统文件或数据库中的数据转换成翻译软件能够理解的平面文件，或是将从翻译软件接收来的平面文件转换成原计算机系统中的文件。

（2）翻译软件：将平面文件翻译成 EDI 标准格式，或将接收到 EDI 标准格式翻译成平面文件。

（3）通信软件：将 EDI 标准格式的文件外层加上通信信封，再送到 EDI 系统交换中心的“邮箱”，或由 EDI 系统交换中心内，将接收到的文件取回。

3. 数据标准化

数据标准化是指 EDI 技术标准即进行电子事务处理数据格式和内容的，用于在不同部门、不同公司、不同行业和不同国家之间传递信息的通用标准。EDI 报文必须按照国际标准进行格式化。目前，最广泛应用的 EDI 国际标准是 UN/EDIFACT 标准，除业务格式外还要符合计算机网络传输标准。

4. 通信网络

通信网络是实现 EDI 的手段。根据 EDI 用户之间相互传送电子信息的方式，EDI 的通信网络主要有三种，即点对点业务（PTP）方式、增值网（VAN）方式和消息处理系统（MHS）方式。

（1）点对点业务方式。

点对点业务是 EDI 按照约定的格式，通过通信网络进行信息的传递和终端处理，完成相互业务往来。早期的 EDI 通信一般都采用此方式，但它有许多缺点，例如，当 EDI 用户的贸易伙伴不再仅有几个，而是几十个甚至几百个时，就需要重复发送许多次。同时，这种通信方式是同步的，不适合跨国家、跨行业应用。点对点业务方式又可分为一点对一点方式、一点对多点方式和多点对多点方式，如图 7.4 所示。

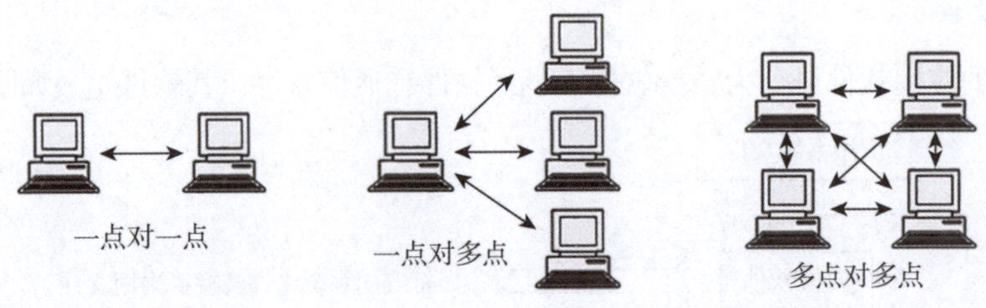

图 7.4　点对点方式

（2）VAN 方式。

它是指那些增值数据业务（VADS）公司利用已有的计算机与通信网络设备，除完成一般的通信任务外，还增加 EDI 的服务功能。VADS 公司提供给 EDI 用户的服务主要是租用信箱及协议转换。信箱的引入，使 EDI 通信实现了异步性，提高了效率，降低了通信费用。另外，EDI 报文在 VADS 公司自己的 VAN 系统中传递也是异步的，即存储转发的。

尽管 VAN 方式有许多优点，但因为各 VAN 的 EDI 服务功能不尽相同，所以 VAN 系统并不能互通，从而限制了跨地区、跨行业的全球性应用。同时，此方式还有一个致命的缺点，即 VAN 系统只实现了计算机网络的下层，相当于 OSI 参考模型的下三层。而 EDI 通信往往发生在各种计算机的应用进程之间，即 OSI 参考模型的表示层，这就决定了 EDI 应用进程与 VAN 的联系相当松散，通信效率很低。VAN 方式的具体形式如图 7.5 所示。

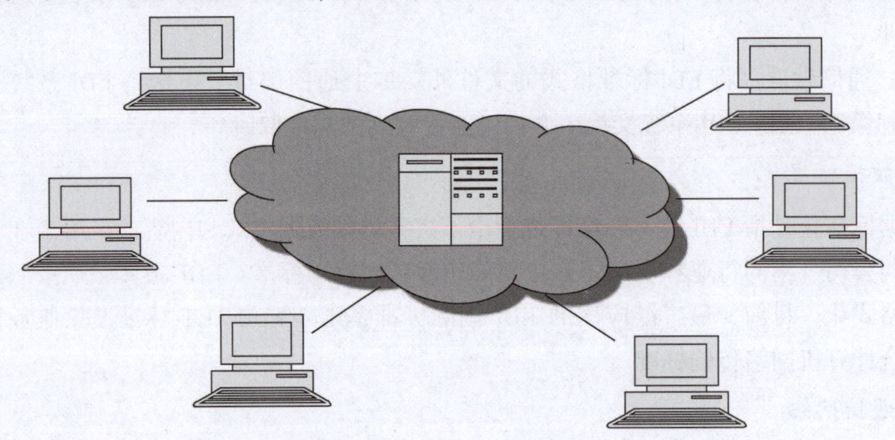

图 7.5　VAN 方式的具体形式

（3）MHS 方式。

消息处理系统是用户通过计算机网络处理各种消息的一种综合通信系统。它建立在 OSI 开放系统的网络平台上，并通过网络连接，适应多样化的信息类型，具有快速、准确、安全、可靠等特点。它是以存储转发为基础的非实时电子通信系统，非常适合作为 EDI 的传输系统使用。MHS 为 EDI 创造了一个完善的应用软件平台，降低了 EDI 设计开发上的技术难度和工作量。

二、EDI 系统的功能模块

EDI 系统具有将用户数据库系统中的信息译成 EDI 标准格式，以供传输交换的能力。

组成 EDI 系统的软件按其所实现的功能可分为用户接口模块、内部接口模块、报文生成及处理模块、格式转换模块和通信模块，如图 7.6 所示。

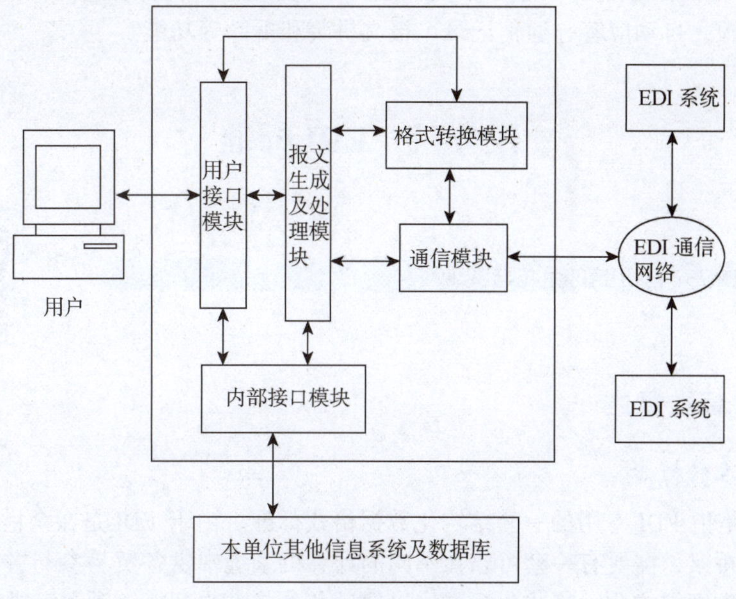

图 7.6　EDI 系统的功能模块

1. 用户接口模块

业务管理人员用此模块进行输入、查询、统计等，了解市场变化。

2. 内部接口模块

内部接口模型指 EDI 系统和本单位内部其他信息及数据库的接口。一份来自外部的 EDI 报文，经过 EDI 系统处理之后，大部分相关内容都需要经内部接口模块送往其他信息系统，或者查询其他信息系统才能给对方 EDI 报文以确认答复。

3. 报文生成及处理模块

该模块可接收来自用户接口模块和内部接口模块的命令和信息，生成报文，也可自动处理其他 EDI 系统发来的报文。

（1）接收来自用户接口模块和内部接口模块的命令和信息，按照 EDI 标准生成订单、发票等各种 EDI 报文和单证，经格式转换模块处理之后，由通信模块经 EDI 通信网络发给其他 EDI 用户。

（2）自动处理由其他 EDI 系统发来的报文。在处理过程中，EDI 系统要与本单位信息系统相连，获取必要信息并给其他 EDI 系统答复并将有关信息给本单位其他信息系统。

如因特殊情况不能满足对方的要求，经双方 EDI 系统多次交涉后不能妥善解决的，则把这类事件提交用户接口模块，由人工进行干预。

4. 格式转换模块

对所有 EDI 单证进行格式转换、语法检查。所有 EDI 单证都必须转换为标准的交换格式，转换过程包括语法压缩、嵌套、代码替换及必要的 EDI 语法控制字符添减。在格式转换过程中应进行语法检查，对于语法出错的 EDI 单证应拒收并通知对方重发。

5. 通信模块

该模块是 EDI 系统与 EDI 通信网络的接口，可实现呼叫、自动重发、合法性和完整性检查、出错警报、自动应答、通信记录、报文拼装和拆卸等功能。

任务三　EDI 标准

微课 7-3：EDI 的标准与实现

一、EDI 标准概述

1. EDI 标准的概念

EDI 标准是指 EDI 专用的一套结构化数据格式标准。由于 EDI 是在全世界范围内跨组织信息系统的桥梁，需要有一套可以在不同的计算机系统中供各贸易参与方在各个业务领域广泛使用的数据结构化、格式化标准，以保证各参与方之间能够顺利完成数据交换。

目前，国际上通用的 EDI 标准有两个：ANSI X12 标准和 UN/EDIFACT 标准。其中，UN/EDIFACT 已被 ISO 认定为国际标准，编号为 ISO 9735。现在，ANSI X12 标准和 UN/EDIFACT 标准已经被合并成为一套 EDI 标准，并得到了现有 EDI 客户的广泛认可。为向国际标准靠拢，我国企业和政府部门大多采用 UN/EDIFACT 标准。

2. EDI 标准的组成

EDI 标准包括 EDI 网络通信标准、EDI 处理标准、EDI 联系标准和 EDI 语义语法标准等。

（1）EDI 网络通信标准。

EDI 网络通信标准用于解决 EDI 通信网络应该建立在何种通信网络协议之上的问题，以保证各类 EDI 用户系统的互联。国际上主要采用 MHX（X.400）作为 EDI 的通信网络协议，以支撑 EDI 的通信环境。

（2）EDI 处理标准。

EDI 处理标准要求研究不同地域、不同行业的各种 EDI 报文，针对“公共元素报文”的处理标准。它与数据库、管理信息系统（如 MRPⅡ）等接口有关。

（3）EDI 联系标准。

EDI 联系标准用于解决 EDI 用户所属的其他信息管理系统或数据库与 EDI 系统之间接口的问题。

（4）EDI 语义语法标准。

EDI 语义语法标准又称 EDI 报文标准，用于解决各种报文类型格式、数据元编码、字符集和语法规则及报表生成应用程序设计语言等问题。

3. EDI 标准的要素

EDI 标准有三个要素：数据元素、数据段、标准报文结构。数据元素是基本信息单元；数据段由数据元素组成；一个标准报文由一定数目的数据段按照定义的顺序组成。

UN/EDIFACT 标准报文结构如图 7.7 所示。

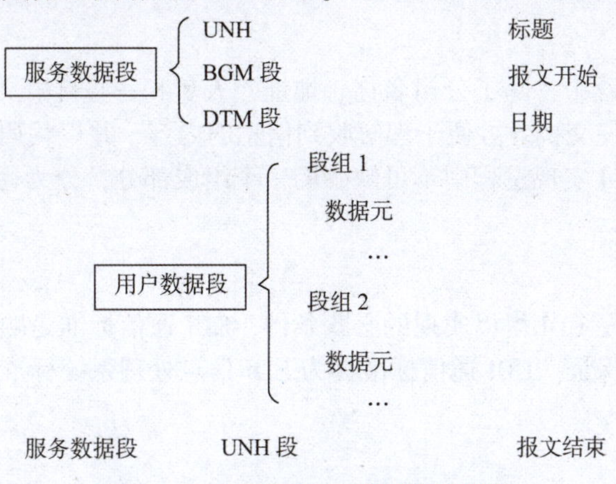

图 7.7　UN/EDIFACT 标准报文结构

（1）数据元素。

数据元素是构成消息的基本单元，包括简单数据元素和复合数据元素两种。复合数据元素由简单数据元素构成。

简单数据元素只包含一条信息，分为必需型（M）和条件型（C，可选）两类元素。必需型数据元素在其指定位置必须有具体的取值，而条件型数据元素可以没有取值。

在 UN/EDIFACT 中，复合数据元素是由两个或者两个以上简单元素组成的数据元素。

（2）数据段。

数据段是将逻辑相关数据元素按规定顺序的组合。段是标准报文中的一个信息行，每个段都包括 3 位字符的段标识（用以说明是什么数据段）和一系列简单数据元素或复合数据元素。数据元素之间的分隔符是“+”或“:”，数据段通常以“′”结束。

（3）标准报文结构。

标准报文是 EDI 的主体，由平面文件翻译转换而来。报文的内容由数据段构成，一个数据段又由若干数据元素构成。标准报文规定，报文必须以服务段 UNH（报文标题）开始，以服务段 UNT（报文尾标）结束，至少要包含一个用户数据段，而且这一数据段中应至少包括一个用户数据元素。

二、EDI 标准体系的基本内容

1. EDI 基础标准

EDI 基础标准主要由 EDIFACT 基础标准和 EDI 其他基础标准两部分组成。

2. EDI 单证标准

EDI 报文标准源于相关业务，而业务的过程则以单证体现。单证标准化的主要目标是统一单证中的数据元和纸面格式，统一内容相当广泛。现行主要单证标准有单证标准编制原则、贸易单证式样、进口许可证式样、出口许可证标准等。

3. EDI 报文标准

EDI 报文标准是每个具体应用数据的结构化体现，所有的数据都以报文的形式传输出去或接收进来。EDI 报文标准涉及商贸、运输、金融、海关、保险、税收等领域，有近

200 种报文标准形式。

4. EDI 代码标准

在 EDI 的传输过程中，除了公司名称、地址、人名和一些自由文本内容外，数据大多以代码形式发出，以使交换各方便于理解收到信息的内容，并以代码形式把传输数据固定下来。代码标准是 EDI 实现过程中不可缺少的一个组成部分，分为通用代码标准和系统内部代码标准。

5. EDI 通信标准

计算机网络通信是 EDI 得以实现的必备条件，EDI 通信标准是顺利传输以 EDI 方式发送或接收数据的基本保证。EDI 通信标准分为 EDI 信息处理系统标准和 EDI 信息处理业务标准两大类。

6. EDI 安全标准

由于经 EDI 传输的数据包含金额、订货数量等涉及商业机密的内容，为防止数据的篡改、遗失，必须通过一系列安全保密的规范加以保证。

7. EDI 管理标准

EDI 管理标准体系主要为 EDI 标准维护的有关评审指南和规则。

8. EDI 应用标准

EDI 应用标准体系主要指在应用过程中所使用的字符集标准及其他相关标准。

EDI 是电子商业贸易的一种工具，能将商业文件中如日常咨询、计划、询价、进出口许可证、合同、订单、发票、货运单、报关单、收货通知单和提单等信息，按统一的标准编制成计算机能识别和处理的数据格式，在计算机之间传输。EDI 报文能被不同贸易伙伴的计算机系统识别和处理，其关键就在于数据格式的标准化。构成 EDI 系统的三要素是 EDI 软硬件、通信网络以及 EDI 标准。EDI 标准是整个 EDI 系统最关键的部分，也正是 EDI 系统的成功之处。EDI 标准主要提供语法规则、数据结构定义、编辑规则和协定及已出版的公开文件。

三、EDI 标准的作用

（1）EDI 标准保证了计算机自动网络传输和处理文件及数据。

（2）EDI 标准也保证了网络传输全程实现审计跟踪，这样大大提高了商业文件传送的透明度和可靠性。

（3）标准化的 EDI 格式转换保证了不同国家、不同地区、不同企业的各种商业文件（如单证、回执、载货清单、验收通知、出口许可证、原产地证等），使这些文件无障碍电子化交换。

四、EDI 电子单证构造步骤

在 EDIFACT 标准中，每次能传送的数据一般可分为交换、功能组、报文、数据段和数据元。

1. 构造所需的内容

（1）服务段。

UNA、UNB、UNZ、UNG、UNE、UNH 和 UNT 称为服务段。

（2）符号。

“,”表示段结束符。

“+”表示段标识符与数据元以及段中数据元与数据元之间的分隔符。

“:”表示成分数据元与成分数据元之间的分隔符。

2. 构造步骤

构造符合 EDIFACT 标准的报文即电子单证时应遵循以下步骤。

（1）确定需要构造的具体报文中有哪些数据段。

（2）建立这些数据段的结构。

（3）利用基本数据元目录（EDED）和复合数据元目录（EDCD）确定各数据段中的数据元以及这些数据元的特点。

（4）查阅代码目录（EDCL）来确定具体数据元中的值。

五、EDI 单证实例

某公司 EDI 单证实例如图 7.8 所示。

Issuer CHINA NATIONAL METAL，PRODUCTS IMPORT & EXPORT GO. BLOG.15，BLOCK4，ANHUILI，CHAOYANG DISTRICT，BEIJING，GHINA **TEL**：（010）64916967 **FAX**：（010）64916967 **FAX**：222864 **MIMET GN**	中国五金制品进出口公司 商业发票 COMMMERCIAL INVOICE	
To FOSTA A. R. O **TEL**：001-909-8612010 **TEL**：001-909-8602080	**No.** 95GS274F	**Datc.** Apr. 24，1995
Transport details **FORM**：SHANGHAL **FO**：TEPLICE **BY**：VESSEL **DAILING ABOUT**： BEFORE THE END OF APRIL，1995	**S/C No.** 95GS1472035CZ-F **Term of payment** L/C 30 DAYS FORM B/L DATE	**L/C No.** NONE

Marks and Numbers	**Number and kind of packagcs; description of goods**	**Quantity**	**Unit Price** CIF TEPLICE	**Amount**
		（MPCS）	（UED）	（USD）
4579 FOSTA HUMBURG/ TEPLICE 1－25	DRYWALL SREWS （BLACKPHOSPHATE）			
	M3.5×25	4,320,000	4.100	17,712,000
	M3.5×35	4,800,000	5.100	24,480,000
	M3.5×55	960,000	8.029	7,707,840
		TOTAL：10,080,000 MPCS		USD 49,899,840

PACKAGE：1000PCS. BOX(NO PRINT),INTO CARTONS,ON PALLETS

TOTAL：25 PALLETS. G. W. 18798KGS.

SHIPMENT FROM SIIANGHAI TO HAMBURG BY VESSEL THEN WITH TRANSIT TO TEPLICE.

图 7.8　EDI 单证实例

发票签发方：中国五金制品进出口公司

地址：中国北京市朝阳区安慧里4区15号楼
电话：010-64916967
传真：010-64916967
电报：222864 MIMET CN
发票受票人：FOSTA A. R. O 公司
电话：001-909-8612010
传真：001-909-8602080
运输细目：用轮船从上海运至特普利斯
运输期限：1995年4月底以前
发票号：95GS274F
发票日期：1995年4月24日
合同号：95GSl472035CZ-F
付款方式：信用证付款，从提单日算起30天付清
运输标志：4579
FOSTA HAMBURG/TEPLICE 1-25
货物描述：墙壁紧固件
分项1：
墙壁紧固件规格：M3. 5 mm×25 mm
数量：4 320 000件
单价：4. 10美元
金额：17 712 000. 00美元
分项2：
墙壁紧固件规格：M3. 5 mm×35 mm
数量：4 800 000件
单价：5. 10美元
金额：24 480 000. 00美元
分项3：
墙壁紧固件规格：M3. 5 mm×55 mm
数量：960 000件
单价：8. 029美元；
金额：7 707 000. 84美元
包装：货物装入25个托盘内
总毛重：18 798 kg
总数量：10 080 000件
价格条款：CIF TEPLICE
总金额：49 899 000. 84美元
备注信息：
包装信息：每盒装1 000个墙壁紧固件（盒上不标明）；装在箱子中放于托盘上
运输信息：从上海用船运至汉堡转运至特普利斯

任务四　EDI 的工作原理与流程

一、EDI 的工作原理

EDI 的通信机制是信箱间信息的存储和转发，具体实现方法如下。

首先需在数据通信网上加挂大容量信息处理平台，在平台上建立 EDI 信箱系统，然后通信双方需申请各自的信箱，通信过程就是把文件传到对方的信箱中，文件交换由计算机自动完成。在发送文件时，用户只需进入自己的信箱系统即可查看文件，其工作原理如图 7.9所示。

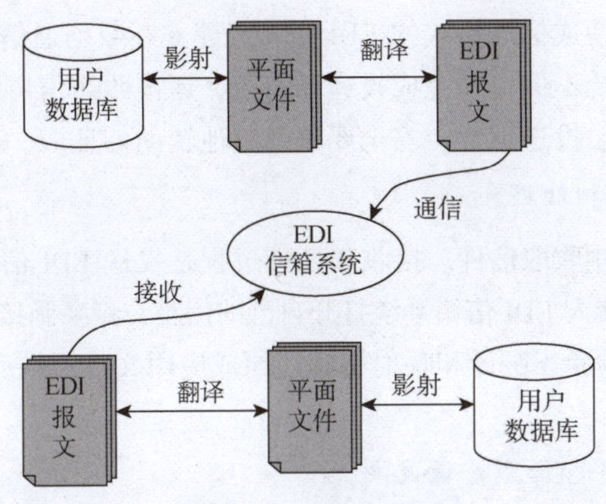

图 7.9　EDI 工作原理

二、EDI 的工作流程

EDI 的工作流程就是用户将相关数据从自己的计算机信息系统中传送到相关贸易方计算机信息系统中的过程，如图 7.10 所示。

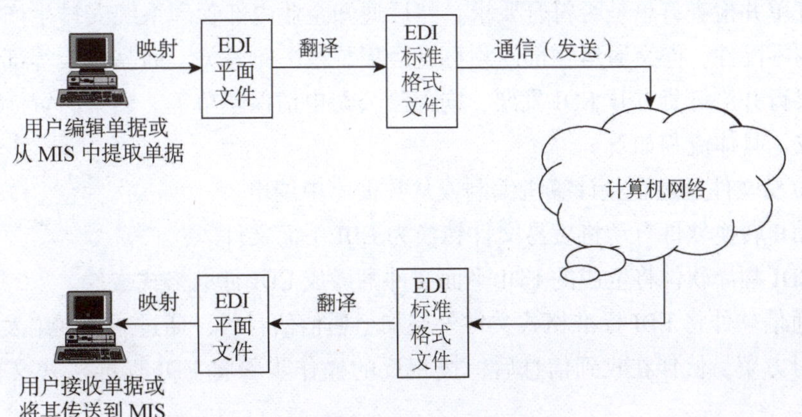

图 7.10　EDI 工作流程

EDI 的具体工作流程如下。

1. 生成 EDI 平面文件

用户应用系统将用户的应用文件（如单证、票据等）或从数据库中取出的数据，通过映射程序把用户的数据变换为 EDI 平面文件。EDI 平面文件是一种标准的中间文件。

2. 翻译生成 EDI 标准格式文件

将平面文件通过翻译模块翻译，生成 EDI 标准格式文件。EDI 标准格式文件，就是 EDI 电子单证，又称电子票据。它是 EDI 用户之间进行贸易和业务往来的依据。EDI 标准格式文件是一种只有计算机才能阅读的 ASCII（美国信息交换标准代码）文件。

3. 通信软件

发送方通过计算机通信模块发送 EDI 信件。通信模块是 EDI 系统与 EDI 通信网络的接口。通信软件将已转换成标准格式的 EDI 报文经建立在数据通信平台上的信箱系统，传送至对方的信箱中。系统不但自动完成投递和转接，还按照通信协议的要求，为电子单证加上信封、信头、信尾、投送地址、安全要求及其他辅助信息。

4. EDI 文件的接收和处理

接收方从 EDI 信箱中收取信件。接收和处理过程是发送 EDI 信件的逆过程，首先接收用户需要通过通信网络接入 EDI 信箱系统打开自己的信箱，将来函接收并存储到自己的计算机中；然后系统经格式检验、翻译和映射将其还原成应用文件；最后对应用文件进行编辑、处理。

5. 拆开 EDI 信件并翻译成平面文件

系统将 EDI 平面文件转换并送到接收方信息系统中进行处理，最后还原成接收方信息系统能处理的文件格式，进行编辑、处理和回复等操作。

在 EDI 工作过程中，所交换的报文都是结构化的数据，其过程因用户应用及外部通信环境的差异而有所不同。

对于生产企业来说，EDI 系统的工作过程可以描述为企业收到一份 EDI 订单，系统自动处理该订单并检查订单是否符合要求；然后通知企业内部管理系统安排生产并向零配件供应商订购零配件，向交通运输部门预订货运集装箱，向海关、商品检验等部门报关、报检，通知银行并给订货方开 EDI 发票，向保险公司申请保险单等。整个商贸活动在最短的时间内完成，具体流程如下。

（1）贸易文件通过企业计算机编制或从数据库中调出。

（2）EDI 转换软件自动将贸易文件转换为 EDI 平面文件。

（3）EDI 翻译软件将生成的 EDI 平面文件翻译成 EDI 标准格式文件。

（4）通信软件将 EDI 标准格式文件外层加上通信信封后，通过通信网络发送给对方。

（5）对方贸易伙伴在收到信息后，按相反的操作步骤将 EDI 标准格式文件转化为企业贸易文件。

任务五　EDI 在智慧物流中的应用

微课 7-4：EDI 在智慧物流中的应用

EDI 最初是由美国企业应用在企业间订货业务活动中的电子数据交换系统，其后 EDI 的应用范围从订货业务向其他业务扩展，如 POS 销售信息传送业务、库存管理业务、发货送货信息和支付信息的传送业务等。EDI 在物流中的广泛应用被称为物流 EDI。

一、物流 EDI 的概念

物流 EDI 是指货主、承运业主以及其他相关的单位之间，通过 EDI 系统进行物流数据交换，并以此为基础，实施物流作业活动的方法。

物流 EDI 参与单位有发送货业主（生产厂家、贸易商、批发商、零售商等）、承运业主（独立的物流承运企业）、实际运送货物的交通运输企业（铁路企业、水运企业、航空企业、公路运输企业等）、协助单位（政府有关部门、金融企业等）和其他的物流相关单位（仓库业者、专业报送业者等）。

二、EDI 在智慧物流中的应用

1. EDI 在仓储管理中的应用

需求方发送长期需求给供货方每月生产排程，供货方按需生产，完成交货。需求方每日发送短期订单给 VMI 仓库，VMI 仓库根据订单及时发货。

2. EDI 在运输管理中的应用

供货方在接收到订单后，制定货物配送计划，并把货物清单及运输时间等信息通过 EDI 电子数据交换系统发送给物流公司和需求方，以便物流公司预先制定车辆调配计划，需求方制定货物接收计划。

供货方根据需求方订货要求和货物运送计划下达发货指令，分拣配货，将物流条码标签贴在货物包装箱上；同时，把运送货物品种、数量、包装等信息通过 EDI 发送给物流公司和需求方。

物流公司从供货方处运取货物时，利用车载扫描读数仪读取货物标签的物流条形码，核实与先前送到的货物运输数据是否一致，以确认相关信息。

物流公司对货物进行整理、集装、制作送货清单并通过 EDI 向需求方发送发货信息。在货物运抵接收方后，物流公司通过 EDI 向供货方发送运送业务信息和运费请示信息。

需求方在货物到达时，利用扫描读数仪读取货物标签的物流条形码，并与先前收到的货物运输数据进行核对确认，开出收货发票，将货物入库；同时，通过 EDI 向物流公司和供货方发送收货确认信息。

3. 在物流配送中的应用

EDI 的主要功能有电子数据传输和交换、传输数据的存证、文书数据标准格式的转换、安全保密、信息查询、技术咨询、信息增值等。供应链管理中，将EDI技术应用在物流配送中不但可以降低运营成本，而且可提高供应链上数据传输速度和准确性，扩大信息含量，缩短订货采购周期，大幅降低库存费用，应用流程如图7.11所示。

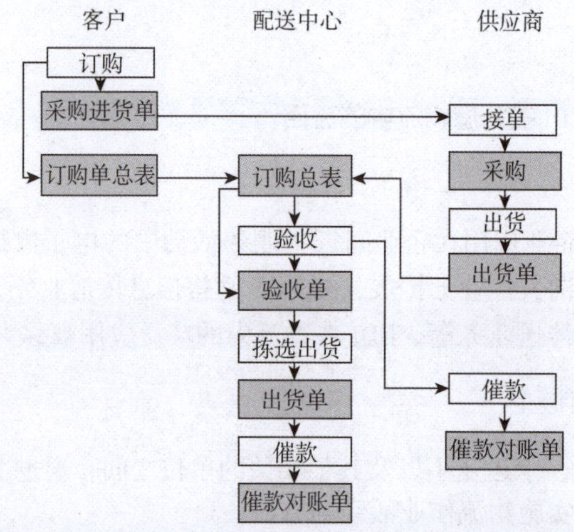

图7.11　EDI技术在物流配送中的应用流程

（1）在配送中心的客户通过设置EDI终端处理和交换有关订货、库存、销售时的数据、需求预测，以及运输日程、通知等方面的信息。这样可以减轻票据处理、数据输入/输出等事务性作业的压力，减少库存、缩短订货时间，提高工作效率。

（2）应用EDI可以使各企业之间达到无纸化交易，能减少纸张的使用数量，从而降低交易成本。

（3）通过在配送中心、上游供应商、下游客户之间应用EDI技术，可以实现信息共享，使供应链上各个节点企业都能了解到商品的销售、库存、生产进度等方面的信息，增强供应链经营的透明度。

当今企业之间的市场竞争实际上是为时间竞争。谁信息获取速度越快、商品周转时间越短，谁就能掌握竞争的主动权，而应用EDI技术则意味着电子传输的数据信息可以立即被用户获取。因此，应用EDI技术可以增强配送中心的市场竞争力。

4. EDI在供应链管理中的应用

企业A要使它的基本信息让企业B知道，往往会把一个参与信息报文发往企业B，以便企业B了解它。同样，企业B也可以将企业信息发至企业A。若企业A是供应商，B是客户，则A可通过产品或销售目录报文将其相关产品信息发给B，若B对A的某种产品感兴趣，想了解A的产品价格与交货条款等信息，B可以向A发送报价请求报文，A以报价报文回答B。若B能够接受A的产品价格及交货条款等内容，B可以向A发出一份订购单报文，A可以用订购单应答报文，对B订购单报文进行答复。若答复是肯定的，A便立即开始备货，备齐货后可以向B发货。为了预先通知B货物已发出，A可向B发出一份发货通知，B收到货物后，向A发出一份收货通知报文，以说明自己对货物的接收情况。当A接到收货通知后，可以向B发出发票报文，而B向A发出汇款通知报文。EDI在供应链管理中的应用如图7.12所示。

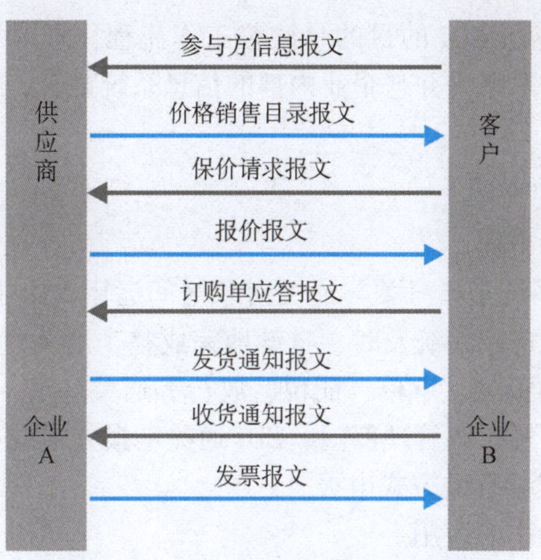

图 7.12 EDI 在供应链管理中的应用

5. EDI 在物流企业中的应用

物流公司是供应商与客户之间的桥梁，它对调节产品供需、缩短流通渠道、解决不经济的流通规模及降低流通成本有重要的作用。EDI 在物流公司中的应用如图 7.13 所示。

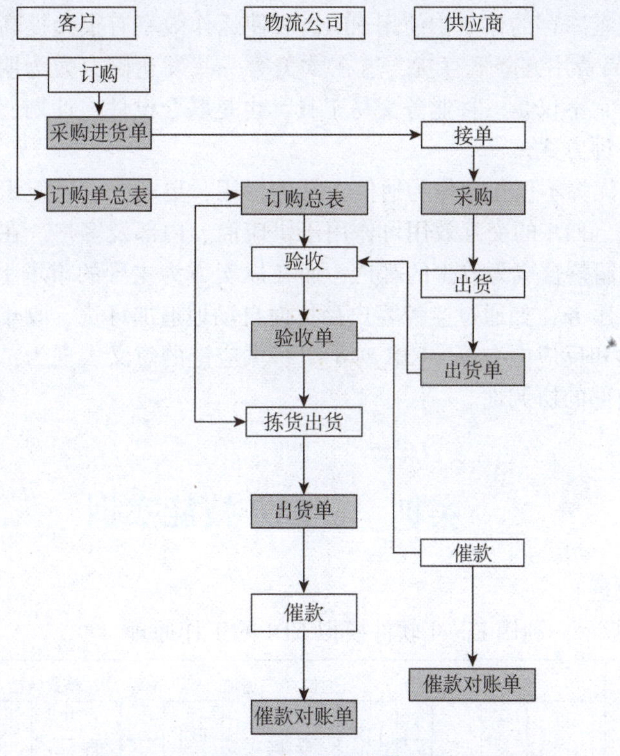

图 7.13 EDI 在物流公司中的应用

相对于物流公司而言，生产企业与其交易伙伴间的商业行为大致可分为接单、出货、催款及收款作业，期间往来的单据包括采购进货单、出货单、催款对账单及付款凭证等。

（1）生产企业引入 EDI 的目的：数据传输时，可选择低成本的方式引入采购进货单，接收客户传来的 EDI 订购单报文，将其转换成企业内部的订单形式。

（2）如果生产企业应用 EDI 的目的是改善工作流程，可以与客户合作，依次引入采购进货单、出货单及催款对账单并与企业内部的信息系统整合，逐渐改善接单、出货、对账及收款作业。

6. EDI 在其他方面的应用

（1）EDI 在海关中的应用。

我国海关 EDI 通关系统是指海关与通关对象之间运用 EDI 技术自动交换和处理通关文件，并利用海关计算机应用系统及时、自动地完成整个通关过程的 EDI 实用系统。EDI 报关系统涉及进出口货物报关、审单、征税、放行等通关环节，以及报关行、金融单位、仓储、运输企业和国际贸易行政管理部门。EDI 通关申报方式既可全部采用 EDI 申报，也允许 EDI 及人工两种方式共存的方式申报。

（2）EDI 在商品检验中的应用。

外贸公司可通过 EDI 的方式与商品检验局将产地证进行电子单证传输，不需要再为产地证的审核、签发来回奔波，既节省了时间和费用，又节约了纸张。而对于商品检验局而言，有了 EDI 单证审批系统，不仅减轻了商品检验局录入数据的负担，减少了手工录入出错的机会，而且方便对各种单证的统一管理。

EDI 的好处日益明显，运费和海关单据使用 EDI，使承运人，货运代理和跨国的产品流大大受益。在零库存的作业中使用 EDI，可使运作效率有很大提高；在销售环节中使用 EDI，能减少交易费用并降低存货，这在欧美等一些发达国家尤为明显。EDI 对采购业务有重要的影响，它不仅是一种业务交易工具，也是联合设计、计划、交换预测数据等与其他组织协调的一种方式。

EDI 的竞争优势不仅在于作为通信工具的运用，更在于它使组织内部和组织之间的竞争结构发生变化。EDI 的交互效用可作用于供应商、内部及客户。在以买方为主导的市场上，EDI 迫使它们整合成为较少的客户；而在以卖方为主导的市场上，EDI 可以为市场设计一些附加超值服务，如通过监控客户存货而自动地追加订货，收集即时市场信息为生产计划增加灵活性和反应能力等。EDI 对于组织供应链的意义表现为：在不必连续接触的情况下加强组织内部的协调性。

实训一　EDI 技能实训

一、情景设置

如图 7.14 所示，利用 Excel 软件模拟 EDI 的工作原理。

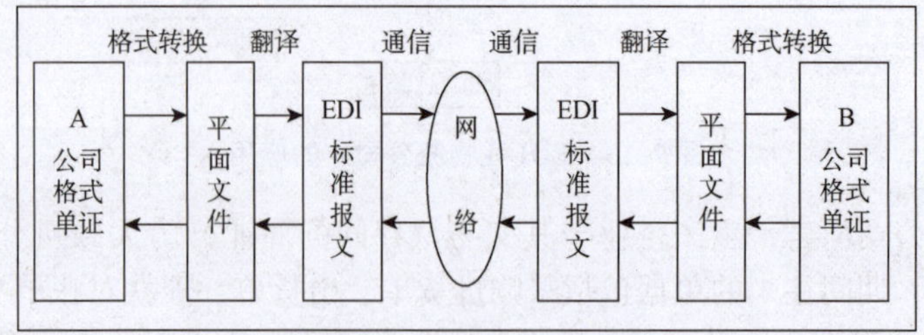

图 7.14　EDI 的工作原理

二、实训目标

(1) 掌握 EDI 技术的基本原理。

(2) 了解 Excel 宏的功能。

(3) 学会撰写实训报告。

三、实训准备

(1) 学生在开始任务之前需要学习和查阅信息相关的理论知识点。

(2) 学生要熟悉 Excel 中宏的使用。

(3) 每位学生会在计算机上安装相应的软件并能够使用以太网。

四、实训步骤

(1) 教师给学生安排任务，让学生按照任务步骤逐步展开工作。

(2) 学生根据具体的流程进行操作。

(3) 学生完成调研报告的撰写。

五、具体操作步骤

(1) 设置 Excel 宏选项。

打开 Excel，选择“工具”→“宏”→“安全性”选项，操作步骤如图 7.15 所示。此时，“安全性”对话框会弹出，请按需在“安全级”选项区域选择“中”或“低”（一般选择“中”），如图 7.16 所示（否则，系统运行宏时就会给出提示）。

图 7.15　进入 Excel 选择“宏”选项

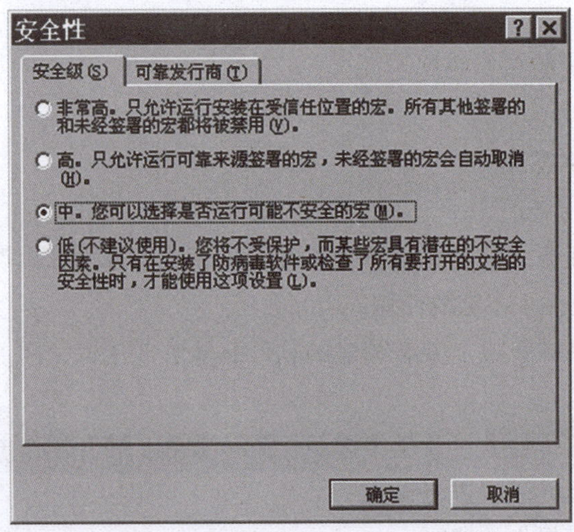

图 7.16　调整“宏”的安全级为“中”

（2）在“打开”对话框中选择“电子数据交换模拟”文件，单击“打开”按钮，如图 7.17 所示。随后，系统会弹出“安全警告”对话框，此时单击“禁用宏”按钮，如图 7.18 所示。

图 7.17　EDI 格式转换演示文件

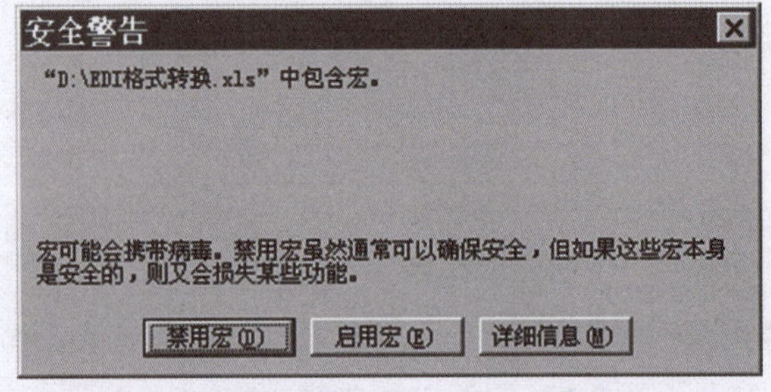

图 7.18　单击“禁用宏”按钮

接下来，Excel 窗口会出现图 7.19 所示的出口商品检验单，单击“映射到平面文件”按钮，将其映射到 EDI 平面文件中，如图 7.20 所示。接下来，单击“翻译到 EDI 报文”按钮就会显示图 7.21 所示的 EDI 标准格式报文。

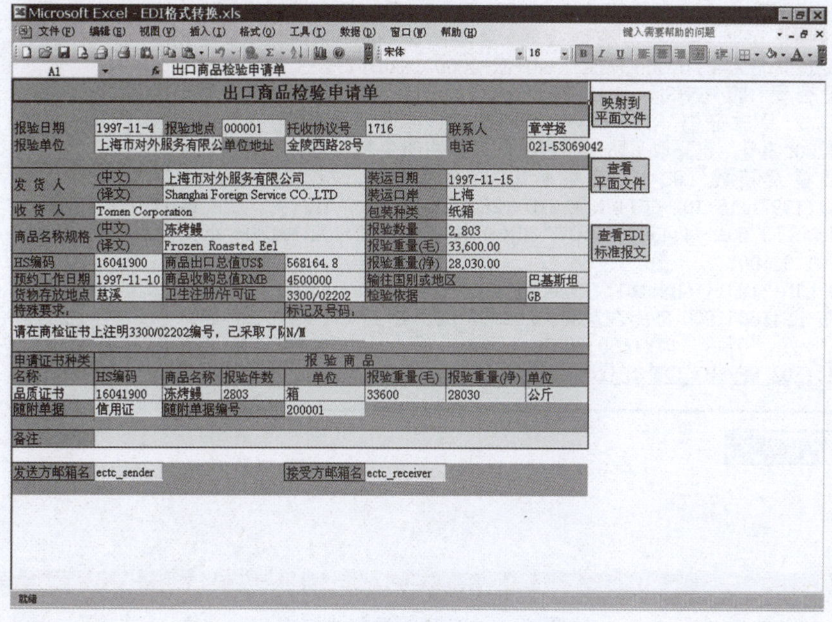

图 7.19　出口商品检验单原始单据

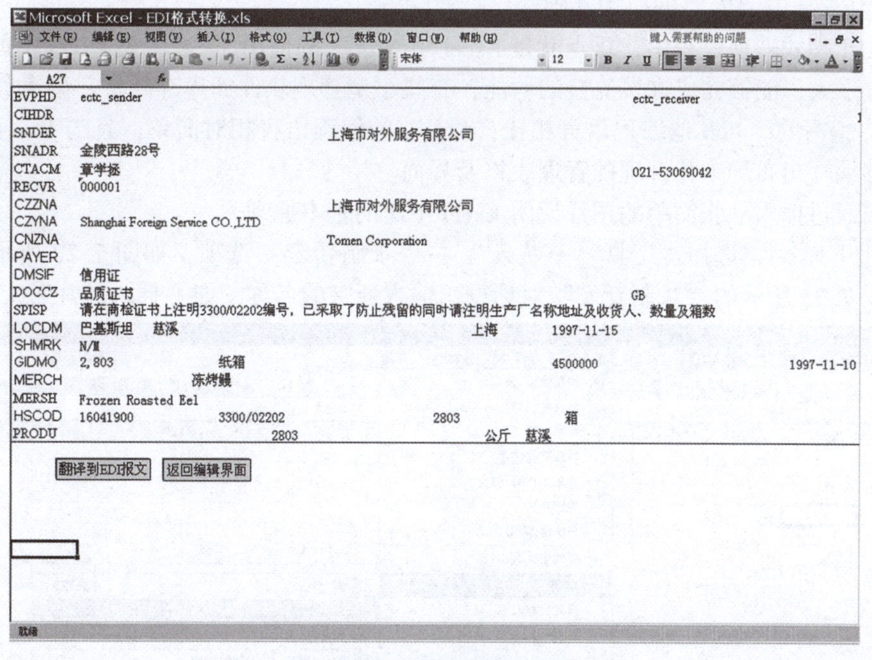

图 7.20　EDI 平面文件格式

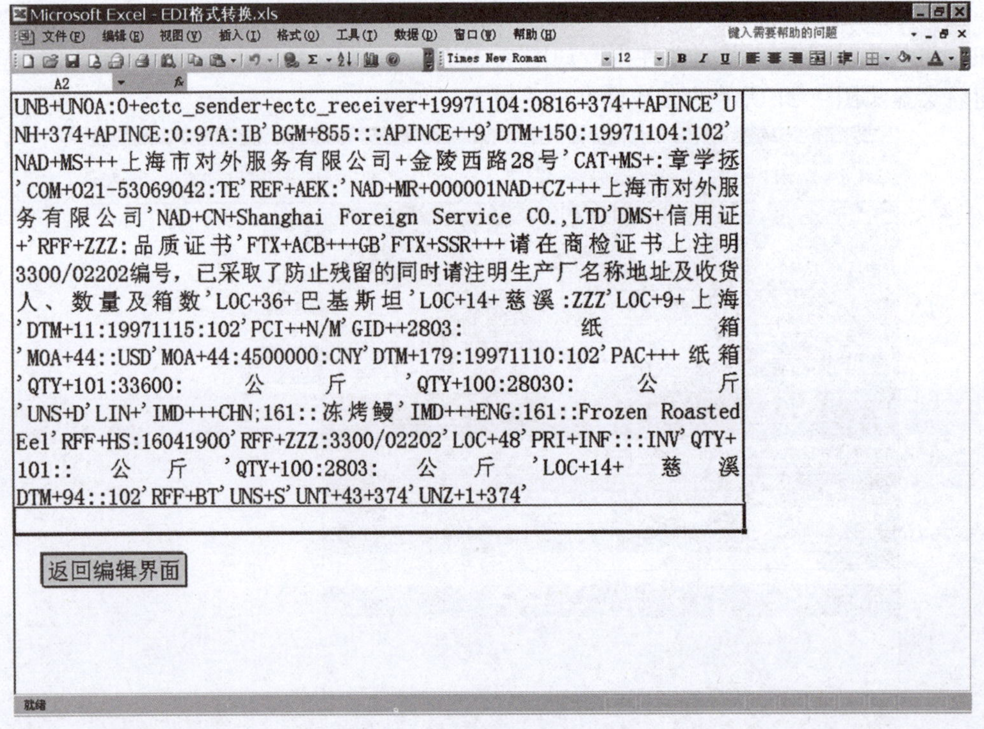

图 7.21　EDI 标准格式报文

（3）Excel 中“宏”的应用基础。

在 EDI 格式转换过程中，重点就是 Excel 中“宏”的使用。“宏”是 Excel 中的编程语言，十分强大，能够完成许多复杂的功能，有些小型管理软件如库存软件、财务软件就是用“宏”编写的。与其他编程语言相比，“宏”的编程语言相对简单，且与 Excel 高度集成，能够编写出布局十分合理的管理表格及界面。

下面通过插入一张简单的图片说明 Excel 中宏的基本原理。

①打开 Excel，选择“工具”→“宏”→“录制新宏”选项，如图 7.22 所示，系统会弹出图 7.23 所示的“录制新宏”对话框，输入新宏的名称，如“插入图片”。

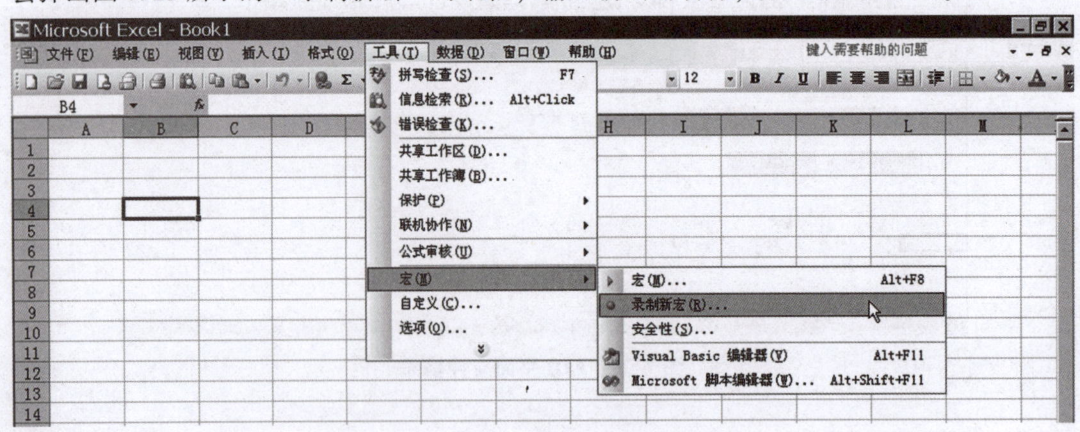

图 7.22　开始录制新宏

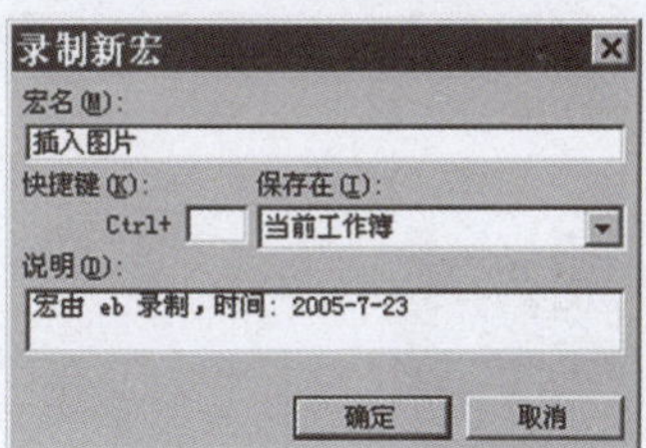

图 7.23　输入新宏名称

②插入图片，完成宏的录制，如图 7.24 所示。选择“插入”→“图片”→“来自文件”选项，弹出“插入图片”对话框，将准备好的图片插入 Excel 中，如图 7.25 和图 7.26 所示。

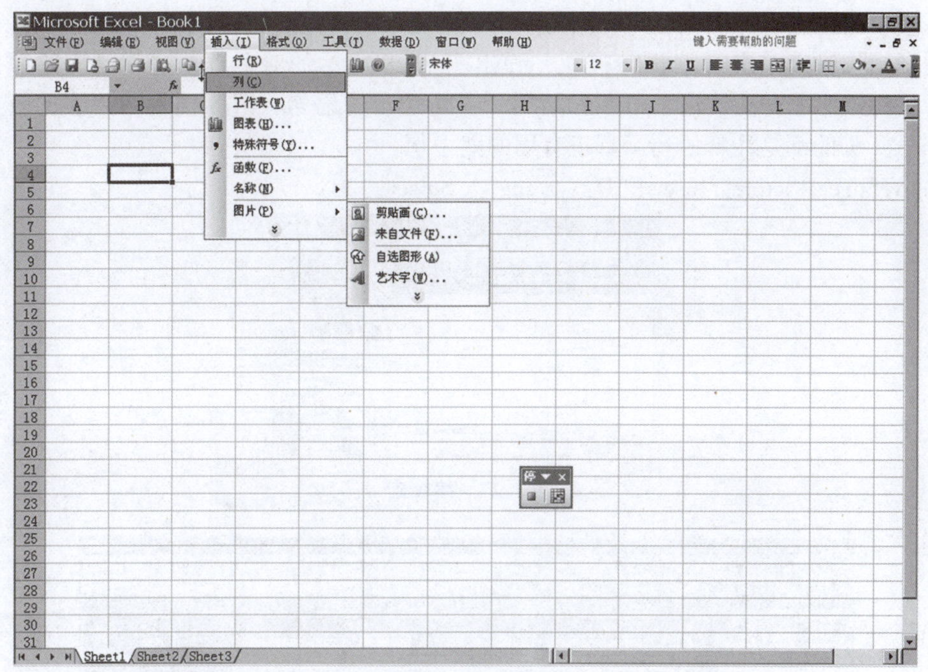

图 7.24　插入图片

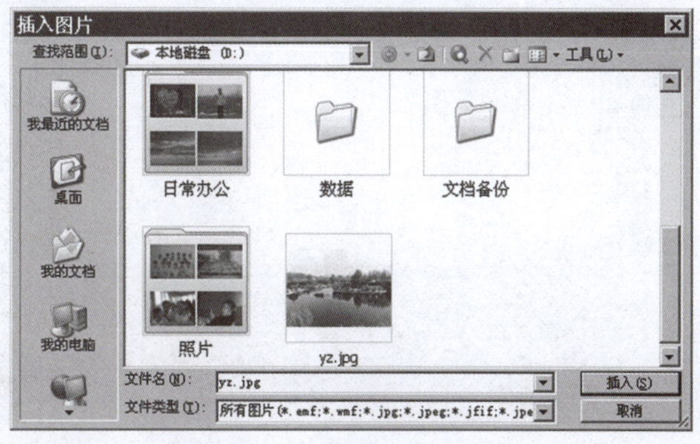

图 7.25　选择要插入的图片

如图 7.26 所示，当图片插入完成后便停止录制宏。

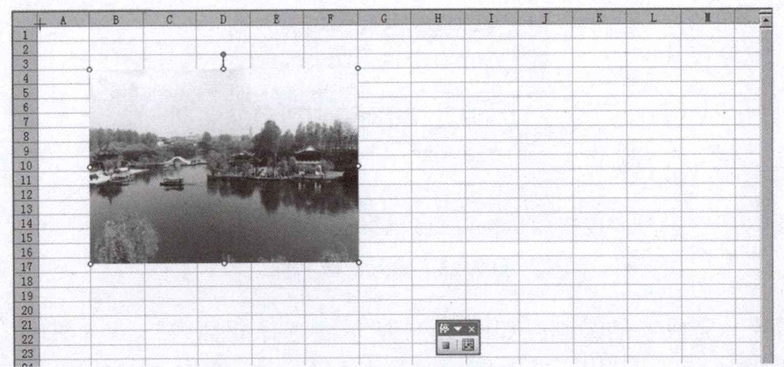

图 7.26　停止录制宏

③查看宏源码。如图 7.22 所示，选择“工具”→“宏”→“宏”后弹出图 7.27 所示的对话框。继续单击“编辑”按钮，弹出图 7.28 所示的对话框，这就是宏的源代码，宏的源代码以 Sub 开头，以 End Sub 结尾，中间是宏的语句，因为插入图片宏比较简单，以单引号开头的都是注释语句，真正有用的就一句：

ActiveSheet. Pictures. Insert("D:\yz. jpg"). Select。

图 7.27　编辑宏

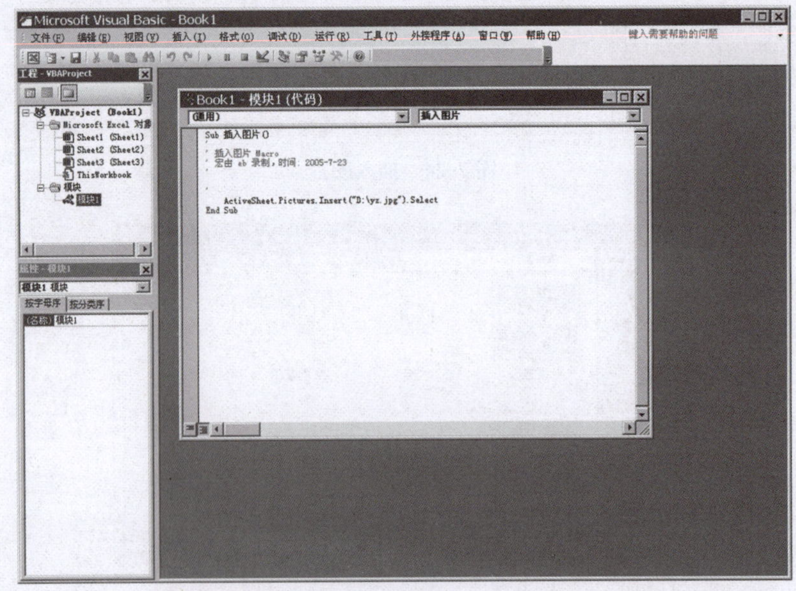

图 7.28　宏的源代码

④执行宏。将 Excel 关闭后重新打开，如图 7.29 所示。选择“工具”→“宏”→

“宏”选项，弹出“宏”对话框，就会出现图 7.30 的结果，此时单击“单步执行”按钮。

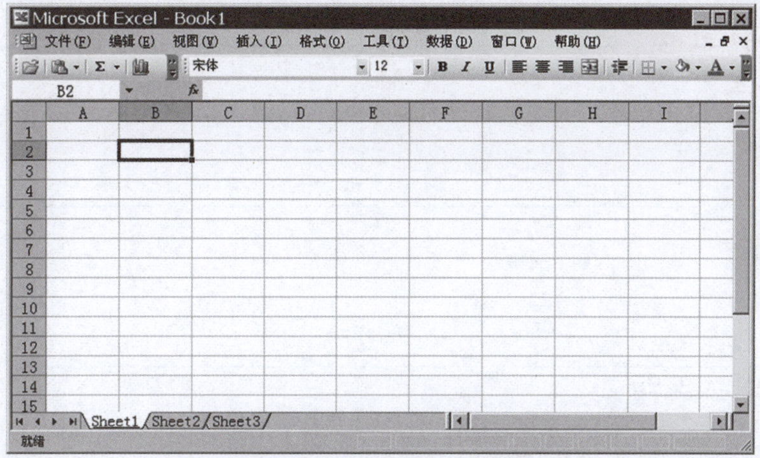

图 7.29　新开一个 Excel 窗口

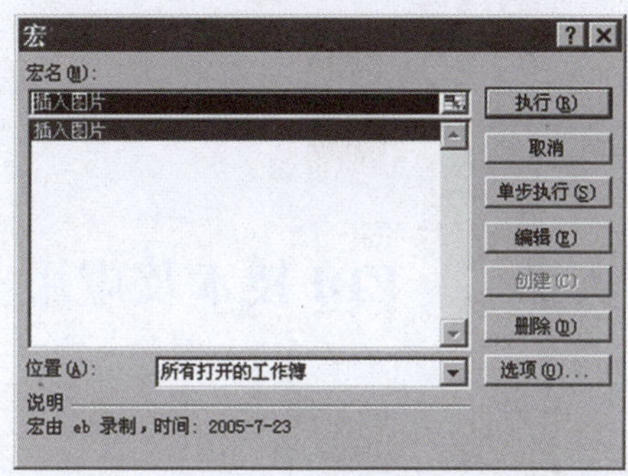

图 7.30　执行宏

六、实训报告

下达实训任务由学生自行练习并完成实训报告 1（表 7.1）。

表 7.1　实训报告

实训名称：		课程名称：
学号：	姓名：	实训时间：
专业：	班级：	实训地点：
一、实训目的与要求		
二、实训环境		

续表

实训名称：	课程名称：
三、实训内容	
四、实训步骤	
五、结论、问题与解决方法 （此部分为实训总结，是体现实训过程的重要内容，应鼓励学生将遇到的重要问题及解决方法总结出来，以体现实训对学生技能的提升作用）	
批语：	

实训二　EDI 技术及应用

一、实训目标

（1）能够掌握 EDI 技术的相关知识。

（2）熟练操作 EDI 软件。

二、实训背景

很多企业为了缩短和减少单据的清算时间，加快资金的周转速度，将企业业务资料，如发票、报价单、运单、装箱单和订单等单证在网络上相互传送并进行结算。因此，这需要相关人员掌握 EDI 技术相关知识，熟练操作 EDI 软件。

三、实训步骤

（一）任务描述

为提高工作效率，某物流企业准备采用 EDI 技术对企业进行管理，通过 EDI 和客户进行业务数据交换。

（二）任务分析

若要完成此任务，需要相关人员学习 EDI 技术并熟练掌握 EDI 软件的操作。

（三）任务处理

1. 软件下载

从 EDI 网站（http://www.npedi.com）下载软件。

2. 软件安装

执行下载的安装文件 ensetup.exe。默认安装在 c:\NPEDI，可以自行修改安装目录。

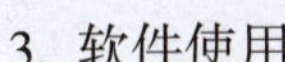

3. 软件使用

注意事项：

（1）教师要提前下载软件并调试和检测。

（2）需要进行网络教学，学生应熟悉学校局域网的 IP 地址。

（3）需要向 EDI 中心注册 FTP 登录用户名（小写方式）和 FTP 登录口令。

四、实训思考

（1）EDI 的发展趋势是什么？互联网的发展对 EDI 有何影响？

（2）请分析影响 EDI 推广应用的主要因素是什么。

（3）EDI 的安全问题有哪些？采用什么措施来防范？

五、实训报告

教师下达实训任务，让学生自行练习并完成实训报告 2（表 7.2）。

表 7.2 实训报告

实训名称：	课程名称：	
学号：	姓名：	实训时间：
专业：	班级：	实训地点：
一、实训目的与要求		
二、实训环境		
三、实训内容		
四、实训步骤		
五、结论、问题与解决方法 （此部分为实训总结，是体现实训过程的重要内容，应鼓励学生将遇到的重要问题及解决方法总结出来，以体现实训对学生技能的提升作用）		
批语：		

知识拓展

美的集团 EDI 应用案例

一、企业简况

创业于 1968 年的美的集团是一家以家电业为主，涉足房产、物流等领域的大型综合性现代化企业集团，拥有四家上市公司、四大产业集团，是中国最具规模的白色家电生产基地和出口基地之一。美的集团有员工 20 万人，拥有十几个品牌，拥有中国最大、最完整的小家电产品群和厨房家电产品群，同时产业拓展至房产、物流及金融领域。美的在全球设有 60 多个海外分支机构，产品销往 200 多个国家和地区，年均增长速度超过 30%。2010 年，美的集团整体实现销售收入达 1 170 亿元，其中出口额为 70.8 亿美元，名列中国企业 100 强。

二、应用背景

随着自身业务在全球范围内的不断扩大，美的已经形成了覆盖全球，从生产制造、供应商、物流、渠道到客户的庞大企业供应链群。2010 年，美的定下了 5 年内进入世界 700 强，成为位居全球白色家电前三的具备全球竞争力的国际化企业集团的发展目标。美的意识到，当前的市场竞争已经由企业与企业间的竞争变为供应链与供应链间的竞争，要实现既定目标，成为一个屹立全球市场的企业，就必须进一步联合上下游的业务伙伴，紧密合作，加强供应链一体化管理，共同增强整条供应链的竞争力，实现敏捷供应链。

敏捷供应链实现的第一步，是提升供应链成员在业务合作中大量信息交换的速度和准确性，这将直接影响到整个供应链的运作效率。美的的供应链伙伴群体十分庞大，上下游企业和合作伙伴众多，每年需要交换大量单据。美的与业务伙伴之间典型的信息交互如图 7.31 所示。

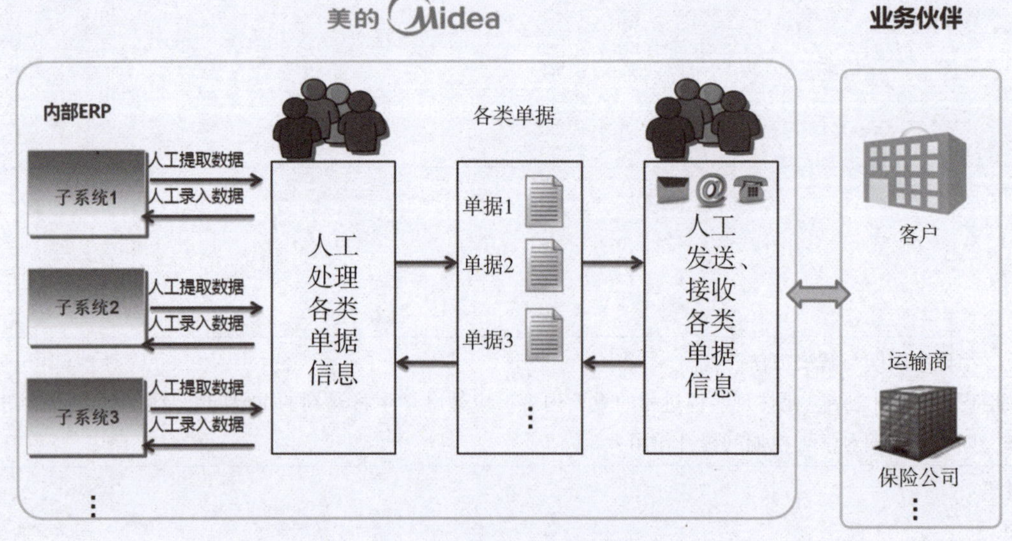

图 7.31　美的与业务伙伴之间典型的信息交互

之前，美的是采用人工方式实现对大量业务单据的接收、处理和发送，需要花费较长时间完成单据的处理；同时，人工处理方式难免发生错误。为了满足美的与供应链合作伙伴之间实时、安全、高效和准确的业务单据交互，提高供应链的运作效率，降低运营成本，美的迫切需要利用提供企业级（B2B）数据自动化交互和传输技术，即 EDI 方案来解决这个问题。

在选型的时候，美的着重 EDI 解决方案的如下特性。

第一，美的供应链内众多的合作伙伴，包括供应商、物流商、渠道商、银行和保险机构等都有自己的业务数据标准和传输协议；同时，美的内部各子应用系统也有各自的数据标准，因此 EDI 平台方案必须具备强大的数据处理能力，能够将各类异构数据迅速转换为标准 EDI 报文，还要具备支持多种传输协议的能力。第二，EDI 平台作为连接美的与众多合作伙伴的中间平台，是双方进行业务数据集成和交互的核心，其处理速度直接影响业务流程的效率，因此需要具备数据快速处理和传输能力；同时，整个处理和传输过程应该完全自动化，不需要人工干涉。第三，随着业务不断发展，美的供应链内的合作伙伴、业务流程、数据标准会发生相应的变动，因此 EDI 平台方案必须具备良好的柔韧性，以迅速适应业务需求的变更和拓展。

三、解决之道

经过反复的筛选和比较，美的最终选择业界领先的供应链管理解决方案提供商 SinoServices（锐特信息技术有限公司）为其提供 EDI 解决方案和技术支持。SinoServices 提供了 SinoEDI 企业级数据整合解决方案，主要功能模块包括以下部分。

集成服务器：业务流程引擎、网关、映射转换。

数据流管理：数据的路由、数据监控管理等。

EDI 组件：支持 ANSI X12 及 EDIFACT EDI 标准的组件——适配器。

美的 EDI 方案架构如图 7.32 所示。

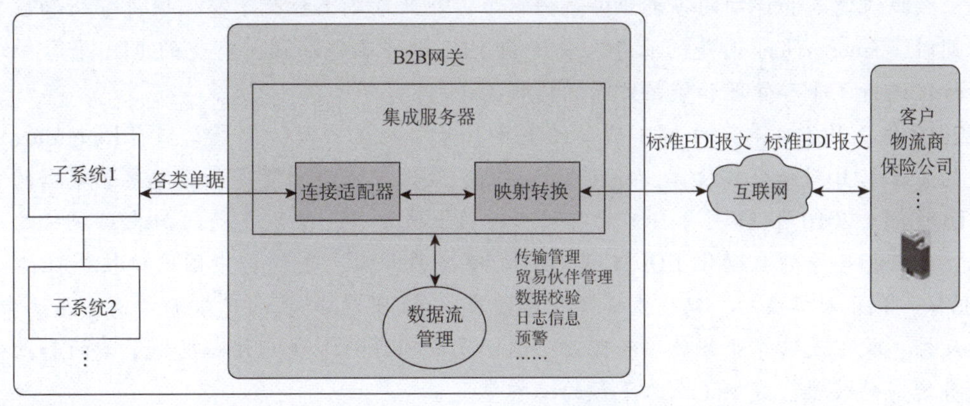

图 7.32　美的 EDI 方案架构

SinoEDI 企业级数据整合解决方案支持各类传输协议、加密算法，是一款性能非常优异的数据处理平台，支持任意数据格式之间的转换，数据流程可灵活定制，路由功能强大，且具备各类适配器与后台系统、数据源的集成。开发、部署由图形化的统一开发平台完成，简单、方便，具有以下优点。

（1）高度灵活、反应敏捷，可高效、快速适应业务需求的变化。不管是新合作伙伴的加入，还是新的数据格式，EDI 平台都可在不影响现有平台运行的情况下，快速接入新合作伙伴，增加新的数据格式，且平台架构不会发生任何大的变化。

（2）支持任何数据格式，如 EDIFACT、ANSI X12、RosettaNet、XML、IDOC、Flat File 等，强大的 EDI 引擎可支持各个时期各个版本的 EDI 标准。

（3）安全、高效、统一的 B2B 传输网关。B2B 传输网关不仅提供了一个 B2B 传输的统一接入点，便于管理，具备强大的全员生产维护（TPM）功能；同时，保证所有通过网关的数据都能安全发送与接收，提供多层次的安全防护，包括协议安全策略、SSL/TLS 策略等部分。

（4）强大的数据并发及处理能力。EDI 平台独特的设计，使它具备高效的数据处理能力，性能极其出色。

（5）实现与后台各种系统实现无缝集成。如 SAP、IBM MQ、J2EE 应用、数据库等系统都有相应的直连接口，便于美的内部各业务系统与 EDI 平台的高度集成。

利用 SinoEDI 企业级数据整合解决方案，美的和各业务伙伴之间大量数据和业务表单往来便可实现完全自动化的传输和识别，不受各类数据源的结构和传输协议的影响。

四、实施过程

2009 年 11 月 4 日，美的和 SinoServices 成立了由双方专家组成的项目实施小组，宣布 EDI 项目正式启动。

在项目实施过程中，工作人员首先进行 EDI 平台与对各种网络系统、数据备份、防火墙、入侵检测等运行环境进行部署、调试。同时，SinoServices 深入到美的业务系统应用的各部门中去，对实际工作业务流程等进行深层次的调研，并结合美的合作伙伴的业务和操作流程进行全面分析。然后在调研的基础上，双方立即着手进行 EDI 平台上的设计和开发，围绕所确定的业务范畴中的流程与数据的调研分析，按照产品线和业务类型的划分分析企业数据流需求和详细的各类业务数据需求，在此基础上提交了整体项目分析和设计文档。同时，SinoServices 对美的业务人员进行 EDI 操作流程培训，对美的 EDI 平台管理人员分阶段进行了平台管理和监控方面的培训。

2010 年 2 月 3 日是美的 EDI 项目的重要日子，在这一天，伊莱克斯（Electrolux）作为美的首家 EDI 对接合作伙伴，成功上线运行，实现了双方出货通知、发票等单据的自动化 EDI 流程。2010 年 11 月 4 日，北滘码头成功上线运行，实现了美的与北滘码头的订舱确认、调柜指令等的自动化 EDI 流程。2011 年 7 月 4 日，美的与中国出口信用保险公司（中信保）EDI 对接成功，双方实现了费率同步、OA 限额申请、LC 限额申请、出运申报、出运反馈、收汇反馈等业务数据的交互。这一系列项目的上线，大幅提高了美的和伙伴双方业务贸易的效率，减少了人工干预的工作量。

五、应用效益

美的 EDI 项目已成功运转了 1 年多，先后接入伊莱克斯、北滘码头、中信保等业务合作伙伴，美的已经明显感到集成、开放、灵活的 EDI 应用所带来的效益。

美的与业务伙伴之间的数据交互由过去的人工方式转变为完全的自动化，大幅提升了供应链的工作效率。实施 EDI 前后美的的业务流程变化如图 7.33 所示。

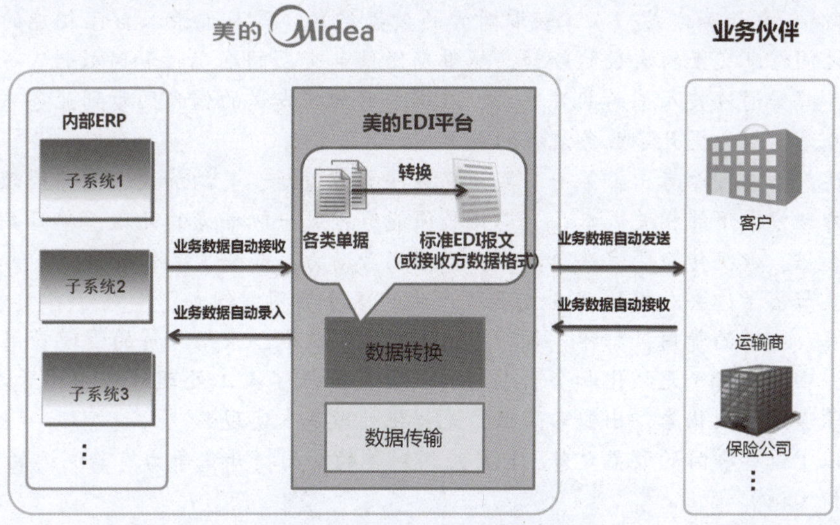

图 7.33 美的的业务流程变化

以前的人工处理方式需要从美的各个业务子系统（如 ERP、客户关系管理（CRM）等）中提取相关数据，再人工转换成合作伙伴所需要的单据格式，通过邮件、传真、电话等方式向相应的接收方发送（人工转换的过程可在美的或合作伙伴方进行）。同样，当从合作伙伴处接收到各类异构形态的单据之后，要通过人工方式识别、读取信息，并录入相应的子系统中。

现在，这个工作流程变为 EDI 平台自动接收各子系统发出的数据，再自动转换成标准 EDI 报文（或者合作伙伴系统能够直接识别的数据格式），再自动传输给接收方，整个过程无须人工干预，大幅提升了工作效率。

下面以美的和其合作伙伴中信保的业务流程“短期出口险申报”为例展开介绍。

短期出口险申报笔数大，数据来源多，数据在传送给中信保之前需要做很多“预加工”。例如，美的内部以“订单”为管理单位，而中信保以“发票”为最小业务识别单位，因此，美的要对同一张发票下的订单做金额合计，出运日、商品、运输方式也需要按业务规则提取，合并成一张发票提交中信保。同时，数据多以 Excel 报表作为传递的载体，美的先要从业务管理系统中导出 Excel 数据，再加工处理数据后交给中信保。在如上操作方式下，系统仅能够支持每次最大不超过 3 万条数据的传送，并且多为单向的传送方式（美的到中信保）。而实施 EDI 方案之后，可支持每次 10 万条以上的数据传送，美的在操作调研企业的业务系统的同时也可完成保险业务申请并即时获取中信保的业务处理反馈，这不仅加快了业务处理速度，还轻松实现了双方的高效沟通。

再以美的和其合作伙伴北滘码头的一个业务流程“订舱确认和货柜状态更新”为例展开介绍。这个业务流程分为如下步骤：美的船务订舱得到 S/O 号；将 S/O 号发给码头；码头根据 S/O 号在系统里生成相应的 S/O 序列号，并更新货柜状态为“已派单”；码头将信息发给美的；美的收到信息后，仓库进行调柜指令，更新货柜状态为“已调柜”，并将货柜指令和货柜状态发给码头；码头在收到调柜指令后，安排货柜去码头，安排后得到具体的柜号并更新货柜状态为“已出场”发送给美的；货柜从码头上船后，码头将离港日期、大船封条号等信息发给美的。如果实际柜号因为某些原因再次修改，则码头需要将修改后的信息发给美的。以前，美的和码头对于上述业务流程的合作是通过即时通信工具

（如电子邮件、电话等方式）人工获取对方的数据信息，再人工录入自己相应的业务系统中。双方之间信息交互的次数越频繁，越难确保信息交互的准确性和时效性。而实施 EDI 方案之后，码头通过接入美的 EDI 平台，在第一时间将发送的信息同步到业务系统中，供相应人员查看，极大提升了业务流程的效率。

从上述例子中可以看出，第一，实施 EDI 平台方案后，美的加快了业务处理速度并降低了人工处理方式下的相关成本。平均几秒便能够完成一份单据的处理，单日数据传送数量提升了数倍，数据传输已完全自动化，节省了劳动力，提高了工作效率。

第二，节省了过去人工处理方式下所产生的额外费用。例如，节省了各类纸张费用，电话、传真、邮递的费用，打印、复印费用，对数据收发、录用人员的管理费用。

第三，由于实行了无纸化和全自动操作，大大降低了人工处理过程中由于人为操作、纸张丢失等造成的出错率。出错率降低，无错化处理基本实现。

除了以上这些即时的效益之外，EDI 应用对美的全面提升竞争力有着深远的作用。

试分析案例。

（1）美的公司实施 EDI 前后的业务流程有什么变化？

（2）EDI 应用对美的公司全面提升竞争力有什么作用？

（3）EDI 这个项目的成功实施在其公司的后期应用中应做好哪些方面的工作？

在美的 EDI 项目以及与其合作伙伴进行对接的实现上，通过美的、美的合作伙伴和 SinoServices 三方的共同努力，对整个项目进行统筹安排、分步实施，确保项目的顺利。项目的成功上线及后期应用的深化在于做好如下三点。

（1）企业相应业务流程的改造。以前，企业内部和业务伙伴之间已形成相应的业务操作流程，而采用 EDI 之后，业务操作流程将有所调整，更新后的流程通过 EDI 平台固化下来，形成了统一的、规范的数据交互模式。

（2）项目进行过程中往往会涉及企业内部和企业间多个业务部门的合作，因此，沟通至关重要。SinoServices 对美的的业务和 IT 人员做了 EDI 知识、EDI 平台操作和业务流程变更等方面的完善培训，并配合美的做好 EDI 项目的宣传推广，让相关人员充分了解 EDI 平台带来的效益。在项目实施前期，SinoServices 代表美的直接与美的合作伙伴进行沟通；同时，SinoServices 把与美的合作伙伴之间的沟通汇总给美的，并为其做相应的说明和解答，这样的沟通方式大大加快了项目实施的进程。

（3）根据美的业务伙伴的实际情况推荐最简便的解决方案。例如，合作伙伴与美的之间使用的是 Excel 单证往来，SinoServices 可为其设计具有类似 EDI 功能的 Excel 单证格式，完全不改变其日常的业务单证制作流程。此举可以快速推广 EDI。

学习测试

一、选择题

1. 根据不同的发展特点和运作层次，还可以将 EDI 分为封闭式 EDI、开放式 EDI 和（　　）。

A. 分布式 EDI　　B. 集中式 EDI　　C. 分散式 EDI　　D. 交互式 EDI

2. UN/EDIFACT 是（　　）公布的 EDI 标准。

A. ANSI X12　　B. ISO

C. 国际标准化组织 EDIFACT　　　　D. IEEE 协会

3. EDI 系统中常用的软件不包括（　　）。

A. 转换软件　　B. 编码软件　　C. 翻译软件　　D. 通信软件

4. 在 EDI 的硬件系统中，（　　）用来进行模拟信号和数字信号之间的转换。

A. 计算机　　B. 调制解调器　　C. 通信线路　　D. 路由器

5. 物流 EDI 系统的主要功能就是提供（　　）。

A. 报文转换　　B. 数据通信　　C. 数据处理　　D. 文件传输

6.（　　）是指 EDI 按照约定的格式，通过通信网络进行信息的传递和终端处理完成相互的业务交往。

A. MHS 方式　　B. LAN 方式　　C. PTP 方式　　D. VAN 方式

7.（　　）是构成 EDIFACT 报文的最小单位。

A. 数据元　　B. 段目录　　C. 代码表　　D. 报文目录

8. 在 EDI 的功能模块中，（　　）是 EDI 系统与 EDI 通信网络的接口。

A. 内部接口模块　　　　B. 报文生成及处理模块

C. 格式转化模块　　　　D. 通信模块

9. 相关资料表明，采用 EDI 技术支付循环的时间可以节省（　　）。

A. 2~4 天　　B. 5~7 天　　C. 8~10 天　　D. 10~15 天

10. 采用 EDI 技术，物流的差错率从 50%降到 40%，每笔交易成本可以减少（　　）。

A. 10%　　B. 15%　　C. 20%　　D. 25%

11. EDIFACT 标准包括一系列涉及电子数据交换的标准、指南和规划，共有（　　）部分。

A. 7　　B. 8　　C. 9　　D. 10

12. EDI 是指（　　）。

A. 地理信息系统　　B. 全球定位系统　　C. 智能交通系统　　D. 电子数据交换

13. EDI 的连接方式有（　　）。

A. 直接连接方式　　　　B. 间接连接方式

C. 第三方网络连接方式　　　　D. 网络连接方式

14. EDI 标准的三要素是（　　）。

A. 标准报文　　B. 数据元素　　C. 数据段　　D. 字符段

15. 物流 EDI 系统的组成要素是（　　）。

A. 标准　　B. 系统　　C. 硬件　　D. 通信

16. 互联网和 EDI 的结合方式有（　　）。

A. 电子邮件方式　　　　B. Standard IC 方式

C. XML/EDI 方式　　　　D. Wed-EDI 方式

二、简答题

1. 什么是 EDI？什么是物流 EDI？

2. EDI 的特点有哪些？

3. 简述 EDI 系统的基本结构及各组成模块的作用。

4. 为什么要制定 EDI 标准？国际上公认的 EDI 标准有哪些？

5. 物流 EDI 系统的构成要素有哪些？

6. 简述物流 EDI 的工作方式和通信方式。

7. 简述 EDI 方式下的电子订货过程。

8. 简述 EDI 在我国的应用情况。

9. 简述 EDI 的特点、应用领域及连接方式。

10. 物流 EDI 中信息是如何进行流动的？

11. EDIFACT 标准有哪些？

12. EDI 软件由哪些模块组成？各模块是如何工作的？

13. 物流 EDI 系统的组成要素有哪些？其系统结构如何？

14. 互联网与 EDI 系统是如何结合的？

15. EDI 技术在物流行业中是如何应用的？

三、判断题

1. EDI 不需要按照国际通用的消息格式发送消息和对消息进行处理。（　）

2. 按系统功能，EDI 可分为订货信息系统、电子金融汇兑系统、交互式应答系统、图形资料自动传输系统。（　）

3. EDI 系统的用户接口模块是连接 EDI 系统与企业内部其他信息系统或数据库的接口。（　）

4. EDI 的通信方式主要有 PTP 方式、VAN 方式和 MHS 方式。（　）

5. 订货信息系统可以应用在旅行社或航空公司作为机票预订系统。（　）

6. UN/ECE 会制定和颁布的电子数据交换规则是 ANSI X12。（　）

7. 在 EDI 系统中，翻译软件可以帮助用户将原有计算机系统的文件转换成平面文件。（　）

8. 根据接入 EDI 网络的方式不同，EDI 的工作方式可分为单机方式、多机方式和企业互联网方式三种。（　）

四、思考题

1. 传统配送方式和使用 EDI 后的物流配送方式有何不同？

2. 作为物流企业的 EDI 工作人员应掌握哪些技能？

3. 企业引入 EDI 系统可以为现代物流管理带来哪些好处？

五、案例分析题

上海海关通关业务计算机及 EDI 的应用

一、背景资料

上海海关是中国历史最悠久的海关之一。1950 年 2 月 16 日，江海关正式改名为中华人民共和国上海海关。上海海关是国家设在上海口岸的进出境监督管理机关，隶属中华人民共和国海关总署。上海海关现设各类机构 49 个，包括办公室、法规处、监管通关处、审单处、行邮处、边贸处、关税处等 20 个内设职能处室（含缉私局），现场业务一处、二处、三处、驻邮局、车站办事处等 8 个派驻机构，浦东、机场、吴淞、浦江、外高桥港区、洋山、外高桥保税区等 14 个隶属海关，以及全国海关进出口商品归类中心上海分中心、海关总署上海商品价格信息处、中国电子口岸数据中心上海分中心等 6 个其他机构和驻上海世博会园区监管服务中心 1 个临时机构，设立监管点共计 275 个。它的主要任务是按照《中华人民共和国海关法》和其他有关法律法规的要求监管经上海口岸进出境的运输工具、货物、行李物品、邮递物品和其他物品，征收关税和其他税费，查缉走私并编制海关统计和办理其他海关业务。

近年来，随着发展步伐的加快，上海口岸监管的业务量以每年20%左右的速度递增，口岸的年进出口货值和税收流量约占全国的1/4，各项主要业务指标位列全国海关首位，其全部通关业务均使用计算机作业。

二、采用的技术

1）上海海关 EDI 发展过程中采用的技术

从 1985 年，上海海关就开始在通关业务方面应用计算机管理，从当时的单独业务环节处理程序发展成现在功能完备的大型数据处理系统，其发展经历了三个阶段。

第一阶段——计算机进行辅助处理阶段。该阶段从 1985—1990 年，是上海海关计算机应用的起步阶段。

第二阶段——电子数据处理阶段。该阶段从 1990—1995 年，此时上海海关全面使用了海关总署开发的 H883 报关自动化计算机管理系统，该系统是一种电子数据处理（EDP）系统。1994 年上海海关开始应用“海关空运快递 EDI 系统”，该系统作为海关 EDI 通关系统的一部分一直沿用至今，其年均处理 200 万批国际快递物品，并全面实现无纸作业，世界海关组织（WCO）和国际快递协会（IECC）曾联合在上海虹桥国际机场海关召开现场会，向全世界推荐该 EDI 系统。

第三阶段——EDI 系统阶段，该阶段从 1995—1999 年，海关总署将原来的 H883 系统升级为 H883/EDI 系统，并为上海海关配备了 EDI 平台使用的 AMTrixEDI 系统，使上海海关的计算机管理系统从 EDP 系统阶段发展到了 EDI 系统阶段。

2）上海海关 EDI 通关系统

为进一步促进上海国际经贸事业的发展，使上海与国际接轨，体现上海在全国经贸、交运的龙头地位，上海市 EDI 中心和上海海关合作开发了“海关 EDI 通关系统”（以下简称“EDI 通关系统”）。在技术上，EDI 通关系统采用 EDIFACT 标准，其中对 EDIFACT 的报文类型 CUSEXP 的应用，还成为全球首个应用例，使中国海关在 EDI 方面进入世界先进行列。该系统现已集成了货运舱单录入、普货进出口报关和快递物品通关（包括空运快递及邮政 EMS 速递）等软件。EDI 海关通关系统用户仅上海地区就已达 400 余家，日平均处理 10 000 余份单证，占上海通关总数的 40%。可以说，该 EDI 通关系统的成功开发与应用为我国进出口业务的繁荣、海关业务的稳定发展做出了贡献，也为 EDI 技术在我国的应用起到了推动与示范的作用。

该系统在技术上分为两大部分：EDI 中心系统和客户端系统。

（1）EDI 中心系统。

EDI 中心服务系统作为海关信息系统的外部网，主要用于向社会提供报关服务，并且起到隔离海关内部网与社会其他信息网的作用，使各个进出口企业既可以得到方便的 EDI 通关服务，又可以保证海关内部信息系统的安全。同时，EDI 中心支持多种通信协议和灵活的报文翻译功能，可以方便地与各种不同的系统连接。其主要功能如下。

①通信服务功能：提供各种不同的接入方式，如 DDN、专线、拨号线、X. 25 等；支持各种不同的通信协议，EDI 用户可选择 FTP、WWW、电子邮件等各种通信服务来传送报关单报文。

②报文翻译功能：系统能对各种报文进行灵活的翻译，可以将 EDIFACT 报文自由地

翻译成 ANSI X12、TRADACOMS、ODETTE 或自定义格式中的任一种格式，反之亦然；除完成报文翻译外，系统还对报文的语法错误进行检查。

③管理功能：完善的计费系统，可对各类用户按其传输的信息量、传输距离的长短、是否享受优惠等条件按月打印收费通知书；数据备份和日志，对经 EDI 中心传送的所有报文进行备份，以备日后查阅，同时对系统处理报文的每一个阶段的状态自动做好日志，并对事先设定的特定事件，一旦发生即通过电子邮件、传呼机等手段向管理员报警，保证每一份报文都被正确地处理；用户授权，系统对用户身份进行检查，保证用户能正确地发送和接收 EDI 报文。

④安全和保密：使用数字签名和数据加密/解密技术，对通过 EDI 中心传输的一些敏感数据提供数字签名和数据加密技术，防止数据被未经授权用户非法阅读。

⑤系统监控功能：系统提供分布或集中监控，允许从一点管理多个分系统；使用图形界面，可方便配置系统，维护系统，观察日志信息，浏览 EDI 标准或生成自定义格式。

⑥存证功能：EDI 存证是将用户已接收数据及用户在 EDI 系统的会话记录，加上必要的信息，按一定的格式以文件形式保存。存证文件包含单证的发送方、接收方数据类型、单证类型、单证编号、接收/发送/删除时间及单证具体内容等重要信息，凡是发送成功的报文的存证就有发送信箱记录；同时，也提供根据用户身份分级检索，支持 Web 界面的检索、浏览及单证计费、统计等功能。

（2）客户端系统。

客户端系统通过各种通信线路连接到 EDI 中心，EDI 中心对这些数据进行查错、翻译、加密/解密等处理后发送给指定的海关主机系统。同样地，海关主机系统通过 EDI 中心将海关回执发送给各个 EDI 用户。该系统的用户主要是各报关行、预录入公司等专业进出口单证录入公司及进出口货运、快递公司，目前上海约有 80%的报关行及 60%的货运公司使用该 EDI 系统。该系统主要包括各种单证录入软件、通信软件、报文翻译软件和系统配置软件，运行平台基于计算机和 Windows 系列操作系统，录入软件主要完成舱单、报关单、合同备案、快递等单证的录入。通信软件主要完成 EDI 用户与 EDI 中心之间的报文发送和接收，通过 FTP 发送，也可使用 E-Mail 格式发送，或者使用 HTTP 经 WebServer 发送。报文翻译软件主要用于把录入好的报关单数据文件或合同文件按 EDIFACT 标准翻译成报文，如 CUSDEC，发送到 EDI 中心。另外，还要把从 EDI 中心取回的海关回执报文（如 CUSRES）翻译成海关回执文件。

三、发展前景

上海海关在海关总署的统一领导和具体指导下，其通关业务计算机及 EDI 应用会向更高的目标迈进，在网络化报关、无纸化作业、开放式的体系结构等方面取得新进展。从上海海关通关业务的 EDI 应用中可以看出，海关 EDI 应用有以下趋势。

（1）从双边应用到多边应用。从本案例中可以看出，中国海关的 EDI 应用是从双边应用开始的，但这是不够的，只有在与货物通关业务有关的舱单核销、税费缴纳、许可证核销、加工贸易合同备案、转关运输、进出口结汇、出口退税等所有相关业务都采用了 EDI，海关和企业才能得到更大好处，真正意义上的无纸化的通关环境才能真正形成。这就需要通关业务相关部门的共同参与。事实上，EDI 在海关通关领域的多边应用已经起步。在北京、上海口岸进行的税费电子化支付的试点及进出口结汇业务采用报关单联网查询核销的推广使用，就是很好的例子。多边应用将是海关 EDI 应用的一个大趋势。

(2) 从行业应用到跨行业、跨地区、跨国境应用。如果 EDI 在通关领域的多边应用只能算作在单一行业的应用，那么海关 EDI 应用的另一大趋势是跨行业、跨地区、跨国境的应用。若从货物订单到产品生产、从货物的进出口通关到货款的结算都实现无纸化后，会给企业带来极大的效益。从这个意义上讲，海关 EDI 应用的结果必将会带动跨行业、跨地区、跨国境的应用。

四、总结与建议

上海海关作为中国最大的对外贸易口岸和中国海关部署，在全国范围内推进通关作业改革的重点口岸、在电子数据交换通关方面取得了很大的成功，为全国海关无纸化通关的实施提供榜样，积累成功经验，提高上海口岸的通关效率，缩短通关时间，给外贸企业提供了很大的便利，进一步提高了海关信息化管理水平，规范海关执法。

上海海关取得的成功与党和国家的支持是分不开的，除此之外，上海海关 EDI 的实施顺应了国际形势的发展，满足了外贸企业的需求。接下来，上海海关应该抓住机遇，大力发展信息技术，进一步完善其 EDI 系统，以更好地适应国际化发展的形势，使上海这个国际化都市在激烈的国际竞争中立于不败之地。

1. 简述上海海关 EDI 应用系统可以为各相关方提供哪些功能。
2. 分析 EDI 的应用给上海海关带来哪些好处。
3. 简述此案例给你带来哪些启示。

项目七 学习测试答案

素质拓展

EDI 遵从国际标准，使业务数据按照结构化或标准的报文格式并通过网络，从一个业务系统到另一个业务系统进行电子数据传输，让计算机与计算机自动传输标准格式的电子形式的订单、发票、库存报告等业务单据。

了解 EDI 后，再看下 EDI 可以做哪些工作？

EDI 主要分为三大板块：数据传输、数据转换、EDI 与业务系统集成。

(1) 数据传输。EDI 支持合作伙伴之间传输所有的业务数据单据，如订单、订单确认、发货信息、物流信息、发票等业务单据，而且 EDI 没有任何行业限制，只要与交易伙伴进行数据传输，就可以使用 EDI 来进行。知行 EDI 支持国际标准传输协议（AS2、OFTP2、SFTP、FTP 等），可对接任意 EDI 系统，传输任意格式数据。

(2) 数据转换。当交易伙伴传输的业务单据格式阅读性较低，或者业务同事无法了解业务需求，需要将这些阅读性低的数据格式转换为 Excel，CSV 等阅读性较高的文件格式时，知行 EDI 通过简单的配置便可以完成。知行 EDI 支持常见的数据文件格式的相互转换，如标准 EDI 文件（X12、EDIFACT、VDA 等）、XML、JSON、CSV、Excel 等。

(3) EDI 与业务系统集成。大部分企业已有自己的业务管理系统/ERP 系统，除了板块二中描述的文件格式之间的相互转换，当前更多的需求是将这些数据直接写入业务系统，业务人员可以直接在业务系统了解并处理所有的业务信息，知行 EDI 支持与各种业务系统集成，如 SAP、用友、金蝶、Oracle 等系统。

了解 EDI 和 EDI 的作用后，看一下为什么需要 EDI，使用 EDI 会带来哪些优势？

EDI 技术在国外已经发展得十分成熟。最初，随着全球化贸易进程的加快，应国外贸易伙伴需要，国内企业开始被动了解 EDI，使用 EDI。但是近几年，国内越来越多的企业开始主动引入 EDI，用来提高企业的管理水平。主动引入 EDI 主要体现在以下需求中。

1）无纸化贸易发展需求

为节约企业的时间、物资、空间成本，提高办事效率及保护环境，各企业都在追求无纸化办公，这也使得各企业间业务活动以无纸化贸易为理想目标。而随着计算机技术的发展和 EDI 的普及，EDI 经过电子数据通信网络，在商业贸易伙伴的电子计算机系统之间进行交换和处理，加速了贸易无纸化的进程，所以 EDI 成为大部分企业实现无纸化业务数据传输的首选。

2）业务关系维护需求

业务活动中不乏消息不及时、反馈不及时、流程不明确等出现的各种扯皮纠纷问题，而 EDI 将会大幅度避免这样的问题。EDI 数据传输过程中有明确的回执消息，如使用 AS2 协议传输 MDN 回执文件，告知业务伙伴成功收到业务单据。所以，使用 EDI 进行业务活动，更加有利于维护与贸易伙伴之间的关系，促进更加长期的合作。

3）企业信息自动化建设需求

由于人工录入数据的重复性和错误率太高，处理周期太长，企业纷纷开始追求信息自动化，这让 EDI 成为自动化中重要的一个环节，从而取代了人工手工上传，降低了人工录入的误差并确保数据内容完整、无人工篡改地传送给业务伙伴，提高了数据的准确性。

同时，EDI 系统可以自动接收处理贸易伙伴的数据，并把数据以业务人员需要的高可读性格式展现给业务人员以便处理业务；反之，企业自己的业务数据也全自动地传送给业务伙伴。这大幅度缩短了业务周期，提高效率，降低成本。

4）企业数据安全性保障需求

与之前纸质文件、邮件等方式传送业务单据相比，使用 EDI 传送业务单据会对数据和数据传送通道进行加密签名，避免一些敏感数据的暴露，从而保证数据的安全性。

5）供应链整合、优化需求

在供应链管理过程中，与供应商保持长期的合作是最关键的，其中与供应商业务流程的标准化最不容忽视，使用 EDI 与供应商进行业务数据传输完全满足标准化的需求。

由于大部分国内企业与国外企业有业务往来，它们为了与国外企业建立长期合作关系，通常部署 EDI 系统以提高自身竞争力。

总体而言，国内外市场对 EDI 的需求量很大，EDI 技术日益成熟，安全系数、稳定性、兼容性等指标在不断地被优化和完善，应用效果持续向好。

项目八　智慧物流自动化技术

项目简介

自动化的综合性很强，它和控制论、信息论、系统工程、计算机技术、电子学、液压气压技术、自动控制等都有着十分密切的关系，其中的控制论和计算机技术对自动化技术的影响最大。

随着经济与技术的发展，自动化技术在各行各业得到广泛应用，对提高工作效率、提高服务质量起到重要作用。另外，自动化技术为物流行业的发展带来新的机遇，物流自动化已经成为体现物流行业水平的重要标志。

工作流程

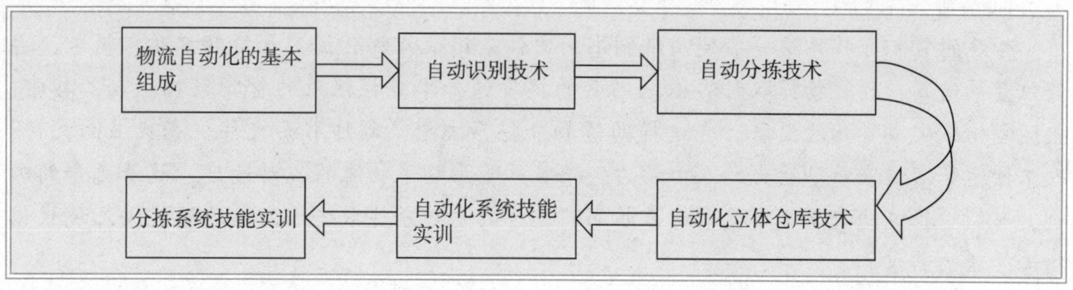

学习目标

知识目标

1. 了解智慧物流自动化技术。
2. 理解智慧物流识别、分拣技术。
3. 掌握智慧物流自动化技术。

技能目标

1. 学生能够运用智慧物流信息化技术。
2. 学生能够掌握自动立体仓库技术。

素质目标

1. 具有解决问题的积极心态。
2. 具有严谨的逻辑思维能力。
3. 具有良好的口头沟通能力与书面写作能力。
4. 具有耐心、细致的工作态度，精益求精的工匠精神。

案例导入

自动化在物流中的应用

一、背景

随着生产经营方式的变革和市场外部条件的变化，以降低原材料成本和进行产品技术开发来提升产品利润的空间越来越小，这使各企业把目光转向有“第三利润源泉”之称的物流环节。而传统自给自足式的物流服务无论从经济效益上还是从系统化、专业化程度上都无法与专业的第三方物流企业相比，这使越来越多的企业为优化企业资源配置和增强市场竞争优势，将不属于企业核心竞争力范畴的物流业务外包，促使中国的第三方物流高速发展。

二、需求分析

2009 年，国务院发布了《物流业调整和振兴规划》，把促进物流业发展上升到国家战略层面。从总体来看，国内物流装备技术的发展处于世界领先水平。

1. 消费需求的变化

传统的货物分拣系统一般使用纸制书面文件来记录货物数据，如货物名称、批号、存储位置等信息，到货物提取时再根据书面的提货通知单查找记录的货物数据，人工搜索、搬运货物来完成货物的提取。在这样的货物分拣系统中，制作书面文件、查找书面文件、人工搬运等不仅浪费了巨大的人力物力，而且严重影响了物流的流动速度。随着竞争的加剧，人们对物流的流动速度要求越来越高，这样的货物分拣系统已经远远不能满足现代化物流管理的需求。

2. 存储的需求

经过分析可知，在整个生产过程中，最受制约的部分是仓储，尤其是原材料和零部件的仓储和配送。大型企业储量大导致外租库成本高，还需要大量的仓库管理人员，由此就产生了大量费用来支付工资。另外，可以存储物料的物体库存量较大。通常用于流通的是纸箱，它的缺点在于，被包装产品零部件容易压坏，上线时的多次倒箱增加了人工拣选，产品质量无法得到保证。

三、应用效果

现在，一个先进的货物分拣系统对于系统集成商、仓储业、运输业、后勤管理业等至关重要，因为这意味着该企业具有比竞争对手更快的物流速度，更快地满足顾客的需求，潜在回报也是惊人的。建立一个先进的货物分拣系统，结合有效的吞吐量，不但可以节省数十、数百甚至数千万元的成本，而且可以大大提高工作效率，显著降低工人的劳动强度。使用这样的货物分拣系统后，完全摒弃了使用书面文件完成货物分拣的传统方法，采用高效、准确的电子数据的形式，提高效率，节省劳动力；使用这样的货物分拣系统后，不但可以快速完成简单的存储提取，而且可以方便地根据货物尺寸、提货速度要求、装卸要求等实现复杂货物的存储与提取；使用这样的货物分拣系统后，分拣工人只需简单的操作就可以实现货物的自动进库、出库、包装、装卸等作业，降低工人劳动强度，提高效率；使用这样的货物分拣系统后，可以结合必要的仓库管理软件真正实现仓库的现代化管理，充分实现仓库空间的合理利用，显著提高物流速度，从而为企业创造、保持市场竞争优势创造条件。

任务一　物流自动化的基本构成

一、智慧物流自动化系统的组成

智慧物流是一种以信息技术为支撑，在物流的运输、仓储、包装、装卸搬运、流通加工、配送、信息服务等各个环节实现系统感知的物流形态。通过全面分析，及时处理及自我调整功能，企业可实现物流规整智慧、发现智慧、创新智慧和系统智慧的现代综合性物流系统。

智慧物流自动化系统的系统结构主要由5部分组成，如图8.1所示。

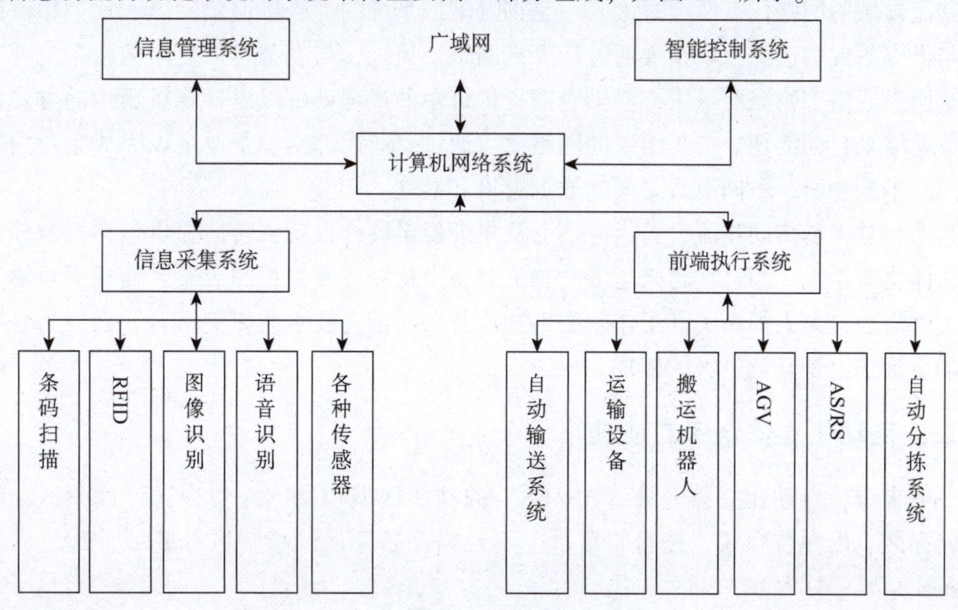

图8.1　智慧物流自动化系统的组成

1. 信息管理系统

信息化是物流自动化系统的基础，集中表现为物流信息的商品化、物流信息收集的数据库化和代码化、物流信息处理的电子化和计算机化、物流信息传递的标准化和实时化、物流信息存储的数字化等形式。

2. 信息采集系统

信息采集是实现物流自动化的前提。通过条码、语音、射频、图像等自动识别系统，企业可收集和记录物流实物的相关数据信息，以实现实物流动的自动化控制。自动识别与数据采集技术的核心在于能够快速、准确地将现场大量的数据有效录入计算机系统的数据库中，从而加快物流、信息流、资金流的速度，提高企业的经济效益和客户服务水平。

3. 智能控制系统

物流作业过程大量的运筹与决策，如库存水平的确定、运输（搬运）路径的选择、自动导向车的运行轨迹和作业控制、自动分拣系统的运行、物流配送中心经营管理的决策支持等问题，都需要借助于大量的知识才能解决。智能控制系统的任务就是以尽可能低的成本为顾客做出最好的服务。

4. 前端执行系统

前端执行系统是物流自动化系统的核心，具有机电一体化系统的典型特征。智慧物流自动化系统根据智能控制系统的指令，可完成实物的存取、搬运、输送、运输、分拣等任务。

5. 计算机网络系统

物流领域的网络化有两层含义。一是物流配送系统的计算机通信网络。比如物流配送中心与供应商或制造商的联系要通过计算机网络。另外，与下游客户之间的联系也要通过计算机网络通信。物流配送中心向供应商提供订单的过程就可以以计算机通信的方式借助于增值网络来自动实现。二是组织的网络化。通过企业内部网，企业可以完成企业内部不同部门、不同场所、不同设备之间的数据交换和共享。

目前，越来越多的物流设备供应商已从单纯提供硬件设备，转向提供包括控制软件在内的总体物流系统，而且在越来越多的物流装备上加装计算机控制装置，实现了对物流设备的实时监控，大大提高了其工作效率。物流装备与信息技术的完美结合，已成为各厂商追求的目标，也是其竞争力的体现。

二、自动化立体仓库的组成

一般来说，自动化立体仓库（AS/RS）的功能区域包括入库暂存区、检验区、码垛区、储存区、出库暂存区、托盘暂存区、不合格品暂存区及杂物区等区域，其组成如图 8.2 所示。

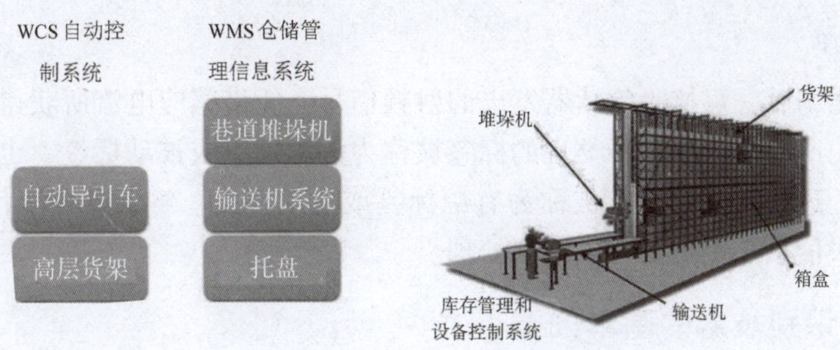

图 8.2　自动化立体仓库的组成

任务二　自动识别技术

一、自动识别技术的概念

自动识别技术是将信息数据自动识读、自动输入计算机的重要方法和手段，是以计算机技术和通信技术为基础的综合性科学技术。它将数据自动识别、自动采集并且自动输入计算机并进行处理。自动识别技术已成为集计算机、光、机电、通信技术为一体的高新技术学科，是当今世界高科技领域中的一项重要的系统工程。

自动识别是通过将信息编码进行定义、代码化，并装载于相关的载体中，借助特殊的设备，实现定义信息的自动采集，自动输入信息处理系统并得出结论的识别方法。

自动识别技术是数据编码、数据采集、数据标识、数据管理、数据传输的标准化手段。

二、自动识别系统的组成和工作原理

1. 组成

最基本的自动识别系统由三部分组成：标签（由耦合元件及芯片组成，每个标签具有唯一的电子编码，附在物体上标识目标对象）、阅读器（读取标签信息的设备，可设计为手持式或固定式）、天线（在标签和读取器间传递射频信号），一套完整的系统还需具备数据传输和处理系统。自动识别系统的组成如图 8.3 所示。

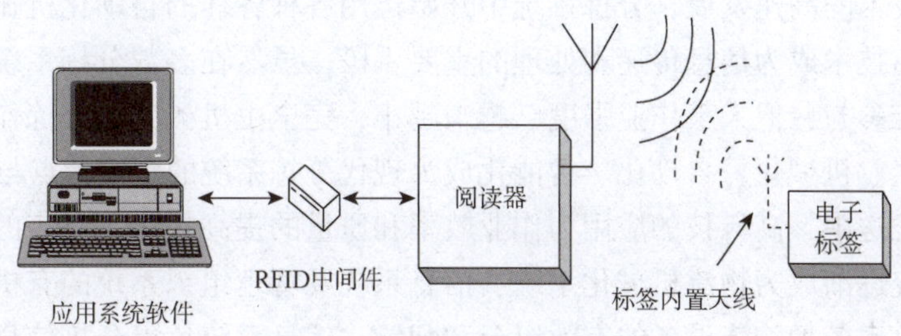

图 8.3　自动识别系统的组成

2. 工作原理

标签进入磁场后，可接收解读器发出的射频信号，凭借感应电流所获得的能量发送出存储在芯片中的产品信息，这种类型的标签被称为无源标签或被动标签，也可主动发送某一频率的信号，这种类型的标签被称为有源标签或主动标签。解读器读取信息并解码后，将信息送至中央信息系统进行有关数据处理。

三、自动识别技术的基本分类

自动识别技术在日常生活中的应用十分广泛，有光学字符识别（OCR）技术、语音识别技术、生物计量识别技术、智能卡（IC）技术、条码识别技术、射频识别（RFID）技术等，如图 8.4 所示。

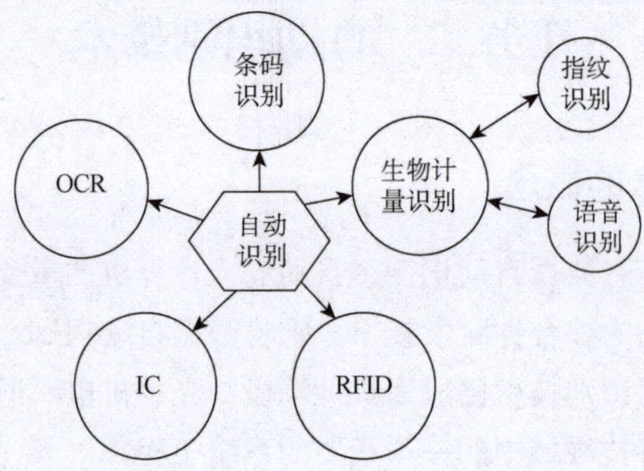

图 8.4　自动识别技术的基本分类

任务三　自动分拣技术

一、自动分拣技术概述

1. 自动分拣技术背景

最初的分拣系统是完全基于人力的作业系统，通过人工搜索、搬运货物来完成货物的提取。在这种系统中，书面文件的制作和查找、人工搬运等环节浪费了大量人力、物力，作业效率低下，无法满足现代化物流配送对速度和准确性的要求。

随着科学技术的高速发展，分拣系统中开始运用各种各样的自动化机械设备，计算机控制技术和信息技术成为信息传递和处理的重要手段。虽然在多数分拣系统中，某些作业环节还需要人工参与，但人工作业强度已越来越小，完全由机械完成分拣作业的自动分拣系统也应运而生。机械化、自动化、智能化成为现代分拣系统的主要特点与发展趋势。

现代物流配送中，高科技的应用为作业效率和质量的提高提供了坚实的技术保证。现代化的分拣系统逐渐成为物流机械化系统、信息系统及管理组织系统的有机组合。物流机械化系统主要负责各种物流设备的有效组合和配置，信息系统负责分拣信息和控制信息等流动的载体，管理组织系统负责设备、人员的调度，控制系统负责总体的运作模式。计算机控制技术、信息技术及物流自动化机械成为现代分拣系统的重要组成部分。

2. 自动分拣技术的概念

自动分拣系统是第二次世界大战后率先在美国、日本的物流中心广泛采用一种自动化作业系统，该系统目前已经成为发达国家大中型物流中心不可缺少的一部分。该系统的作业过程可以简单描述为如下步骤。流动中心每天接收成百上千家供应商或货主通过各种运输工具送来的成千上万种商品，在最短的时间内将这些商品卸下并按商品的品种、货主、储位或发送地点进行快速准确的分类，将这些商品运送到指定地点，如指定的货架、加工区域、出货站台等；同时，当供应商或货主通知物流中心按配送指示发货时，自动分拣系统在最短时间内从庞大的高层货架存储系统中准确找到要出库的商品所在位置并按所需出库，然后把不同储位上取出的不同数量商品按配送进点运送到不同理货区域或配送站台，以便于装车、配送。

二、自动分拣系统的组成与特点

自动分拣系统一般由控制装置、分类装置、输送装置及分拣道口组成。

1. 控制装置

控制装置的作用是识别、接收和处理分拣信号，根据分拣信号的要求指示分类装置、按商品品种、送达地点或按货主的类别对商品进行自动分类。这些分拣需求可以通过不同方式，如条形码扫描、色码扫描、键盘输入、重量检测、语音识别、高度检测及形状识别等方式输入分拣控制系统，系统根据对这些分拣信号判断来决定某种商品该进入哪个分拣道口。

2. 分类装置

分类装置的作用是根据控制装置发出分拣指示，即当具有相同分拣信号的商品经过该装置时，该装置改变在输送装置上商品的运行方向进入其他输送机或进入分拣道口。分类装置的种类很多，一般有推出式、浮出式、倾斜式和分支式几种，不同的装置对分拣货物的包装材料、包装质量、包装物底面的平滑程度等方面有不完全相同的要求。

3. 输送装置

输送装置的主要组成部分是传送带或输送机，其主要作用是使待分拣商品鱼贯通过控制装置、分类装置。一般该装置要连接若干分拣道口，这样可使分类好的商品滑下主输送机（或主传送带）以便后续作业。

4. 分拣道口

分拣道口是已分拣商品脱离主输送机（或主传送带）进入集货区域的通道，一般由钢带、皮带、滚筒等方式组成，该装置可使商品从主输送装置滑向集货站台，以便工作人员将该道口的所有商品集中后入库储存或组配装车并开始配送作业。

将以上 4 部分装置用计算机网络联结在一起，配合人工控制及相应的人工处理环节，可构成一个完整的自动分拣系统。

三、自动分拣系统的特点

1. 连续、大批量

由于分拣货物采用大生产中使用的流水线自动作业方式，自动分拣系统不受气候、时间、人的体力等限制，可以连续运行；同时，由于自动分拣系统单位时间分拣件数多，自动分拣系统的分拣速度是人工分拣的 8 倍，且可以连续运行超过 100 h，每小时可分拣 7 000 件包装商品。如用人工，则每小时只能分拣商品 150 件左右，同时分拣人员也不能在这种劳动强度下连续工作 8 h。

2. 分拣误差率极低

自动分拣系统的分拣误差率大小主要取决于所输入分拣信息的准确与否，准确性又取决于分拣信息的输入机制。如采用人工键盘或语音识别方式输入，则误差率在 3% 以上，如采用条形码扫描输入，除非条形码的印刷本身有差错，否则不会产生误差。因此，目前自动分拣系统主要采用条码技术来识别货物。

3. 分拣作业基本实现无人化

国外建立自动分拣系统的目的之一就是减轻工人的劳动强度，提高人员的使用效率，因此自动分拣系统能最大限度地减少人员的使用，基本做到无人化。分拣作业本身并不需要使用人员，仅在以下工作中使用。

（1）送货车辆抵达自动分拣线的进货端时，由人工接货。

（2）人工控制分拣系统的运行。

（3）分拣线末端由人工将分拣出来的货物进行集载、装车。

（4）人工进行自动分拣系统的经营、管理与维护。

四、自动分拣系统的应用

第二次世界大战以后，自动分拣系统逐渐开始在西方发达国家投入使用，成为发达国家先进的物流中心、配送中心或流通中心所必需的设施条件之一，但因其要求使用者必须具备一定的技术经济条件，因此，在发达国家中，物流中心、配送中心或流通中心不使用自动分拣系统的情况也很普遍。在引进和建设自动分拣系统时一定要考虑以下条件。

1. 一次性投资巨大

自动分拣系统本身需要建设短则 40~50 m，长则 150~200 m 的机械传输线，还需要有配套的机电一体化控制系统、计算机网络及通信系统等，这一系统不仅占地面积大（动辄 2 万平方米以上）而且一般都建在自动主体仓库中，这样就要建三四层楼高的立体仓库，库内需要配备各种自动化的搬运设施，投资金额丝毫不亚于建立一个现代化工厂硬件之所需。而这些资金要 10~20 年才能收回，如果没有可靠的货源作为保证，则一般只有大型生产企业或大型专业物流公司投资这套系统，小企业无力进行此项投资。

2. 商品外包装要求高

自动分拣机只适用于分拣底部平坦且具有刚性的包装规则的商品。袋装商品、包装底部柔软且凹凸不平、包装容易变形、易破损、超长、超薄、超重、超高、不能倾覆的商品

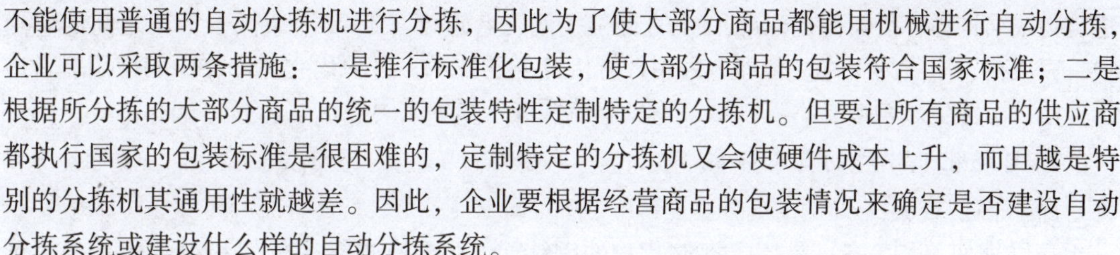

不能使用普通的自动分拣机进行分拣，因此为了使大部分商品都能用机械进行自动分拣，企业可以采取两条措施：一是推行标准化包装，使大部分商品的包装符合国家标准；二是根据所分拣的大部分商品的统一的包装特性定制特定的分拣机。但要让所有商品的供应商都执行国家的包装标准是很困难的，定制特定的分拣机又会使硬件成本上升，而且越是特别的分拣机其通用性就越差。因此，企业要根据经营商品的包装情况来确定是否建设自动分拣系统或建设什么样的自动分拣系统。

3. 分拣系统的应用前景分析

分拣系统能灵活地与其他物流设备实现无缝连接，如自动化仓库、各种存储站、自动集放链、各种运载工具、机器人等，从而实现对物料实物流的分配、对物料信息流的分配和管理。

采用分拣系统后，人工分拣、堆置物料的劳动强度大大降低，操作人员不用为跟踪物料而进行大量的报表工作、登单工作，因而劳动生产率也显著提高。另外，非直接劳动力（如物料仓库人员、发料员以及运货员）工作量的减少甚至取消也进一步直接降低了作业成本。

由于分拣系统运行平稳、安全性高，人工拣取物料的作业量更低，对物品的损坏更少，因此该系统为顾客创造了更多的价值，为公司赢得了更多的信誉和商机。

采用分拣系统后，投放地址更加准确，这减少了物料分类错误的可能性，进而减少了由于分类错误造成的经济损失和信誉损失。

由于分拣系统采用标准化、模块化的组装方式，具有系统布局灵活，维护、检修方便等特点，因此它可以方便地放置使用场所，受场地的影响不大。

任务四　自动化立体仓库技术

自动化立体仓库是由立体货架、有轨巷道堆垛机、出入库托盘输送机系统、尺寸检测条码阅读系统、通信系统、自动控制系统、计算机监控系统、计算机管理系统及其他如电线电缆桥架配电柜、托盘、调节平台、钢结构平台等辅助设备组成的复杂自动化系统。运用一流的集成化物流理念，采用先进的控制、总线、通信和信息技术，企业可以通过以上设备的协调动作完成出入库作业。

一、自动化立体库概述

1. 自动化立体库的概念

自动化立体仓库是指以采用几层、十几层乃至几十层高的货架储存单元货物，用相应的物料搬运设备进行货物入库和出库作业的仓库。由于这类仓库能充分利用立体空间储存货物，故常被形象地称为立体仓库。

自动化立体仓库利用立体仓库设备可实现仓库高层合理化、存取自动化、操作简便化，是当前技术水平较高的形式。自动化立体仓库的主体由货架，巷道式堆垛起重机、入（出）库工作台和自动运进（出）及操作控制系统组成。其中，货架是钢结构或钢筋混凝土结构的建筑物或结构体，货架内是标准尺寸的货位空间，巷道堆垛起重机穿行于货架之间的巷道中，完成存、取货的工作。管理上采用计算机及条码技术。自动化立体库在中国应用非常广泛，包括工业生产领域、物流领域、商品制造领域、军事应用等。

2. 自动化立体库的基本组成

（1）高层货架。

高层货架（图 8.5）是用于存储货物的钢结构，主要有焊接式货架和组合式货架两种基本形式。

图 8.5　自动化立体仓库的高层货架

（2）托盘（货箱）。

这是用于承载货物的器具，又称工位器具。

（3）巷道堆垛机。

这是用于自动存取货物的设备，按结构形式分为单立柱和双立柱两种基本形式，按服务方式分为直道、弯道和转移车三种基本形式。

（4）输送机系统。

这是立体库的主要外围设备，负责将货物运送到堆垛机或从堆垛机将货物移走。输送机种类非常多，常见的有辊道输送机、链条输送机、升降台、分配车、提升机、皮带机等。

（5）AGV（自动化物流）系统。

自动引导车（AGV）是 AGV 系统的主体，根据导向方式分为感应式导向小车和激光导向小车。

（6）自动控制系统。

驱动自动化立体库系统各设备的自动控制系统，以采用现场总线方式的控制模式为主。

（7）储存信息管理系统。

这又称中央计算机管理系统，是全自动化立体库系统的核心。典型的自动化立体库系统均采用大型数据库系统构筑典型的客户机/服务器体系，可以与其他系统联网或集成。

二、自动立体库的特点

1. 优越性

（1）节约仓库占地面积，充分利用仓库的空间。

由于自动化立体仓库采用大型仓储货架的拼装，自动化管理技术使得货物便于查找，因此建设自动化立体仓库比传统仓库的占地面积小且空间利用率高。在发达国家，提高空间的利用率已经成为系统合理性和先进性的重要考核指标。在提倡节能环保的今天，自动化立体仓库在节约占地资源上有很好的效果，这也必将是未来仓储发展的一大趋势。

（2）自动化管理提高了仓库的管理水平。

自动化立体仓库采用计算机技术对货品信息进行准确无误的信息管理，减少在存储货物中可能会出现的差错，提高工作效率。同时，立体自动化仓库在入库、出库及货品运送环节中实现机动化，搬运更加安全可靠，降低货品的破损率，企业还能通过特殊设计使一些对环境有特殊要求的货品（如有毒、易爆货品）能有很好的保存环境，也降低了工人在搬运货品时受到伤害的概率。

（3）自动化立体仓库可以形成先进的生产链，促进生产力的进步。

专业人士指出，由于自动化立体仓库的存取效率高，它可以有效地连接仓库外的生产环节，可以在存储中形成自动化的物流系统，从而形成有计划、有编排的生产链，使生产能力得到大幅提升。

（4）减少库存资金积压。

由于历史原因，现存企业管理手段落后，物资管理零散，生产管理和生产环节的管理难以紧密联系到位。为达到预期的生产能力和满足生产需要，企业必须准备足够的原材料和零部件，这样会造成物资的积压。如何在解决物资积压降低成本的同时满足生产需要是各大企业迫切需要解决的问题，而使用高层货架是库存物资积压行之有效的解决办法。

（5）现代化企业的标志。

现代化企业采取的是集约化大规模生产模式，这就要求生产过程中各环节密切相连，成为一个有机整体还要求生产管理科学实用。为此，建立自动化高架仓库系统是其有力措施之一。

2. 局限性

（1）由于仓库的结构复杂，配套设备多，需要对基建和设备投入大量资金。

（2）货架安装要求精度高，施工比较困难，施工周期长。

（3）计算机控制系统作为仓库的“神经中枢”，一旦出现故障，整个仓库将处于瘫痪状态，收发作业就要中断。

（4）由于高层货架是利用标准货格进行单元储存的，储存货物的种类有一定的局限性。

（5）由于仓库实行自动控制与管理，技术性比较强，对工作人员的技术业务素质要求比较高，必须具有一定的文化水平和专业知识，还要经过专门培训。

实训一　自动化系统技能实训

一、实训目标

根据物流管理专业的需求，突出特色和实用性，理论联系实际，培养学生协作及解决问题的能力。

通过本次实训学习，学生可了解自动识别技术的工作原理，体会自动识别技术的强大优势，掌握在货物入库、出库及盘库等仓库作业中自动识别技术的作用，培养实际操作能力。

二、实训内容

要求学生通过了解自动识别技术，掌握货物入库和出库作业的实践操作。

三、实训要求

在实训过程中，学生应熟悉自动化识别的主要组成部分及其作用并熟练操作自动识别技术相关系统，可以准确识别货物。

四、实训方法

整班学生集中听讲座：教师讲解某公司具体业务流程。

学生分为若干组，每组 10 人。学生在实训指导教师的带领下进行具体操作。

实训指导教师通过实训软件的后台管理系统对学生书写的相关操作进行指导，并给出考核成绩。

实训二　分拣系统技能实训

一、实训目的

根据物流管理专业的需求，突出特色和实用性，理论联系实际，培养学生协作及解决问题的能力。本实训难易适度，应用性强。

通过本次实训，学生可了解分拣系统的各种设备工作原理，体会自动分拣仓库的强大优势，掌握货物入库、出库及盘库流程，可以培养实际操作能力。

二、实训内容

要求学生通过了解立体仓库的业务流程，掌握货物分拣入库和出库作业的实践操作。

三、实训要求

要求学生熟悉自动化立体仓库的主要组成部分及其作用且熟练操作自动化分拣的操作系统，可以准确将货物出入库。

四、实训方法

与实训一中的要求相同，此处不再重复。

五、实训报告

教师下达实训任务，让学生自行练习并完成实训报告（表 8. 1）。

表 8.1 实训报告

<table>
<tr><td colspan="2">实训名称：</td><td>课程名称：</td></tr>
<tr><td>学号：</td><td>姓名：</td><td>实训时间：</td></tr>
<tr><td>专业：</td><td>班级：</td><td>实训地点：</td></tr>
<tr><td colspan="3">一、实训目的与要求</td></tr>
<tr><td colspan="3">二、实训环境</td></tr>
<tr><td colspan="3">三、实训内容</td></tr>
<tr><td colspan="3">四、实训步骤</td></tr>
<tr><td colspan="3">五、结论、问题与解决方法
（此部分为实训总结，是体现实训过程的重要内容，应鼓励学生将遇到的重要问题及解决方法总结出来，以体现实训对学生技能的提升作用）</td></tr>
<tr><td colspan="3">批语：</td></tr>
</table>

学习测试

一、选择题

1. 下列不属于物流自动化系统的组成部分的是（　　）。

A. 信息采集系统　　　　B. 前端执行系统

C. 信息管理系统　　　　D. 自动输出系统

2. （　　）使用了 AGV、自动货架和自动存取机器人等设备。

A. 人工仓储阶段　　　　B. 机械化仓储阶段

C. 自动化仓储阶段　　　　D. 智能自动化仓储阶段

3. 按照与生产联系的紧密程度，自动化仓库可分为独立型仓库、（　　）仓库。

A. 整体式仓库和分离式　　　　B. 垂直循环货架仓库和水平循环货架

C. 单元货架式仓库和移动货架式　　D. 半紧密型仓库和紧密型

4. 下列选项中不属于自动物流系统的层次的是（　　）。

A. 信息层　　B. 控制层　　C. 管理层　　D. 执行层

5. 自动分拣系统需要（　　）的支持。

A. 货物储存系统　　B. 自动存取系统

C. 控制和管理系统　　D. 自动识别系统

6.（　　）对商品外包装要求高。

A. 货物存储系统　　B. 自动存取系统　　C. 自动分拣系统　　D. 自动识别系统

7. 下列选项中不属于自动识别技术优点的是（　　）。

A. 数据成本高　　B. 数据成本低　　C. 信息价值大　　D. 工作准确度高

8. 按手段的不同，分拣可以分为（　　）类。

A. 4　　B. 3　　C. 2　　D. 6

二、简答题

1. 自动化仓库技术经历了几个阶段？
2. 简述自动化仓库的功能。
3. 与普通仓库相比，自动化仓库的优点有哪些？
4. 自动化仓库由哪几部分构成？
5. 自动识别技术包括哪些方面？
6. 和手工作业相比，自动识别技术的优点是什么？
7. 简述自动分拣系统的组成。
8. 简述自动分拣系统的主要特点。

三、判断题

1. 12 m 以上的自动化立体仓库是高层立体仓库。（　　）
2. 紧密型仓库又称为离线仓库。（　　）
3. 库存容量超过 5 000 个托盘的称为大型立体仓库。（　　）
4. 货架机械结构可以分为分离式、整体式和柜式 3 种。（　　）
5. AGVS 对于工作环境具有较好的适应性，可以充分利用环境的空间，且系统的安装和小车运行线路的更改都比较容易。（　　）
6. 自动识别技术的数据成本较低。（　　）
7. AGV 选择蓄电池作为动力源，而铅酸蓄电池、镉镍蓄电池、镍锌蓄电池、镍氢蓄电池、锂离子蓄电池等可作为备选。（　　）
8. 建设自动分拣系统的一次性投资金额很高。（　　）

四、思考题

1. 运用自动化仓库技术对企业有哪些重要意义？
2. 简述你对物联网的理解。

五、案例分析题

蒙牛泰安自动化立体仓库

内蒙古蒙牛乳业泰安有限公司（以下简称蒙牛泰安）乳制品自动化立体仓库，是蒙牛泰安委托太原刚玉物流工程有限公司设计制造的第三座自动化立体仓库。该库后端与公司乳制品生产线相衔接，再与出库区相连接，主要用于存放成品纯鲜奶和成品瓶酸奶。库区面积 8 323 m²，货架最大高度 21 m，托盘尺寸 1 200 mm×1 000 mm，库内货位总数 19 632 个。其中，常温区货位数 14 964 个，低温区货位 4 668 个。其入库能力 150 盘/h，出库能力 300 盘/h，出入库均采用联机自动的模式实现。

1. 工艺流程及库区布置

根据用户存储温度的要求，该库划分为常温区和低温区两个区域。常温区保存鲜奶成品，低温区配置制冷设备，恒温 4 ℃，存储成品瓶酸奶。公司按照生产—存储—配送的工艺及奶制品的工艺要求，经方案模拟仿真优化，最终确定库区划分为入库区、储存区、托盘（外调）回流区、出库区、维修区和计算机管理控制室 6 个区域。

入库区由 66 台链式输送机、3 台双工位高速梭车组成，负责将生产线码垛区完成的整盘货物转入各入库口。双工位穿梭车负责生产线端输送机输出的货物向各巷道入库口的分配、转动，以及空托盘回送。储存区包括高层货架和 17 台巷道堆垛机。高层货架采用双托盘货位，完成货物的存储功能。巷道堆垛机按照指令完成从入库输送机到目标的取货、搬运、存货及从目标货位到出货输送机的取货、搬运、出货任务。

托盘（外调）回流区分别设在常温储存区和低温储存区内部，由 12 台出库口输送机、14 台入库口输送机、巷道堆垛机和货架组成，分别完成空托盘回收、存储、回送，外调货物入库，剩余产品、退库产品入库、回送等工作。

出库区设置在出库口外端，分为货物暂存区和装车区，由 34 台出库口输送机、叉车和运输车辆组成。叉车司机通过电子看板、RF 终端扫描来完成叉车装车作业，反馈发送信息。

维修区设在穿梭车轨道外一侧，在某台穿梭车更换配件或处理故障时，其他穿梭车仍旧可以正常工作。计算机控制室设在二楼，用于出入库登记、管理和联机控制。

2. 管理与控制系统

依据蒙牛泰安立体化仓库招标具体的需求，考虑企业长远目标及业务发展需求，针对立体化仓库的业务实际和管理模式定制开发了一套适合用户需求的仓储物流管理系统。该系统主要包括仓储物流信息管理系统和仓储物流控制与监控系统两部分。仓储物流信息管理系统实现上层战略信息流、中层管理信息流管理，自动化立体仓库控制与监控系统实现下层信息流与物流作业管理。

1）仓储物流信息管理系统

（1）入库管理：实现入库信息采集、入库信息维护、脱机入库、条码管理、入库交接班管理、入库作业管理、入库单查询等功能。

（2）出库管理：实现出库单据管理、出库货位分配、脱机出库、发货确认、出库交接班管理、出库作业管理等功能。

（3）库存管理：对货物、库区、货位等进行管理，实现仓库调拨、仓库盘点、存货调价、库存变动、托盘管理、在库物品管理、库存物流断档分析、积压分析、质保期预警、库存报表、可出库报表等功能。

（4）系统管理：实现对系统基础资料的管理的功能，主要包括系统初始设置、系统安全管理、基础资料管理、物料管理模块、业务资料等模块。

（5）配送管理：实现车辆管理、派车、装车、运费结算等功能。

（6）质量控制：实现出入库物品、库存物品的质量控制管理，包括抽检管理、复检管理、质量查询、质量控制等功能。

（7）批次管理：实现入库批次数字化、库存批次查询、出库发货批次追踪等功能。

（8）配送装车辅助：通过电子看板、RF 终端提示来指导叉车进行物流作业。

（9）RF 信息管理系统：通过 RF 实现入库信息采集、出库发货数据采集、盘点数据采集等功能。

2）仓储物流控制监控系统

自动化立体仓库控制与监控系统是实现仓储作业自动化、智能化的核心系统，它负责管理高度仓储物流信息系统的作业队列，并把作业队列解析为自动化仓储设备的指令队列，根据设备的运行状况指挥协调设备的运行。同时，本系统还以动态仿真人机交互界面监控自动化仓储设备的运行状况。

控制监控系统包括作业管理、作业高度、作业跟踪、自动联机入库、设备监控、设备组态、设备管理等功能模块。

1. 结合本案例分析自动化立体仓库由哪些设施组成。

2. 自动化立体仓库的特点是什么？

3. 分析蒙牛泰安采用的立体化仓库的优越性。

项目八 学习测试答案

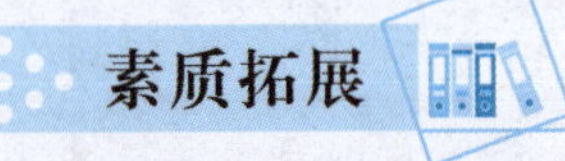

素质拓展

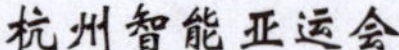

杭州智能亚运会

第 19 届亚运会物流中心由圆通速递股份有限公司（以下简称“圆通”）承建、运营，建筑面积超 7.2 万平方米，包括两座分管境内外物资的连体智能物流仓，700 余人的专业团队将分区管理开闭幕式、计时记分、后勤等各相关物资。

“杭州亚运会物流中心是展示亚运会‘绿色、智能、节俭、文明’办赛理念的重要窗口。物流中心的启用，标志着物流中心进入全面运行阶段。”杭州亚组委副秘书长、办公室主任、杭州市政府副秘书长毛根洪表示。

一、多款智能设备组团服务

电子大屏幕上呈现出一幅亚洲地图，来自数十座城市的线条向杭州汇集，屏幕两侧分别实时更新订单进出口和运输情况。在启用仪式上，杭州亚运会物流信息系统亮相。

杭州奥体中心游泳馆顶部的屋面导光管无电照明系统中有群亚运场馆特殊的“员工”引人注目。它们的站立、旋转、跳跃动作行云流水。

它们有的化身“导盲犬”为人引路，有的在幕后进行电力巡检工作，还有的在体验区当起了曲棍球守门员。这些基于人工智能技术的机器小狗为亚运场馆增添趣味性和“科技范儿”。

二、杭州亚运会自动驾驶巴士

这些自动驾驶巴士搭载多种自动驾驶感知设备能顺利把人们送达目的地。

亚运村里全面部署了5G-A网络。从奥体中心到亚运村景观大道，这条观澜路实现了5G网络十倍能力的提升运用大数据、区块链等技术打造的“智能亚运一站通”。观赛群体可以享受“食、住、行、票、游、购”全要素智能服务，还可以成为亚运“数字火炬手”，参加线上火炬传递活动或在“亚运元宇宙”的世界里观摩火炬传递、开闭幕式以及各项赛事。2024年5月杭州地铁“亚运号”专列正式上线运行。

杭州地铁“亚运号”专列的车体上绘有杭州亚运会元素，车厢内OLED智慧车窗系统可以显示站点信息、杭州著名景点、美食照片及地铁线网图，“亚运号”专列科技感满满。

“复兴号”亚运智能动车组列车串联杭州与宁波、温州、金华、绍兴、湖州5座亚运协办城市。

2023年8月4日，“复兴号”亚运智能动车组列车驶离杭州西站。列车配备气压与温度自动调节系统及基于人体工程学设计的座椅，乘坐舒适度大幅提升。

圆通亚运服务运营团队IT负责人祝华介绍，这一系统由订单管理、运输管理、仓储管理、物料配送模块组成。订单管理系统可供场馆、代表团及物流团队下单、接单，运输管理信息系统调度物资运输的线路、车辆、人员等，这4个模块有序分工，确保实现物资调配全流程可视、可控、可追溯。

“自2021年签约建设以来，圆通专门开发了这一国内领先的全链路赛事物流管理系统，以及研发投入各类仓储物流智能化装备。”圆通亚运物流指挥中心负责人辛兆飞说。

盘点无人机可在飞行过程中扫描货箱上的标签，将画面实时传到工作人员的手机，辅助生成数据报表，帮助工作人员核对扫描区域内货物的数量、归属地等信息，工作效率是单个工作人员的4倍。

“按照应用需要，每款装备投用数量不同。”圆通亚运物流指挥中心场馆项目经理范凡介绍。智能物流仓内，无人叉车、盘点无人机、巡检机器人、清洁机器人等智能化装备各司其职，确保高效精准保障物资出入。该系统的总投入超过1千万元。

三、用材能耗凸显环保理念

2023年11月，杭州亚运会物流中心屋顶光伏发电项目验收通过，成功并网发电，预计年发电量超过132万kW·h。

圆通亚运物流指挥中心仓储项目经理迟宏斌介绍，项目所发电量优先供应物流中心使用之外，余电可并网销售，预计每年可节约标准煤376 t，减少二氧化碳排放量1 032 t，从而降低烟尘及废水排放。

辛兆飞补充介绍，除了采用光伏发电，仓内采用无纸化作业，从仓储托盘到包装纸箱都采用绿色可循环材料，货物运输方面将全部使用新能源车辆。

圆通蛟龙集团副董事长苏秀锋表示，在此前测试赛数十次的亚运物资运送过程中，物流服务团队通过反复模拟演练、桌面推演，均准时高效完成测试赛的各项任务。后续，团队将持续增强责任感、使命感、紧迫感，为杭州亚运会提供全方位、高品质、智能化、绿色化的综合物流服务。

融合地理信息系统、物联网、建筑信息模型、大数据等技术，数字驾驶舱以“一张智网全感知”为数据底座，对设备机房和标签闪灯实时监测监控，实现全场景、全空间、全要素的数字化感知、控制、运维、运营。

项目九 仓库管理系统的应用

项目简介

仓储在物流业中起着至关重要的作用，如果不能保证正确的进货、库存控制及发货，将会导致物流链上各管理费用的增加，服务质量难以得到保证，从而影响企业的竞争力。传统简单、静态的仓库管理已无法保证企业各种资源的高效利用。如今的仓库作业和库存控制作业已复杂化多样化，若仅靠人工记忆和手工录入，不但费时费力，而且容易出错，会给企业带来巨大损失。

仓储信息化不断与互联网、通信等技术相结合，已应用于物流领域，逐步实现全球范围内物品的跟踪与信息共享，大幅提高了物流业的管理与运作效率，也降低了成本。现在智能仓库管理系统已在各大物流企业中应用。

工作流程

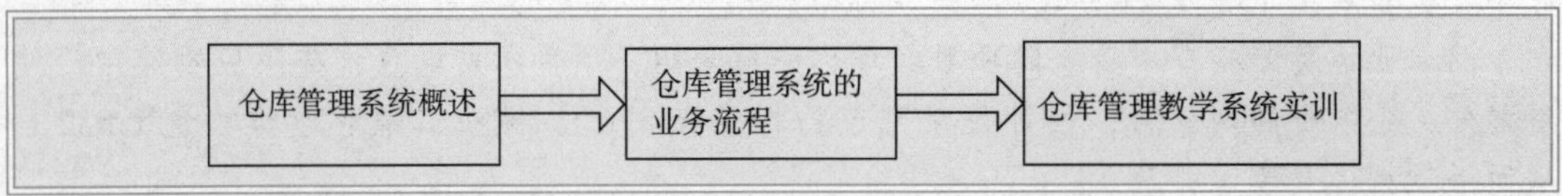

学习目标

知识目标

1. 了解仓库管理系统。
2. 了解仓库管理系统的组成。
3. 掌握仓库管理系统的应用。

技能目标

1. 学生能够掌握仓库管理系统的应用。
2. 学生掌握云仓的发展情况。

素质目标

1. 具有解决问题的积极心态。
2. 具备较好的大局意识，能科学地进行作业分工。
3. 具有耐心细致的工作态度，精益求精的工匠精神。
4. 具备沟通能力，能顺畅进行团队成员间的沟通。

案例导入

一、概述

四川某石油设备公司是一家专业从事石油钻采设备研究、设计、制造、成套和服务的大型民营企业。公司总部占地面积400余亩，有员工2 000多人，已经具备年产100台套石油钻机和500台钻井泵的生产能力。

目前该公司总部拥有多个大型仓库，包括原料库、配件库、装备库和劳保用品库。随着企业规模的不断发展壮大，仓库也在不断扩建以满足企业物资存放需要。

为能规范仓储物资管理，提高库房管理工作效率，该公司最终选择精诚EAS-WMS仓储物资管理系统来控制整个生产过程，以使企业向生产制造柔性化和管理精细化方向发展，提高应对市场时的实时性和灵活性，降低管理成本、改善库房管理水平、提高库房管理工作水平。

北京精诚软件公司凭借多年WMS条码系统的开发和实施经验，专业的咨询和软件实施服务团队与该公司结成战略合作伙伴。这是精诚EAS-WMS软件在机械加工行业的又一典型案例，双方本着互惠互利的原则，为共同促进民族产业的发展携手前进。

二、需求分析

该公司在WMS仓储物资管理方面的实际需求如下。

1. 条码批次/唯一化管理

该公司在仓储物资条码管理系统采用条码，按批次和唯一化管理的混合模式，对于便于唯一化管理的物资采用条码唯一化管理，一件物品对应一个条码；对于不便进行唯一化管理的物资，采用条码批次来管理。

2. 智能货位管理

入库时通过扫描物资条码能列出能存放该物资的具体货位号，出库时能通过分析同类物资在库时间长短，根据先入先出原则自动作出出库物资货位的选择。

3. 虚拟货位管理

对于一些特殊的物资，入库时，不能按正常物资那样存放到指定货位，而只能存放到库房的一定区域，要求系统对于用来存放这些特殊物资的区域（非货位）进行编号管理；在此类特殊物资入库时，系统能自动判断其应该存放的区域，而出库时则能自动指导库管人员到指定区域办理出库操作。

4. 出入库管理

能按设定的工作流程快速完成物资的入库、出库操作，操作包括物资采购入库、生产退料入库、产成品入库、生产领料出库、销售出库、售后出库等。这要求能进行各种查询分析，提供各种报表。入库时，按编码规则生成并打印物资条码，完成对物资条码的粘贴，此步骤需要相应部门配合完成相关操作（如采购到货单据的制作，验收移交清单的填报等）。出库时，根据相应部门流转过来的单据（如领料单、销售发货单等），系统能自动生成相应的出库单，并能指导操作员到相应的货位来完成出库扫描操作。

5. 临时出入库管理

对于因采购部门不能及时制作货单的物资，要求提供采用临时入库管理；同时，还要提供该类物资的临时出库管理和临时出入库物资的统计汇总和查询功能。临时入库也要求能完成物资的条码生成打印操作，在系统中也能做到条码批次或唯一化管理。

6. 仓库盘点管理

由于目前该公司采用人工盘点的方式，费时费力，工作效率低，要求新系统能够在盘点管理上能尽量减少人工工作量，提高工作效率和盘点准确率。

7. 库龄分析

对于在库物资提供库龄分析报表可供查询并在物资出库时要求系统按先入库先出库的原则根据库龄分析数据自动选择出库物资。

8. 工作提醒

某些业务单据处理不及时往往会造成整个业务链停滞不前，所以在系统中应该增加工作提醒功能，按预先设定工作流程，当业务单据流转到某一用户处且该用户登录到系统时，系统自动弹出待处理业务提醒，用户根据提醒即可顺利完成业务处理。

9. 与 ERP 的数据接口

该公司使用的是用友的 U8 系统，因此，WMS 系统从 ERP 系统中获取物资基础资料信息，在物资条码管理系统中完成的出入库业务及库存数据，在 ERP 中也能够查询相关数据和处理单据。

三、系统功能

配合该公司信息化建设的整体进度，实施仓储物资管理系统必须遵循整体规划、分步实施的原则且经过讨论，公司认为条码物资管理系统可分为一、二两期分别完成，一期项目定义为总公司仓库进行试点，重点完成出入库管理、临时出入库管理、盘点管理、智能货位管理等环节建设，实现基础的数据采集、出入库管理和库房特殊业务管理的需求；二期项目将针对该公司各分公司仓库的物资管理系统进行条码化改造，最终实现全公司物资条码化追踪管理。一期项目必须考虑预留 ERP 系统的接口，并为二期条码化管理预留接口，可以为实现公司的整体信息化建设奠定坚实的基础。

1. 智能货位管理

在基础资料建立时，用户对每一个货位可存放的物资进行预先设定，同时对每一类物资可以放置的货位也作预先设定，即将物资与货位进行双向关联。

这样，在进行物资入库时，只需扫描物资条码，系统就能自动查找可以存放该物资的货位，并且将这些货位中空闲的货位列表显示出来，用户可从中选择一个货位存放该物资。

同样，在物资出库时，只要导入出库物资资料，系统即可查找出哪些货位存放该物资，并能根据物资在库库龄分析，按库龄时间长短进行排序，让用户能快速选中库龄时间

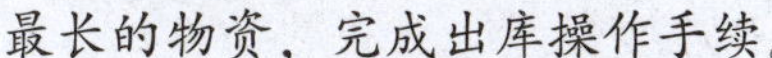

最长的物资，完成出库操作手续。

2. 物资出入库管理

1）物资入库

供应商送货后，由仓库检验员验收，并在系统中开具实物验收移交清单，实物验收移交清单由系统传递给库管人员和采购部，采购部根据订货合同和实物验收移交清单制作采购到货单，系统将由采购部制作的采购到货单传送给库管人员，只有当采购到货单和实物验收移交清单同时齐备时，才允许库管人员进行正常入库操作。

对于采购到货单迟迟不能到位的情况，系统提供特殊业务处理功能，允许库房管理处进行临时入库操作，只要有实物验收移交清单即可办理临时入库手续。

在完成入库手续前，仓管人员首先用扫描枪扫描需入库的物资条码（没有条码的要先生成并打印条码）进行信息采集；其次把扫描枪与条码管理系统连接并导入条码信息，此时系统会提示存放货位；最后选择物资明细和入库仓库，就可以生成入库单并把物资明细导入材料入库单，即可确认入库，系统保存相应入库单据。

2）物资出库

物资出库包括三种情况：生产领料出库、销售出库和售后出库。

生产领料出库流程：生产车间在系统中开具领退料单，经生产部审批后，单据被传送到库房管理处审核，审核完成后系统生成材料出库单，并根据库龄分析将最早入库的物资进行出库处理。

在完成审批手续后，仓库管理员先用扫描枪扫描要出库的物资条码，再把扫描枪与条码管理系统连接起来并导入采集的条码，完成材料出库手续。

销售出库流程：由销售部在系统中制作销售发货单，经销售部领导审批后，系统自动将单据传送至库房管理处，库房管理处领导审批后，系统自动根据库龄分析将最早入库的物资出库，提示库管人员物资存放货位，生成销售出库单。库管人员根据系统提示，找到相应出库物资，用条码扫描枪对出库物资进行条码采集，并将采集数据导入系统，完成物资销售出库手续。

售后出库流程：由售后部在系统中制作售后发货单，经售后部审核后，单据被传送到库房管理处，库房管理处审核通过即可办理售后出库。出库流程基本与生产领料出库一致。

3. 仓库盘点管理

在仓库盘点操作方面，企业通常采用以下方法完成：工作人员先在手持扫描终端上选择盘点操作，然后用手持终端逐一扫描库存物资，待完成后再将采集的条码信息导入系统，进行盘点操作。接下来，系统会根据库存信息与采集到的条码信息进行比较，然后列出盘亏盘盈物资明细，工作人员确认后系统即可生成仓库盘点统计表，对所有盈亏数据进行汇总统计。拥有相关权限的用户确认盘点数据后，系统会更正实际库存数据。

4. 临时出入库管理

临时出入库管理主要指对于那些实物入库但手续未完成的物资管理。在系统中提供一个虚拟临时库区用于存放临时入库物资，同时系统提供临时入库物资的查询、统计和分析功能、对于临时入库且已出库物资的查询功能。在入库手续完备后，系统对临时入库物资提供补办入库手续，并将相应的数据从临时库中转入正常入库。

5. 查询统计

本部分主要有如下统计表可供查询。

(1) 在库物资明细表：某仓库某物资的当前库存明细信息。

(2) 在库物资汇总表：某仓库某物资的当前库存汇总信息。

(3) 采购入库流水账：所有采购入库单的单据汇总信息。

(4) 临时入库物资明细表：临时入库物资明细信息。

(5) 临时入库物资汇总表：临时入库物资汇总信息。

(6) 业务出库流水账：所有业务出库单的单据汇总信息。

(7) 生产领料流水账：所有生产领料单的单据汇总信息。

(8) 生产退料流水账：所有生产退料单的单据汇总信息。

(9) 入库、出库单汇总：查看某时间段内采购物资的流动情况。

(10) 生产领料、退料单汇总：某时间段内在生产线上的物资的流动情况。

各种统计表均提供了组合查询和自定义表格式的功能。

6. 库龄分析管理

系统根据入库时间，自动将同类物资按入库时间进行排序。系统提供库龄分析统计表，同时提供按在库年限划分的查询功能，此功能主要是为物资出库提供依据，按先入先出的原则，在出库时优先选择库龄时间较长的物资出库。

7. 工作督办功能

根据以往实施OA系统、DRP系统的经验，同时结合该公司在某些业务环节出入库业务不能及时办理的实际情况，在设计此套仓储物资条码管理系统时，在系统中增加“待处理业务提示”工作督办功能。用户在登录到系统时，在用户界面上将给出待办事宜的提示信息。用户只需点击相关提示信息即可处理相关业务。

除此之外，该系统还有生产退料入库、销售退货入库、采购退货出库、数据导入/导出等业务功能。

四、实施效益

该公司实施条码仓库管理系统后，将规范各相关部门的业务操作，提高各部门之间的协作，解决目前该公司实物临时入库管理混乱的问题。条码系统将解决目前货位管理不够智能化的问题，实现入库出库智能选择货位的功能，提高物资出入库的效率。

所有业务单据均在系统中处理和流转，减少纸质单据的管理，逐步实现无纸化办公。条码系统将解决目前仓库盘点依靠人工清点的问题，提高盘点效率和准确率。条码系统使用业务单据的关联管理，减少业务单据的重复录入，有效提高业务部门的工作效率。同时，精诚仓储物资条码系统引入OA中的“待办事宜提示”模块，有效进行工作提醒，解决由于业务处理不及时产生的问题。

通过数据接口的开发，条码系统能与其他业务系统实时交换数据，有效保障用户前期投资。

系统引入了物料清单，通过物料计算生成生产领料单，这为今后MES系统预留了接口。

条码系统的成功实施为该公司信息化注入了新的活力，与 ERP 的有效集成，大大提高该公司从采购、库存、生产、销售到财务管理的有效协同，真正在企业搭建了一个统一集成的管理平台，使公司的信息化建设又迈上了更高的台阶。

任务一　仓库管理系统概述

许多企业已认识到企业管理信息对企业发展的战略意义，从财务软件、进销存软件 CIMS、MRP、MRPII 到 ERP，这些软件代表了中国企业从粗放型管理走向集约管理，竞争的激烈和对成本的要求使得管理对象表现出整合上游、企业本身与下游供应链的信息和资源的趋势。而仓库（尤其是制造业中的仓库）作为链上的节点，在物流供应链的管理中，不再是维持生产和销售的措施，而是一种供应链的平衡机制，其作用主要是协调整个供应链。但现代企业同时面临着许多不确定因素，无论他们来自分供方还是来自生产或客户，对企业来说处理好库存管理与不确定性关系的唯一办法是加强企业之间信息的交流和共享，增加库存决策信息的透明性、可靠性和实时性。而这正是仓库管理系统要帮助企业解决的问题。

一、仓储管理信息系统的概念

仓库管理系统（WMS）是一种实时的计算机软件系统，它能够按照运作的业务规则和运算法则，将信息、资源、行为、存货和分销运作进行更完美的管理，使其最大化满足有效产出和精确性的要求。

仓库管理系统通过入库业务、出库业务、仓库调拨、库存调拨和虚仓管理等功能，综合批次管理、物料对应、库存盘点、质检管理、虚仓管理和即时库存管理等功能综合运用的管理系统，有效控制并跟踪仓库业务的物流和成本管理全过程，实现完善的企业仓储信息管理。该系统可以独立执行库存操作，与其他系统的单据和凭证结合使用，可以提供更为完整全面的企业业务流程和财务管理信息。

传统的仓储管理忽略了管理经验和自动识别硬件。仓库管理系统中的软件部分指支持整个系统运作的软件部分，包括收货处理、上架管理、拣货作业、月台管理、补货管理、库内作业、越库操作、循环盘点、RF 操作、加工管理、矩阵式收费等。仓库管理系统中的硬件指用于打破传统数据采集和上传的瓶颈问题，利用自动识别和无线传输技术提高数据的精度和传输速度。管理经验指开发商根据其开发经验中客户的管理方式和理念整合出一套管理理念和流程。

WMS 通常按照常规和用户自行确定的优先原则来优化仓库的空间利用和全部仓储作业。对上它通过 EDI 等电子媒介与企业计算机主机联网，由主机下达收货和订单的原始数据。对下它通过无线网络、手提终端、条码系统和 RFID 等信息技术与仓库的员工联系。上下相互作用，传达指令，反馈信息并更新数据库；同时，还会生成所需的条码标签和单据文件。

仓库管理系统，是应用条码和自动识别技术的现代化仓库管理系统，能有效地对仓库流程和空间进行管理，实现批次管理、快速出入库和动态盘点的功能，并快速帮助企业的物流管理人员对库存物品的入库、出库、移动、盘点、配料等操作进行全面的控制和管理，有效地利用仓库存储空间，提高仓库的仓储能力。在物料的使用上采用先进先出的方法，提高企业仓库存储空间的利用率及企业物料管理的质量和效率，降低企业库存成本，提升企业市场竞争力。

二、仓库管理系统的特点

1. 功能齐全

WMS既能提供仓储信息管理，又能控制电子标签系统，从而形成了一套智能仓库管理系统。

2. 清爽友好的操作界面

WMS界面清爽友好，菜单分类清晰，一目了然。系统内部众多巧妙的功能安排，使即使未经过培训的操作人员，只要具备计算机操作常识和一定的业务能力，也可以很快上手。错综复杂的账务处理全部在系统内部完成，操作从此变得简单、省时又省心。

3. 安全可靠的数据库

WMS采用强大可靠的Microsoft SQL Server 2000大型数据库作为数据存储支持，数据的传输快速、稳定、安全性高、便于后期维护。其优点是查询和分析性能卓越，数据存储量大。

4. 功能强大实用

WMS提供了录入、查询、图像显示、统计和分析功能，对采购、销售、库存、应收、应付、单据报表、统计报表分析、零售等进销存功能也能进行合理分配。大量烦琐的业务资料可以自动生成，脱离手工操作的烦琐工作，各模块功能强大、应用灵活、实用性强。

三、仓库管理系统的功能

由计算机控制的仓库管理系统的目的是独立实现仓储管理各种功能，如收货、在正确的地点存货、存货管理、订单处理、分拣和配送控制等。WMS将关注的焦点集中于对仓储执行的优化和有效管理，同时延伸到运输配送计划及上下游企业的信息交互，从而有效提高仓储企业、配送中心和生产企业的仓库的执行效率和生产率，降低成本，提高企业客户的满意度，从而提升企业的核心竞争力。

WMS一般具有以下几个功能模块：管理单独订单处理及库存控制、基本信息管理、货物流管理、信息报表、收货管理、拣选管理、盘点管理、移库管理、打印管理和后台服务系统。

WMS系统可通过后台服务程序实现同一客户不同订单的合并与分配，并对基于摄影技术试验所（PTL）、射频、纸箱标签方式的上架、拣选、补货、盘点、移库等操作进行统一调度和下达指令，还能实时接收来自PTL、射频和终端计算机的反馈数据。整个软件业务与企业仓库物流管理各环节吻合，实现了对库存商品管理实时有效的控制。下面针对介绍WMS的几个基本功能。

（1）基本信息管理：系统不仅支持对包括品名、规格、生产厂家、产品批号、生产日期、有效期和箱包装等商品基本信息进行设置，而且能通过货位管理功能对所有货位进行编码并存储在系统的数据库中，使系统能有效地追踪商品所处位置，也便于操作人员根据货位号迅速定位到目标货物在仓库中的物理位置。

（2）上架管理：系统在自动计算最佳上架货位的基础上，支持人工干预，提供已存放同品种的货位、剩余空间，并根据避免存储空间浪费的原则给出建议的上架货位并按优先度排序，操作人员可以选择直接确认或人工调整。

（3）拣选管理：拣选指令中包含位置信息和最优路径，根据货位布局和确定拣选指导顺序，系统自动在射频终端的界面等相关设备中根据任务所涉及的货位给出指导性路径，避免无效穿梭和商品寻找，提高了单位时间内的拣选量。

（4）库存管理：系统支持自动补货，配有自动补货算法，不仅确保了拣选面存货量，也能提高仓储空间利用率，降低货位蜂窝化的概率。系统能够通过深度信息对货位进行逻辑细分和动态设置，在不影响自动补货算法的同时，有效提高了空间利用率和对控制精度。

四、仓库管理系统的基本架构

企业的物流发生在企业所处的整条供应链之内。WMS 是企业处理物流业务的体系结构中的一个子系统。它具有充分的可扩展性，能够与现有系统的接口集成，和企业内其他系统协同运作。WMS 的硬件架构和软件系统架构如图 9.1 所示，各个子系统共同协同帮助企业供应链高效运作。了解 WMS 在企业的整个供应链中所扮演的角色，能够更好地设计仓库管理系统架构。WMS 架构主要体现在物理架构和软件系统架构。一般来说，WMS 采用浏览器/服务器（browser/server，B/S）结构，能够通过互联网便捷地实现分布联机处理，同时结合企业 SCM 模块，可以和贸易伙伴、贸易联盟轻松交流合作，创造更多的商机。

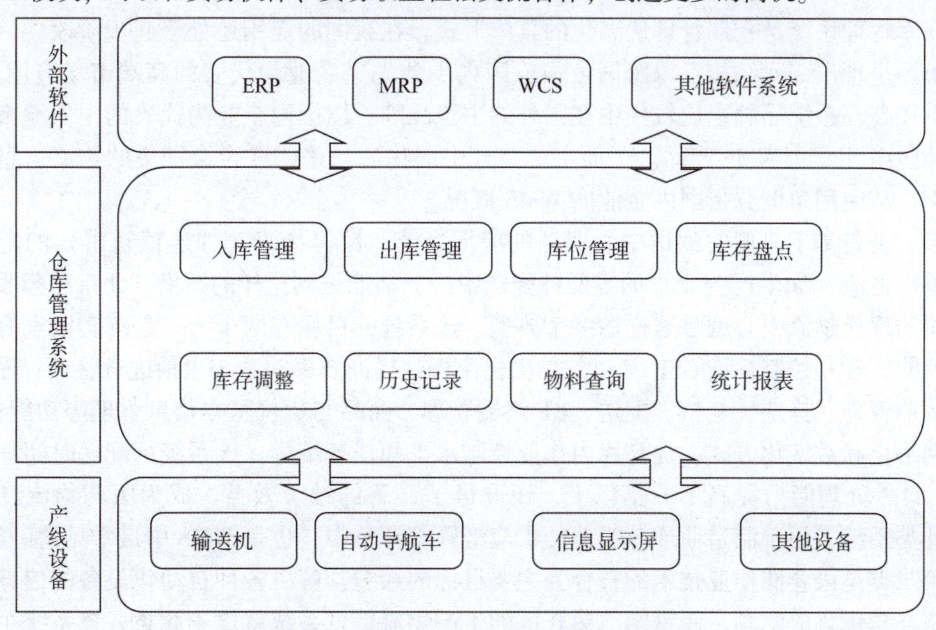

图 9.1　WMS 的硬件架构和软件系统架构

五、仓库管理系统的支持技术

WMS 系统集成了信息、无线射频、条码、电子标签、Web 及计算机应用等技术，将仓库管理、无线扫描、电子显示、Web 应用有机组成一个完整的仓库管理系统，从而提高作业效益，实现信息资源充分利用，加快网络化进程。其中，较关键技术有射频（RF）技术、电子标签技术、数据接口技术。

WMS 如果缺少了 RF 系统的有力支持，仓储水平未必能有如此大幅度的提高。因为 WMS 的高效率运作，是以快速、准确、动态地获取货物处理数据作为其系统运行的基础。而 RF 通信系统使得 WMS 实时数据处理成为可能，从而简化了传统的工作流程。实践证明，以 RF 技术为基础的 WMS，无论是在确保企业实时采集动态的数据方面，还是在提高企业效率与投资回报率方面都具有很大的优势。RF 是一种非接触式的自动识别技术，它通过射频信号自动识别目标并获取相关数据。识别工作不用进行人工干预，可以工作于各种恶劣环境。

电子标签即射频卡，又称感应卡，是一种通过无线电波读取卡内信息的新型科技 IC 卡，它成功解决了无源和免接触难题。在实际应用中，电子标签附着在待识别物体的表面。阅读器可以无接触地读取并识别电子标签中保存的电子数据，从而达到自动识别目的。阅读器通常和计算机相连，所读取的标签信息被传送到计算机中进行下一步处理。WMS 与企业的资源管理系统 ERP 等系统实现无缝连接，是评价其功能强大的重要因素，也是企业尤其是制造企业在实施供应链管理或物流一体化管理的重要基础。若无此基础，企业是不能有效实施快速响应战略或有效实施客户响应战略的。这个基础是通过接口技术来实现的。

六、仓库管理系统在我国的应用

仓库管理系统是仓储管理信息化的具体形式，在我国的应用还处于起步阶段。目前在我国市场呈现出二元结构：以跨国公司或国内少数先进企业为代表的高端市场应用 WMS 的比例较高，系统品牌也比较集中在国外的主流品牌；以国内企业为代表的中低端市场主要应用国内开发的 WMS 产品。下面主要结合中国物流与采购联合会征集的物流信息化优秀案例，从应用角度分析国内企业的 WMS 概况。

第一类是基于典型的配送中心业务的应用系统，销售物流（如连锁超市）的配送中心、供应物流（如生产企业）的零配件配送中心，都能见到这样的案例。北京医药股份有限公司的现代物流中心就是这样的一个典型。该系统的目标有两个：一是落实国家有关医药物流的管理和控制标准 GSP 等；二是优化流程，提高效率。系统包括进货管理、库存管理、订单管理、拣选、复核、配送、RF 终端管理、商品与货位基本信息管理等功能模块，通过网络化和数字化方式，提高库内作业控制水平和任务编排。该系统把配送时间缩短了 50%，订单处理能力提高了一倍以上，还取得了显著的社会效益，成为医药物流经典样例。此类系统多用于制造业或分销业的供应链管理环节中，也是 WMS 中最常见的一类。

第二类是以仓储作业技术的整合为主要目标的系统，解决各种自动化设备的信息系统之间整合与优化的问题。武钢第二热轧厂的生产物流信息系统就属于此类。该系统主要解决原材料库（钢坯）、半成品库（粗轧中厚板）与成品库（精轧薄板）之间的协调运行问题，否则将不能保持连续作业，不仅放空生产力，还会浪费能源。该系统的难点在于物流系统与轧钢流水线的各自动化设备系统要无缝连接，使库存成为流水线操作的一个环节，也使流水线成为库存操作的一个部分。各种专用设备均有自己的信息系统，WMS 不仅要整合设备系统，也要整合工艺流程系统，还要将自身融入更大范围的企业整体信息化系统中去。此类系统涉及的流程相对规范化、专业化，多出现在大型 ERP 系统中。

第三类是以仓储业的经营决策为重点的应用系统，其特点鲜明，具有非常灵活的计费系统、准确及时的核算系统和功能完善的客户管理系统，为仓储业经营提供决策支持信息。华润物流有限公司的润发仓库管理系统就是这样的一个案例。此类系统多用于一些提供公共仓储服务的企业中，其流程管理、仓储作业的技术共性多、特性少，所以特殊要求不高，适合对多数客户提供通用的服务。该公司采用适合自身特点的 WMS 以后，降低了人工成本，提高了仓库利用率，明显增加了经济效益。

任务二　仓库管理系统的业务流程

微课 9-1：仓储管理系统——WMS

一、软件背景

各行各业均离不开信息处理，这正是计算机被广泛应用于信息处理系统的原因。计算机最大的好处在于利用它能够进行信息管理。使用计算机进行信息控制，不仅提高了工作效率，而且大幅提高了其安全性。尤其对复杂的信息管理，计算机能够充分发挥它的优越性。作为计算机应用的一部分，使用计算机对产品仓库信息进行管理，具有人工管理无法比拟的优点。它具有检索迅速、查找方便、可靠性高、存储量大、保密性好、寿命长、成本低等特点，可减少更多的人力、物力，能够极大提高货品仓库的管理效率，也是企业仓库管理科学化、正规化并与世界接轨的重要条件。因此，开发一个仓库管理系统是很有必要的，具有特殊的技术意义和管理意义。

企业的仓库管理往往是复杂的。由于掌握的物资种类众多，入库、出库等操作的方法各有差异，统计、计划报表繁多，仓库管理需要系统、规范的管理手段。

传统的仓库管理存在诸多弊病。因为进行信息管理的方式主要是基于文本、表格等纸介质的手工处理，一般也用记录在纸质账本的手段存储信息。时间一长，如果再要进行信息查询，就要在众多资料中翻阅查找，这样费时、费力，如要对存放很长时间的货品信息进行更改就更加困难了。对于货品的出入库情况的统计和核实采用对账本的人工检查，对管理者的管理权限等不受约束，任何人都可查看容易引起资料外泄。另外，数据信息处理工作量大，容易出错，数据繁多也容易造成资料丢失，且不易查找。因此物资管理必须实现计算机化，且必须根据企业的具体情况制定相应的方案。

使用仓库管理系统既可以对信息进行规范管理、科学统计和快速查询，减少管理方面的工作量，又能调动广大员工的工作积极性，从而提高企业的生产效率。

二、国内外现状和发展趋势

国内外对此类系统的开发与研究也很具有实用性，基本上能满足各企业的自身特点来进行仓库管理；同时，此类系统又都在不断地深入与发展，适用于更多的企业，能广泛运用于各个企业的仓库管理。但是此类系统都没有针对大众的广泛应用，只能运用于某个企业或单位，还有待于今后的进一步开发与实践。

今后，此类软件将会向条码仓库管理系统的方向发展。现阶段伴随物流及管理信息化、网络化的发展，应用条码技术进行仓库管理、实现仓库作业自动化将是必然的发展趋势，也是迫切需要解决的一个现实问题。随着信息化技术的不断提高和日渐普及，更多的商品拥有自己的条码，而且使用条码化工作代替传统作业模式，减少了手工输入，这样不但提高了作业效率，还能确保资料正确，并减少因人为失误所造成的损失。

技术应用于仓库管理是实现仓库管理自动化的有效途径。仓库货品品种多，数量大。因此，要实现收发作业的快速、准确、高效，仓储管理自动化势在必行。而实现管理自动化的“瓶颈”则是产品信息的采集、输入。传统手工作业方式，在信息采集量加大的情形下，因信息不能及时反馈，对收发作业有一定的困难。利用仓库管理系统，使用仓库信息管理系统进行作业，不仅可提高工作效率，降低作业强度，也将大幅提高产品收发作业准确率，进而实现仓库管理的全面自动化。

使用仓库管理信息系统，用于产品收、发、保管等全过程控制管理，不仅可改变信息采集的传统手工作业方式，降低作业强度，还可避免由此造成的各种差错，提高作业效率和科学管库水平。

三、行业现状

随着我国经济的飞速发展，各种类型、规模的公司企业迅速崛起，许多从事生产和经营管理的企业都有自己生产和销售的产品，而这些产品都需要储存在仓库中，对于每个企业来说，随着企业规模的不断扩大、产品数量的急剧增加，所生产产品的种类也会不断地更新与发展，有关产品的各种信息量也会成倍增长。

面对庞大的信息量，如何有效地管理仓库中的产品对企业而言是非常重要的，仓库管理的重点是销售信息能否及时反馈，从而确保企业运行效益。而仓库管理又涉及入库产品、出库产品、经办人员及客户等因素，因此，如何管理这些信息数据，是一项复杂的系统工程，充分考验着仓库管理员的工作能力。因此需要由仓库管理系统来提高仓库管理工作的效率，规范管理，科学统计和快速查询仓储信息，减少管理方面的工作量，对于调动广大员工的工作积极性，提高企业的生产效率，具有十分重要的现实意义。

四、仓储作业流程简介

1. 仓储作业流程

仓储作业流程是指以保管活动为中心，从仓库接收商品入库到按需要把商品全部完好发出的全部过程。

仓储作业是指以货物入库、保管、出库为中心的一系列作业阶段和作业环节的总称。

仓储基本作业主要由入库、保管、出库三个阶段组成，按作业顺序可以细分为接运、验收、入库、保管、出库、发运等几个作业环节，如图 9.2 所示。

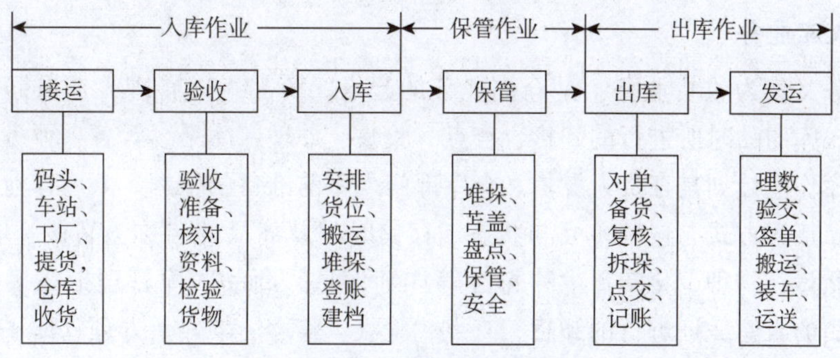

图 9.2　仓储基本作业的流程

具体来说，现代仓储作业的流程主要有实物流和信息流。实物流是指库存物实体空间移动的过程，如在仓库里从仓库外流向仓库内并经合理停留后再流向仓库外的过程，如图 9.3 所示。

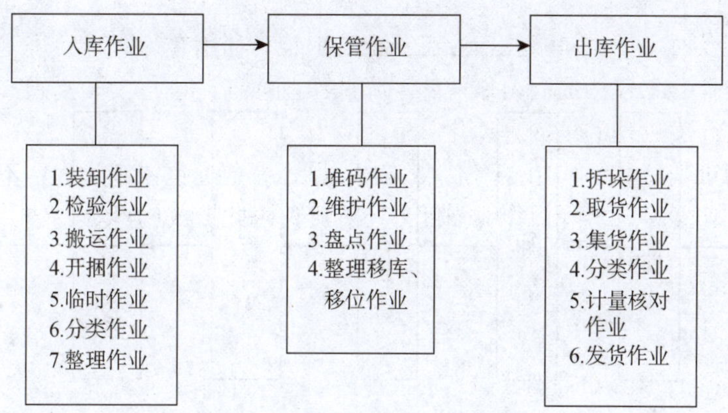

图 9.3　现代仓储作业的过程

从作业内容和作用顺序方面讲，实物流主要包括接运、检验、整理入库、保养管理、拣出与集中、装车、发运等环节，是仓库作业的最基本过程。物流仓库各部门和各作业都是为了保证实物流商品的合理流动。

信息流是仓库库存物信息的流动。实物流伴随着信息流的实现，信息流也离不开实物流而运行，是实物流的前提，控制着物流的流向、流量、流速。信息流包括与实物流相关的物流单据、凭证、台账、报表、技术资料，这些资料在仓库各作业阶段进行填制、核对、传递。

2. 仓储作业的目标

仓储作业的目标就是按照仓储活动的客观要求和仓储管理上的需要，把与仓储有直接关系的部门、环节、人和物尽可能合理地组织搭配起来，使工作协调、有效进行，加速商品在仓库中的周转，合理地使用人力、物力，以获得最佳的经济效益，实现仓储活动“快进、快出、多储存、保管好、费用省”的目标。

五、仓储业务流程

（一）入库业务

入库业务又称为收货业务，是仓储业务的起点。商品入库管理，是根据商品入库凭证，在接受入库商品时所进行的卸货、查点、验收、办理入库手续等各项业务活动的计划和组织。入库作业计划是存货人发货和仓库部门入库前准备的依据。入库作业计划主要包括到货时间、接运方式、包装单元与状态、存储时间及商品的名称、品种、规格、数量、单件体积与质量、物理、化学、生物特性等详细信息。商品入库管理指在接收入库物品时，根据商品的入库凭证进行的卸货、查点、验收、整理、堆码、办理入库手续等各项业务活动的计划和组织，入库的具体流程如图 9.4 所示。

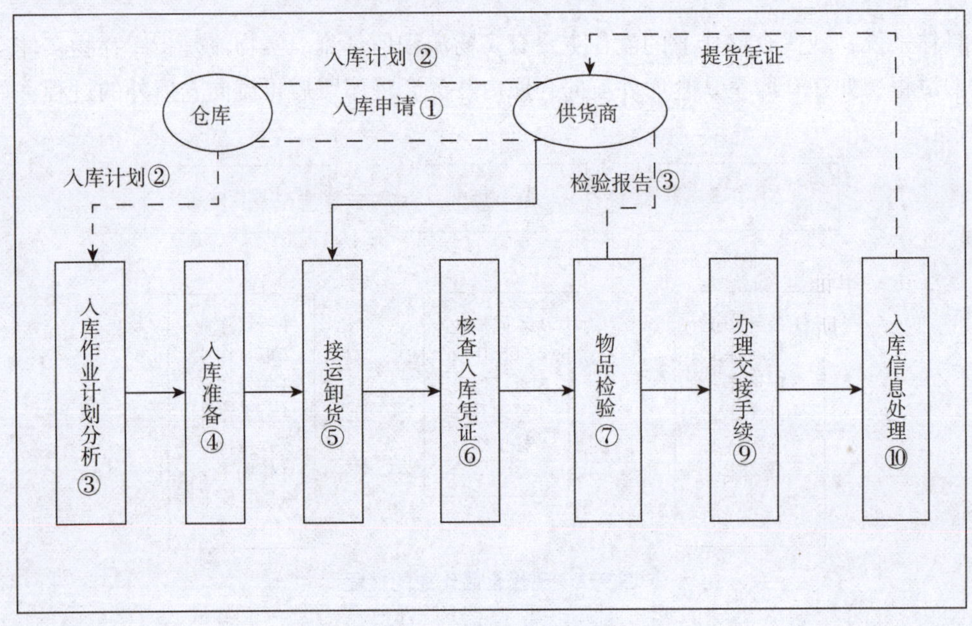

图 9.4　入库的具体流程

仓库部门对入库作业计划的内容要进行分析并根据商品在库时间，物理、化学、生物特性，单品体积、质量，包装物等合理安排货位。仓库部门对入库作业计划做出测评与分析之后，即可进行商品入库前的准备工作。

1. 入库前的准备工作

（1）加强日常业务联系。

仓储经营者应按计划定期联系货主、生产厂家以及运输部门，了解将要入库商品的情况，如商品的品种、数量、包装、单品体积、到库时间、存期、理化特性、保管要求等。

（2）妥善安排货位。

根据入库商品的性质、数量、类别，按分区保管要求，核算所需的货位面积，确定存放的货位，留出必要的验收场地。必要时对仓库进行清查、整理、归位，以便腾出仓容。对于必须使用重型设备操作的货物，一定要确保可以使用设备的货位未被占用。

（3）做好货位准备。

在货物入库前，仓库保管员应及时彻底清洁货位，清除残留物，清理排水管道，必要时进行消毒除虫、铺地；详细检查照明、通风等设备，若有损坏应及时通知修理。

（4）合理组织人力。

根据货物到达的时间、地点、数量等信息，预先做好到货接运、装卸搬运、验收、堆码等人力的组织安排。

（5）准备设备工具。

根据入库货物的种类、包装、数量等情况及接运方式，确定搬运、验收、计量等步骤的作业方法，配备好所用车辆、验收器具和其他装卸搬运堆码的工具，以及必要的防护用品用具。

（6）备足苫垫用品。

根据入库货物的性能、储存要求、数量及保管场所等具体条件，确定入库物资的堆码形式和苫盖、下垫形式，做到物资的堆放和苫垫工作同时完成。

（7）装卸搬运工艺设定。

根据货物、货位、设备条件、人员等情况，科学合理地设定卸车搬运工艺，保证作业效率。

（8）文件单证准备。

对货物入库所需的各种文件单证，如入库记录、理货检验单、料卡、残损单等预填妥善。

2. 入库作业管理

物品入库管理，是根据物品的入库凭证，在接收入库物品时所进行的卸货、查点、验收、整理、堆码、办理入库手续等各项业务活动的计划和组织。

在入库业务环节中，应注意认真做好商务记录，并与承运人共同签字，以便厘清责任。入库作业管理要求手续简便、清楚，作业快速且稳定，计数准确，认真把好入库关。

（1）物资接运。

物资接运人员要熟悉运输部门和有关供货单位的制度和要求。

（2）货物验收。

货物验收人员要收集、整理并熟悉各项验收凭证、资料和有关验收要求。

（3）办理货物入库手续。

保管员和收货员根据验收结果，在商品入库单上签收；同时，将物资存放的库房（货场）、货位编号批注在入库单上，以便记账、查货和发货。经复核签收的多联入库单，除保管人员需留存一联备查，账务员需留存一联登记物资账外，其余各联给货主，作为存货的凭证。

（二）出库业务

物资出库业务管理，是仓库根据出库凭证，将所需物资发放给提货单位所进行的各项业务管理。它是仓库作业的最后一个环节。仓库工作部门既和运输部门产生联系，又和货主产生联系。商品出库要及时、准确、保质保量，尽量一次完成。出库业务的流程如图 9.5 所示。

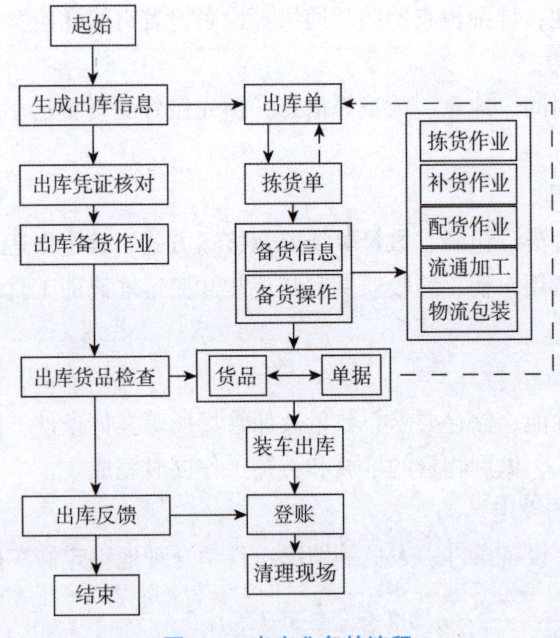

图 9.5 出库业务的流程

1. 出库前准备

（1）计划。

确定发货的货区货位；检查出库商品，拆除货垛苫盖物；安排好出库商品的堆放场地；安排好机械设备和人力。

（2）分拣配货和流通加工（包装）。

除有拆拼箱业务的仓库需在发货前要进行分拣配货外，具有其他业务的仓库也需准备好相应的包装材料和标签、刷写包装标志的用具等，根据情况对原包装进行整理加固或改换包装。

2. 核对出库凭证

出库凭证有提货单、领料单、调拨单等。严禁无凭证、电话、口授发货，任何“白条”都不能作为发货凭证。仓库在接到出库凭证后，由业务部门审核印鉴（提货人、运输方式、结账方式、银行账号、商品品种、规格、数量、总价，财务、保管、主管）是否齐全及符合要求。

待审核无误后，应按照出库单证上所列商品的品名、规格、数量与仓库料账做全面核对。无误后，在料账上填写预拨数后，将出库凭证移交给仓库保管人员。保管员复核料卡无误后，即可做物资出库的准备工作。

3. 备料出库

检查是否坚持“先进先出”的原则，以及随货出库的文件资料是否齐全。

4. 全面复核查对

需核对物资的品名、规格是否相符；商品数量是否准确无误；各种技术证件是否齐

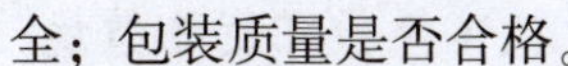

全；包装质量是否合格。

5. 交接清点

当商品出库并发运之后，仓库保管人员应及时做好清理工作，及时注销账目、料卡，调整货位上的吊牌，以保持物资的账、卡、物一致，并保存好发货凭证。

（三）保管作业

在仓储业务流程中，商品的保管贯穿于出入库中。商品保管的目的是维护商品的质量，保护商品的使用价值。因此，商品保管的内容主要有两方面：一方面是研究商品在仓储配送过程中受内外因素影响、质量发生变化的规律；另一方面是研究商品在仓储配送过程中的科学养护方法，以保证商品的质量，避免和减少经济损失。

“以防为主、防治结合”是商品保管养护的核心，要特别重视物品损害的预防，及时发现和消除事故隐患，防止损害事故的发生，特别要预防发生爆炸、火灾、水浸、污染等恶性事故和大规模损害事故。当发生、发现损害现象时，要及时采取有效措施，防止损害扩大，减少损失。

实训　仓库管理教学系统实训

一、实训目标

（1）熟悉仓储的流程及仓储管理工作。

（2）掌握仓库管理系统操作软件的功能及其操作。

（3）熟悉仓库管理系统操作软件的基础数据、货位管理、计划调度、入库作业、出库作业、库存监控、库存管理、仓库规划等几个模块。

二、实训背景

在本项目的实训过程中，要求学生模拟仓储部门不同的角色进行操作。熟悉数据流向，掌握仓储业务流程。

三、实训准备

（1）学生在进行任务之前，学习和查阅信息相关的理论知识点。

（2）学生熟悉仓储业务流程。

四、相关知识

1. 仓储管理中的商品异常处理

（1）商品的异常情况包括包装开封、破损、变形、受潮、唛头型号不符、数量不符、霉烂、虫蛀、异味、倒堆等。

（2）处理方法：如果发现商品异常则停止卸货，并进行现场实物拍照（采取 3+1 模式，即货物在柜的全景、异常位置特写、唛头型号特写和柜号特写各一张），然后口头通知配送中心相关业务代表并确认是否可卸货，如可以卸货则安排卸货，否则就应等待卸货指令，以上情况均需填写异常报告。

2. 装卸货物过程中的注意事项

在货物进库过程中，监督卸货人员要严格按照“轻压重，小压大，整齐摆放，不超货物限高要求”原则进行装卸，同时协助开、锁电梯。

（1）数量及型号（部件号）验收。清点货物数量，分别核对包装件数和货物数量，逐板点数并逐板做记录，点数以整箱为单位；同时，还要核对实物上外箱的个数与入仓单上的个数是否相符（以质量报关的要核对实物净重）。

（2）质量验收。由于入仓货物为海关监管货物，不能擅自拆封。因此质量验收是从包装外观进行检查，检查内容包括外包装有无开封破损、渗湿、污染、霉烂、虫蛀、异味等，如有上述现象，应立即停止入仓并通知部门领导进行处理或做异常处理。

（3）包装验收。也即外包装标识查验。其内容包括检查有无易燃、易爆等危险标志，外包装标识上的型号、唛头型号、数量等是否与所提供的单证一致，如不相符立即通知配送中心相关客服代表或填写来货异常报告。

（4）异常处理。如出现包装开封、破损、变形、受潮、唛头型号不对、数量不符、霉烂、虫蛀、异味、倒堆等异常情况，按3+1模式给实物拍照，同时做好记录并填写异常报告及做相应处理（如纸箱破损进行必要修补等）。

3. 相关概念

（1）呆滞部件。部件在仓库存放的天数超出操作员设定的呆滞天数即为呆滞部件。例如，若操作员设定的呆滞天数为10，则在仓库放置10天以上的货物均为呆滞部件。

（2）出租率。在一定的时间内（一般以月为单位），一个实际仓库仓位的出租天数与该时间段的天数之比即出租率，可以根据仓库的使用情况计算出仓位的出租率。

（3）中转率。对各个仓位的货物周转率进行统计，仓位的中转率的统计是以月为单位的，每次可以查询一个仓位一年的中转率，一般查询条件为年份、仓位。

五、实训内容

（1）入仓部件查询。

（2）出仓部件查询。

（3）部件编号查询。

（4）部件名称查询。

（5）呆滞部件查询。

（6）进出部件查询。

（7）当前库存查询。

（8）历史库存查询。

（9）出租率查询。

（10）中转率查询。

（11）历史仓位查询。

六、实训步骤

比较完善的物流管理系统应该具有比较完善的查询功能，相关人员可以根据查询条件对入仓部件、出仓部件、部件编号、部件名称、呆滞部件、进出部件、当前库存、历史库存、出租率、中转率、历史仓位等进行查询操作。

1. 入、出仓部件查询

查询部件的入仓实际库存情况，查询条件包括入仓单号、供应商名称、购买商名称、部件编号、部件中英文名称和入仓时间段。操作员可以根据其中的一个或几个条件查询到部件入仓资料。入仓查询界面如图 9.6 所示。

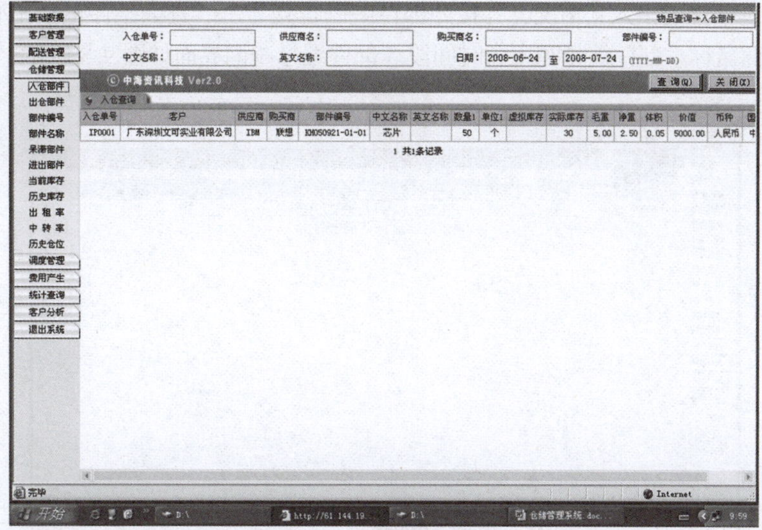

图 9.6　入仓查询界面

进入入仓部件查询界面之后，输入一个或几个条件，单击“查询”按钮后即可在列表区查询结果。

其中，日期的格式为 XXXX-MM-DD 入仓时间段默认为当前日期的前一个月。

查询出仓部件的出仓情况，查询条件包括出仓单号、购买商名称、出仓时间段、部件编号、部件中英文名称和出仓时间段。操作员可以根据其中的一个或几个条件查询部件出仓资料。出仓查询界面如图 9.7 所示。

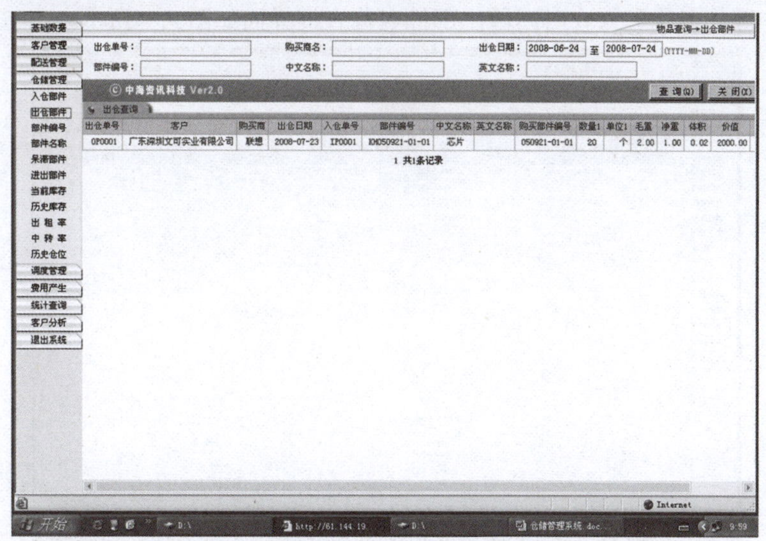

图 9.7　出仓查询界面

进入出仓部件查询界面之后，输入一个或几个条件，单击“查询”按钮后即可在列表区查询结果。

其中，日期的格式为 XXXX-MM-DD，出仓时间段默认为当前日期的前一个月。

2. 部件编号查询

可以查询到部件的出入仓情况，并按照部件编码排列显示。查询条件包括出仓单号、购买商名称、供应商名称、部件编号和入仓时间段。部件编号查询界面如图 9.8 所示。

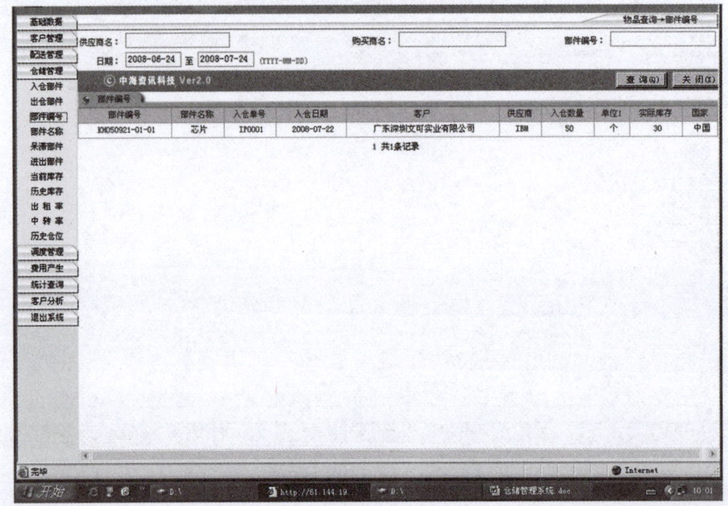

图 9.8　部件编号查询界面

进入部件编号查询界面之后，输入一个或几个条件，单击“查询”按钮后即可在列表区查询结果。

其中，日期的格式为 XXXX-MM-DD，出仓时间段默认为当前日期的前一个月。

3. 部件名称查询

可以查询到部件的入仓情况，并按照部件名称排列显示。查询条件包括购买商名称、供应商名称、部件名称和入仓时间段。部件名称查询界面如图 9.9 所示。

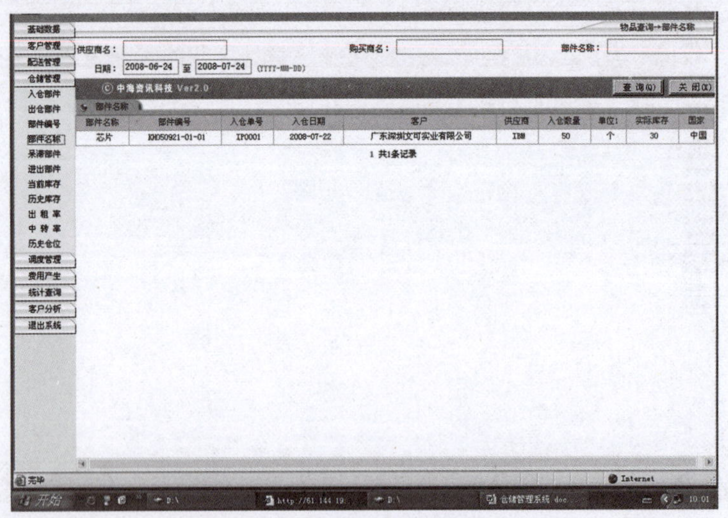

图 9.9　部件名称查询界面

进入部件名称查询界面之后，输入一个或几个条件，单击“查询”按钮后即可在列表区查询结果。

其中，日期的格式为 XXXX-MM-DD，出仓时间段默认为当前日期的前一个月。

4. 呆滞部件查询

可以对呆滞货物进行查询。查询条件包括购买商名称、供应商名称、部件名称和呆滞天数。呆滞部件查询界面如图 9.10 所示。

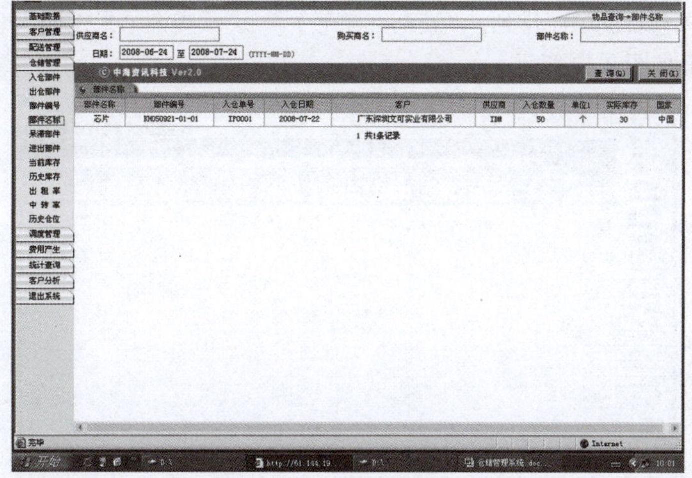

图 9.10　呆滞部件查询界面

进入呆滞货物查询界面之后，输入一个或几个条件，单击“查询”按钮后即可在列表区查询结果。

其中，“天数”为操作员设定的呆滞天数。例如，天数为 10 表示查找在仓库放置 10 天以上的货物。

5. 进出部件查询

主要对货物的入仓和出仓情况进行查询。查询条件包括客户名称、供应商名称、购买商名称、入仓单号、部件编号、部件名称和入仓时间段。进出部件查询界面如图 9.11 所示。

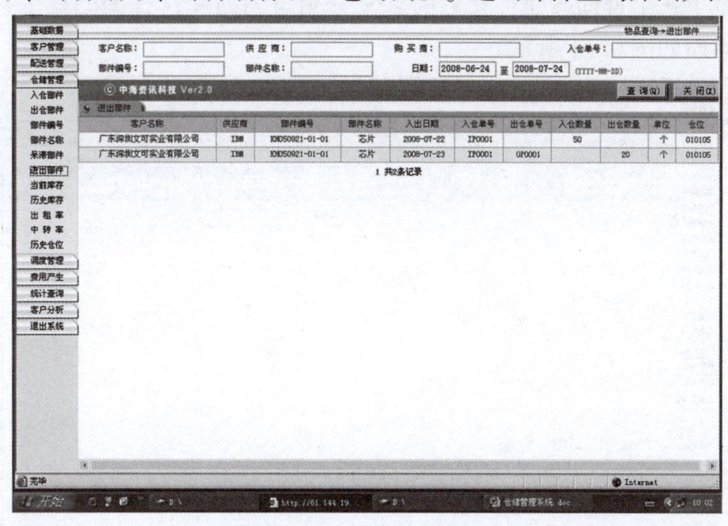

图 9.11　进出部件查询界面

进入进出部件查询界面之后，输入一个或几个条件，单击“查询”按钮后即可在列表区查询结果。

其中，日期的格式为 XXXX-MM-DD，出仓时间段默认为当前日期的前一个月。

6. 当前库存查询

可以查询各个仓位的当前库存情况，查询条件为仓位。界面上设置了三个查询按钮，它们的意义分别为：“查询（仓位）”表示查询结果按照仓位顺序排列；“查询（日期）”表示查询结果按照入仓日期顺序排列；“查询（单号）”表示查询结果按照入仓单号顺序排列。当前库存查询界面如图 9.12 所示。

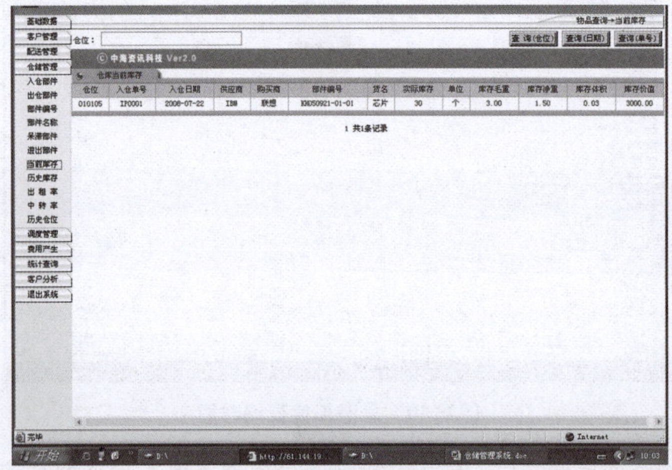

图 9.12　当前库存查询界面

进入库存查询界面，系统会将所有库存情况列出来。操作员只需要输入仓位，然后根据自己的需要单击三个查询按钮之中的一个，就可以得到需要的结果了。

7. 历史库存查询

可以查询到任意一天的库存情况，查询条件为仓位、日期。

界面上设置了三个查询按钮，它们的意义分别与当前库存查询的三个查询按钮一致。历史库存查询界面如图 9.13 所示。

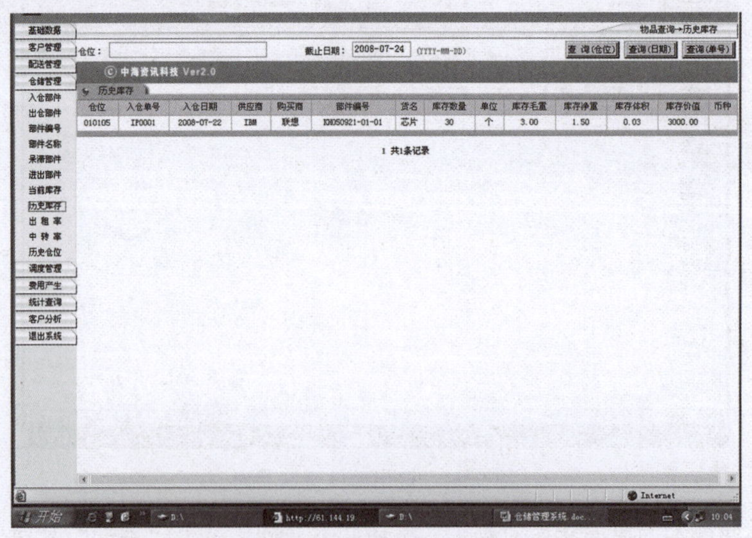

图 9.13　历史库存查询界面

进入历史库存查询界面后，系统会自动列举出当天的库存资料。操作员可以根据需要

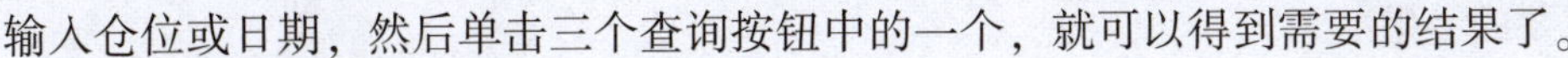

输入仓位或日期，然后单击三个查询按钮中的一个，就可以得到需要的结果了。

8. 出租率查询

可以根据仓库的使用情况计算出仓位的出租率。仓位的出租率的统计是以月为单位的，每次可以查询一个仓位一年的出租率。查询条件为年份、仓位。出租率查询界面如图 9.14 所示。

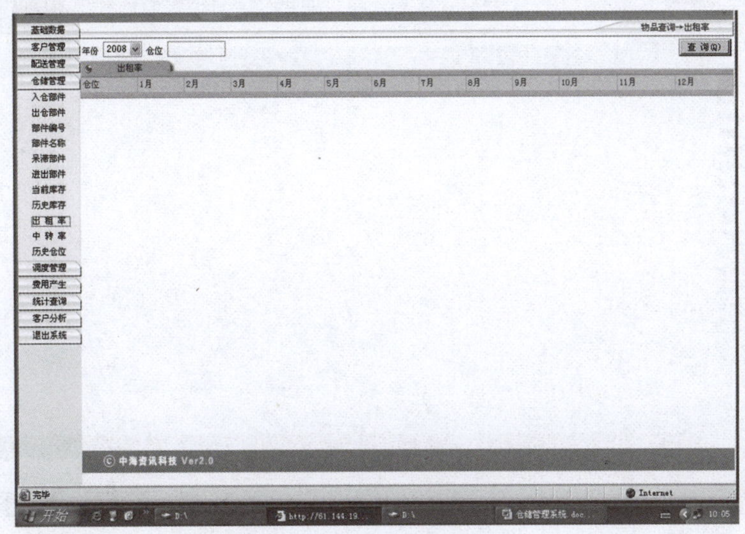

图 9.14　出租率查询界面

进入出租率查询界面之后，选择查询年份并填写查询仓位，然后单击“查询”按钮后即可得到所需的结果。

9. 中转率查询

对各个仓位的货物周转率进行统计，仓位的中转率的统计是以月为单位的，每次可以查询一个仓位一年的中转率。查询条件为年份、仓位。中转率查询界面如图 9.15 所示。

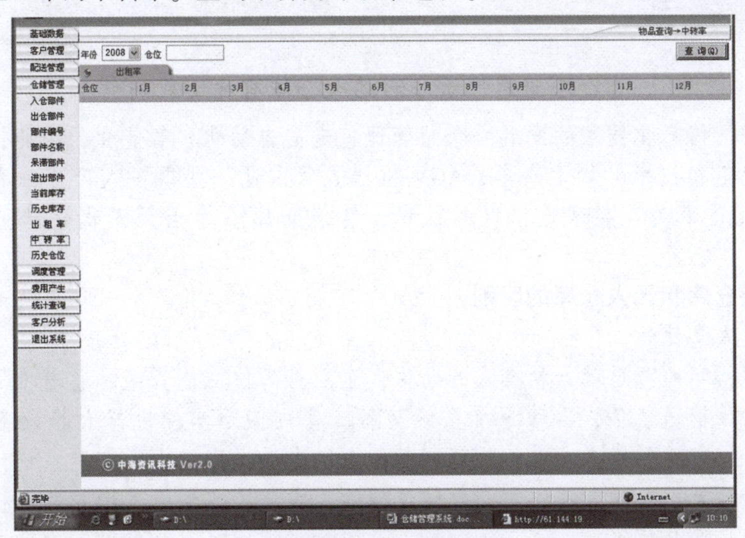

图 9.15　中转率查询界面

进入中转率查询界面之后，选择查询年份并填写查询仓位，然后单击“查询”按钮后即可得到需要的结果。

10. 历史仓位查询

对仓位修改进行查询。查询条件为作业单号、入仓单号、客户名称和转仓日期。历史仓位查询界面如图 9.16 所示。

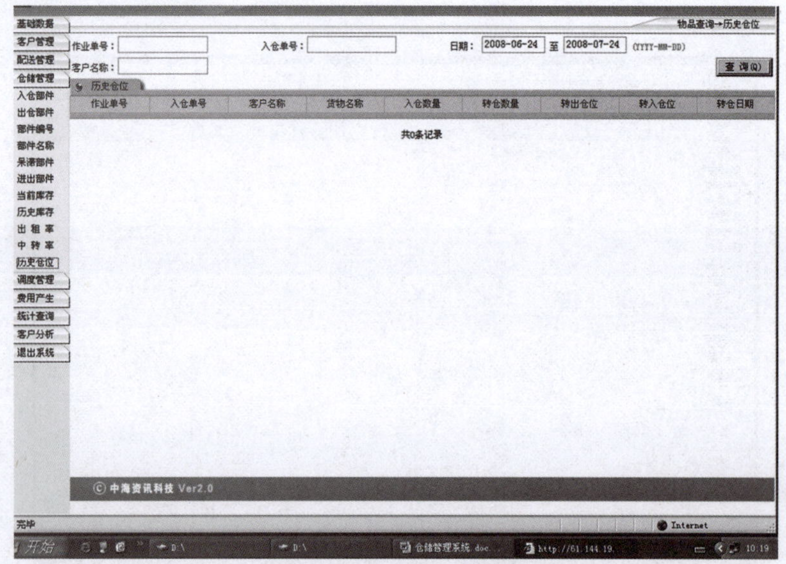

图 9.16　历史仓位查询界面

进入历史仓位界面查询之后，操作员可以输入一个或几个条件，然后单击“查询”按钮后即可得到查询的结果。

其中，日期格式为：XXXX-MM-DD，系统默认为当前日期的前一个月。

素质拓展

智能仓储是什么？和无人仓储有什么区别？

随着互联网信息化技术的发展，仓储管理也走向自动化、智能化，因此，市面上各类自动化仓储设备和技术，如无人车、AGV 机器人等，让一些很多人产生一种误解：智能仓库就是无人仓库。其实这是错误的认识，智能仓库不等于无人化仓储，二者是有区别的。

一、智能仓库和无人仓库的区别

什么是无人仓库？

无人仓库，字面意思就是没有人的仓库，企业将高位立体货架、巷道堆垛机、升降设备、自动出入库输送装备、自动分拣系统装备、室内搬运车、机器人等设备进行系统集成，形成具有一定感知能力、自行推理判断能力、自动操作能力的智能系统，从而形成能自动操作能力的无人仓库，并注重全仓储流程的无人化，达到降本增效的目标，如京东亚洲一号仓、亚马逊仓库等。

什么是智能仓库？

智能仓库是一种仓储管理理念，是通过信息化、物联网、云计算和人工智能共同实现的智慧物流，从而降低仓储成本、提高运营效率、提升仓储管理能力，市场上一些企业利用 RFID、网络通信、信息系统应用等信息化技术，实现出入库、移库管理信息的自动采集、识别和管理。

二、宝时智慧仓

宝时云仓是国内专业的仓储配送一体化服务商，其打造的智慧仓在软件技术方面采用了基于传感器的工业物联网、机器人深度学习技术，硬件方面使用了 AGV 机器人+带有激光避让和二维码导航的堆垛机+工业视觉读取设备，并通过智能系统，将传统的订单信息转化成机器人指令，实现出入库信息自动采集、识别和管理。

总而言之，智能仓库不等于无人化仓储，智能仓库的概念包含无人仓库，无人仓库只是智能仓库的一种方式。

智能仓库发展过程如下。

人力阶段：仓储工作（如货物的搬运、上架、分拣等）均由人工完成。

机械阶段：一些繁重的仓储工作由吊车、升降机等大量机械车辆设备来完成。

自动化设备阶段：在机械化基础上，由自动化设备分拣搬运货物。

智能时代：自动化+数字化，通过物联网技术对货物信息进行采集处理，由云端分析并发出指令，实现无人作业。

宝时云仓是国内较早的智能仓库物流一体化服务商，从 2019 年开始投入大量人力、物力打造智慧云仓储，能正常运转的智能仓库已有 3 000 m^2。

宝时智慧仓所涉及分拣库区的业务流程中，工作人员都无须进入分拣库区内部，只需要在工作站等待，系统会自动指派搬运机器人将目标料箱运到工作站，待工作人员取货后，再将货架送回到分拣库区。

苟日新，日日新，又日新。如今的宝时云仓正在加速智能仓库布局，进一步研发更具智能和自主决策力的系统，从而提升科技实力，打造面向未来的产业格局，始终为客户提供更为精准、可靠的仓配服务体验。

项目十 运输管理信息系统

项目简介

运输是物流过程的重要环节，运输的时间及成本占有相当高的比例。运输管理是对运输方式、运输工具、运输网络、运输任务、运输过程的控制与优化。在这个运输网络中，运输管理信息系统传递着不同区域的运输任务、运输资源、运输状态等信息。运输信息是指在运输业务中所发的信息，主要体现运输活动的发生、完成的各种单据，包括订货单、提单、货运单、运费清单等。

运输信息管理是对运输工具、人员、货物及运输中各个环节的信息进行管理，主要内容涉及货物跟踪管理、运输车辆运行管理和物流实施信息跟踪管理。由于运输效率直接影响整个物流系统的运作，需要借助运输管理信息系统。

工作流程

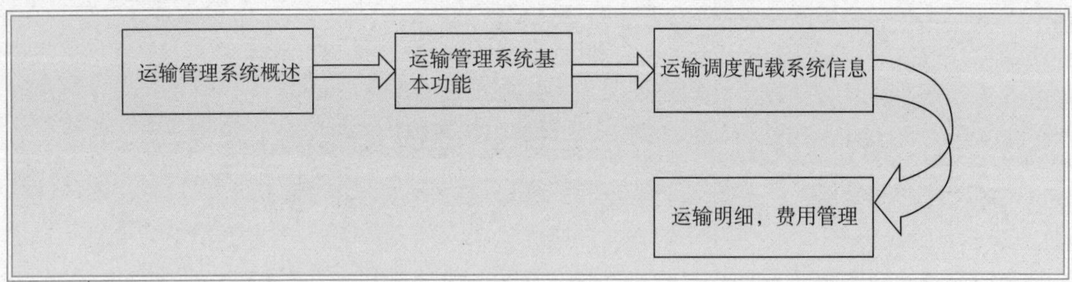

学习目标

知识目标

1. 了解运输管理信息系统。
2. 理解运输管理信息系统的应用。
3. 掌握智慧物流信息系统的发展。

技能目标

1. 学生能够进行车辆计划安排、路线安排。
2. 学生会进行运输经营管理方法。

素质目标

1. 具有解决问题的积极心态。
2. 具备文档阅读及分析问题解决问题的能力。
3. 具备较好的大局意识，能科学地进行作业分工。
4. 具有耐心细致的工作态度，精益求精的工匠精神。

任务一　运输管理信息系统概述

现代运输管理是对运输网络的管理，在这个网络中用于传递不同区域的运输任务、资源控制、状态跟踪、信息反馈等信息，是物流管理信息系统的重要组成部分。运输是整个供应链管理中不可或缺的一个环节，运输的效率直接影响整个物流系统的运作。

信息管理运输的有效运作需要第三方物流企业的帮助，这样可以节约大量的成本；同时，也可使第三方物流企业获得丰厚的利润。

然而，如何合理有效地实现运输系统利润最大化、服务最优化，是长期困扰物流企业和企业物流部门的问题。

保持物流信息的畅通、合理使用各方资源是物流企业和部门发展的基本条件，运输管理信息系统的建立是必不可少的。

（1）运输管理信息系统是一种基于信息技术的管理系统，可实现如下方面。

①可一目了然地展现各种运输工具的运行状态、运力使用率和每日运输调度规划。

②接收来自托运人或者第三方物流供应商有关集装箱的信息或者发布的相应要求。

③可以在最大限度内减少托运人和承运人的经营成本，提高经济效率。

（2）运输管理信息系统运用各种先进技术可实现如下方面。

①先进的 GPS 技术、GIS 系统可实现运输的最佳路线选择和动态调配。

②先进的计算机技术和网络技术增强双向信息与监控机能，可实现运输的网络化管理。

③提高货车配置效率，降低运输成本，实现一套完整的物流运输的解决方案。

④优化企业的内部管理，降低物流运输成本，提高物流服务的质量。

（3）运输管理信息系统能与物流环节中的其他相关的信息系统（如货运代理、仓储、配送等管理系统）无缝衔接。

（4）运输管理信息系统能保障物资流、信息流、资金流的畅通。

（5）运输管理信息系统能增强物流企业的竞争力。

（6）运输管理信息系统能为客户提供更加完善的物流运输及增值服务。

任务二　运输管理信息系统基本功能

运输管理信息系统是一种基于信息技术的管理信息系统，可实现道路运输管理数据资源共享，提高工作效率，并且使道路运输管理工作透明化。系统可一目了然地展现各种运输工具的运行状态、运力使用率和每日运输调度规划；同时，也要接收来自托运人或第三方物流供应商有关集装箱的信息，或者发布的相应要求，可以在最大限度内减少托运人和承运人的经营成本，提高经济效率，其组成如图 10. 1 所示。

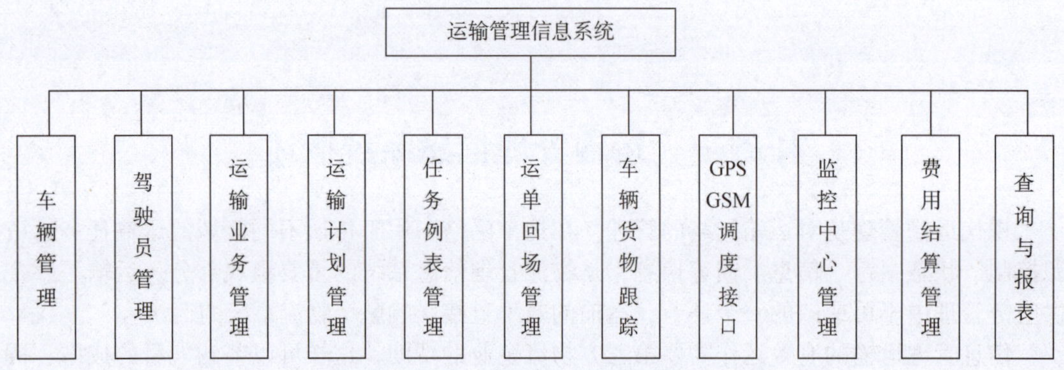

图 10. 1　运输管理信息系统的组成

一、驾驶员运输管理信息系统

该部分可实现以下功能。

（1）调度管理自有的、协作的及临时的车辆信息。

（2）合理安排驾驶员、车辆、任务三者间的关系。

驾驶员基本资料如图 10. 2 和图 10. 3 所示。

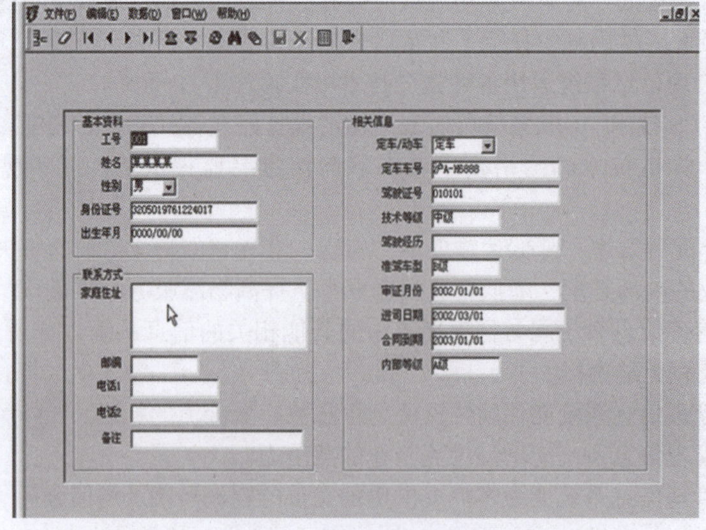

图 10. 2　驾驶员基本资料 1

图 10.3　驾驶员基本资料 2

二、车辆管理

该部分可随时了解车辆的运行状况，以确保在运输任务下达时均有车辆可供调配。调配内容包括车辆的基本属性，如载质量、可载容积、运行年限以及随车人员的要求等。

为确保车辆的最佳运行状态，企业需要定期或不定期对车辆进行维修保养，从而保证整个运输业务过程中的安全和准时，进一步提高客户服务水平。车辆基本资料和车辆保养计划如图 10.4 和图 10.5 所示。

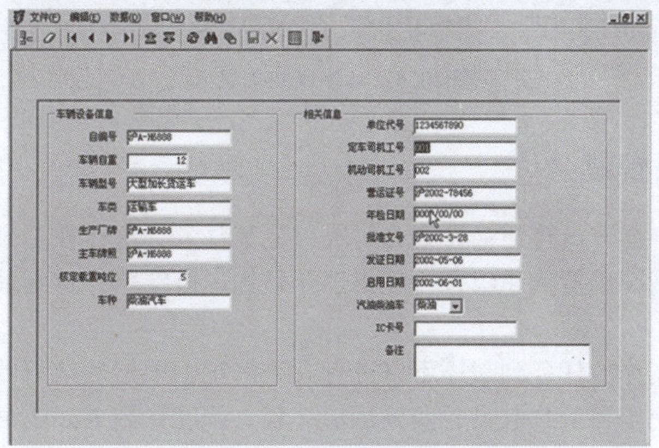

图 10.4　车辆基本资料

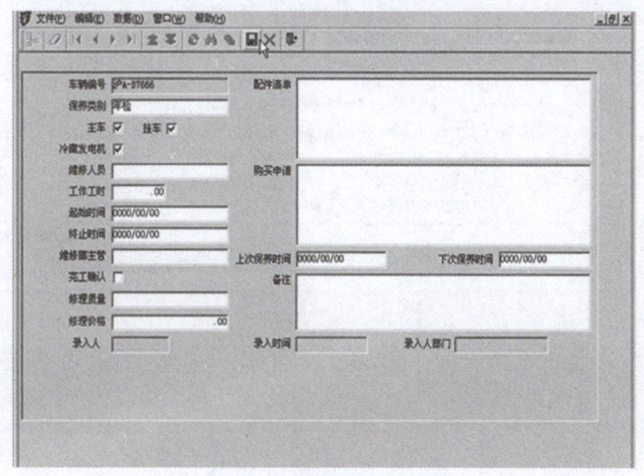

图 10.5　车辆保养计划

三、运输业务管理

运输业务管理始于运输业务的登记。操作员需要登记客户需进行运输的货物、运输要求、起运地、目的地、运输交货时间等信息，以便合理地安排运输计划。

在订车单审核的时候，操作员可以查看这些资料是否齐全、有效，否则订车单是不能通过审核的。对于新增的订车单，如果是合同客户，可以直接选择相关资料；如果是临时客户，则需要操作员手工录入订车资料。运输通知单录入如图 10.6 所示。

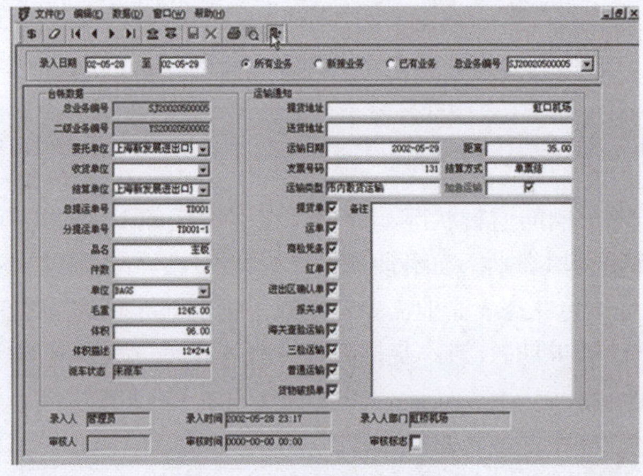

图 10.6　运输通知单录入

四、任务列表管理

根据运输计划，操作员将运输计划分解成一笔笔任务，这样在安排车辆时就可以根据地点、时间、车班情况进行优化组合，还将选择最优运行线路，达到最高的车辆利用率和运输效率。

系统自动计算制作的任务列表还可以进行人工修正，根据确认后的任务例表制作派车单并及时将派车单交给当班驾驶员，实施运输计划。调度计划书如图 10.7 所示。

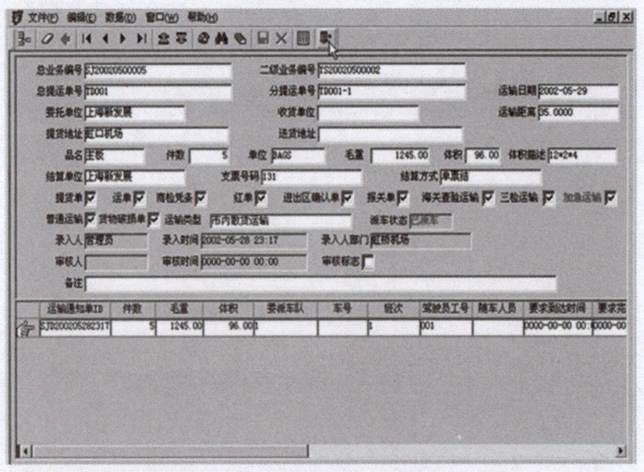

图 10.7　调度计划书

任务三　运输线路最优化计算

当所有线路的属性设置完成后，单击“设置”按钮便可设置线路系数。当系数设置完毕后，单击“保存”按钮（图 10.8）可使系统根据线路参数选择线路。

参数设置

系数设置

耗时系数：	35.0
里程系数：	20.0
耗费系数：	25.0
耗油系数：	10.0
商品运输安全程度系数：	5.0
路况满意程度系数：	3.0
车辆限重程度系数：	2.0

保存

图 10.8　系数设置

当线路系数设置完毕，单击“计算最优路径”按钮，系统将根据设置的线路系数及每个线路的属性来选择一条最优线路。

任务四　运输调度配载系统信息

当订车单确认之后，就可以进行调度配载的操作了。在调度配载的时候，需要知道目前有哪些车辆可以进行调度，哪些订车单需要进行处理，还要知道各车辆所处的位置、状态，以便调度配载。

在本模块中，操作员可清楚地知道这些信息并根据各自的情况对订车单进行处理。调度配载初始界面，如图 10.9 所示。

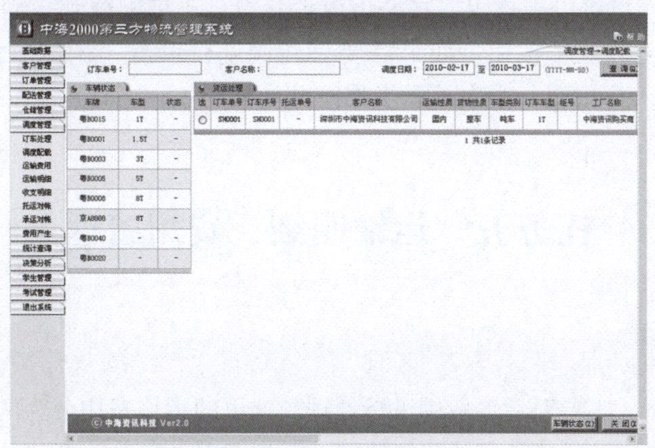

图 10.9　调度配载初始界面

该界面分为车辆状态区和货运处理区两部分。其中，车辆状态区会显示所有车辆的当前状态。如果该车辆的状态为“-”，则表示该车现在处于空闲状态，可以进行调度；如该车辆的状态为“托运”，则表示该车现在正在承运中，不可以进行调度。

货运处理区会列出所有的订车单，订车单分为未调度、已调度和托运完毕三种状态。其中，托运完毕表示该运输业务已经完成（费用计算除外），已调度未托运完成表示订车单已经处理，但是还没有运输结束，未调度表示需要进行调度配载的处理。

选择订车单号可进入调度配载实操界面，如图 10.10 所示。

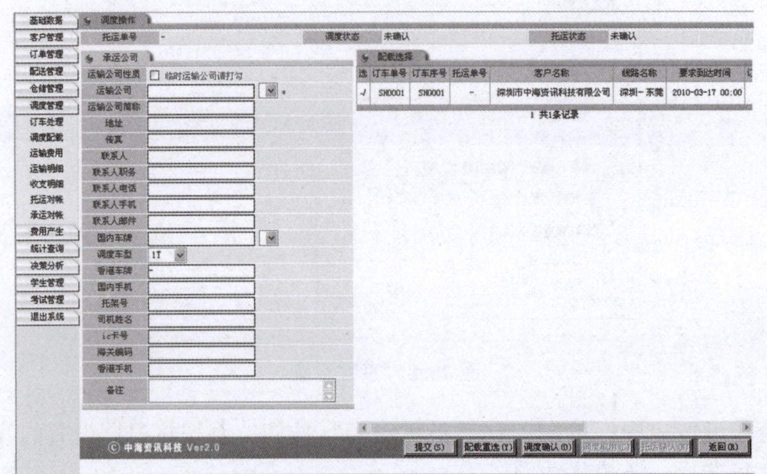

图 10.10　调度配载实操界面

该界面也分为调度区域、承运公司选择区和配载区三个部分。其中，调度区域是不能进行操作的，该区域会列出本次调度的相关资料。

调度配载实操界面的左侧菜单栏的承运公司区是供操作员选择承运公司以及承运车辆的区域，操作员可以选择与本公司有合同关系的承运公司进行运输，也可以录入临时承运公司，不过如果选择临时承运公司，其他信息则需要操作员手工输入。承运资料录入完毕，单击“提交”按钮保存。

承运公司和承运车辆选定之后转到调度配载区，没有进行调度配载的订车单都会在本区域显示出来，操作员可以根据需要将一份或者几份订车单配载到一辆车上运输。配载完毕之后，单击“调度确认”按钮；如果需要重新调度，单击“调度取消”按钮；承运完毕，单击“托运确认”按钮。本次承运工作至此完成。

任务五　运输明细、费用管理

一、运输费用

当调度配载完毕，需要对运输费用进行处理。这里的运输费用分为两类：一是本公司应该收取的费用，二是应该付给承运公司的费用。两类费用之间的差额就是本公司的利润。系统设定的运输费用除了正常的运输费用以外，还包括一些附加费用，如空返费用、停车费用等。至于这些费用是否收取，则由合同或者其他协议决定，如图 10.11 所示。

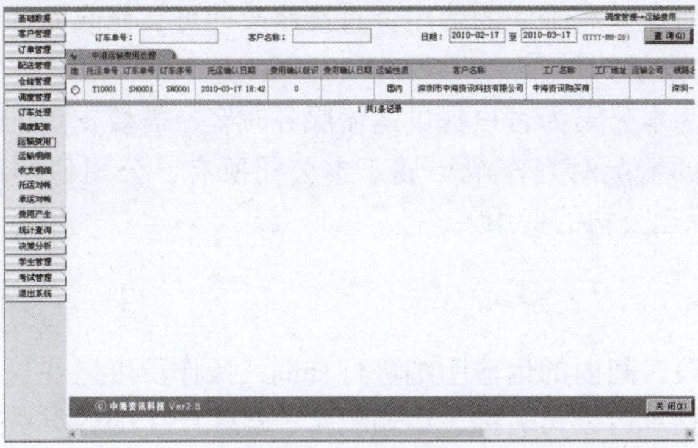

图 10.11　运输费用

进入费用处理界面后，所有已经完成调度配载的订车单都已经列举在界面上，操作员选择需要进行费用处理的订车单号即可进入费用清单界面，如图 10.12 所示。

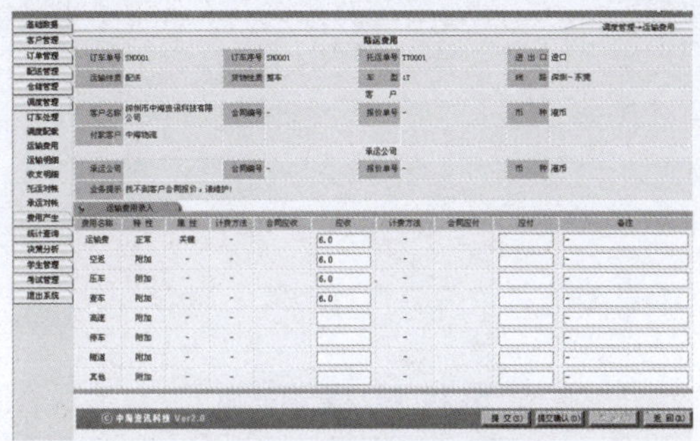

图 10.12　费用清单界面

系统会按照已经生效的报价计算费用，操作员也可以在这里进行费用的输入、修改操作。确认无误之后，单击“提交”按钮，然后单击“提交确认”按钮，等待费用计算完毕，如图 10.13 所示。

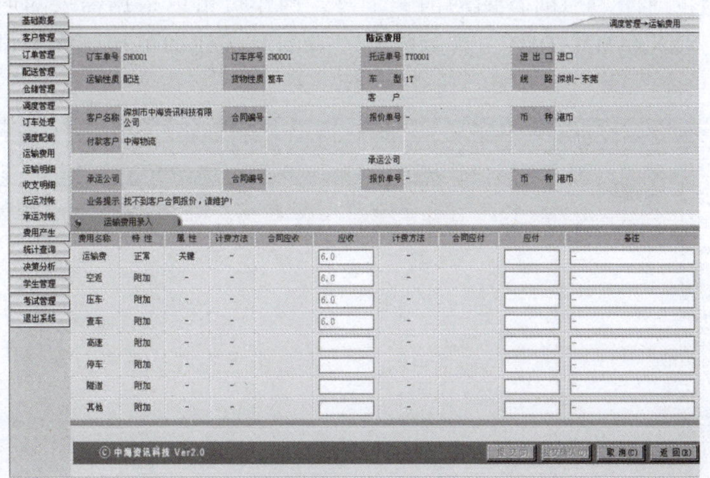

图 10.13　提交确认

如果发现计算有误，对于已经提交确认的费用，可单击“取消”按钮，先取消确认，再对费用进行修改。对于没有确认的费用，直接修改即可。修改完毕，重新单击“提交确认”按钮，完成对费用的修改。

注意：应收费用为本公司为客户提供运输服务时客户需要支付的相应报酬；应付费用为本公司有车辆外包的情况时（车辆不属于本公司所有，公司使用了外包承运公司的车辆），需支付给这些承运公司的费用。

二、运输明细

本模块可以对一段时间内的运输明细进行查询，操作员可以在这里查询到这段时间里所有的承运资料，包括承运公司名称、运输线路、运输产生的各类费用等。

操作员只需要填写查询的时间段，然后单击“查询”按钮即可得到结果，如图 10.14 所示。

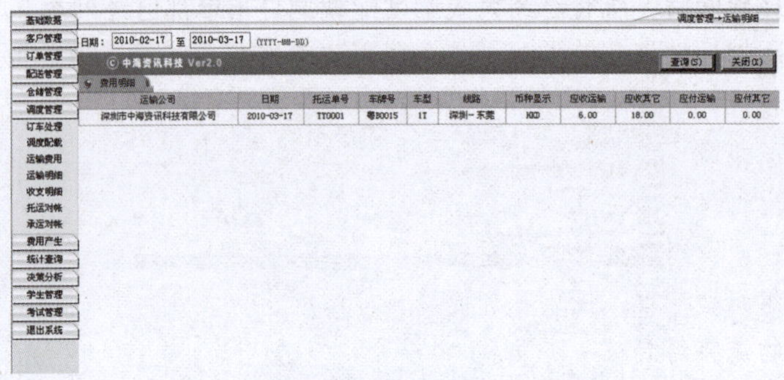

图 10.14　查询界面

三、收支明细

本模块可以查询某段时间内的运输收支明细，包括费用产生时间、单号、参与操作的公司名称、具体运输情况、应收运输费用和应付运输费用及币种等。

系统默认查询时间为当前日期的前一个月，操作员可以根据需要对时间段进行修改（日期的格式为 XXXX-MM-DD），然后单击“查询”按钮即可得到需要的数据结果，如图 10.15 所示。

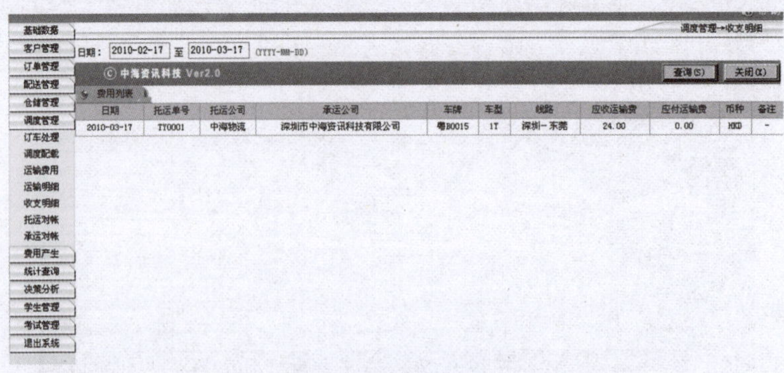

图 10.15　查询结果

素质拓展

人工智能运输：智能出行的未来趋势

随着人工智能技术的不断发展，智能出行已成为未来交通运输的重要趋势。

智能出行通过将人工智能技术应用于交通运输领域，提供更加高效、安全和便捷的出行方式。

以下是智能出行的未来趋势。

首先，自动驾驶技术将成为智能出行的核心。自动驾驶技术利用传感器、摄像头和人工智能算法，使车辆能够自主感知和理解周围环境并做出相应的驾驶决策。这将大大提高交通运输的安全性和效率，减少交通事故的发生，并缓解交通拥堵问题。

其次，智能交通管理系统将得到广泛应用。智能交通管理系统利用人工智能技术对交通流量进行实时监测，调度相关车辆，优化交通信号灯的控制，提高道路的通行效率。智能交通管理系统还可以通过智能导航系统为驾驶员提供实时交通信息和路况预测，帮助驾驶员选择最佳行驶路线。

再次，共享出行将成为主流。共享出行通过将多个乘客的出行需求进行整合，以实现车辆的共享利用，减少车辆数量和交通拥堵。人工智能技术可以通过智能调度算法，实现共享出行的高效组织和管理，提供更加便捷和经济的出行方式。

此外，智能物流将得到进一步发展。

智能物流利用人工智能技术对物流过程进行优化和管理，提高物流效率和准确性。例如，智能仓储系统可以通过人工智能算法对货物进行智能分拣和存储，提高仓库运作效率。智能配送系统可以通过智能路径规划和调度算法，实现快速、准确的货物配送。

最后，智能出行将与其他领域的技术相结合，实现更加智能化的出行体验。

例如，人工智能技术可以与物联网技术结合，实现车辆和交通设施的互联互通，提供更加智能的交通服务；还可以与大数据分析技术结合，对交通数据进行深度分析，从而提供更加精准的交通预测和决策支持。

综上所述，智能出行是未来交通运输的重要趋势。

通过自动驾驶技术、智能交通管理系统、共享出行、智能物流与其他技术的结合，智能出行将为人们提供更加高效、安全和便捷的出行方式。

项目十一 国际货运代理信息系统

项目简介

国际货运代理（以下简称“货代”）业是为进出口货物提供跨国运输的服务性行业，也是功能较多的管理型物流企业。其对硬件设施要求较低，更多的是对企业内部管理与运作时的内部与外部信息交流配合、业务管理的软件要求。国际货代管理信息系统是以货代为工作范畴、管理为主要操作手段、信息为主要数据载体的系统。

一、货运代理基本概念

国际货运代理业是指接受进出口货物收发货人、发货人的委托，以委托人或自己的名义，为委托人办理国际货物运输及相关业务并按提供的劳务收取一定的报酬的行业。

二、货运代理的业务范围

(1) 揽货、订舱（含租船、包机、包舱）、托运、仓储、包装。

(2) 货物的监装、监卸、集装箱的拆箱、分拨、中转及相关的短途运输服务。

(3) 报关、报检、报验、保险。

(4) 缮制签发有关单证、交付运费、结算及交付杂费。

(5) 国际展品、私人物品及过境货物运输代理。

(6) 国际多式联运、集运（含集装箱拼箱）。

(7) 国际快递（不含私人信函）。

(8) 咨询及其他相关国际货运代理业务。

三、贸易术语与国际货运代理的责任关系

贸易术语又称价格术语，用三个英文字母的缩写来说明买卖双方有关费用、风险和责任的划分，确定买卖双方在货物交接方面的权利和义务。贸易术语回答了以下涉及买卖双方切身利益的问题。

(1) 卖方在什么地方，以什么方式办理货物的交接？

(2) 由谁办理货物的运输、保险及通关手续，并承担相关风险和费用？

(3) 由谁承担货物在运输过程中可能出现的货物灭失或损坏风险？

(4) 买卖双方需要交换哪些单据，并承担有关责任和义务？

贸易术语指明了由出口方还是进口方办理运输业务，也划定了运输费用支付的界限。对货代而言，贸易术语确定了货主需要货代企业办理业务的范围。

工作流程

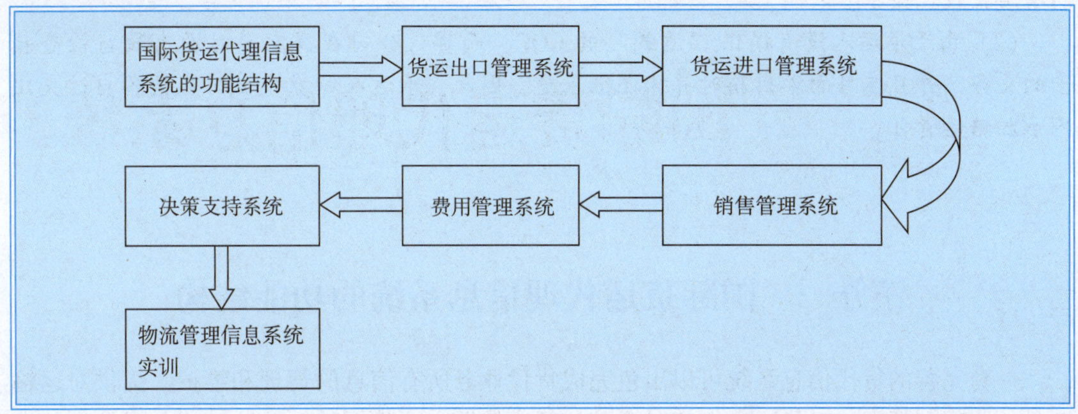

学习目标

知识目标

1. 了解国际货运代理的概念。
2. 理解国际货运代理信息系统的组成。
3. 掌握国际货运代理信息系统的应用。

技能目标

1. 学生能够应用国际货运代理信息系统。
2. 学生可以进行国际货运代理信息系统的业务管理。

素质目标

1. 具有解决问题的积极心态。
2. 具有较好的大局意识，能科学地进行作业分工。
3. 具有严谨的逻辑思维能力。
4. 具有认真、细致的观察能力。

案例导入

某货运代理公司接受货主委托安排一批茶叶海运出口。货运代理公司在提取了船公司提供的集装箱并装箱后，将整箱货交给船公司。同时，货主自行办理了货物运输保险。收货人在目的港拆箱提货时发现集装箱内异味浓重，经查明，该集装箱前一航次所载货物为精萘，茶叶被精萘污染。

请问：

(1) 收货人可以向谁索赔，为什么？

（2）最终应由谁对茶叶受污染事故承担赔偿责任？

分析：（1）可向保险人或承运人索赔。因为根据保险合同，在保险人承保期间和责任范围内，保险人应承担赔付责任；根据运输合同，承运人应提供“适载”的COC，由于COC存在问题，承运人应承担赔偿责任；也可以向货代公司索赔，因为货主与货代公司之间有委托代理关系。

（2）由于承运人没有提供“适载”的COC，而货代公司在提空箱时没有履行检查箱子的义务，并且在目的港拆箱时异味还很浓重，因此，承运人和货代公司应按各自过失比例承担赔偿责任。

任务一　国际货运代理信息系统的功能结构

一套完善的货代信息系统可以出色完成货代业务所有信息的管理和维护，提供对运输工具的调度和管理，对货物进行实时跟踪，还应能够实现数据的一致性，使各系统高效地共享数据，提高工作效率，从而增强货代企业的经济效益。其信息系统覆盖业务、管理和企业战略发展三个层面，产品和解决方案重点为船东、船舶代理公司、货代公司、第三方物流企业、运输企业、仓储企业等提供服务，并延伸至货主企业的物流部门。

一、货代信息系统功能规划原则

1. 以人为本、方便操作、提高效率

信息系统的目标就是通过IT技术提高效率，从而更好地实现企业目标。在信息系统功能规划时更要体现这一原则；在功能实现与组合、界面设计、权限管理方面，应方便公司一线业务人员、管理人员、公司外部使用者等各方的使用。具体来说，要使功能易于理解，减少使用者的输入量，以使用者为中心设计操作界面。

2. 以流程观念为核心

信息系统在功能的规划和实现上通过业务进度、时间节点、时限警告、状态转换等多种方式实现流程化操作和管理，更有效地与国际货代业务的实际操作相结合。同时建立和深化不同业务流程之间的关系，打破以职能为基础的部门界限，更好地实现信息交流。

3. 完整性原则

功能规划要全面、完整地覆盖信息化要求。在功能框架的搭建上要全面并具有一定的前瞻性。功能设计应能适应各类业务的需求，即使企业由于规模或业务发展的原因暂时不会使用部分功能，也需要在设计中留有相应的接口，以便于将来进行拓展。

任务二　货运出口管理系统

微课 11-1：货运管家——TMS

货运出口管理系统可以完成国际货运代理企业海空出口业务的操作与管理，即完成接单、制单、订舱、提单签发、费用登记确认等业务流程的管理。货运出口管理流程如图 11.1 所示。

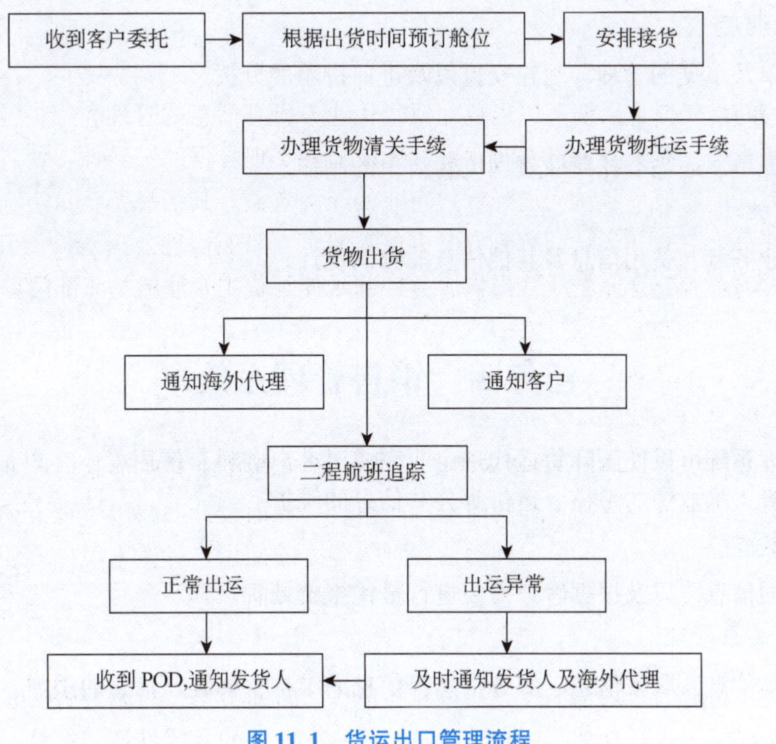

图 11.1　货运出口管理流程

1. 订舱委托

接收客户的委托，及时审核单证并按要求订舱，然后自动生成委托书。此模块的信息输入是后续流程操作的基础。

2. 操作调度

完成整箱、拼箱的装箱操作及集装箱的箱单制作。该模块还可实现安排仓储计划、运输计划等操作。

3. 单证处理

实现提单的制作签发、保管单据的流转及跟踪管理、单据格式的自定义等功能。

4. 查询统计

实现对运箱量、集装箱及其提箱信息、费用信息、操作记录及操作状态等信息的查询统计。

任务三　货运进口管理系统

货运进口管理系统可以实现国际货运代理企业的操作与管理，即完成接单、制单、报关、费用登记确认等业务流程的管理。

1. 业务委托

接受客户委托，对进口货物信息登记、查询、跟踪，并输入各项费用。

2. 作业调度

实现提单及单据的管理，运输安排以及进口拼箱的分拨。

3. 单证处理

实现小提单、运输委托单及费用流转清单的制作。

4. 查询统计

实现对业务量、费用信息及其他信息的查询统计。

任务四　销售管理系统

销售管理系统可以使国际货运代理企业完成对客户资料、信用度、客户报价等的管理并实现对销售人员业绩的考核、运价等公共信息的维护。

1. 合同管理

维护合同信息，以及根据客户需要进行最优报价处理。

2. 客户关系管理

客户基本信息、联系信息、服务信息等信息的维护，如客户信息的添加、修改、删除及查询。

3. 单体成本、业务考核

对销售人员的支出成本和利润进行统计分析。

4. 公共信息管理

维护公开运价、船期等公共信息。

任务五　费用管理系统

1. 应收应付、代收代付费用输入

输入或修改报关、仓储、运输等业务所产生的各项应收应付、代收代付费用。

2. 应收应付、代收代付费用审核

审核各项费用。

3. 发票管理

进行发票的制作、打印、查询等手续。

4. 实收实付管理

实收实付费用的登记、审核、销账。

5. 应收应付、代收代付报表

各种应收应付、代收代付报表的制作、生成、打印。

6. 成本利润表、账龄分析表

成本利润表、账龄分析表的制作、生成、打印。

7. 对账自动传真、催账自动传真

自动生成传真文件。

任务六　决策支持系统

微课 11-2：用 CRM 来留住客户

决策支持系统主要是根据国际货运代理企业的实际业务情况，对其经营情况与客户情况做出科学合理的评价。

1. 客户数据分析

该模块完成对客户资源、客户忠诚度、客户信用度的分析。通过客户资源分析确认潜在客户，以减少企业的无效开支；通过客户忠诚度分析确认忠诚度比较低的客户，以便制定合理的措施进行补救；通过客户信用度分析获得该客户的真实信用度，以降低资金的风险性。

2. 货源分析

通过货源分析，合理选择货源，开发高附加值的货源。

3. 业务数据分析

实现业务量分析、操作和服务质量分析、KPI 指标分析、业务跟踪查询分析等功能。业务量分析用于统计销售人员的业务量，以便进行考核与对比分析。操作和质量分析用于计算差错率、任务按时完成率等指标，以便掌握操作与服务的质量。KPI 指标分析用于计算完美订单成功率、准时订单完成率、订单破损丢失率等指标。业务跟踪查询分析完成货物跟踪查询、业务跟踪查询。

4. 财务分析

实现成本利润分析和财务数据分析。成本利润分析可对各部门、销售人员进行业绩考核与对比分析。财务数据分析可以对各类财务数据如应收账款、销售额等进行统计分析。

5. 综合分析

完成物流业绩效果评估等综合分析。

素质拓展

网络货物运输行业的发展前景

一、建立智能化网络货物运输平台，加强其信息整合能力

首先，网络货物运输行业的相关人员可以针对网络货物运输模式信息化程度较低的问题，在网络货物运输行业的未来发展过程中，通过建立智能化网络货物运输平台的方式，将其信息整合能力进行强化，在“互联网+”的背景下使网络货物运输行业的信息化程度得到全面提升，依托“互联网+”的信息化发展平台，打造出兼具短程通信、电子标志、精准定位及自动化监测等技术于一体的货物运输网络平台；其次，在不断完善智能化网络货物运输平台的过程中，还需要对于传统的货物运输代理系统进行不断更新，并通过种种信息智能化手段，实现网络货物运输运行模式下网络系统的迅速对接及迅速匹配，提升网络货物运输行业配载效率，保证网络货物运输行业能够安全运输。

因此，借助“互联网+”信息技术，通过智能化信息整合技术为网络货物运输行业的各个环节进行提速，是当今网络货物运输行业在未来较为重要的发展趋势。未来物流行业的发展主要可以分为两大主要发展方向。其一是线上数据教育；其二是线下实际货物运输承载工具，如无人驾驶。从网络货物运输行业的商业角度而言，货物运输实体工作是为货物运输行业而服务的。随着5G技术及信息化技术的飞速发展，市场上逐渐出现了如智慧城市、智慧工厂等网络货物运输发展新模式，只有通过数字化技术及云计算技术等先进技术，才有助于促进新时代背景下网络货物运输行业的不断发展。

二、注重承运服务，严格控制网络货物运输成本效率

网络运输服务工作在整个物流行业的未来发展趋势中，具有一定的重要性，网络货物运输行业中承运工作服务水平的高低，对于货物运输工作的质量起决定性作用。

因此，在网络货物运输行业的未来发展过程中，可以构建出一种零点之间进行货物运输的交通网络，并通过互联网技术减少车辆运输过程中的空载现象，从而对于成本及运输效率等进行有效的控制。网络货物运输只有在运输过程中尽可能地实现满载满运，才有助于降低网络货物运输行业的成本支出，加强网络货物资源的利用效率。由于网络货物运输模式整体上是一种轻资产运营模式，因此在网络货物运输行业的未来发展趋势中，相关人员需要更加注重提升运输车辆的实载率、降低货物运输的破损率，以减少货物的货损差等问题。通过营造良好的口碑，提升网络货物运输行业的承运服务工作质量，增强新时代网络货物运输行业的市场竞争实力。严格控制网络货物运输成本效率，也是网络货物运输行业未来的发展方向之一。

三、朝着网络货物运输经营者的方向转型发展

在未来的发展过程中，网络货物运输行业需要承担起更多的货物运输职能。它不仅是物流行业的运输者，也是网络货物运输行业的经营者。身份上的转变向网络货物运输工作提出了更高的标准及要求。

首先，网络货物运输经营者有交通运输主管部门，该部门对网络货物运输工作进行指

导及管理，确保网络货物运输工作的科学性。其次，网络货物运输经营者必须申请相应的道路经营许可证，做好经营把关工作，这是整个网络货物运输行业发展的关键。最后，网络货物运输经营者身份的转变，也意味着相关工作职能及工作责任的转变，在网络货物运输经营者身份转变的过程中，还需要网络货物运输行业遵循相关工作标准及工作规定，强化自身的信息化发展水平，这样才能更好地推动网络货物运输行业在新时代的发展创新。

在这种发展转型的背景下，从监督管理的角度而言，网络货物运输行业必须将网络货物运输行业同一些省级网络平台对接，通过建立网络货物运输经营信用评价机制，对于相关评价结果及处罚记录等进行公示，并通过相关法律法规对于网络货物运输行业的货物运输工作进行规范，这也是未来网络货物运输行业发展过程中需要重点关注的内容。

四、创新监督管理工作模式，提升监管能力水平

积极探索创新网络货物运输监管模式，用好短期治理、长期引导政策工具，既为网络货物运输驾驶人和车辆打造安全运营的环境，也为净化网络货物运输环境提供有利条件。

一是纳入管理范畴。依据《网络平台道路货物运输经营管理暂行办法》，将网络货物运输平台纳入管理范畴，进一步明确网络货物运输平台的经营条件、承运人责任、车辆和驾驶人准入条件、劳务关系，加强对网络货物运输平台公司、车辆和驾驶人的资质审查和证件核发管理。

二是强化统一监管。交通运输部组织优化完善网络预约汽车监管信息交互平台，纳入网络货物运输车辆信息，实现网络预约汽车与网络货物运输车辆同等监管，并推进与平台公司、省市监管平台对接和数据交换共享，实时掌握驾驶人身份、车辆运行轨迹，及时发现问题，消除隐患。

三是加强执法管理。由交通运输部门牵头，会同公安、市场监管等部门定期开展针对网络货物运输车辆的专项整治行动，加大路面查处力度，严查货运车辆和驾驶人资质、车辆改装、客车载货、非法营运等，规范网络货运车辆经营。

四是坚持“放管并重”。交通运输部门加强对普通货物运输车辆的事中、事后监管，研究、探索、实施网上备案制度，避免漏管失控。

随着信息技术的发展，在新时代背景下，网络货物运输行业的发展面临着众多的发展机遇及挑战，在今后的网络货物运输行业发展过程中还存在着诸多发展问题，因此，在未来网络货物运输行业的发展中，必须依托信息化技术，加强其信息之间的整合交流，不断促进自身服务水平的提升，不断推动新时代背景下网络货物运输行业的不断进步，促进新时代网络货物运输行业工作质量及工作水平的全面发展。

实训　物流管理信息系统实训

一、实训目标

（1）掌握物流管理信息系统的定义、内容、功能。

（2）能够分析出物流管理信息系统给企业带来的好处。

二、实训背景

随着经济发展，国内的部分物流公司迅速崛起，业务能力越来越强经验也有所积累，但与此同时带来的是管理难度的加大。为了能得到进一步发展，必须做到对客户更完善的

服务，增加业内的竞争力。但是，实践表明，在手工作业条件下，出错的概率是非常高的。错货、窜货事故时有发生，这对于客户来说是灾难性的，客户对物流公司的印象也会大打折扣。

三、实训步骤

（一）任务描述

教师带领学生到大中型物流企业调研，了解企业物流信息系统的应用情况。

（二）任务分析

需要对企业进行必要的调研。在调研之前，还要掌握一些物流管理信息系统的相关知识。

（三）任务处理

据调查研究，我国物流服务企业中，仅有39%的企业拥有物流信息系统，绝大多数物流服务企业尚不具备运用现代信息技术处理物流信息的能力。一方面是因为缺乏信息化管理的意识，没有超前的观念和技术创新的原动力；另一方面是因为没有全面地了解管理信息化给企业的发展带来的推动作用。

物流管理信息系统实现从物流决策、业务流程、客户服务的全程信息化，对物流进行科学管理。重视物流信息系统和物流管理的互动，既要根据自己的物流管理流程来选择适合的物流信息系统，又要通过物流信息系统来优化和再造自己的物流管理流程。选择合适的物流管理信息系统能给企业带来如下好处。

（1）提高企业物流综合竞争力。

（2）提高内部运作效率，以便从容处理各种复杂物流业务。

（3）通过实时信息共享提高客户服务质量。

（4）在对大量的客户业务数据进行统计分析的基础上，使向客户提供增值服务成为可能，并挖掘出巨大的销售潜力。

（5）加强总部对分支机构的管理及与股东单位、合作伙伴、支持资源的信息沟通、业务合作，向管理层、决策层提供实时的统计分析数据，提高市场反馈速度和决策效率。

四、实训思考

（1）常见的物流管理信息系统有哪些？

（2）使用物流管理信息系统能给企业带来哪些好处？

（3）使用物流管理信息系统给企业带来的问题有哪些？采用什么措施来防范？

五、实训报告

教师下达实训任务，让学生自行练习并完成实训报告（表11.1）。

表11.1 实训报告

<table>
<tr><td colspan="2">实训名称：</td><td>课程名称：</td></tr>
<tr><td>学号：</td><td>姓名：</td><td>实训时间：</td></tr>
<tr><td>专业：</td><td>班级：</td><td>实训地点：</td></tr>
<tr><td colspan="3">一、实训目的与要求</td></tr>
</table>

续表

<table>
<tr><td>实训名称：</td><td>课程名称：</td></tr>
<tr><td colspan="2">二、实训环境</td></tr>
<tr><td colspan="2">三、实训内容</td></tr>
<tr><td colspan="2">四、实训步骤</td></tr>
<tr><td colspan="2">五、结论、问题与解决方法
（此部分为实训总结，是体现实训过程的重要内容，应鼓励学生将遇到的重要问题及解决方法总结出来，以体现实训对学生技能的提升作用）</td></tr>
<tr><td colspan="2">批语：</td></tr>
</table>

学习测试

一、选择题

1. 利用 GPS 等技术对物流产品进行准确的跟踪和信息采集属于物流信息系统（　　）特征。

A. 服务性　　B. 动态性　　C. 网络化　　D. 实时化

2. 按系统功能的性质分类，物流管理信息系统被分成操作型系统和（　　）。

A. 面向生产企业的物流管理信息系统　　B. 多功能系统

C. 决策型系统　　D. 网络系统

3. 以下不属于物流管理信息系统组成部分的是（　　）。

A. 硬件　　B. 人员　　C. 信息处理器　　D. 软件

4. 应用得最普遍、最成熟的一种系统开发方法是（　　）。

A. 原型法　　B. 结构化系统开发方法

C. 面向对象开发方法　　D. CASE 方法

5. 使用（　　）开发的系统是在提供给用户使用的同时根据用户的需求不断补充、修改、完善，反复循环，直至形成一个相对稳定、较为理想的系统。

A. 原型法　　B. 结构化系统开发方法

C. 面向对象开发方法　　D. CASE 方法

6. (   ) 在实际应用时必须结合一种具体的开发方法。

A. 原型法　　B. 结构化系统开发方法

C. 面向对象开发方法　　D. CASE 方法

7. 物流管理信息系统开发生命周期中的5个阶段顺序为 (   )。

A. 系统分析→系统规划→系统设计→系统实施→系统运行维护与评价

B. 系统规划→系统分析→系统设计→系统实施→系统运行维护与评价

C. 系统规划→系统设计→系统分析→系统实施→系统运行维护与评价

D. 系统规划→系统分析→系统实施→系统设计→系统运行维护与评价

8. 回答新系统“如何做”问题的是在系统开发的 (   )。

A. 设计阶段　　B. 规划阶段　　C. 分析阶段　　D. 实施阶段

9. 物流管理信息系统由四大要素组成，即物流信息源、物流信息处理器、物流信息用户、(   )。

A. 物流信息管理员　　B. 物流管理员

C. 物流客户　　D. 物流系统

10. 物流管理信息系统的结构是指系统内部各组成要素之间的 (   ) 和相互作用方式。

A. 相互关系　　B. 相互合作　　C. 相互协作　　D. 相互沟通

11. 所谓数据模型，就是管理信息系统的 (   ) 与之紧密相关的各种数据字典。

A. ER 图　　B. 流程图　　C. 信息流　　D. 程序

12. 目前常用的系统开发方法有结构化系统开发方法、(   )、面向对象的开发方法、计算机辅助软件工程方法等。

A. 原型方法　　B. 关联法　　C. ER 图　　D. 系统方法

13. 物流管理信息系统开发的基本原则主要有 (   )。

A. 坚持系统思想，运用系统方法　　B. 内部条件与外部环境相结合

C. 立足原系统、高于原系统原则　　D. 用户参与原则

14. 原型方法的优点是 (   )。

A. 开发周期短　　B. 见效快　　C. 开发成本低　　D. 可逐步投资

15. 采用结构化系统开发方法开发管理信息系统一般可以分为 (   )。

A. 系统分析　　B. 系统实施　　C. 系统评价　　D. 硬件维护

16. 系统维护的内容包括 (   )。

A. 程序维护　　B. 数据维护　　C. 代码维护　　D. 硬件维护

二、简答题

1. 什么是物流管理信息系统？

2. 简述物流管理信息系统的特征。

3. 简述物流管理信息系统的多种分类方法。

4. 从概念上来看，物流管理信息系统由几部分组成？

5. 简述物流管理信息系统开发的生命周期。

6. 简述结构化系统开发方法的基本思想。

7. 简述原型法的优缺点。

8. ERP 系统的主要功能模块有哪些？

9. 试给出物流管理信息系统的定义。

10. 说明物流管理信息系统的概念结构。

11. 列举并说明物流管理信息系统的功能子系统模块。

12. 列举出物流管理信息系统的构成要素。

13. 开发物流管理信息系统应遵循哪些原则？

14. 分别简要说明开发物流管理信息系统的结构化系统开发方法、原型方法、面向对象的开发方法和计算机辅助软件工程方法的基本思想、特点和优缺点。

15. 试比较和区分结构化系统开发方案、原型方法、面对对象的开发方法和计算机辅助软件工作方法，并分别说明各自适用的情形。

16. 简要说明结构化系统开发方法的几个阶段。

三、判断题

1. 物流管理信息系统的动态性特征表示其能根据环境的变化及时进行调整，适应新变化的要求。（　　）

2. 物流管理信息系统的系统结构仅由硬件和软件组成。（　　）

3. 物流管理信息系统的物流业务处理层可以为顾客提供所需的网上查询和信息服务手段。（　　）

4. 仓储管理信息系统不能提供信息咨询。（　　）

5. 库内管理包括盘点管理、转储管理、转库管理、报废管理和退货管理。（　　）

6. ERP 是从 MRP 发展而来的新一代集成化管理信息系统。（　　）

7. 不管使用什么方法，系统开发都需要完成系统规划、系统分析、系统设计、系统实施、系统运行维护与评价 5 个阶段的工作，缺一不可。（　　）

8. 原型法由于具有开发周期短、成本低、风险小的显著优点，可以取代结构化系统开发方法。（　　）

四、思考题

1. 运输管理信息系统如何帮助企业实现运输服务最优化和利润最大化？

2. 怎样利用配送管理信息系统对物流进行控制？

3. 怎样利用 ERP 系统对企业人力资源进行管理？

五、案例分析题

通钢集团的 ERP 应用

通化钢铁集团股份有限公司（以下简称“通钢”）信息化的具体实施指挥者、网航信息技术股份有限公司（以下简称“网航”）总经理王树强，在 2003 年 11 月举行的金蝶技术大会上进行了题为“发挥信息化优势推动国有企业创新实践”的主题演讲。在这个演讲里，王树强将通钢信息化的效益归纳成三个方面：管理效益、经济效益和信息化自身创效。在经济效益方面，王树强给出了这样一组数字：实现三网合一，每年节约资金 300 万元，库存降低年节约资金 700 万元，电子商务年降低成本 2 000 万元，效率提高 10%，产生效益 800 万元，氧气平衡系统年效益 350 万元……

累计起来，信息化年均产生的直接效益超过千万元，而通钢从 2000 年开始的集团信息化投资，到目前为止还不足 1 亿元。把自己称为“信息化务实应用者”的通钢信息化团队，务实地为通钢创造了显著的效益。

不过这还不是通钢信息化的全部。2000 年 6 月开始集团信息化时，公司最主要的目的是支撑集团管理架构、管理流程和管理模式的转变。而专家总结信息化阶段成果时认为："通钢的信息化应用有着自己的典型特点，尤其在长材企业中，面向平衡的计划和订单处理系统解决方案、面向流程的模型构造系统 EMD、电子商务、完善的数据收集转储和应用框架等多项关键技术处于领先地位。"

同时，通钢信息化工作也受到了国家、省、市多次表彰，曾荣获 2002 年、2003 年"中国企业信息化先进单位"荣誉称号，"构建三网合一优势，培育信息化造血机能"项目获冶金工业协会颁发的管理创新成果二等奖，多项信息化技术成果取得国家专利，其交易额超过 10 亿元的电子商务应用记录也被写入中国电子商务年鉴。

经济效益是良好投资回报的证明，而信息化对集团管理框架变化的有力支持为通钢二次创业奠定了坚实的基础。同时，网航作为通钢控股子公司，在实施通钢信息化的过程中，培养了 150 人的信息化队伍。这支队伍不但是通钢信息化造血的机器，也是一个创收的来源。2003 年，网航产值近 1 亿元，利润 1 100 万元。在众多国有企业或深或浅地陷入信息化泥潭时，通钢这个信息化务实应用者却取得了令人瞩目的阶段性成果。

通钢将信息化目标分解成几个方面来支持集团管理创新：第一是构建集团化财务运行体系、一级核算体系、全面预算体系，实现财务集中；第二是建立以订单为主线，以计划为核心，包含上下游企业产业链的集中物流体系；第三是建立集团人力资源管理体系，将绩效考核和管理变革有机结合；第四是建立信息的集中体系，确保信息的及时准确；第五是引入商业智能模块，辅助进行科学决策。通钢信息化的上述目标就是要实现财务、物流和信息的高度集中和集成。

要实现这样一个高度集成的信息化目标，管理软件性能要求受到挑战。在财务上，需要满足集团作为管理中心、投资中心对分公司、子公司的管控，同时还要实现子公司的自主核算。在物流上，引进信息化系统前，通钢有超过 40 个厂单位，每个单位都有自己的仓库，管理着 15 万种的物料。信息化不但要实现对物流信息的管理，还要实现集团级物流系统的流程重组。同时，作为冶金行业，通钢的生产过程是由一系列复杂的物理化学变化组成的，带有很强的行业特点。

另外，作为集团化运用，系统的伸缩性和稳定性也是必须考虑的问题，通钢已经有 1 300 个左右的信息点，按照规划，新厂区和老厂区有 3 000 个左右的信息点，使用系统的用户会超过 1 000 个。

但是通钢信息化并没有选择国外的产品，而是使用了通常被人误解为中小企业应用的金蝶 K/3 系统作为核心，结合实际进行了二次系统构建，形成了具有鲜明特点的全新的解决方案。

1. 通钢如何应用 ERP 系统实现了信息化目标？

2. 简述在此案例中你得到的启示。

3. 谈谈 ERP 系统今后发展的主要趋势。

项目十一 学习测试答案